人工智能与教育

贾积有 著

图书在版编目(CIP)数据

人工智能与教育/贾积有著. --北京：北京大学出版社, 2024.8. -- ISBN 978-7-301-35394-3
Ⅰ.G40-058
中国国家版本馆CIP数据核字第2024BF3661号

书　　名	人工智能与教育 RENGONG ZHINENG YU JIAOYU
著作责任者	贾积有　著
责 任 编 辑	李淑方
标 准 书 号	ISBN 978-7-301-35394-3
出 版 发 行	北京大学出版社
地　　址	北京市海淀区成府路205号　100871
网　　址	http://www.pup.cn　新浪微博:@北京大学出版社
微信公众号	通识书苑（微信号：sartspku）　科学元典（微信号：kexueyuandian）
电 子 邮 箱	编辑部 jyzx@pup.cn　总编室 zpup@pup.cn
电　　话	邮购部 010-62752015　发行部 010-62750672　编辑部 010-62767857
印 刷 者	北京溢漾印刷有限公司
经 销 者	新华书店 787 毫米×1092 毫米　16 开本　23.25 印张　470 千字 2024 年 8 月第 1 版　2025 年 8 月第 2 次印刷
定　　价	79.00 元

未经许可，不得以任何方式复制或抄袭本书之部分或全部内容。
版权所有，侵权必究
举报电话：010-62752024　电子邮箱：fd@pup.cn
图书如有印装质量问题，请与出版部联系，电话：010-62756370

前　言

2022年年底,微软投资的OpenAI推出ChatGPT,其在自然语言理解和生成、逻辑思维和形象思维等多方面表现出的智能震惊全球;这是继2016年谷歌AlphaGo战胜围棋世界冠军后,人工智能技术的又一次现象级的重大突破。这些人工智能技术的迅猛发展,对于教育而言具有三重含义:首先这是教育的胜利,其次将对教育教学产生正面的促进作用、提高教学的投入产出比,最后将挑战现有的教育体制和教师工作。

我国高度重视利用人工智能技术服务于教育、医疗等。早在2017年7月,国务院就印发了《新一代人工智能发展规划》,指出"人工智能的迅速发展将深刻改变人类社会生活、改变世界……人工智能在教育、医疗、养老、环境保护、城市运行、司法服务等领域广泛应用,将极大提高公共服务精准化水平,全面提升人民生活品质……围绕教育、医疗、养老等迫切民生需求,加快人工智能创新应用,为公众提供个性化、多元化、高品质服务"。从2018年起,教育部实施"人工智能助推教师队伍建设",北京大学组织了"人工智能助推课程建设项目",笔者积极参与其中。

在教育技术、信息技术教育、人工智能及其他相关学科中,人工智能与教育都是一个重要研究领域,也应该是为本科生和研究生开设的一门重要课程。笔者于2009年所著的《教育与人工智能》曾经被多所学校和在线教育课程列为教学参考书。但是随着人工智能技术的迅猛发展和广泛应用,其中内容已经不适应当今教学和科研的需要。教育技术、信息教育、学习科学、人工智能、新媒体与传播等相关学科发展亟须一本新的专著和教材,论述人工智能与教育的复杂关系,并指导教学和科研工作。

故此,自2022年年初起,笔者总结从1990年以来从事人工智能研究,1994年以来从事计算机教育,2000年以来将人工智能应用于教育的经验教训,在2005年以来给北京大学研究生和本科生(含暑期学校和全球课堂课程)、德国慕尼黑工业大学本科生和研究生所开设的"教育和人工智能"和"教育,教育技术与人工智能"课程讲义的基础上,撰写了本书。

本书包括14章。第1章深入阐述教育与人工智能的关系。第2~8章介绍人工智能重要研究领域的基础知识、最新进展、常用软件,特别是它们在教育领域应用的实证研究成果，依次包括知识工程、数据挖掘、自然语言处理、模式识别、机器人、艺术创作、自动程序设计。作为一个重要研究领域的专家系统，在某些特殊领域应用各种人工智能技术，以解决原来这些领域的专家才能解决的问题，比如在教育领域，就是模仿优秀教师来对学生进行个性化教学和辅导，即智能教学系统，这也是人工智能教育应用的重点内容，所以特放在第9章作详细介绍。第10章介绍智能教学系统中学生模型的一个要素学习风格及其在个性化教学中的应用。第11章介绍人工智能在英语教学中的应用，即笔者团队研发的英语智能教学系统"希赛可"。第12章介绍人工智能在数学教学中的应用，即笔者团队研发的数学智能教学系统MIATS V2.0。第13章介绍笔者团队完成的一项人工智能编程教育对创新思维培养影响的实证研究。第14章介绍笔者团队研发的半自动化课堂视频师生行为分析系统及其应用案例。

为便于学习新知和复习巩固已学内容，每一章内容包括内容提要，学习目标，关键词，正文，本章小结，思考和练习题。

本书介绍的研究成果将人工智能技术的前沿成果（比如大语言模型）与教育实践紧密结合，以期促进教育变革，大量的实践案例证明了其显著效果，特色鲜明，而不是纸上谈兵；可供相关领域学习者、教学者、研究者、开发者、应用者参考借鉴。本书可以作为教育技术学和相关学科的教学参考书，供师生使用；还可作为中小学教师人工智能等相关知识的培训教材；更能为教育技术类企业的系统设计和开发提供借鉴。

目前，在当当网等书籍销售网站上尽管可以找到题目类似的书籍，但是多为外国原著的翻译版本，它们主要是从教育原理和政策角度分析人工智能会对教育带来的影响。因为中外教育制度的差异，其中的案例不一定适合中国国情。

本书是教学相长的产物，更是贯彻落实党的二十大所提出的教育、科技、人才三位一体指导方针的一项成果。笔者指导过的博士后、访问学者、博士生、硕士生、本科生，大多选修过"教育，教育技术与人工智能""教育与人工智能"等课程，参与了相关课题研究，都为本书的形成做出了重要贡献。特此列出他们的姓名，以表感谢！

Yifei Wang、孟青泉、马震远、陈维超、李福攀、徐照银、郝正元、李先、丁竹卉、陈宇淏、白银、杨柏洁、缪静敏、梁栋、张必兰、于悦洋、张静蓉、何云帆、周铭翩、王鹏、刘怀亚、李姗姗、陈昂轩、张誉月、陈思彪、焦越、芮静姝、唐儒雅、曹凤超、陈真真、王爽、连晶晶、乐惠骁、黎宇珍，等。

本书是笔者负责和参与的所有国内外相关科研课题成果的结晶，特别是下面两个项目的直接产出,对它们的大力支持表示由衷谢意!
- 2020—2022年,北京大学教育大数据研究项目:基于大规模学生学习活动数据挖掘的自适应性智能教学系统研究(2020YBC07)。
- 2016—2024年,北京乐学一百教育科技有限公司合作课题:乐学一百,智能教育。

上述课程建设、课题研究和本书撰写得到了北京大学教育学院等院系领导和同事、国内外产学研同仁、项目参与学校师生的大力支持、帮助,在此一并表示衷心感谢!

最后,特别感谢北京大学出版社李淑方老师等对本书的精心编辑和校对!

由于本人水平有限,错误之处在所难免,敬请各位专家和广大读者批评指正(jjy@pku.edu.cn)。

贾积有

2023年9月于北京大学燕园

目 录
Contents

第1章 教育和人工智能 ··· 1
  1.1 教育和一般教学系统 ·· 1
    1.1.1 教育的含义 ·· 1
    1.1.2 一般教学系统 ·· 2
    1.1.3 一般教学系统的动态性 ······································ 4
    1.1.4 一般教学系统的开放性 ······································ 5
    1.1.5 一般教学系统中教育者的功能 ································ 5
    1.1.6 一般教学系统中的教学理论 ·································· 7
    1.1.7 一般教学系统的工作效率 ···································· 11
    1.1.8 教育技术 ·· 12
  1.2 自然智能与教育 ·· 13
  1.3 人工智能 ·· 16
    1.3.1 人工智能的研究领域 ·· 16
    1.3.2 计算机硬件 ·· 17
    1.3.3 计算机软件 ·· 21
    1.3.4 支撑人工智能技术的计算机硬件和软件 ························ 21
    1.3.5 人工智能的理论基础 ·· 23
    1.3.6 人工智能的跨学科特性 ······································ 24
  1.4 教育、自然智能与人工智能的关系 ································ 24

第2章 知识工程 ·· 29
  2.1 知识的定义及其分类 ·· 29
    2.1.1 知识的定义 ·· 29
    2.1.2 知识的分类 ·· 30
  2.2 知识的自然表达方法——自然语言 ································ 31
    2.2.1 世界和自然语言 ·· 32
    2.2.2 计算机语言和自然语言 ······································ 33
  2.3 谓词逻辑表示法 ·· 34
    2.3.1 命题逻辑 ·· 34

2.3.2　谓词逻辑 ………………………………………………… 36
　　　2.3.3　谓词公式的等价性与永真蕴含 …………………………… 37
　2.4　产生式表示法 ………………………………………………………… 39
　　　2.4.1　定义 ……………………………………………………… 39
　　　2.4.2　产生式系统的组成 ………………………………………… 40
　　　2.4.3　产生式表示法的特点 ……………………………………… 41
　　　2.4.4　Cyc：一个典型的产生式系统 …………………………… 41
　2.5　逻辑编程语言 Prolog 简介 …………………………………………… 42
　　　2.5.1　初中数学几何图形关系 …………………………………… 43
　　　2.5.2　英语词汇和语法系统 ……………………………………… 44
　2.6　语义网络表示法 ……………………………………………………… 46
　　　2.6.1　基本语义关系 ……………………………………………… 46
　　　2.6.2　语义网络表示法的特点 …………………………………… 47
　　　2.6.3　英语语义网络系统 WordNet ……………………………… 48
　　　2.6.4　汉语语义网络 HowNet 和 OpenHowNet ………………… 49
　　　2.6.5　其他典型语义网络 ………………………………………… 52
　2.7　脚本表示法 …………………………………………………………… 52
　2.8　大语言模型中的知识工程问题 ……………………………………… 53
　2.9　知识工程在教育技术上的应用 ……………………………………… 53

第 3 章　数据挖掘 …………………………………………………………… 56
　3.1　概念、功能和常用软件 ……………………………………………… 56
　　　3.1.1　概念 ………………………………………………………… 56
　　　3.1.2　功能 ………………………………………………………… 57
　　　3.1.3　常用软件 …………………………………………………… 58
　3.2　常用数据挖掘算法 …………………………………………………… 58
　　　3.2.1　回归分析 …………………………………………………… 59
　　　3.2.2　决策树 ……………………………………………………… 60
　　　3.2.3　人工神经网络 ……………………………………………… 60
　　　3.2.4　遗传算法 …………………………………………………… 61
　　　3.2.5　贝叶斯算法 ………………………………………………… 62
　　　3.2.6　邻近算法 …………………………………………………… 62
　　　3.2.7　支持向量机算法 …………………………………………… 62
　3.3　EXCEL 简介 ………………………………………………………… 63
　3.4　SPSS 简介 …………………………………………………………… 63

3.5 WEKA ··· 63
   3.5.1 简介 ·· 63
   3.5.2 Preprocess(数据预处理) ··································· 64
   3.5.3 Classify(分类或回归) ····································· 65
   3.5.4 Cluster(聚类) ··· 70
   3.5.5 Associate(规则关联) ······································· 75
3.6 在线学习活动指数 OLAI ······································· 78
3.7 教育数据挖掘案例 ·· 82
   3.7.1 教育数据挖掘实证研究 ··································· 83
   3.7.2 教育数据挖掘系统性文献综述研究 ············· 85

第4章 自然语言处理 ·· 87
4.1 研究意义和方法 ·· 87
   4.1.1 研究意义 ·· 87
   4.1.2 研究方法 ·· 89
   4.1.3 研究层次 ·· 90
4.2 语音识别 ·· 91
   4.2.1 语音到文字转换 ·· 91
   4.2.2 声纹识别 ·· 94
4.3 语音合成 ·· 95
4.4 语音识别和合成软件 ··· 97
4.5 词法分析 ·· 98
   4.5.1 西方语言词法分析 ·· 98
   4.5.2 汉语分词系统 ·· 98
4.6 语法分析系统 ··· 101
4.7 人机对话系统 ··· 104
   4.7.1 基于关键词匹配技术的人机对话系统 ······· 104
   4.7.2 人机对话比赛 ··· 116
4.8 大语言模型 ·· 117
   4.8.1 理论基础 ·· 117
   4.8.2 美国微软投资的 OpenAI 的大语言模型 GPT 系列 ······ 117
   4.8.3 对 ChatGPT 的评测综述 ····························· 121
   4.8.4 讯飞星火认知大模型(SparkDesk) ··············· 125
   4.8.5 我国在文本生成领域的其他进展 ··············· 128
   4.8.6 大语言模型给我国教育带来的机遇和挑战 ······ 130

        4.8.7　我国教育应对大语言模型的策略 ·············· 132
        4.8.8　小结 ································· 133
    4.9　计算机辅助语言教学 ························· 134

第5章　模式识别 ································· 138
    5.1　视觉识别 ································· 138
        5.1.1　光电转换器件 ······················· 139
        5.1.2　图像识别系统 ······················· 140
        5.1.3　常用视觉识别系统 ··················· 143
        5.1.4　视觉识别系统教育应用 ··············· 143
    5.2　情感识别 ································· 145
        5.2.1　情感分类 ··························· 146
        5.2.2　情感识别方法 ······················· 147
        5.2.3　教育应用 ··························· 149

第6章　机器人 ··································· 152
    6.1　各类机器人 ······························· 153
        6.1.1　扫地机为代表的轮式机器人 ··········· 153
        6.2.2　其他类型的机器人 ··················· 155
    6.2　机器人世界杯比赛 ························· 158
    6.3　机器人教育应用 ··························· 159

第7章　艺术创作 ································· 162
    7.1　智能绘画系统 ····························· 162
    7.2　智能音乐生成系统 ························· 166
    7.3　文化创意产业 ····························· 166
    7.4　人工智能技术用于艺术教育 ················· 167

第8章　自动程序设计 ····························· 170
    8.1　大语言模型的自动程序设计功能 ············· 170
    8.2　大语言模型的程序修改功能 ················· 174
    8.3　自动程序设计与编程教学 ··················· 174

第9章　智能教学系统 ····························· 177
    9.1　定义 ····································· 177
    9.2　发展历史 ································· 178
    9.3　构成和实现技术 ··························· 179
    9.4　应用和效果 ······························· 181
        9.4.1　关于智能教学系统的实证研究 ········· 181

  9.4.2 关于智能教学系统的元分析研究 …………………………… 183
 9.5 智能教学系统研究的现实意义 ………………………………………… 184

第 10 章 学习风格与个性化教学 …………………………………………… 188
 10.1 基本概念 …………………………………………………………………… 188
 10.2 常用的学习风格量表 ……………………………………………………… 189
  10.2.1 曼勒特克斯(Memletics)学习风格量表 ………………………… 189
  10.2.2 费尔德-西尔弗曼(Felder-Silverman)学习风格量表 ………… 190
  10.2.3 场依存型-场独立型学习风格量表 ………………………………… 191
  10.2.4 适应型-革新型学习风格量表 ……………………………………… 191
 10.3 综合型学习风格量表 ……………………………………………………… 191
 10.4 基于学习风格的个性化学习 ……………………………………………… 195

第 11 章 智能英语教学系统"希赛可" ………………………………………… 200
 11.1 系统设计缘起 ……………………………………………………………… 200
 11.2 指导理论 …………………………………………………………………… 201
 11.3 希赛可中的英语语法体系 ………………………………………………… 202
  11.3.1 句子 …………………………………………………………………… 205
  11.3.2 从句 …………………………………………………………………… 211
  11.3.3 短语 …………………………………………………………………… 211
  11.3.4 单词 …………………………………………………………………… 214
 11.4 希赛可系统结构和技术机理 ……………………………………………… 215
  11.4.1 浏览器/服务器接口 ………………………………………………… 215
  11.4.2 英语解析器 …………………………………………………………… 217
  11.4.3 NLML 解析器 ………………………………………………………… 218
  11.4.4 自然语言数据库(Natural Language Database,NLDB) … 218
  11.4.5 常识性知识 …………………………………………………………… 218
  11.4.6 文本蕴含机理(Generation of Textual Entailment,GTE) … 219
  11.4.7 交流性反应机理(Communicational Response,CR) ……… 219
  11.4.8 多通道用户界面和可以选择的聊天模式 ………………………… 225
  11.4.9 适应于用户偏好和话题的自由聊天 ……………………………… 225
  11.4.10 在给定场景中的引导性对话 ……………………………………… 226
  11.4.11 无限定答案的填空练习的自动评分 ……………………………… 232
  11.4.12 机器人的对话演示("二人转") …………………………………… 233
  11.4.13 听力训练 ……………………………………………………………… 233
  11.4.14 积分机制 ……………………………………………………………… 233

11.4.15　小结 ·················· 234
　11.5　智能英语教学系统"希赛可" ············ 234
　　　11.5.1　多角色对话（包括"多人转"与人机对话两种形式） ········ 235
　　　11.5.2　词汇练习 ················ 239
　　　11.5.3　听力练习 ················ 241
　　　11.5.4　语法练习 ················ 242
　　　11.5.5　阅读理解 ················ 242
　　　11.5.6　英语阅读 ················ 243
　　　11.5.7　个性化的学习者档案 ············ 243
　　　11.5.8　协作式学习 ··············· 244
　　　11.5.9　教师的课程管理功能 ············ 245
　　　11.5.10　客户端从微机扩展到平板电脑、智能手机等移动终端 ··· 246
　11.6　系统应用和评估 ················ 247
　　　11.6.1　中学应用和评估 ·············· 247
　　　11.6.2　北京邮电大学的应用和评估 ········· 257
　　　11.6.3　北京理工大学珠海分校的应用和评估 ······ 276

第12章　数学智能评测和教学系统 MIATS V2.0 ········ 288
　12.1　智能技术支持个性化评测和辅导的理论基础 ······· 288
　12.2　数学智能评测和辅导系统 MIATS V2.0 ········ 291
　12.3　借助 MIATS V2.0 进行勾股定理相关知识的智能评测和辅导 ··· 294
　12.4　初步的教学应用和效果评估 ············ 299
　　　12.4.1　第一次实验：初中 ············· 300
　　　12.4.2　第二次实验：高中 ············· 302

第13章　人工智能教育和创造性思维培养 ··········· 306
　13.1　创造性思维和计算思维评估方法 ··········· 307
　　　13.1.1　创造性思维评估方法 ············ 307
　　　13.1.2　计算思维评估方法 ············· 308
　13.2　智能编程教育结果分析 ·············· 309
　　　13.2.1　学生情况 ················ 309
　　　13.2.2　编程能力测试成绩分析 ············ 310
　　　13.3.3　智能编程教育对创造力和计算思维的影响效果 ····· 313

第14章　课堂视频师生行为分析 ·············· 322
　14.1　课堂视频师生行为分析编码方案 ··········· 323
　14.2　SACVAS 系统介绍 ················ 325

14.3 使用SACVAS系统分析优课案例 …………………………………… 325
 14.3.1 一节英语课程的分析结果 ………………………………… 325
 14.3.2 英语学科言语分类统计 …………………………………… 329
 14.3.3 全部课程的分析结果 ……………………………………… 330
 14.3.4 北京市优课视频分析总结 ………………………………… 334
参考文献 ……………………………………………………………………… 336

第 1 章 教育和人工智能

内容提要

本章介绍教育、自然智能与人工智能三者的定义及其之间的关系。

学习目标

1. 从自然智能角度理解教育的含义;
2. 了解一般教学系统的组成要素及其之间的关系、动态性、开放性、教育者的功能;
3. 熟悉一般教学系统常用的教学理论;
4. 掌握教育技术的一般定义;
5. 了解教育、自然智能与人工智能三者之间的关系;
6. 了解人工智能的八个主要研究领域;
7. 了解人工智能研究的三个理论的特点。

关 键 词

教育,一般教学系统,教学理论,教育者功能,效率,教育技术,自然智能,人工智能,课程

1.1 教育和一般教学系统

1.1.1 教育的含义

现代社会中,每个人都要接受教育,只不过有些人经历的教育阶段长,有些人经历的教育阶段短;有些人连续多年接受教育,有些人则在接受一段教育之后步入社会、开始工作,然后又重新接受教育。一个人从幼儿园、小学、中学、大学到研究生,都是在接受正规的学校教育;在家庭、社会和工作场所,接受的则是非正规教育。

不同形态和场所的教育的共同特征是什么？古往今来许多教育学家和教育工作者都给出了不同的定义。

从系统论的观点看，教育是一个复杂的动态系统。幼儿园、小学、中学、大学、家庭、社会和工作场所都是教育系统的不同形态。教育系统就是提高受教育者自然智能的系统。因为这个系统是动态变化的，所以教育也可以说是提高受教育者自然智能的过程。

这样一个抽象宏大的定义涵盖了各种各样的教育形式，如家庭教育、社会教育、学前教育、学校教育（基础教育、初等教育、中等教育、高等教育）、成人教育、企业培训、继续教育、终身教育、自学、远程教育（函授教育、网络教育等）、计算机辅助教育（过去的电化教育）等。

就教育过程而言，如果强调受教育者，这个过程就是学（习）；如果强调教育者，这个过程就是教。

1.1.2 一般教学系统

只关心教育过程中的教和学，不考虑管理、经济等要素的教育系统即为一般教学系统。

一般教学系统包含了人、物和知识三种要素。人的要素包括受教育者和教育者，物的要素就是教学媒体，知识要素包括教学内容和教学方法。

教育者就是实施教育功能的人。例如，家庭教育中的家长，学前教育（幼儿园）、小学、中学、高等学校中的教师，其他教育机构（如成人教育）中的教学人员，以及工作岗位上的师傅等，都是教育者。

受教育者就是接受教育的人。例如，家庭教育和学前教育中的儿童，小学、中学、高等学校中的学生，其他教育机构中的被培训者和工作岗位上的学徒等，都是受教育者。

教育系统的最根本特征就是拥有至少一个受教育者。如果受教育者不存在了，一个教育系统也就不复存在了。

自学是一种特殊的教育形态，似乎没有教育者，只有受教育者。但是，这种状态下的受教育者也是教育者，需要知道学习的内容和方法、具备较高的素养和能力，才能取得和在常规学校环境中一样的学习效果。这也是古今中外自学成功者寥寥无几的一个原因。当代社会中，一个人很难完全依靠自学成才。

慕课等在线学习环境也是一个教育系统，其显著特征是教育者和受教育者时空分离，无法像在常规教室里一样进行面对面的沟通和交流；更重要的是，这一教育系统中的受教育者和教育者人数比例悬殊，一个教师通常要面对成千上万的在线学习者,不可能兼顾每个学习者的学习,所以学习者自身的学习素养和能力,比如计划能力、坚持力、抗干扰力和自我调节能力,对于能否取得较好的在线学习效果至关重要。这也不难解释为什么慕课等在线学习环境的及格率较低、辍学率较高(贾积有,等,2014)。

教学媒体是在教育系统中使用的物理上客观存在的媒体,在形式上可分为传统媒体和信息社会中的现代媒体。传统媒体包括教室里的黑板、粉笔、教鞭、幻灯片、胶片、投影仪,教育者和受教育者使用的教科书、辅导材料、练习册、作业本、图片等,也包括物理、化学、生物等学科的实验器材和装备;现代媒体包括各种类型的计算机硬件和软件,计算机网络(如局域网、广域网和互联网),视听设备(如收音机、录音机、录像机、摄像机、电视机、卫星接收设备、宽带网等)和现代的存储媒体(如电磁性质的磁带和磁盘、电光性质的光盘等)。

教学内容指教育者需要传授、受教育者需要掌握的知识和技能。比如人生观、世界观和道德观,数学、物理和化学等各科知识,工作岗位上的职业和技术性的技能等。教学内容可以通过符号的方式储存在教学媒体中。不同类型的教学媒体以不同形式存储和呈现教学内容。例如,印刷品形态的传统媒体,只能以文字和图片两种形式存储和呈现教学内容;现代媒体则在文字和图片两种形式之外,增加了音频、视频等多媒体形式,虚拟现实和增强现实技术则能为受教育者呈现更加逼真形象的教学形式和内容。还有一些教学内容,比如某些肢体动作的技能,很难以某种形式保存在某种教学媒体上,只能通过教育者的言传身教来传递给受教育者,或者说"只可意会不可言传",属于某些领域的缄默知识(石中英,2001;郭秀艳,2003;吴晓义,2005)。

教学方法研究如何使教学内容快速地被受教育者所理解和掌握(即学习),进而提高受教育者的智能。例如,教育者可以通过言语、手势、表情、动作等手段和合理地使用各种教学媒体来达到较好的教学效果。教学方法是一种特殊的关于教与学的知识,即教育者需要掌握的、以达到最好的或者较好的教学效果的知识。这种方法是教育者通过上岗之前的系统学习和培训获得的,会随着教学过程的展开而不断丰富,也会在教育实践过程中得到更新和发展。

总的来说,一个一般教学系统包括人(教育者和受教育者)、物(教学媒体)和知识(教学内容和教学方法)。用集合的概念来表达:

一般教学系统={教育者,受教育者,教学媒体,教学内容,教学方法}

世界上有各种各样的具体的一般教学系统。例如,一个包括了儿童的家庭,小学或中学中的一个班级,高等学校里的一门课程,一个工作岗位上的师傅和徒弟等。这些一般教学系统都包括了上面提到的五个要素,如在一个包括了儿童的家庭中,教育者就是家长,受教育者就是儿童,教学媒体包括书本、图片、电视机等,教学内容包括日常生活中的常识性知识,教学方法则是家庭教育的常用方法。

《中华人民共和国家庭教育促进法》于2021年10月23日由第十三届全国人民代表大会常务委员会第三十一次会议审议通过,于2022年1月1日起实施。该法律对家庭教育的内容规定如下:"以立德树人为根本任务,培育和践行社会主义核心价值观,弘扬中华优秀传统文化、革命文化、社会主义先进文化,促进未成年人健康成长。"对教学方法规定如下:

(一)尊重未成年人身心发展规律和个体差异;

(二)尊重未成年人人格尊严,保护未成年人隐私权和个人信息,保障未成年人合法权益;

(三)遵循家庭教育特点,贯彻科学的家庭教育理念和方法;

(四)家庭教育、学校教育、社会教育紧密结合、协调一致;

(五)结合实际情况采取灵活多样的措施。

一般教学系统的五个组成元素之间的关系是紧密相关的。教育者已经了解和掌握了教学内容,具有这方面的专业知识和一定的教学方法;教育者的任务是通过合理地使用教学媒体,使教学内容为受教育者所理解和掌握,从而将知识从教学媒体或者教育者大脑中传递到受教育者大脑中、提高受教育者智能;受教育者的任务是通过合理地使用教学媒体,尽可能地吸收和掌握教学内容,提高自己的智能。

1.1.3 一般教学系统的动态性

一般教学系统是个典型的动态的复杂系统(迈因策尔,1999),它存在于一个有限的时间范围内。例如,一个班级只存在于从诞生到解散的时间里,一门课程(包括特定的授课教师和授课对象)只是在一个指定的学期里被讲授和被学习。在这个有限的时间范围里,这个教学系统的动态性体现在它的组成元素的动态变化上。其中,变化最明显的元素应当是受教育者。在刚进入这个教育系统时,受教育者对教学内容通常一无所知或者知之甚少。随着教学活动的展开和教育者的教导,受教育者逐渐了解和掌握了相关的教学内容,并提高了这方面的智能。从这个教学系统的开始到结束,受教育者的变化究竟有多大(或者说其智能的提高有多少),取决于受教育者本身、教育者、教学媒体、教学内容和教学方法的综合作用。

教育者在这个教育系统中也改变着自身。这表现在三个方面:一是对教学内容的掌握程度,随着教学活动的展开而深入;二是教学经验的积累,也就是对教学方法和教学艺术的驾驭程度,随着教学活动的展开而深入;三是对受教育者的熟悉程度(比如其个性和能力),也随着教学活动的展开而深入。教育者和受教育者之间也常常会有情感方面的交流和互动,这也会对教学系统的工作效率造成影响。

教学内容是教育者在教学活动开始前就计划好的，一般不会有什么变化。但是有一种情况却是需要考虑的，那就是在教学活动中新的知识的产生。这种产生往往发生在高等学校的某些不成熟或者说新兴、边缘、交叉学科的教学活动中，教师和学生对已有教学内容的讨论和分析经常导致对已有知识的修正和新的知识的诞生。

教学媒体作为客观事物，如果不考虑人为的破坏和自然的磨损折旧，一般是不变化的，比如书、教鞭和投影仪。不过，作为教学媒体应用在教学系统中的记录媒体（如磁带）和计算机软件中的数据，特别是那些记录教学活动（如学生成绩和在线行为）的数据，一般来说也是动态变化的。这些变化的数据正是对受教育者进行建模和画像、开展个性化教学的重要基础。

教学方法也是动态的。一方面，在不同的时间，针对不同的教学内容存在着不同的教学方法；另一方面，教育者和受教育者在教学活动中会共同创造新的教学方法。

从以上的分析可以看出，一般教学系统的各个组成元素几乎都是动态变化的，也就是说它们都是时间的函数。这种动态性在教学设计中必须被考虑到。

1.1.4　一般教学系统的开放性

一般教学系统不是自我封闭的，而是随时和它赖以存在的自然和社会环境进行着物和信息的交换。这种物流和信息流影响着教学系统的各个组成元素，影响着整个系统的工作效率。

比如，在中小学校的校外管理中，家校之间顺畅、及时的信息沟通和交流，对学生的身心健康、快乐成长和学业进步都会起到关键的促进作用，对教师了解学生情况、开展针对性教学也至关重要。

又如，学校和社会环境之间通畅的食品、电力、通信网络信号交换能够为学校的正常运行和教学工作的正常开展提供重要的物质保障。

1.1.5　一般教学系统中教育者的功能

一般教学系统缺少教育者的唯一情况就是自学。在这种特殊形式的一般教学系统中，似乎没有教育者，只有受教育者。但仔细分析一下就可以看出，这种系统中也有教育者，这就是受教育者本身。受教育者之所以能够自学某些教学内容，是因为他对该教学内容已经有了初步了解，并可以采用适当的教学方法来保障教学过程的顺利进行。

所以这里要详细考察一下,为了保障整个系统取得较大的工作效率,并使受教育者的智能得到较大程度的提高,一般教学系统中的教育者需要具有哪些能力。一个具体而普遍存在的例子是英语教学。假设一个英语教师要给一个班的学生教授英语课,这个教师需要具备怎样的能力呢?

第一,教育者要熟练理解和掌握要传授的教学内容。这种理解和掌握以教育者此前受过的专业训练为前提。这不是要求教育者将所有的教学内容熟记于心,而是强调教育者在每次教学活动前必须知道这次教学活动的内容。这种能力是依靠备课等活动实现的。例如,一个英语教师应当接受过英语学科的良好教育和训练,拥有相当数量的词汇和基本的语法知识,能够熟练地进行英语的听、说、读、写。在高校里的英语教师更要拥有更大的词汇量和更多的语法知识,能够极其熟练地进行英语的听、说、读、写。

第二,教育者不仅仅需要理解和掌握这些知识,还应该具备借助教学媒体将这些知识恰如其分地向学生演示和讲解的能力。比如,英语教师可以借助实物、图片、幻灯片、录音、录像、计算机多媒体等来讲解和演示英语单词等知识,以便学生更好地学习相关内容。

第三,教育者应该了解学生对所讲授知识和技能的掌握程度。比如,教师可以通过课堂提问和学生回答来了解;也可以向学生布置与教学内容相关的作业、测验和考试,并对受教育者的回答及时给予评价,以便检查受教育者的学习能力和成果,并使受教育者本人看到自己的进步和不足。如果这种对学习成果的检查不多,那些主动性不强的受教育者缺少一定的激励和鞭策,对学习的重视程度便难以提高。反之,如果这种检查过多,受教育者压力过大,就会产生恐惧、厌倦和逆反心理。

第四,教育者对于受教育者提出的各种问题和建议,应当及时给予答复。这些问题反映了受教育者对教学内容的思考和疑惑,应当给予重视。对于一些教育者也不知道答案的问题,教育者也应当通过查找资料或者询问同行,尽量给予答复。有些看似钻牛角尖的问题,却正是新思想和新知识的源泉。

第五,教育者应当通过在集体环境中的称赞表扬和个人谈心等方式,激发受教育者的学习主动性和创造性,以便使他们对教学活动充满兴趣和激情,全身心地投入其中。如果受教育者对教学活动不感兴趣,即使是再好的教育者和教学方法也无济于事。

第六,教育者应当对每个受教育者采用合适的教学方法。每个受教育者的具体情况,如先天智能、基础知识、家庭成长环境、学习风格等各不相同,教育者应当根据每个教育者的特质因材施教,有针对性地开展教学。

概括地说,一个成功的一般教学系统中的教育者应当具备下面六种能力:掌握知识、表达知识、了解学生、释疑解惑、激发兴趣、因材施教。其中,掌握知识是基础,表达知识和了解学生是基本技能,释疑解惑和激发兴趣是高级技能,因材施教是最高境界。

当然,具备了这些能力的教育者仅仅是为受教育者提供了良好的外部环境;外因必须通过内因才能起作用,受教育者自身的主动性、积极性和创造性才是其获得知识、提高智能的内部因素。

在自学这种特殊的教学系统中,受教育者本身也是教育者,他必须同时兼有教育者的教学能力和受教育者的主动性、积极性,其难度自然增加很多。这也是长久以来自学成才的人为数不多的原因。

1.1.6 一般教学系统中的教学理论

前面一节归纳了教育者应该具备的能力。这种归纳实际上是建立在对几种典型的教学方法和教学理论的概括总结之上的。在教育史上曾经出现了各种各样的教学方法和教学理论,这里简单介绍四种影响最广的理论:行为主义、认知主义、建构主义和联通主义的相关理论。这些理论其实也是计算机辅助教学系统的理论基础。需要指出的是,这些理论的区分不是绝对的,在实际教学实践中的应用也不是非此即彼、相互对立的。

1. 行为主义

行为主义的核心思想是学习依靠强化训练。行为主义的奠基人是 1904 年诺贝尔医学奖获得者、俄国生理学家巴甫洛夫(Iwan Petrovich Pavlov)。他在狗的条件反射实验中发现,狗一看见将要喂给它的食物就分泌唾液,这是为了准备进食而出现的自然生理反应。然而,因喂食产生的唾液分泌,也可以因为别的事件而出现,如果这个事件和喂食存在着必然联系。例如,如果在喂食的同时伴随着响铃,那么过了一段时间后仅仅这个铃响就会使狗分泌唾液。这样两个刺激之间的关联被称作经典的条件化。按照巴甫洛夫的说法,这种条件化促进了某种行为方式的学习。实验动物的某些行为如果受到奖励,就会增加;反之,这些行为如果受到惩罚,便会减少。

行为主义代表人物桑代克(Thorndike)、华生(Watson)和斯金纳(Skinner)主张通过强化训练措施促进学习成绩的提高。华生认为,通过条件反射,人类可以形成任何期望的行为和得到任何期望的能力。他的著名言论就是:给我十几个健康的儿童和一个特殊环境,以让他们成长。我可以保证,我可以将其中的任何一个按照我的爱好培养为任何一种专家——医生、律师、艺术家、商人,甚至乞丐和小偷,不管他的天分、爱好、理想、能力和家庭背景如何(Watson,1913)。

在行为主义看来,行为变化的实质是刺激—反应联结的形成,如刺激"2×9"和反应"18"之间形成联结;在行为之后出现的事件(即后果)被看作强化,例如,当老师向一个学生提问"2×9=?"时学生回答"18",老师表扬说"很好,你答得很对",这就是强化。在行为主义学习理论中,强化是一个十分关键的概念,凡是能增强反应概率的事件都叫强化物。对行为主义者来说,对强化的控制就意味着对行为的控制,对目标行为进行强化是学习的关键。

行为主义理论认为,学习是由反复练习而引起的比较持久的行为变化。比如,学生反复练习乘法口诀表,以致最后能背出乘法口诀表。行为主义只研究外在的可观察的行为,试图解释行为变化是如何受环境影响而发生的。

行为主义理论的影响是多方面的。总的来说,行为主义认为,行为和知识是强化的(奖励的)或者减弱的(惩罚的)因素造成的结果。他们将大脑看作一个对事先给定的刺激进行反应的器官,不考虑大脑内部的过程和行为,而认为学习就是训练,学习的目的就是正确行为意义上的行为的改变。行为主义明确指出了应当被学习的教学内容,并提供了一种检查这些教学内容是否被记住的方法。

斯金纳将行为主义理论应用到教学中,提出了程序教学的概念。其具体过程是:

(1) 选择终点行为,即教学目标,越具体越好;

(2) 了解学生的起点行为,即目前能做什么,已经知道什么;

(3) 步调划分,即将知识划分成若干小步,步子的大小因学生的能力而异;

(4) 呈现小步任务给学生,对学生在每一小步上的反应予以反馈和强化,直到学生达到教学目标为止。

他还设计了一个机械装置"教学机器"(Skinner,1958),来实现程序教学的思想,这将在第9章予以介绍。

行为主义者将受教育者(也就是人)看作可以随意控制的简单机器,就像一个计算机一样,而较少考虑学习中个人和社会的复杂情况。行为主义影响下的教学方法通过奖惩措施,比如考试、检查作业、公布考试排名、发奖品等,来训练受教育者学习或者记忆某些事实,比如,外语单词和语法、数学公式或者医学词汇。受教育者在这种激励或者惩罚下,在短期内会产生好的学习效果,比如记住了这些单词和语法、数学公式或者医学词汇。但是过一段时间,比如考试过去以后,这些知识可能就被遗忘了。这种死记硬背得来的知识往往不能被灵活运用于解决实际问题。比如,牢记了一大堆医学术语的医学学生不一定能成为一个好的医生,牢记了一堆数学公式的学生不一定能很好地解决数学问题。

2. 认知主义

认知主义的核心思想是学习依靠理解。认知主义克服了行为主义过于机械化的局限,强调研究和理解人脑内部的复杂过程：感知能力、解决问题的策略、决策过程和对复杂关系的理解等。认知主义认为学习是多层次的信息加工的过程,并包含了对于信息的解释和评价。新的行为可以通过对相应环境的深入理解而被获得。知识不是靠死记硬背被塞进大脑的,而是通过一个对信息理解和加工的复杂过程获得的。学习不是面向正确答案或者行为的训练,而是解决问题的正确方法的获得。

认知学习理论特别关心学习时学习者头脑内部所发生的事,把学习看作是大脑对信息进行加工的过程,认为学习由接收、短期存储、编码、长期存储以及提取信息等几部分构成。认知理论家们关心知识的认知结构或系统,关心这些结构建立和改变的过程(Anderson,1983;Newell,Simon,1962;Stillings,et al.,1995)。

在认知主义理论看来,教学不是将知识简单传递,而是学生积极主动地将其获得。学生应该成为积极的信息加工者：积极地做出选择和注意等反应;积极地组织已经知道的信息;积极地寻求相关信息来解决问题。教师要为学生创造良好的条件以激发学生的学习动机,提供合理的学习策略以促进学生的学习。

认知主义认为以下原则可以增强学习效果：

其一,定向与回忆。教师在教学时需要告知学生学习目标,引发学生对学习结果的预期,激活学生记忆中的相关知识。

其二,智力技能。教师应促使学生应用已有的策略和方法学习新的信息,提高学习效率。

其三,个别化。教师需要调整教学,以适应个别学生的知识、技能水平,提高学习效率。

认知主义学派繁多,有些和行为主义及建构主义的区别不是泾渭分明的。认知主义也存在一定的局限,如过分强调大脑的信息加工过程,而忽略了人类学习中身体的和社会的因素。另外,认知主义受到人工智能研究成果的极大影响,倾向于将人脑和计算机的符号处理过程相提并论,这就过分低估了人脑的复杂性。

3. 建构主义

建构主义强调学习依靠经历和解释。和认知主义相似,建构主义将大脑看作一个信息加工的系统。不同之处在于,建构主义将大脑看作一个相对封闭和自组织的系统,它的大部分功能在于自我组织,只有少部分是处理信息或者外界刺激的。建构主义认为,来自外部世界的被感觉器官捕获的信息,比如人们听到的声音或者看到的图像,并不是告诉大脑这个世界是什么样的,而仅仅是有待大脑解释和理解的原料。比如说听到了音乐,并不是说耳朵听到了音乐,而是耳朵接收到了声波并将其传递到大脑,是大脑产生了音乐的感觉。大脑的功能就在于对感觉器官获得的来自外界的刺激进行解释,它建构了这个外部世界是怎样的,而并不知道这个世界真正是怎样的。人们所感觉到的外部世界,仅仅是人们对于这个世界的体验而已,并不是这个世界本身。在这种意义上理解某个事物意味着建立了一种对这事物行得通的解释。

按照这种理论,学习并不只是被动的信息和感觉的获取和存储过程,而是一个主动的知识建构的过程。另外,学习是一个个体自我调节的过程,是和已有知识和经验紧密相关的(Jonassen,1994;Tenenbaum, Naidu, Jegede, Austin, 2001; von Glasersfeld,1996)。教育学家陶行知的名言"做就是学,学就是做"和杜威的名言"做中学,学中做"都是对行为主义思想的高度概括。

建构主义学习理论强调,学习是主观经验系统的变化。学习时,学习者不是像接受一件物体那样接受客观的知识,而是在积极主动地建构和理解知识。这种建构是在主客体交互作用的过程中进行的。每一个学习者都是在自己先前经验的基础上,以其特殊的方式,来建构对新信息、新现象、新事物、新问题的理解,形成个人的意义。由于学习是学习者在与环境的交互作用中主动建构知识的过程,因此教学需要为学习者创设理想的学习环境,促进学习者进行主动建构的过程。

教学内容或知识的传播不是建构主义关注的重点。教育者或者计算机辅助教学系统只能引起、促进和帮助受教育者的知识建构过程,也就是说,使之自我建构知识。

建构主义发展出了许多教学模式。其中比较著名的模式有随机进入式教学、情境性教学、认知学徒制、支架式教学等。

建构主义对被教育者的知识和技能基础要求较高。如果被教育者的已有知识和经验不够,就会因感觉到要求过度而缺乏学习的信心和兴趣。基于此,教师的导航性作用对于学习者的知识建构至关重要。

4. 联通主义

联通主义也称作连接(联结)主义,强调学习依靠交流和协作。它以网络学习为基础。网络具有节点和连接两个元素,节点包括学习者、学习资料和其他信息源,连接是两个节点间的任何联系方式。学习行为是创建节点的外部网络的过程,连接各个专业节点或者信息源。社会、社区和同学会对学习产生较大影响,学习者之间的交流和协作也至关重要。国际互联网、Web 2.0、物联网等现代信息通信技术为联通主义指导的教学实践提供了强有力的技术支撑(Gasevic,Kovanovic,Joksimovic,Siemens,2014)。

1.1.7 一般教学系统的工作效率

任何一个教育机构的教学过程都需要教师借助一定的自然资源(比如教室、设备、网络等)、付出时间和精力进行"教",也需要学生借助这些自然资源、花费时间和精力进行"学",然后通过教学评价来衡量其效果。因此,一般教学系统的工作效率可以用以下公式来表示:

$$一般教学系统工作效率 = \frac{所有学生的自然智能的提高程度总和}{(所耗费的教育者的人力资源总和 + 所耗费的自然资源总和) \times 所耗费的时间}$$

这个公式是一个分数,其分子部分是这个教学系统所有学生、而不是个别学生的自然智能的提高程度总和,也就是全体学生核心素养各个方面的提升程度总和。具体而言,就是全体学生在学校常规考试中成绩的提高等知识与能力方面的客观评测结果,加上情感与态度、方法与过程两个方面的主观性的评测结果。具体评测方法详见(贾积有,孟青泉,2020),包括使用统计上的差异显著性检验,例如 t 检验、效果量计算等。

公式的分母部分包括两个投入组成要素:

第一个要素是投入教学系统的人力资源和自然资源,可以用货币单位来表示。教师的工资补贴等属于人力资源投入,建造和维护教室、购置教学装备、购置信息技术硬件和软件系统等需要的经费属于自然资源投入。

第二个要素是教学系统所耗费的时间,包括课上学习和测验时间、课后作业时间等。

这个公式的两个具体应用例子是:智能英语教学系统希赛可支持的英语混合式教学的效率与传统学习方式的效率比较(Jia,2014),和传统学校数学教学效率与人工智能高考数学机器人的教学效率比较(贾积有,2018b)。

2021年7月24日,中共中央、国务院印发了《关于进一步减轻义务教育阶段学生作业负担和校外培训负担的意见》,简称"双减",这是一项指导中小学阶段学生作业安排的重要方针文件,可以从一般教学系统的效率角度来理解这个文件的相关政策:一般来说,中小学校的人力资源和自然资源投入都是依靠各级政府的各类财政收入,不需要学生家长买单。但是如果常规的学校教育无法满足学生的学习需求,家长不得不花钱去找校外培训机构,这就会加大学生家长的人力资源投入。"双减"政策中的校外培训负担就是指家长支付的过多的校外培训花费。

学生在作业、测验等学习活动上花费的时间越多,学业负担就越重。在保障课堂教学时间的前提下,"双减"政策中的学生作业负担就是指学生花费了较多时间到校内和校外作业上。

作为重要的评价手段,考试可以评测学生的学习效果,而作业是用于巩固学生所学知识的同时,帮助老师和学生自己诊断学情。作业和考试次数显然与学生需要花费的时间成正比,次数越少,学生花费的时间越少。不仅如此,学生在每次作业和考试中需要花费的时间还与作业和考试所包含题目的难度和数量有关:难度越大,数量越多,学生需要花费的时间也越多。

从上面公式可以看出,在分子不变的前提下,如果学生花费的时间缩短了,那么整个公式的数值就变大了;如果家长不必支付校外培训机构的人力资源和自然资源的费用,那么整个公式的数值也就变大了;如果时间缩短了、人力资源和自然资源的费用也减少了,那么整个公式的数值将变大更多。这都意味着教学效率的提高。所以,从这个角度来看,只要在保证教学质量和学习效果的前提下,"双减"政策中的减轻学生作业负担和减轻家长校外培训负担落实到位,自然也就提高效率,即增效了。

如果把"效"理解为效果,增效就是增进全体学生的学习效果。如果一个教育机构在减少作业和考试时间、减轻家长培训负担的前提下,还能提升全体学生的学习效果,那么整个分数数值必然会增加很多,这个机构的效率必然更高。所以,减负和增效密不可分。

1.1.8 教育技术

关于教育技术和教育技术学的定义已经很多了,其中比较著名的是美国教育传播与技术协会(Association for Educational Communication and Technology,AECT)1994 年的定义,即"教学技术是为了促进学习,对有关过程和资源进行设计、开发、利用、管理和评价的理论与实践"。笔者的理解是,教育技术是在教育这个动态系统中教育者使用的各种技术手段,目的是使受教育者的自然智能得到最大限度的提高和教育系统得到最大的工作效率。也就是说教育技术是教育系统或过程的一个组成部分。在这个意义上,教育技术是强调技术手段的教学方法。

为了最大限度地提高教育系统的工作效率,教育者可以使用各种各样的工具,如黑板、粉笔、教鞭、图片、幻灯、投影仪、电影、录像、试验仪器和计算机(硬件和软件)等;并减少教师数量、教学经费和教学时间。究竟如何和何时使用这些技术和手段才能取得最大的工作效率,是教学理论的一个重要研究内容。而教学理论是伴随着教育系统的出现而出现的,深受心理学、哲学(如认识论)等思想的影响。所以说,认知主义、行为主义、建构主义、联通主义等教育技术理论并非最近几十年来才出现的新理论,而是几百年来心理学、哲学等传统学科发展累积形成的成果。

计算机作为一种特殊的工具被应用在教育中,是 20 世纪 50 年代以来的事情。相比于其他传统教学工具,计算机的一个显著特征便是能够和人交互。在其他教学工具面前,受教育者只能是被动的接受者。而在计算机面前,受教育者却可以成为主动的探索者。这种交互性不仅是计算机作为人工智能载体的一个特征,也是它作为人脑的替代工具的功能体现。换句话说,计算机是教育系统中一种具有一定智能的特殊的教学工具。这种特殊性吸引越来越多的各个相关学科的专家学者来致力于对它的研究。计算机科学家研究如何将最新的计算机技术应用到教学中;心理学家和教育学家研究计算机在教育上的应用能否提高教育系统的工作效率。不管人们怎么称呼它——计算机辅助教学(Computer Assisted Instruction,CAI)、计算机辅助学(Computer Assisted Learning,CAL)、基于计算机的教育(Computer Based Education,CBE)、基于网络的教学(Web Based Teaching,WBT)、电子化学习(E-Learning)、混合式学习(Blended Learning 或者 Hybrid Learning)等,计算机是一种应用于教育系统的工具和手段的本质并没有被改变(加涅,张杰夫,1992)。

计算机的功能越来越强大,它在教育系统中应用的范围越来越广。那么它究竟有没有可能替代教育系统中的教育者,并促进教育系统取得较大的工作效率呢?这正是本书要讨论的问题。所以在本书中,教育技术就是指应用了计算机的教育技术,以区别于传统的使用幻灯、投影等的教育技术。本书以下章节中的"教育技术"均基于这样的理解。

1.2 自然智能与教育

人类的自然智能就是人类具有的智力和行为能力。别的生物(包括动物和植物)也有各自的自然智能。自然智能非常复杂,因而通常按照不同的标准分为若干个组成方面。

从大的方面讲,人类的自然智能包括感知智能、记忆智能、思维智能、行为智能和语言智能五个方面(张仰森,2004)。

感知智能指人通过视觉(眼睛)、听觉(耳朵)、触觉(皮肤)、味觉(舌头)、嗅觉

(鼻子)等感觉器官感知外部世界的能力,是人类获取外部信息的基本途径。动物都在不同的方面有不同程度的感知能力,在某些方面动物的感知能力甚至比人还强,比如狗的嗅觉。人类生来就有基本的感知智能,但是高阶的感知智能需要在教育系统中系统培养。比如,音乐课培养高阶的听觉智能,美术课培养高阶的视觉智能,体育课培养高阶的视觉、听觉和触觉智能。

行为智能是人们对感知到的外界环境信息的反应能力。外界环境可以是异质或者同质的环境。异质环境就是自然环境,同质环境就是人类社会。对自然环境的行为能力就是适应自然和改造自然的能力,人类对社会环境的行为能力就是适应和改造社会的能力。形形色色的生物对自然环境和种内个体也有不同程度的适应和改造能力。

在人类社会中的行为智能主要通过文科类课程进行培养,比如,我国的思想品德和国外的宗教类课程着重培养学生在社会中的行为规范,社会学、经济学、政治学、管理学、历史学等则是从不同方面培养学生在人类社会中的行为规范。在自然环境中的行为智能主要通过理科类课程进行培养,比如,物理、化学、生物等分别从原子、分子、生物体等不同层次培养学生对自然的理解、使用和改造。

语言能力是一种特殊的行为能力,即人类社会环境中的一种行为能力。人类的语言能力包括语音方式和文字方式。某些动物也具有一定程度的语音方式下的语言交际能力,比如狗叫、蜂鸣。但是文字方式的语言能力是人类独有的一种行为能力。语言智能要在各门语言类课程中培养提高,语言类课程可以通过精选的范文来潜移默化地培养学生在社会和自然中的行为智能。

记忆与思维能力是人脑不可分割的最重要的两个功能。

记忆指由感觉器官感知到的外部信息和思维产生的结果在大脑中的存储和以后的调用。能够正确反映客观存在的信息和思维结果就是知识。

思维指大脑对所记忆的信息进行处理,即利用已有的知识对信息进行分析、计算、比较、判断、推理、联想、决策等,以获取新知识以及运用知识求解问题,并指挥人体进行感知、行为和语言等活动。行为能力和语言能力都处在思维能力的控制之下。有意识的感知能力也处于思维能力的控制之下。

思维可分为逻辑思维、形象思维以及顿悟思维等。逻辑思维和形象思维是两种基本的思维方式。

逻辑思维又称为抽象思维,它是一种根据逻辑规则对信息进行处理的理性思维方式,反映了人们以抽象的、间接的、概括的方式认识世界的过程。归纳与演绎能力是人类进行问题求解的两种主要的推理方式。

归纳能力是人们可以通过大量实例,总结出具有一般性规律的知识的能力。比如,在初中二年级(八年级)的数学课程"勾股定理"中有这样一个案例:相传

2500多年前,毕达哥拉斯发现朋友家的地砖图案反映了直角三角形三边长度之间存在某种关系,进而发现了勾股定理;这种从地砖的特殊现象归纳出勾股定理这个一般定理的过程,就是归纳能力。

演绎能力则是人类根据已有知识和所感知的事实,推理求解问题的能力,这是一个从一般到特殊、从抽象到具体的过程。比如,初中学生学习了勾股定理之后,就可以据此求解相关问题,这就是演绎能力的体现;英语等语言类课程中教师先讲解句型,句型就是一种高度概括的句子组成形式,然后让学生根据句型造出一个具体的句子,这就是锻炼学生的演绎能力。

逻辑思维能力在数学、物理、化学、生物等理科类课程的学习中要得到系统培养和提高,在语文和英语等语言类课程、历史和地理等文科类课程的学习中也必不可少。所有课程中的论文写作过程都需要严谨和科学的逻辑思维能力,比如三段论等。

形象思维又称为直感思维,是一种以客观现象为思维对象、以指导创造物化形象的实践为主要目的、以意象为主要思维工具、以感性形象认识为思维材料的思维活动。绘画、作词谱曲、文艺表演、创作小说等文艺作品都需要形象思维。形象思维能力可以在艺术类课程里面得到培养和提高。比如,美术课着重培养视觉领域的形象思维智能,音乐课着重培养听觉领域的形象思维智能。

顿悟思维指在潜意识激发下获得灵感而忽然开窍的思维,也就是灵机一动、恍然大悟。它和教育过程的关系比较复杂。

某些动物也具有一定的记忆和思维能力,比如蜜蜂。一项研究表明,蜜蜂每天都要在蜂巢和花朵间飞来飞去,为了采蜜而在不同花朵间飞行是一件很耗精力的事情,因此蜜蜂实际上每天都要寻找最短路径。尽管蜜蜂的大脑只有草籽那么大,也没有电脑的帮助,但它已经进化出了一套很好的解决方案。研究者利用人工控制的假花进行了实验,结果显示,不管怎样改变花的位置,蜜蜂在稍加探索后,很快就可以找到在不同花朵间飞行的最短路径。这说明蜜蜂也有一定的记忆和思维智能。理解蜜蜂的行为方式,将有助于人们更加简捷有效地解决最短路径问题和其他类似的路径规划问题。

总之,教育就是培养受教育者的自然智能的系统和过程。通过各门课程的学习,受教育者在某个或者某些方面的自然智能得到了提高。

人类智能也可以按照其他标准来分类,比如加纳(H. Gardner)的多元智能理论将人类智能分为九种:言语、逻辑、视觉(空间)、音乐(节奏)、身体(运动)、人际交往、自我内省智力、自然观察、存在(Gardner,2006)。

1.3 人工智能

人工智能就是用人工的方法在以计算机为代表的机器上实现人类的自然智能;是模拟、延伸和扩展人的自然智能的技术,而人工智能科学是研究和开发用于模拟、延伸和扩展人的智能的理论、方法、技术和应用系统的一门新的科学领域。

1.3.1 人工智能的研究领域

人工智能的研究领域主要包括八个方面:知识工程,数据挖掘,模式识别,自然语言处理,艺术创作,智能机器,专家系统,自动程序设计等。

1. 知识工程。知识工程研究在计算机中如何存储和表示常识性知识和专业性知识,如何根据用户需求快速搜索到某个或者某些知识,如何基于已有知识和新的知识进行推理、求解新问题。国际互联网上的搜索引擎可以说是知识工程的一项典型成果。最新的研究成果包括国际互联网上的各种类型的百科全书(比如国外的维基百科和国内的百度百科等)和词典(比如英文语义词典 Wordnet 和汉语语义词典 HowNet 等),以及基于这些百科全书和词典的推理系统。

2. 数据挖掘。数据挖掘研究计算机如何基于数据提取信息、基于信息归纳知识;具体而言,就是完成数据的统计描述、分类、聚类、规则关联、预测、可视化等工作。为了完成这些工作,人工智能研究者在认知主义、行为主义和连接主义等理论指导下,设计了多种算法,包括产生式规则推理、决策树、回归分析、人工神经网络、遗传算法、贝叶斯算法、邻近算法、支持向量机算法、模糊逻辑、粗糙集等。

人工神经网络就是通过硬件和软件系统来模拟人脑复杂的神经网络系统,从而产生人脑那样的逻辑思维和形象思维能力。最近十年来,计算机内存和硬盘等存储容量的增大、中央处理单元(CPU)和图形处理单元(GPU)等运算速度的提升,使得构建非常庞大的人工神经网络成为可能;而国际互联网上大规模文本等数据的出现,则为这些人工神经网络的训练和学习提供了非常丰富的资源;硬件和数据两个方面的加持,使得人工神经网络的新阶段——深度学习成为可能。2016 年战胜多位世界围棋冠军的谷歌程序 AlphaGo(Silver, Huang, Maddison, et al., 2016)和 2022 年底问世的微软投资的聊天系统 ChatGPT(Brown, Mann, Ryder, et al., 2020)就是借助非常庞大的深度学习网络,取得了超凡脱俗的表现。

3. 模式识别。模式识别借助数据挖掘的研究成果,识别人类的脸部、眼睛虹膜、语音、指纹、步态、手写字符和情感,以及各类物体的图像。卷积神经网络模型在人脸和图像识别等多个任务的识别准确率和效果上都超过了人类。以人脸识别为代表的校园安保、银行系统和智能手机上的刷脸认证就是利用了人脸识别的研究成果。

4. 自然语言处理。自然语言处理借助知识工程和模式识别的研究成果,理解人类语音和文字,产生人类文本和语音。基于海量文本数据的大语言模型极大提升了自然语言处理技术的水平。ChatGPT等就是大语言模型的典型代表,具有文本理解、对话生成、文本分类、文本总结等多项功能。

5. 美术和音乐等艺术作品设计。数据挖掘和模式识别是人工智能模仿人类的逻辑思维智能,绘画、谱曲等艺术创作则是模拟人类的形象思维智能。

6. 智能机器。智能机器是能够模仿人类和其他动物的感知、运动、操作乃至交流的机器。自动行驶车辆、机器人等就是智能机器的典型代表。

7. 专家系统。专家系统是使用上述多个领域的研究成果来解决某些特殊领域人类专家才能解决的问题。比如在医疗、教育、军事等领域,已经广泛应用专家系统。

8. 自动程序设计。自动程序设计指按照人类要求、让计算机自己设计出新的程序。ChatGPT等应用大语言模型的系统就具有较强的程序设计功能。

人工智能虽然是在模仿人类的自然智能,但是两者的显著不同在于:人工智能的载体是计算机,计算机由硬件和软件构成;而自然智能的主体是人。为什么特别强调计算机作为人工智能的载体?这要从计算机的诞生和历史谈起。计算机(电脑)是为了代替人脑的功能而设计诞生的,这从莱布尼兹(Leibniz)、帕斯卡(Pascal)、祖泽(Zuse)、冯·诺伊曼(von Neumann)、图灵(Turing)等计算机的鼻祖和设计师的文章中就可以看出。计算机科学的发展历史,其实也就是人工智能的发展历史。

下面将简单介绍构成人工智能基础的硬件和软件系统。

1.3.2 计算机硬件

计算机硬件的组成部件一般包括:电源、散热设备、中央处理单元、内部存储器、主板、外部存储器、输出设备、输入设备、网络设备、系统总线等。

1. 电源。人类生存需要粮食和水源,电源就是给计算机供应粮食和水源的设备。没有电的话,计算机无法启动和工作。计算机作为一种数字设备,一般需要直流电电源。耗电功率较大的计算机如服务器、台式机(也称微机)和笔记本等,需要一个交直流电源转换器将220伏特的交流电转换为直流电。电源的一项重要指标是功率,单位是瓦特(W)。耗电功率较小的计算机则直接使用一次性的干电池或者可以充电的锂电池,如手机和平板电脑。

2. 散热设备。计算机工作时，各个部件都会产生热量，而交直流电源转换器也会产生热量。这些热量如果不及时排除，会导致各个部件温度升高，温度超过一定极限后，就会导致元器件损坏。人们使用手机时间久了，握着手机的手会感到发热甚至发烫，就是这个原因。不过，手机和平板电脑工作时产生的热量还不是很多，可以通过空气的对流散发出去而不影响其正常工作。笔记本、台式机和服务器等则不行。这些设备内部组件多，需要的电源功率大，工作时散发的热量仅仅靠自然对流无法散发出去，所以一般需要内置风扇来增强空气对流的速度，及时散发热量。某些功能强大的服务器耗电功率在千瓦的量级，工作时产生的热量也更多。大型数据中心包括了上百台甚至上万台高性能的服务器，需要空调设备来维持低温，因此其电能消耗将近一半都用于散热。液体降温是一种高效的降温散热方式，所以高功耗的服务器采用循环水的方式降温。还有些数据中心将整个计算机放在液体中冷却，提高降温效率，建设绿色高效的数据中心。

3. 中央处理单元。简称 CPU，在计算机中的地位相当于人体的大脑，负责计算和处理的工作。没有它，计算机就无法工作。中央处理单元的一个重要性能指标是运算速度，单位为赫兹（Hz），即次/秒。常用的台式电脑、笔记本电脑、手机和平板电脑的中央处理单元的运算速度都在 GHz 的量级（$1GHz=10^9Hz$）。中央处理单元的运算速度越快，处理数据和运行程序的速度也越快。

图 1-1　中央处理单元

图 1-2　内存条

4. 内部存储器。简称内存，是计算机启动和工作时程序和数据存放的场所；没有它的话，计算机也无法工作。内存的一个重要指标是它的容量，单位是字节（Byte）。现在常用的台式电脑、笔记本电脑、手机和平板电脑的内部存储器的容量都在 G 字节的量级。

数据的存储以字节（Byte）为单位，其换算公式如下：

1K 字节＝1024 字节＝2^{10} 字节

1M 字节＝1024×1024 字节＝2^{20} 字节＝1048576 字节

1G 字节＝1024×1024×1024 字节＝2^{30} 字节＝1073741824 字节

1T 字节＝1024×1024×1024×1024 字节＝2^{40} 字节

内存的另外一个重要指标是交换数据的速度，单位也是频率单位赫兹（Hz）。内存容量越大，数据交换速度越快，运行程序的速度也越快。

5. 主板。安置中央处理单元和内部存储器等组件的地方。

6. 外部存储器。可以是内部的闪存存储卡（手机常用）、内部的硬盘，也可以是外部的移动硬盘、U 盘和光盘；无论是否有电，都可以保存程序和数据。外存的一个重要指标是它的容量，单位是字节（Byte）。现在常用的 U 盘和移动硬盘的存储容量都在 G 字节甚至 T 字节的量级。另外一个重要指标是交换数据的速度，单位也是频率单位赫兹（Hz）。外存容量越大，数据交换速度越快，复制数据的速度也越快。

7. 输出设备。输出让人类用户感知到的文字、图形、声音、动作等信号。输出设备包括显示器这样的图形显示设备，喇叭或耳机这样的声音播放设备，电机这样的运动设备。这不是计算机必需的部件，但是如果缺少输出设备的话，人类用户便感受不到计算机的输出。

图 1-3　计算机内部的硬盘、外接移动硬盘和 U 盘

显示卡（简称显卡）是主要的输出设备。显示卡将要显示的信息处理后，为显示器提供扫描信号，控制显示器的显示。显示芯片是显卡的主要处理单元，又称为图形处理单元（Graphic Processing Unit，GPU），它除了专门处理显示信号，还可以完成部分原本属于中央处理单元的计算工作，减少了中央处理单元的负载压力。图形处理单元的主要性能指标包括运算速率和存储容量。后面讲到的深度学习算法，很多都是在图形处理单元实现的。

8. 输入设备。让人类用户可以输入程序、命令和数据的设备，如键盘、鼠标、麦克风、摄像头、超声波传感器等。这也不是计算机必需的部件，但是如果缺少输入设备的话，人类用户无法改变计算机的运行状态。

9. 网络设备。通过有线或者无线方式与其他计算机通信的设备，有线网络设备包括网卡和网线等，无线网络设备包括无线网卡或者蓝牙模块等；有些网卡是内嵌在主板中的。这不是计算机必需的设备,但是如果缺少网络设备的话,计算机无法与其他设备进行通信和信息交换。

10. 系统总线。连接以上各个部件的线缆,就好比人体的血管。有些线路是内嵌在主板上的。主要指标是带宽,单位是字节/秒。系统总线的带宽越大,中央处理单元和内存等内部组件之间的信息交换速度就越快,各个部件的功能便能得到更为充分的发挥。

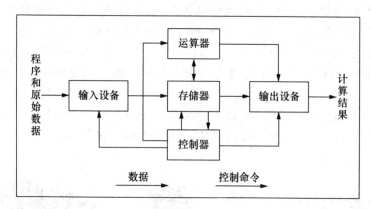

图 1-4 一般计算机构成图

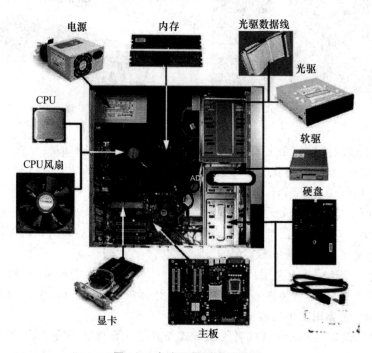

图 1-5 台式机(微机)组件图

表1-1 各类计算机的组件的重要指标量级和范围

类型	服务器	台式机	笔记本电脑	平板电脑	手机
中央处理单元运算速率	G赫兹	G赫兹	G赫兹	G赫兹	G赫兹
内存容量	G字节	G字节	G字节	G字节	G字节
外存容量	T字节	G字节到T字节	G字节	G字节	G字节
电源功率	>500瓦	>100瓦	<100瓦	<10瓦	<10瓦
系统总线传输带宽	G字节/秒	G字节/秒	G字节/秒	G字节/秒	G字节/秒

1.3.3 计算机软件

除了硬件系统以外,软件系统也是计算机的重要构成部分。计算机软件系统包括操作系统和应用软件。

操作系统是计算机软件系统的核心,没有操作系统的话,计算机将无法工作。目前台式机、笔记本电脑、手机和平板电脑等计算机上安装的操作系统基本采用图形用户界面(GUI),用户采用鼠标或者屏幕触摸等方式就可以控制计算机,简便易用。还有一些服务器等计算机上运行的操作系统采用文本用户界面,需要用户以文本方式输入命令,控制计算机的运行。目前常用的操作系统有Windows、LINUX、安卓Android、苹果iOS、华为鸿蒙等。

应用软件是让计算机完成某项特殊任务的软件,依赖于操作系统运行,一般由程序设计者通过某种编程语言设计实现。比如,字处理软件WPS Office套件、数据挖掘软件Weka等都是应用软件。

1.3.4 支撑人工智能技术的计算机硬件和软件

本节将以指纹锁、手机导航系统、智能扫地机等机器人、人脸识别系统四个典型案例,来说明人工智能技术背后的计算机是什么。

家用智能指纹锁看起来不大,质量不过四五千克,但是它内部包括了一个集成了中央处理单元、内存储器、外存储器、输入设备、输出设备和电源等设备的计算机。指纹锁中的中央处理单元、内存、外存集成在一块芯片上,输入设备主要是感应指纹特征的超声波传感器,输出设备是控制锁舌运动的电机,电源是可以更换的干电池或者可以充电的锂电池。如果需要将指纹锁和手机联网的话,还需要有网络设备,比如内置的无线网卡。在有电的情况下,这个计算机中内置的操作系统会运行,支持指纹特征采集、识别和储存等运行程序工作。这样,智能指纹锁硬件和软件结合,就可以采集特定人的指纹特征到内存,并持久化存储在外存。即使电能耗尽,计算机不工作,已经保存的特定人指纹特征也不会丢失。但是,由于这个小型计算机能集成的内存和外存容量有限,所以能够采集的特定人指纹特征也是有限的,如果超过了一定的数量就无法存储了。

手机导航系统、直播系统等都是手机上的应用程序,而手机本身也是一个计算机,拥有中央处理单元、内存储器和外存储器。手机通过麦克风这个输入设备将用户语音的声波转换为电流,在中央处理单元内将语音转换为文字;通过摄像头将用户照片和视频的光信号转换为电信号,通过喇叭播放声音,包括由文字合成的语音;通过屏幕显示文字、图片、视频等多种形式的信息。人声文字识别、翻译和显示等功能部分由运行于手机操作系统上的特定软件来实现的,部分通过网络设备由云端服务器完成后返回结果给手机。

智能扫地机、物流分拣和派送机器人、各式各样的自动行驶的车辆和星球探测车、无人机和机器鱼,也都是计算机控制的系统,内部包括了中央处理单元、内存储器、外存储器。这些计算机的输入设备包括摄像头或者超声波传感器,以便感知障碍物;输出设备包括各种类型的电机,以便控制其运行状态。对周围环境的感知、对电机的控制等功能是由运行于内嵌的计算机操作系统上的特定软件来实现的。

火车站和校园门口的人脸识别系统的核心也是计算机,内部包括了中央处理单元、内存储器、外存储器、输入设备、输出设备、电源和网络设备。其中,中央处理单元、内存储器、外存储器集成在一块芯片上。输入设备主要是感应人脸特征的摄像头,它将人脸反射的光信号转换成电信号。输出设备是控制门禁运动的电机,有时候也包括可以播报检验结果的喇叭或者显示检验结果的显示屏。电源是将交流电转换为直流电的转换器或者是可以充电的蓄电池。网络设备一般是有线网卡和网线,有些是无线网卡。因为这个集成度很高的计算机内存和外存也很有限,不可能储存全国人民或者全校师生的人脸特征,所以才需要通过网络设备将捕捉到的人脸特征与远程服务器内存储的人脸特征进行比对,判断其是不是特定人的特征;也可以通过网络将人脸特征上传到远端服务器上,进一步丰富特定人的人脸特征。人脸特征识别、对比和存储等功能是由运行于服务器操作系统上的特定软件来实现的。

图 1-6　我国研制的超级计算机外形和内部结构

1.3.5　人工智能的理论基础

从大的方面讲,人工智能技术的理论基础包括认知主义、连接主义和行为主义三种。

认知主义也称作符号主义,强调计算机和人一样,是一个符号处理的系统;它通过产生式规则和逻辑运算来模拟人的演绎和归纳等逻辑思维。很多专家系统主要便是基于认知主义开发出来的。

连接主义强调通过硬件或者软件构建人工神经网络,来模拟人脑复杂的神经网络系统,从而具有人类的思维智能。深度学习就是具有很深层次(中间层很多)、结构复杂的人工神经网络。

行为主义模拟人和动物的学习过程,通过对一个计算机系统的某种效果较好的行为进行奖励,来对这种行为进行强化;或者对某种效果差的行为进行惩罚,来弱化这种行为。

人工智能发展到今天,很多成功的系统不仅仅是在上述某一种理论基础指导下实现的,而是综合运用了两种或者三种理论。

比如,对于汉语和英语等自然语言的自动理解和产生,就需要综合运用这种语言的词法和语法规则,以及基于大规模语料统计的深度学习方法。最典型的就是对汉语的理解,第一步需要分词,这就需要定义词汇构成的规则。分词之后,才能使用深度学习等方法进行语义和语用层面的分析。不管是文本形式的还是语音方式的理解与产生,都是如此。

在反向传播模型这样的人工神经网络和强化学习这样的深度学习模型中,要想减少实际输出和样本输出之间的误差,一般采用反向反馈的方式,如对产生较大误差的权重进行"惩罚"(即减小权重)或对产生较小误差的权重进行"奖励"(即增大权重),这实际上体现了行为主义的思想。

1.3.6　人工智能的跨学科特性

从定义可以看出,研究人工智能的科学,即人工智能科学是一门跨学科的交叉性的科学。首先,从事该学科的研究人员要了解包括计算机在内的机器的基本工作原理(硬件或软件),因此人工智能科学一般被划分为计算机科学的一个分支。其次,要从研究自然智能的某个学科中汲取研究成果,并将其在机器上表现出来。人工智能研究的成功就依赖于计算机科学与上面提及的学科门类的相互借鉴和融合,包括生物学、动物学、生理学、心理学、人类学、神经学、脑科学、物理学、化学、经济学、社会学、政治学、语言学,和研究所有学科的学科(或者说作为所有学科的基础的学科)——哲学(如其分支认识论、本体论、科学哲学等),以及所有学科的研究工具——数学,等等(迈因策尔,贾积有,2018)。自然智能的发展历史已经充分证明了这一点。近现代人工智能科学的奠基人和重要人物,无不涉足两个或两个以上的学科并颇有建树。

从另外一个角度来讲,如前所述,因为很多有关人类记忆和思维的科学研究(如认知科学)无法获得直接的证据(用大脑来研究大脑),所以很多理论还处于假说阶段。如果在人工智能研究中利用这种假说取得了较好的实验效果,那么这种人工智能的研究成果就可以说为这种假说提供了一种佐证。所以说人工智能研究也是其他相关学科的一个实验场所,比如著名的脑科学中的连接主义便得以在串行计算机上模拟,并取得了令人瞩目的实验结果。

1.4　教育、自然智能与人工智能的关系

回顾一下前面的内容:教育是提高人的自然智能的系统和过程。而随着更高智能的人作为教育者加入教育系统人的自然智能的提高反过来又可以提高教育系统的工作效率。这两者之间是正反馈的关系。

人类生来就具有某些自然智能,但是大部分自然智能是在接受教育的过程中培养出来的。

具体而言,人类生来就具有一定的感知智能,能用眼睛看世界,用耳朵听声音,用鼻子闻气味,用手触摸物体,用舌头品滋味。但是要知道看到了、听到了、闻到了、摸到了、品到了什么东西,还需要父母等家庭成员告知,这就是家庭教育;要想知道得更多,就需要在幼儿园、小学和中学进一步学习。学生在教师的

系统指导和训练下，在体育课上能更准确地感知球类和体操器械的位置和质感；在音乐课上能更敏锐地捕捉乐器和歌曲的音量和音调等特征；在美术素描课上能更精确地感受人脸的轮廓、肌肉等特征。所以，高阶感知智能的提高，离不开教育。

人生来就具有一定的行为能力，从爬行到直立行走，看到障碍物也会躲开，听到爸妈的叫声会有所反应。但是怎么走才优雅、健康，如何更好地待人接物，如何在社会中与人交往，如何与大自然和谐相处，还需要父母的教诲，更需要在学校接受专业教育。学生在教师的系统指导和训练下，在体育课上能更准确地击打和投掷篮球；在音乐课上能更好地演奏乐器、演唱歌曲；在美术课上能更好地描绘大好河山、人物形象；通过物理、化学、生物、地理等课程中能更深刻地认识大自然；通过社会、思想品德、法律、语文、英语、历史等课程能更全面地了解人类社会，学会待人接物、遵纪守法。

我国体育界的很多世界冠军取得傲人成绩的原因除了自身天赋以外，更离不开高水平教练的带领、科学方法的指导、科学仪器的监测、科学营养的支撑以及无数次的训练。比如，男子100米亚洲纪录保持者苏炳添说："以前以为加量苦练就能提升成绩。现在更加注重训练的细节，而且要动脑子。"国家队引入了世界知名的运动生物学专家，为他建立了数学模型，帮助他调整了起跑脚，使他取得了优异成绩。所以，行为智能的提高离不开教育。

人类的语言能力不是生来就有的，而是在和父母等其他家庭成员的交流中，在幼儿园和学校环境中不断习得的。语音方式的语言智能（即说话）可以不在学校等正规教育机构里学习，但是文字方式的语言智能却需要长时间的正规教育的培养。中国学生从幼儿园到小学、初中，都在通过语文课学习母语——汉语，通过英语课学习英语这门外语。语文课和英语课上的学习提高了学生语音和文字两种方式的语言智能。中华人民共和国成立之前和之初，我国有大量文盲，他们没有学习过语言知识，所以不能识字；经过多年的持续努力和国力的增强，我国教育事业迅速发展，随着义务教育已经普及，文盲已经几乎不存在了。所以，语言智能的提高，离不开教育。

人类生来就有一定的记忆和思维能力，但是与感知、行为、语言等智能相关的知识和技能需要在学校教育中学习和记忆，学校教育也是培养逻辑思维和形象思维的过程。比如，数学、物理、化学等课程要学习大量定理、定律等知识，更要学习如何应用这些知识来解决问题，这就是培养归纳和演绎思维的过程。语文课和英语课学习汉语和英语的语法、根据句型造句，这些也是培养归纳和演绎能力的过程；语文课和英语课中的阅读理解和写作既培养逻辑思维，也培养形象思维。所以，记忆和思维智能的提高，离不开教育。

生活环境对于人类感知、行为、语言、记忆、思维智能有重要影响。学校就是系统培养学生自然智能的良好环境,教育就是提高人类自然智能的过程。

人类自然智能的提高标志着人类对客观世界(自然环境和社会环境)和主观世界(人本身)的认识程度的提高。人工智能作为在计算机上实现的智能,也必然随着人类自然智能的进步而进步。

不过,人工智能的进步是否一定会促进人类自然智能的进步呢?这其实也和科学技术对社会发展的作用相似,存在正反两方面的效果。从正的方面说,人工智能技术的进步和应用会使人节省出更多的时间来学习知识和接受教育,来充实和发展智力;从负的方面说,用进废退,本来应该由人类完成的体力或者脑力活动,现在交给机器人或者计算机来做了,人类也可能会因此变得懒惰,进而导致体力和智力下降呢?

教育技术是计算机在教育上的应用技术。教育系统的功能就是促进受教育者的智能,所以教育技术应该促进受教育者的自然智能。但是教育技术能否真正提高教育系统的工作效率,却还要考虑使用计算机的资源投入,包括人力、物力、财力和时间。

人工智能作为计算机科学的一个分支,可以广泛应用在教育系统中,也就是说它可以成为一种教育技术。本书就要着重讨论人工智能的研究成果成为一种教育技术的可能性或者实际效果,以及它对整个教育系统(包括教育者和受教育者)的影响。

图 1-7 描述了上述这些关系。图中从教育到人工智能的连线意味着两者之间也有直接的关系。前面讲过了各自的指导理论,其中有三个理论是共有的、相同的:认知主义、联通主义和行为主义。一般教学系统中的指导理论的实施对象是作为受教育者的人,而人工智能研究的指导理论的实施对象是计算机硬件和软件,但是作用原理是一致的。因为教育系统自古就有,而人工智能是 1956 年才出现的一个研究领域,所以可以说人工智能的研究和开发借鉴了教学理论,或者说教学理论指导了人工智能研究。

总之,教育是自然智能的源泉,人工智能是在计算机上模拟的教育,也是自然智能在计算机上的实现;教育技术是计算机和人工智能在教育上的应用。

大语言模型作为一个集大成的人工智能系统,其发展离不开人类自然智能的贡献,比如在训练过程中需要大量人工标注的数据作为训练样本;它的训练过程融合了认知主义、连接主义和行为主义的理论指导;它对教育的影响巨大,不仅仅可以作为一种技术应用在教学领域,更对现有的教育制度带来了机遇和挑战(贾积有,张誉月,2023)。

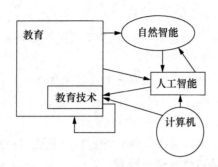

图 1-7 教育,自然智能,教育技术与人工智能之间的关系

本章小结

教育是一个受教育者的智能得到提高的动态系统,或者指受教育者在这个动态系统中的智能得到提高的过程。一般教学系统包括五个要素:教育者、受教育者、教学媒体、教学内容、教学方法。一般教学系统的动态性体现在它的组成元素的动态变化上。一般教学系统中的教育者应当具备的能力包括:掌握学科知识,表达学科知识,了解学生进度,释疑解惑,激发兴趣,因材施教。指导教学的理论目前常用的有四种:行为主义认为学习依靠强化训练;认知主义强调学习依靠理解和加工;建构主义强调学习依靠经历和建构;联通主义强调学习依靠协作交流。这些理论的适用对象也有所不同。教育技术是在教育这个动态系统中教育者使用的各种技术手段,目的是使受教育者的自然智能得到最大限度的提高和教育系统得到最大的工作效率,也是教育系统或过程的一个组成部分。

$$一般教学系统工作效率 = \frac{所有学生的自然智能的提高程度总和}{(所耗费的教育者的人力资源总和 + 所耗费的自然资源总和) \times 所耗费的时间}$$

教育是自然智能的源泉,大部分自然智能是在接受教育的过程中培养出来的。通过各门课程的学习,受教育者在某个或者某些方面的自然智能得到提高。

人工智能就是用人工的方法在以计算机为代表的机器上实现人类的自然智能;是模拟、延伸和扩展人的自然智能的技术,而人工智能科学是研究和开发用于模拟、延伸和扩展人的智能的理论、方法、技术和应用系统的一门新的科学领域。人工智能的研究领域主要包括八个方面:知识工程,数据挖掘,模式识别,自然语言处理,专家系统,智能机器,艺术创作,自动程序设计等。人工智能的载体是计算机,计算机由硬件和软件构成,某些人工智能系统由特殊的硬件和软件组成。人工智能的理论基础包括认知主义、连接主义和行为主义。

思考和练习题

1. 如何理解自学是一个特殊的一般教学系统？如何理解在线学习环境也是一个特殊的一般教学系统？
2. 一般教学系统中教育者应该掌握的功能有哪些？它们之间有什么关系？
3. 模仿本章给出的例子，尝试使用一般教学系统的效率公式，比较你曾经使用过的一种教育技术和传统教学方法的效率高低。
4. 目前常用的教学理论有哪几种？各自特点和适用对象都是什么？
5. 如何理解教育是自然智能的源泉？
6. 如何辨证看待人工智能和人类自然智能的关系？
7. 教学理论和人工智能指导理论之间的关系是什么？
8. 人工智能的八个研究领域分别是什么？
9. 以人脸识别系统为例，说明人工智能系统所依赖的硬件和软件及其规格。

第 2 章　知识工程

内容提要

本章首先介绍知识的定义及其分类,然后详细介绍常用的知识表示方法,最后介绍这些知识表示方法在教育技术上的应用。

学习目标

1. 了解知识的定义及其常用分类;
2. 了解知识与自然语言表达的关系;
3. 了解逻辑表示法;
4. 了解产生式表示法;
5. 会使用 Prolog 表示事实性知识和规则性知识、推导和求解问题;
6. 了解语义网络表示法、脚本表示法、框架表示法等知识表示方法;
7. 了解知识表示方法在智能教学系统中的应用。

关 键 词

知识,常识性知识,专业性知识,事实性知识,规则性知识

什么是知识?知识是如何在大脑中被存储和处理的?这是脑科学和认知科学等多个领域的专家一直关心和研究的问题,也是用计算机来表达和存储人类知识的关键。尽管这个问题极其复杂,至今仍然未能研究清楚,但计算机科学家还是利用现有的技术在计算机中表示和处理知识,并取得了巨大的成就。

2.1　知识的定义及其分类

2.1.1　知识的定义

人类通过感觉器官获取外部信息,对这些信息进行加工或者建构后,就可以获

得对客观世界的正确认识,也就是与客观世界相一致的认识,这就是知识。知识是人类记忆、思维、语言和行为能力的基础,是人类自然智能的出发点。有了知识人们才能推理、判断、决策。一般教学系统中的教和学的过程就是知识传递、获取或者说建构的过程。

2.1.2 知识的分类

知识可以从不同的角度进行分类。

1. **按照知识的作用范围,知识可以分为常识性知识和专业性知识。**

常识性知识是人们日常生活中普遍知道的知识,是一个常人赖以生存所必备的知识。缺乏这些常识性知识的人,似乎可以被称作智力发育欠缺。两个正常人可以用语言交流,是因为他们都具备了常识性知识。比如一个大人对一个小孩说"1加1等于2",如果这个小孩问"为什么不等于3?"这个大人就会感到这个孩子连最基本的数学常识都不懂,和他之间没有共同的对话语言,因而对话就进行不下去了。

专业性知识是面向某个具体领域的知识,只有这个专业领域的工作人员才能掌握并应用。比如数学、物理、化学、天文、地理、生物、历史、文学、哲学等各个学科的专业知识。

常识性知识和专业性知识的划分并不是绝对的,而与社会、时代的发展有密切关系。比如:"地球是圆的",可以说是常识性知识,但也可以说是天文或者地理知识。"1+1=2"可以说是常识性知识,也可以说是数学知识。

这种常识性知识和专业性知识的划分可以说是随着时代而变化的。比如在17世纪到19世纪,"地球是圆的"可以说是不能被大多数人所接受的专业地理知识。20世纪以来,随着社会的进步和科学的普及,这个知识被逐渐写入了教科书,也成为人所共知的常识性知识。从某种意义上讲,人类社会的发展会导致越来越多的专业性知识变成常识性知识。或者说,常识性知识是浅显的专业性知识的合集。

常识性知识并不是人生而知之的,而是在家庭、社会、幼儿园和学校中自觉或不自觉地通过学习和教育逐渐获得的。可以说,一个人在基础教育阶段获得的各门功课的知识是常识性知识,缺少这些常识性知识的人将成为这个时代的文盲。

专业性知识被广泛应用于各类专家系统和专业应用软件中,其重要性是人所共知的,而常识性知识的重要性却往往被忽略,且难以形式化。因此,国际人工智能界一致认为常识性知识的处理是人工智能的核心难题,有无常识性知识是人和计算机的最根本区别。

2. 按照人类的思维和认识方法,知识可以分为逻辑性知识和形象性知识。

逻辑性知识是反映人类逻辑思维过程的知识,可以通过自然语言和逻辑语言被精确描述。比如,前面提到的几个例子都是逻辑性知识。

形象性知识是人类通过形象思维获得的知识。比如一个人的脸部图像,一个人的说话声音,一首歌的旋律,一个体操动作的完成过程。

逻辑性知识和形象性知识的区分也不是绝对的。按照美国哲学家和语言学家塞尔(John Searle)的说法:能够被理解的就能够被说出来(Searle,1978)。形象性知识似乎可以通过自然语言的描述转化为逻辑性知识,但是很困难;并且即使转化成功了,表达效果也不如形象性知识直观清晰、简洁明了。所以在涉及形象性知识的教学中,具有多媒体功能的计算机通过图像、声音、动画和视频的综合运用,可以直观地表达各种形象性知识,起到一般教师用语言讲解无法起到的作用。

3. 逻辑性知识可以按照其语言表达方式划分为事实性知识和规则性知识,或者说简单知识和复杂知识。

事实性知识可以通过一个主谓结构的简单句子表达,在这个意义上也可以说是简单知识。例如,三角形属于多边形;三角形的内角和是180度。

规则性知识则需要由两个或两个以上通过关联词连接起来的简单句子(也就是复合句)才能表达出来,在这个意义上说是复杂知识。例如,如果一个图形属于等腰三角形,它就属于多边形。

2.2 知识的自然表达方法——自然语言

逻辑性知识的最简单直接的表达方式就是应用自然语言。传统的一般教学系统中的教学内容,也即各科的专业知识,就是用自然语言写在书本上,并由教育者通过自然语言的方式讲授给受教育者的。教材无非是各种事实性知识和规则性知识的集合。当然,仅仅依靠自然语言是不够的,某些专业知识还需要借助特殊符号才能被表达清楚,如数学和物理公式,化学分子式和方程式等。不过这些特殊符号本质上也可以用自然语言表达出来,如数学上的勾股定理,只不过会显得过于烦琐困难罢了。例如,勾股定理用自然语言表述是:一个直角三角形的斜边平方等于两个直角边的平方和。用数学语言表述就是:假设一个直角三角形的斜边长度为 c,两条直角边的长度分别为 a 和 b,那么 $c^2=a^2+b^2$。

2.2.1 世界和自然语言

关于世界和自然语言的关系,20 世纪初的著名哲学家路德维希·维特根斯坦(Ludwig Wittgenstein)在其成名作《逻辑哲学论》中有甚为精辟的描述。《逻辑哲学论》是维特根斯坦生前出版的唯一一部哲学著作,代表了维特根斯坦早期的哲学思想,全书涉及语言的实质、逻辑、伦理、哲学、动因、自我和意志、死亡,以及善与恶等内容,并着重阐述了语言与世界的关系。《逻辑哲学论》一书只有薄薄的 70 页纸。书的结构也很独特,共分七节,如数学公理般严谨排列,内涵丰富,略带神秘色彩,因此有人称其为西方的"道德经"。

维特根斯坦认为:

世界完全是由独立而简单的事物构成,复杂的事物构筑于这些简单的事物之上。

语言能够表达某种事物的状态,就像绘画能够勾勒出房间里的家具摆设。

然而,这种关系虽然可以得到显示,却不可能被说清楚,因为表达本身并非一个事实或一种物体。

同逻辑和数学一样,语言也可以有同义反复(tautologies),比如"一个刚刚开始的初学者"就是一种同义反复。

除了描绘事物和表达同义反复以外,语言没有其他的功用。

《逻辑哲学论》一书,先是开门见山地提出了逻辑原子论的世界观;进而提出了自己对哲学及哲学研究方法的见解;最后以略带神秘气息、意味深长的点睛之句戛然而止:

对于那些不可言说的,必须保持沉默。

概括地说,《逻辑哲学论》关于世界构成的观点是:

世界可以分解为事实;

事实是由原子事实组成的;

一个原子事实是多个对象的组合;

对象是简单的(基本的);

对象形成了世界的基础。

也就是说,从宏观到微观存在这样一条构成链条:

世界→事实→原子事实→对象

人类大脑对外部世界的反映,即"图画",必须和外部客观世界有某些共同之处,才是正确的。正确与否需要借助实践才能得到检验。

人类借助语言才能思考,主观只有借助语言才能反映客观世界。

语言的范围也就是世界的范围。

自然科学的命题,是能够被自然语言表达得清清楚楚的东西。

维特根斯坦的上述哲学思想,对人工智能研究也产生了重要的影响。

2.2.2 计算机语言和自然语言

人通过教育、学习和训练是能够理解和掌握自然语言的。计算机科学家和工作者也尽量用接近自然语言的方式来表示知识,诸如各种各样的编程语言,以及html之类的标注语言。

所有逻辑性知识,不管是用简单句表达的事实性知识,还是用复合句表达的规则性知识,都可以在计算机的各种高级程序设计语言中,用字符串的方式来存储。但是如何从这些字符串中推导出新的知识呢?

例如,给出这样两个事实性知识:

"等腰三角形是一种三角形。"(K1)

"三角形是一种多边形。"(K2)

这两个知识可以简单字符串的方式保存在计算机中。但是如何推导出新的知识呢,比如:"等腰三角形是一种多边形。"或者回答问题:"等腰三角形是一种多边形吗?"

再例如,有这样两个事实性知识:

"这个班有30名同学。"(K1)

"这个班有20名男同学。"(K2)

这两个知识可以简单地以字符串的方式保存在计算机中。但是如何推导出新的知识呢,比如:"这个班有多少名女生?"在让计算机解决这个问题以前,首先需要想一下人类是怎么解决这个问题的。这个问题涉及男女分类的问题,实际上隐含着另外一个规则性知识:

"一个人要么是男的,要么是女的。"(K3)

由这个事实和上面的第一个事实(K1)可以进而得到:

"这个班由男同学和女同学组成。"(K4)

根据算术知识(可以说是常识性知识)得到:

这个班的女同学数量等于总的人数减去男同学的数量。

怎么才能将这些隐含性知识在计算机中表达出来,又怎么让计算机联想并应用这些知识去求解这个问题呢?

又比如,有这样一个事实性知识:

"今天下雨了。"

还有这样一个规则性知识:

"如果下雨,我就不出去。"

这两个知识可以储存到计算机中,但是如何推导出新的知识并回答相关问题呢?比如:"我今天出去了吗?"

在让计算机解决这个问题以前,先考虑一下人类是怎么思考的。这里实际上要用到一个逻辑规则:"下雨"是"不出去"的充分条件。如果充分条件被满足了,结论就一定会出现。

再比如,有这样两个事实性知识:

"杨业是杨六郎的父亲。"

"杨六郎是杨文广的父亲。"

然后定义:

"祖父是父亲的父亲。"

那么如何推导出新的知识并回答相关问题呢?比如:"谁的祖父是杨业?"

要让计算机解决这些看似简单的常识性知识问题,就必须让它首先学会逻辑地思考问题,即推理。下面就介绍一下如何用逻辑语言来表示知识和进行推理。

2.3 谓词逻辑表示法

精确的自然语言一般包括主语和谓语两部分,可以通过数学逻辑语言表示出来,这就是谓词逻辑。谓词逻辑是在命题逻辑的基础上发展起来的,命题逻辑可以看作是谓词逻辑的一种特殊形式。

2.3.1 命题逻辑

命题是能够分辨真假的自然语句。真用 T(True) 表示,假用 F(False) 表示。命题可以用大写字母表示,如 P,Q。

命题一般是一个陈述句,比如,"太阳东出西落。"

疑问句和祈使句不能表达一个命题,比如,"你到哪里去?""请站起来!"

感叹句隐含着一个命题,比如,"今天好热呀!"

并不是所有的陈述句都是命题。一些关于语句本身的会产生悖论的简单语句不能表达一个命题,比如,"这个语句是假的。"

另外要判断某些陈述句的真假,需要一定的前提条件,比如,"1+1=2"是在十进制前提下为真的一个命题,在二进制下就不为真。

还有某些陈述句的真假是依赖于说话人的主观判断的,比如,"这道菜真甜。"

一个语句如果不能再进一步分解成更简单的语句,并且又是一个命题,则称作原子命题。

比如,"我和他今天来学校。"可以分解成两个原子命题:"我今天来学校。""他今天来学校。"这两个原子命题是通过连接词"和"连接起来的。

自然语言用"和""或""如果……就"等连接词将简单的陈述句连接成复杂的陈述句。在命题逻辑中,也可以通过以下的连接词将一些原子命题连接起来,构成一个复合命题。

$\sim$:称为"非"或者"否定"。用于否定位于它后面的命题。当 P 为真时,$\sim$P 为假,当 P 为假时,$\sim$P 为真。

$\vee$:称为"析取",表示它连接的两个命题具有"或"的关系。

$\wedge$:称为"合取",表示它连接的两个命题具有"与"的关系。

$\rightarrow$:称为"条件"或"蕴含"。P$\rightarrow$Q 表示 P 蕴含着 Q,或者 P 是 Q 的充分条件,即如果 P,则 Q。P 称作条件的前件,Q 称作条件的后件。

由以上连接词构成的复合命题的真值表如表 2-1 所示。

表 2-1 复合命题真值表

P	Q	P∨Q	P∧Q	P→Q	∼P
T	T	T	T	T	F
T	F	T	F	F	F
F	T	T	F	T	T
F	F	F	F	T	T

命题公式的定义由以下的递归形式给出:

(a) 原子命题是命题公式。

(b) A 是命题公式,则$\sim$A 也是命题公式。

(c) 若 A 和 B 是命题公式,则(A∨B)、(A∧B)、(A→B)也是命题公式。

(d) 只有按(a)(b)(c)所得的公式才是命题公式。

所以命题公式就是一个按照上述规则由原子命题、连接词和圆括号组成的字符串。有时也称作命题演算公式。

在命题演算公式中,连接词的优先顺序是:括号,~,∧,∨,→。

可见,命题公式可以表示事实性知识和规则性知识。它的局限性在于:无法把所描述的客观事物的结构和逻辑特征反映出来,也不能把不同事物的共同特征表示出来。为了消除这个局限性,在命题逻辑的基础上又发展出了谓词逻辑。

2.3.2 谓词逻辑

在谓词逻辑中,原子命题被分解为个体与谓词两个部分。个体相当于自然语言中的主语部分,谓词相当于自然语言中的谓语部分。个体是独立存在的物体,可以是具体的,也可以是抽象的。谓词则是用于刻画个体的性质、状态或个体间的关系的。

一个谓词可以与一个个体相关联,此种谓词称作一元谓词。它刻画个体的性质。谓词也可以与多个个体相关联,此种谓词称为多元谓词。它刻画了多个个体间的关系。谓词中包含的个体的数量称作谓词的元数。

谓词的一般表示形式是:$P(x_1, x_2, \cdots, x_n)$。其中 P 是谓词,而 $x_1, x_2, \cdots, x_n$ 是个体,元数为 n 个。

个体可以是常量,也可以是变量,还可以是函数。谓词和函数从形式上看很相像,但它们是两个完全不同的概念。谓词具有逻辑值 T 或 F,而函数则是某个或者某些个体(自变量)到另外一个个体(因变量)的映射。当个体是常量或者具有确定值的变量或者函数时,谓词就具有一个确定的逻辑值 T 或 F。在用谓词表示客观事物及其之间的关系时,谓词的语义都是由使用者根据需要人为定义的。

若一个谓词的个体都是常量、变量或者函数时,则称它为一阶谓词。如果某个个体本身又是一个一阶谓词,则称它为二阶谓词。依次类推。

在一个谓词中,个体变元的取值范围称为个体域。个体域可以是有限的,也可以是无限的。

为刻画谓词与个体间的关系,在谓词逻辑中引入了两个量词,一个是全称量词 $\forall x$,表示对个体域中的所有个体或者任何一个个体;另一个是存在量词 $\exists x$,表示在个体域中存在个体 x。例如假设 $T(x,y)$ 表示 x 是 y 的老师,则 $(\forall x)(\exists y)T(x,y)$ 则表示对于任何一个老师都存在一个学生。

谓词演算中,由单个谓词构成的不含任何连接词的公式叫作原子谓词公式。比如 $P(x_1, x_2, \cdots, x_n)$ 是一个原子谓词公式,或简称原子,其中 P 为 n 元谓词,而 $x_1, x_2, \cdots, x_n$ 为个体变元。

在谓词逻辑中,也可以通过和命题逻辑中相同的连接词,将一些原子谓词公式连接起来构成一个复合谓词公式,以表示比较复杂的意义。这些连接词是:~,

∧,∨,→。

由原子谓词公式出发,可定义谓词演算的合式公式如下:

(a) 原子演算公式是合式公式;
(b) 若 A 是合式公式,则 $\sim A$ 也是合式公式;
(c) 若 A 和 B 都是合式公式,则 $(A \wedge B)$,$(A \vee B)$,$(A \to B)$ 也是合式公式;
(d) 若 A 是合式公式,x 是一个个体变元,则 $(\forall x)A$,$(\exists x)A$ 也是合式公式;
(e) 只有按照(a)(b)(c)(d)所得的公式才是合式公式。

谓词演算公式是一个按照上述规则由原子公式、连接词、量词及括号所组成的字符串。

命题演算公式是谓词演算公式的一种特殊情况,它是用连接词把命题常量、命题变量连接起来构成的合式公式。

在一个谓词演算公式中,如果有量词出现,位于量词后面的单个谓词或用括号括起来的合式公式称作量词的辖域。在辖域中与量词同名的变元称为约束变元。其他不受约束的变元称作自由变元。

在谓词公式中,变元的名字是无关紧要的。但要注意的是,当对量词辖域内的约束变元更名时,必须把所有同名的约束变量都统一更名,且不能与辖域内的自由变元同名。同样,对辖域内的自由变元更名时,也不能改为与约束变元相同的名字。

在谓词逻辑中,由于公式中可能有个体常量、个体变元和函数,因此不能如命题公式那样通过真值指定给出解释(真或假),而要考虑个体变量和函数在域中的取值,然后才能根据其值为这个谓词分别指派真值。因为存在多种组合情况,所以一个谓词公式的解释可能有很多个。

一阶谓词逻辑表示法是一种重要的知识表示方法,以数理逻辑为基础,是迄今为止最精确的一种表达人类思维活动规律的形式语言。它与人类的自然语言比较接近,又可方便地由计算机来处理,因此是一种最早应用于人工智能的知识表示方法。

2.3.3 谓词公式的等价性与永真蕴含

定义:P 和 Q 是两个谓词公式,D 是它们共同的个体域。若对 D 上的任何一个解释,P 和 Q 的取值都相同,则 P 和 Q 在 D 上是等价的。如果 D 是任意个体域,则称 P 和 Q 是等价的,记作 $P \Leftrightarrow Q$。

一些常用的等价式有:
- 交换律 $P \vee Q \Leftrightarrow Q \vee P$,$P \wedge Q \Leftrightarrow Q \wedge P$
- 结合律 $(P \vee Q) \vee R \Leftrightarrow P \vee (Q \vee R)$,

$$(P \wedge Q) \wedge R \Leftrightarrow P \wedge (Q \wedge R)$$

- 分配律 $P \vee (Q \wedge R) \Leftrightarrow (P \vee Q) \wedge (P \vee R)$,

  $P \wedge (Q \vee R) \Leftrightarrow (P \wedge Q) \vee (P \wedge R)$
- 狄·摩根定律 $\sim(P \vee Q) \Leftrightarrow \sim P \wedge \sim Q$

  $\sim(P \wedge Q) \Leftrightarrow \sim P \vee \sim Q$
- 否定之否定定律 $\sim(\sim P) \Leftrightarrow P$
- 吸收律 $P \wedge (P \vee Q) \Leftrightarrow P, P \vee (P \wedge Q) \Leftrightarrow P$
- 补余律 $P \vee \sim P \Leftrightarrow T, P \wedge \sim P \Leftrightarrow F$
- 逆否律 $P \rightarrow Q \Leftrightarrow \sim Q \rightarrow \sim P$
- 连接词化归律 $P \rightarrow Q \Leftrightarrow \sim P \vee Q$
- 量词转换律 $\sim(\exists x) P \Leftrightarrow (\forall x)(\sim P)$,

  $\sim(\forall x) P \Leftrightarrow (\exists x)(\sim P)$
- 量词分配律 $(\forall x)(P \wedge Q) \Leftrightarrow (\forall x) P \wedge (\forall x) Q$
- $(\exists x)(P \vee Q) \Leftrightarrow (\forall x) P \vee (\forall x) Q$

定义: P 和 Q 是两个谓词公式, 如果 $P \rightarrow Q$ 永真, 则称 P 永真蕴含 Q, 且称 Q 为 P 的逻辑结论, P 为 Q 的前提。记作 $P \Rightarrow Q$。

一些常用的永真蕴含式有：

- 化简式 $P \wedge Q \Rightarrow Q, P \wedge Q \Rightarrow P$
- 附加式 $P \Rightarrow P \vee Q, Q \Rightarrow P \vee Q$
- 析取三段论 $\sim P \wedge (P \vee Q) \Rightarrow Q$
- 假言推理 $P \wedge (P \rightarrow Q) \Rightarrow Q$
- 拒取式 $\sim Q \wedge (P \rightarrow Q) \Rightarrow \sim P$
- 假言三段论 $(P \rightarrow Q) \wedge (Q \rightarrow R) \Rightarrow R$
- 二难推论 $(P \vee Q) \wedge (P \rightarrow R) \wedge (Q \rightarrow R) \Rightarrow R$
- 全称固化 $(\forall x) P(x) \Rightarrow P(y)$, 其中 y 是个体域上的任一个体, 利用该式可以消除公式中的全称量词。
- 存在固化 $(\exists x) P(x) \Rightarrow P(y)$, 其中 y 是个体域上某一使 $P(y)$ 为真的个体, 利用该式可以消除公式中的存在量词。

上述的等价式和永真蕴含式是演绎推理的重要依据, 因此它们又称作推理规则。另外谓词逻辑中还包括一些其他推理规则:

- P 规则: 在推理的任何步骤上都可引入 (正确) 前提。
- T 规则: 推理时如果前面步骤中有一个或多个永真蕴含公式 S, 则可把 S 引入推理过程。
- CP 规则: 如果能从 R 和前提集合中推出 S 来, 则可从前提集合中推出 R

$\to S$。
- 反证法：Q 为 P 的逻辑结论，当且仅当 $P \wedge \sim Q$ 是不可满足的，即 $\sim P \vee Q$。
- 推论：Q 为 $P_1, P_2, \cdots, P_n$ 的逻辑结论，当且仅当 $(P_1 \wedge P_2 \wedge \cdots \wedge P_n) \wedge \sim Q$ 是不可满足的。

自然演绎推理是从一组已知为真的事实出发，直接运用命题逻辑或者谓词逻辑中的推理规则推出结论的过程。

演绎推理是在已知领域的一般性知识下，通过演绎求解一个问题或者证明一个结论的正确性。只要小前提中的判断正确，推出的结论也必然正确。一般情况下，利用自然演绎推理由已知事实推出的结论可能有多个，只要其中包含了需要证明的结论，就认为解决了问题。

2.4 产生式表示法

在认知主义理论指导下，产生式表示法是人工智能中应用最早的一种知识表示方法。1972 年，纽厄尔（Newell）和西蒙（Simon）在研究人类的认知模型中开发了基于规则的产生式系统（Newell，Simon，1972）。他们认为，人或计算机之所以具有智能，就是因为他们在记忆体中存储了一系列产生式。在"如果……那么……"的形式中，前件也可以被称为"条件（condition）"，后件也可以被称为"动作（action）"，所以产生式规则又被简称为 C-A 规则。

2.4.1 定义

产生式表示法易于描述事实、规则以及它们的不确定性度量，适于表示规则性和事实性知识。还可以分别表示确定性的或者不确定性的知识。

确定性规则知识的产生式的基本形式是：

$$P \to Q \text{ 或者 if } P \text{ then } Q。$$

其中 P 是产生式的前提，表明该产生式是否可用的前提条件；Q 是一组结论或操作，用于指出前提 P 被满足时，应该得出的结论或者执行的操作。

不确定性规则知识的产生式表示为：

$$P \to Q(\text{可信度}) \text{ 或者 if } P \text{ then } Q(\text{可信度})。$$

其中可信度是位于[0,1]区间的数字，表示了这个规则知识的确定性。在不确定性推理中，当已知事实与规则的前提条件不能精确匹配时，只要匹配程度大于等于可信度(相似度),就认为已知事实与前提条件相匹配。可信度的表示方法及意义会根据不确定性推理算法的不同而不同。

可见,产生式用来表示具有因果关系的知识,基本与谓词逻辑中的蕴含式相同。不过谓词逻辑的蕴含式只是产生式的一个特例,因为它只能表示确定性知识,其逻辑值只能是真或者假,而产生式还可以用来表示非确定性知识。

在用产生式表示知识的系统中,对已知事实是否与产生式规则中的前提相匹配的判断可以是精确的,也可以是非精确的。只要按照某种算法求出的前提条件与给定事实的相似度达到一定阈值,就认为是匹配的。但在谓词逻辑中,蕴含式前提条件的匹配总是要求精确匹配。还有一个区别是,蕴含式本身是一个谓词公式,具有真值,而产生式则没有真值。

确定性事实性知识的产生式一般用三元组来表示。事实性知识可以看成是断言一个语言变量的值或者是多个语言变量间关系的陈述句。

(对象,属性,值)或者(关系,对象1,对象2)。

其中对象就是语言变量。

比如,事实"三角形是个多边形"可以表示为:

(三角形,种类,多边形)。

这里"三角形"是对象,"种类"是它的一个属性,"多边形"是这个属性的值。

当然,上述事实也可以表示为:

(种类,三角形,多边形)。

这里"三角形"和"多边形"是两个对象,"种类"表示它们之间的一种关系。

不确定性事实性知识的产生式一般用四元组来表示,也就是在原来三元组的基础上增加第四个——可信度:

(对象,属性,值,可信度)或者(关系,对象1,对象2,可信度)。

例如,"张明很可能是个学生"可以表示为:

(张明,身份,学生,0.8)。

又如,"张明和李浩是朋友的可能性不大"可以表示为:

(朋友,张明,李浩,0.1)。

2.4.2　产生式系统的组成

把一组产生式放在一起,让它们协同作用,相互配合,一个产生式的结论可以供另一个产生式作为已知事实使用,以求得问题的解决,这样的系统称为产生式系统。产生式系统一般由三个部分组成:规则库、综合数据库和推理机。它们的关系如图 2-1 所示。

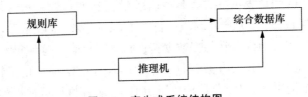

图 2-1 产生式系统结构图

规则库是某个领域内的产生式规则的集合,是该领域知识(即规则)的存储器。它包含着将问题从初始状态转换为目标状态的变换规则。规则库是专家系统的核心,也是一般产生式系统进行问题求解的知识基础,其中知识的完整性、一致性、准确性、灵活性以及知识组织的合理性,都将对产生式系统的性能和运行效率产生直接影响。

综合数据库,又称事实库,用于存放输入的事实、中间推理结果(也是事实)和最后结果。当规则库中的某条产生式的前提与综合数据库中的输入事实匹配时,就可以获得相应的结论,该结论作为中间结果被保存到综合数据库中,可以用于以后推理之用。所以综合数据库的内容是随着推理过程不断动态变化的。

推理机是一个或者一组程序,用来控制和协调规则库与综合数据库的运行,包含了控制策略和推理方式。

2.4.3 产生式表示法的特点

产生式表示法的特点可以概括为以下四点:
(1) 格式固定,形式简单,规则间相互独立,知识库的建立和维护较为容易。
(2) 知识库与推理机是分离的,便于对知识库进行修改和更新。
(3) 用"如果……就……"的形式表示知识,符合人类的思维习惯和自然语言表达方式,是人们常用的一种表达因果关系的知识表示形式。
(4) 既可以表示确定性知识,又可以表示不确定性知识。

2.4.4 Cyc:一个典型的产生式系统

由于常识性知识库和专业性知识库对于人工智能的重要性,从 20 世纪 80 年代起,美国军方和自然科学基金会等便开始投入巨资到一个项目 Cyc 上,尝试构建一个关于世界上常识性知识和专业性知识的数据库和专家系统(Lenat,1995)。为确保系统内知识的正确性,Cyc 聘请了各个领域的专家编写了该系统的事实性知识和专业性知识。后来,该项目逐步转变为一个商业项目,并通过提供知识工程服务而维持其运维(http://www.cyc.com)。

该系统采用的知识表示方式就是逻辑表示法和产生式表示法，比如用三元组表示主体、客体和它们之间的关系。它利用了 1100 多个推理引擎，将其知识库中的知识片段以及相关的内部和外部数据源进行逻辑组合。这使得 Cyc 能够实时快速生成数百甚至数千步长的参数。每个单独的推理引擎都适用于特定的任务，例如检查数据库中的事实，对泛化谓词执行图遍历，或者执行传递性推理。对于任何给定的任务，Cyc 都能够使用元推理来确定哪个推理引擎适合该工作。

按照网站上提供的信息，其最新版本知识库包括：4 万多个谓词，15 万多个概念，多于 2500 万条的公理，用于描述上述概念之间的关系；以及一万亿多条的隐含公理，即关于真实世界的知识。它号称其"基础是世界上最广泛、最深入的常识知识库，包含实用、可重定目标和可重复使用的真实世界知识，由现实世界的公理组成，用这些公理来推理世界"。

Cyc 设计了独特的编程语言 CycL，用户可以借助 CycL 将任何英语表达式转换为编程语言。由于 CycL 是一种比 OWL/RDF 等本体标准更灵活、更具表达能力的表示语言，因此借助 CycL 可以对外部来源的知识进行抽象描述。这样，Cyc 并不局限于其内部的知识库，也可以访问外部数据源；借助 CycL 可以很快处理好这些外部数据。Cyc 拥有用于导入外部本体的自动化工具。一旦导入了本体，Cyc 推理引擎就可以使用该知识。

然而，由于 Cyc 结构复杂，知识库庞大，需要非常专业的知识才能将它应用在其他项目中，这极大限制了它的使用范围。

2.5 逻辑编程语言 Prolog 简介

为了实现谓词逻辑和产生式等知识表示方法，计算机研究者研发了逻辑编程语言，比如 LISP 和 Prolog。本节介绍使用较为广泛的 Prolog。

Prolog 是欧洲计算机科学家于 20 世纪 70 年代开发研制的一种逻辑编程的语言，但是因为开发者较多，版本较多，也存在一些差异。

本节介绍的 Prolog 是一个开源、免费的逻辑编程语言；它支持汉字等双字节字符串，与其他编程语言（Java、html 等）和数据库有简洁易用的接口。它可以定义事实（Predicates）和规则（Clauses），然后借助自然演绎推理方法和产生式系统中的推理方式，推理并求解问题，构成一个产生式系统。有关它的详细介绍请参阅其网上说明文档（http://www.swi-prolog.org）。

为了演示和说明 Prolog 表达知识和逻辑推理的能力，下面举一个数学上的类属关系例子和一个自然语言处理中的英语语法系统例子。

2.5.1 初中数学几何图形关系

初中数学中的几何图形有下面这些关系：

已知：等腰三角形是一种三角形，三角形是一种多边形。

问：等腰三角形是一种多边形吗？

用谓词逻辑语言表达的话，直接的类属关系可以用一个二元谓词表示：belongsTo(x,y)。这表示 x 是一种 y，或者说 x 是 y 的直接子类，也可以说 x 直接属于 y。

所以上述两个已知条件可以用二元谓词表达为两个原子事实：

belongsTo(三角形,多边形)。

belongsTo(等腰三角形,三角形)。

为了表示间接的类属关系，再定义一个二元谓词 descendent_of(X,Y)。它由下列的规则性知识来定义，其中的符号：- 相当于←，即蕴含的反向表示；其右侧两个谓词之间的连接符号如果逗号表示逻辑与，如果是分号则表示逻辑或：

descendent_of(X,Y)：- belongsTo(X,Y)。

descendent_of(X,Y)：- belongsTo(X,Z),descendent_of(Z,Y)。

即：X 属于 Y，要么 X 直接属于 Y，要么存在一个中间变元 Z，X 直接属于 Z，而 Z 属于 Y。或者说，X 直接属于 Y，那么 X 属于 Y；如果存在一个中间变元 Z，X 直接属于 Z，而 Z 属于 Y，那么 X 也属于 Y。

需要求解的问题是：descendent_of(等腰三角形,X)，即等腰三角形属于哪些形状？

将以上用二元谓词表示的事实性知识和规则性知识及欲求解的问题输入 Prolog 组成一个程序，运行后就会得出结论：$X=$三角形，和 $X=$多边形。

如果需要求解的问题是：descendent_of(等腰三角形,多边形)，那么程序运行后得出 True，即表示这个二元谓词的值是真的，成立。

如果需要求解的问题是：descendent_of(四边形,三角形)，那么程序运行后得出 False，即表示这个二元谓词的值是假的，不成立。

如果需要求解的问题是：descendent_of(等腰三角形,四边形)，那么程序运行后得出 False，即表示这个二元谓词的值是假的，不成立。

可见，Prolog 具有基于给定的事实性知识（简单知识）和规则性知识（复杂事实）进行推理的功能。这些知识构成了它的知识库。如果查询它的知识库中没有储存的知识，它的答案都是 False，也就是不成立。这是它的不足之处，即无法判断用户输入的是对已有知识的错误表达，还是知识库中没有的知识。

2.5.2 英语词汇和语法系统

在 20 世纪 80 年代,自然语言处理领域的研究人员借助 Prolog 设计了英语等语种的语法处理系统,包括了英语词汇和句法规则。只不过这样的程序需要用到的 Prolog 语法规则比上面的简单例子复杂得多。

下面就是一个英语语法处理系统的例子,其中的符号→就表示蕴含关系或者条件关系。

```
sentence(sentence(NP,VP))→subject(NP,Number,PERSON),vp(VP,Number,
PERSON),terminator.

subject(subject(D,N),NUMBER,third)→article_noun(D,N,NUMBER).
subject(subject(P),NUMBER,PERSON)→pronoun(P,NUMBER,PERSON,subject_
case).

vp(vp(IV),NUMBER,PERSON)→iv(IV,NUMBER,PERSON).
vp(vp(TV,NP),NUMBER,PERSON)→tv(TV,NUMBER,PERSON),object(NP).

object(N)→article_noun(_,N,_).
object(N)→pronoun(N,_,_,object_case).

article_noun(Article,Noun,NUMBER)→definite_article(Article),noun
(Noun,NUMBER).
article_noun(_,Noun,plural)→noun(Noun,plural).
article_noun(Article,Noun,single)→definite_article(Article),vowel_
noun(Noun).
article_noun(Article_a,Noun,single)→indefinite_article_a(Article_
a),noun(Noun,single).
article_noun(Article_an,Noun,single)→indefinite_article_an(Article_
an),vowel_noun(Noun).

definite_article(Article)→[Article],{definite_article(Article)}.
definite_article(the).

indefinite_article_a(Article)→[Article],{indefinite_article_a(Article)}.
indefinite_article_a(a).

indefinite_article_an(Article)→[Article],{indefinite_article_an(Article)}.
indefinite_article_an(an).
```

```
noun(noun(W),NUMBER)→[W],{noun(W,NUMBER)}.
noun(dog,single). noun(dogs,plural).
noun(fish,single).
noun(cat,single).
noun(cats,plural).
noun(man,single). noun(men,plural).
noun(saw,single). noun(saws,plural).
noun(apples,plural).
noun(eggs,plural).

vowel_noun(vowel_noun(W))→[W],{vowel_noun(W)}.
vowel_noun(apple).
vowel_noun(egg).

pronoun(pronoun(W),NUMBER,PERSON,CASE)→[W],{pronoun(W,NUMBER,PER-
SON,CASE)}.
pronoun(he,single,third,subject_case).
pronoun(they,plural,third,subject_case).
pronoun(she,single,third,subject_case).
pronoun('I',single,first,subject_case).
pronoun(we,plural,first,subject_case).
pronoun(you,_,second,_). pronoun(it,single,third,_).
pronoun(him,single,third,object_case).
pronoun(them,plural,third,object_case).
pronoun(her,single,third,object_case).
pronoun(us,plural,first,object_case).

iv(iv(W),NUMBER,PERSON)→[W],{iv(W,NUMBER,PERSON)}.
iv(cries,single,third). iv(cry,_,first). iv(cry,_,second).

tv(tv(W),NUMBER,PERSON)→[W],{tv(W,NUMBER,PERSON)}.
tv(sees,single,third). tv(saw,_,_).
tv(see,plural,third). tv(see,_,first). tv(see,_,second).
tv(wants,single,third). tv(want,plural,third). tv(want,_,first). tv
(want,_,second).
tv(was,single,third). tv(were,plural,third). tv(was,_,first). tv
(were,_,second).
tv(am,single,first). tv(are,plural,_). tv(is,single,third).

terminator→['.'];['?'];['!'].
```

这样的语法处理系统可以具有下列功能：

1. 判断用户输入的英语表达式是否符合其规定的语法规则,比如:The he cries 就是 False。

2. 可以根据用户输入的某些词汇中包含的单词,填补生成一个符合该语法规则的表达式。比如:The X cries. 则运行后可以产生:X=dog,X=fish 等。

3. 可以产生所有符合语法规则的表达式列表。

当然,如果一个表达式中包含未定义的词汇和语法规则,则也会被这个语法系统判断为错误,即 False。

所以,如果要利用这个基于谓词逻辑和推理规则的系统表达一种自然语言的全部内容,则需要将这种语言的全部词汇和语法规则逐条加入这个系统;也可以对已有的词汇和语法规则进行删除、修改等操作。所以说,这样的系统建造简单,易于扩展和维护,占用非常小的存储空间,运行时也不需要特别强大的计算能力。

这种语法系统的扩展性与教育系统中学习外语的过程和方法很类似,即不断学习新词语和新语法,然后能够判断一个表达式在语法上是否正确。但是,学生具备这样的词汇和语法体系之后,就可以创造出新的表达式,并能够进一步从语义、语用等层次上理解各种表达式;而这个使用逻辑编程语言构造的语法系统则不具备这样的能力。

2.6 语义网络表示法

1968 年,奎利恩(M. R. Quillian)在研究人类的联想记忆的博士论文中提出了语义网络的心理学模型,认为记忆是依靠概念间的联系实现的。他在随后设计的可教式语言理解器中使用这种模型来表示知识(Quillian,1968)。

世界上的事物是错综复杂、相互关联的,具有因果、类属等关系。语义网络就是为了描述概念、事物、属性、情况、动作、状态、规则等以及它们之间的语义联系而引入的。

2.6.1 基本语义关系

基本语义关系是构成复杂语义关系的基石,也是语义网络表示知识的基础。在实际使用中,人们可以根据自己的需要定义各种关系。这里介绍一些常用的、已普遍使用的基本语义关系。

类属关系是指具有共同属性的不同事物间的分类关系、成员关系或实例关系。

它体现了"具体与抽象""个体与集体"的层次分类,其直观表现是"是一个""是一种""是一只""是一名"等。类属关系中,具体层节点位于抽象层节点的下层。类属关系的一个主要特征是属性的继承性,处在具体层的节点可以继承抽象层节点的所有属性。初中数学中,三角形和多边形之间就是类属关系,三角形继承了多边形的所有性质。

包含关系也称类聚关系,是指具有组织或者结构特征的"部分与整体"之间的关系。包含关系一般不具备属性的继承性。比如"头部"与"身体"的关系就是包含关系,"头部"被包含在"身体"中。

拥有关系表示事物或者属性之间的"具有"关系。

时间关系指不同事件在其发生时间方面的先后次序关系。

位置关系指不同事物之间在位置方面的关系。

相近关系指不同事物在形状、内容等方面相似或接近的关系。

推论关系指从一个概念推出另一个概念的语义关系。

因果关系指一件事情的发生导致另外一个事件的发生,适于表示规则性知识。

属性关系表示一个节点是另一个节点的属性。

当然,客观世界事物间的关系是多种多样、千变万化的,不仅仅是上面这几种。

2.6.2　语义网络表示法的特点

语义网络表示法的特征可以概括为以下四点:

(1) 结构性:作为一种结构化的知识表示方法,它能将事物的属性以及事物间的各种语义联系显性地表示出来。下层概念节点可以继承、补充、变异上层概念的属性,从而实现信息共享。

(2) 自然性:作为一个带有标识的有向图,可以直观地把事物的属性及事物间的语义联系表示出来,便于理解。

(3) 联想性:作为一种人类联想记忆模型,着重强调事物间的语义联系,可以通过联想,很快找到与某一事物相关的信息。

(4) 非严格性:没有公认的形式表示体系,或者说表示形式不具严格性,这是一个缺点。一个语义网络所表达的含义,完全依赖于所在系统和程序如何对它进行解释。

下面依次介绍两个典型的语义网络系统 WordNet 和 HowNet,以及其他语义网络。

2.6.3 英语语义网络系统 WordNet

WordNet 是美国普林斯顿大学心理学实验室米勒（George A. Miller）教授领导开发了二十多年的一个系统，开源、免费，可以被自由下载，用于非商业目的。WordNet(http://wordnet.princeton.edu)是一个非常全面的英语语义网络系统，最高的 2.1 版本包含了 145104 个名词，24890 个动词，31302 个形容词，5720 个副词(Fellbaum,1998;Miller,1990)。

WordNet 与传统词典有什么区别呢？传统词典是把各类不同的信息放入一个词汇单元中加以解释的，这些信息包括拼写、读音、词形变化及其派生词、词根、短语、时态变换的定义及说明，以及同义词、反义词、特殊用法注释等，偶尔还有图示或插图，包含着相当可观的信息存储。但这些都是事实性信息，而不是构造性信息。WordNet 则是一种按照一定结构组织起来的义类词典，它标明了名词之间、动词之间、形容词之间、副词之间以及这些词类相互之间复杂的语义关系。它的独特之处在于它是依据词义而不是依据词形来组织词汇信息的。WordNet 使用同义词集合(Synset)代表概念(Concept)，词汇关系在词语之间体现，语义关系在概念之间体现。

WordNet 的描述对象包含复合词(compound)、短语动词(phrasal verb)、搭配词(collocation)、成语(idiomatic phrase)、单词(word)，其中单词是最基本的单位。

下面举例说明 WordNet 中不同类别词语的语义关系。

1. 名词之间的关系

(1) 同义关系(synonyms)。比如：friend 的同义词有 associate 等。

(2) 反义关系(antonyms)。比如：friend 的反义词有 enemy 等。

(3) 类属关系(或者具体和抽象关系)。包括相对的两种关系：一是上位词，即某名词是一种什么(hypernyms)；二是下位词，即什么是某名词的一种(hyponyms)。比如眼睛(eye)的一个直接上位词是感觉器官(sense organ)，一个直接下位词是右眼(oculus dexter)。从抽象到具体，整个名词系统组成一个继承体系，包含严格的层次关系。最抽象、最上位的类是存在(entity)。下位(子类)名词可以把其所有上位(父类)词的信息都继承下来。

(4) 包含关系(或者局部和整体关系)：包括相对的两种关系：一是被包含于，即某名词是什么的一部分(holonyms)；二是包含，即什么是某名词的一部分(meronyms)。比如眼睛(eye)被包含于更大的视觉系统(visual system)中，而它包含眼睑(eyelid)等组成部分。

2．动词之间的关系

(1) 同义关系(synonyms)。比如 talk 的同义词有 speak 等。

(2) 反义关系(antonyms)。比如 love 的反义词有 hate 等。

(3) 方式关系：包括两种相对的方式关系，一是动词 V 是一种达到什么目的的途径(hypernym)，二是什么是实现动词 V 的一种途径或者方式(troponyms)。比如 speak(讲话)是一种达到 communicate(交流)的方式，而 babble(含糊不清地说)是讲话(speak)的一种方式。

(4) 蕴含关系(entailment)。比如喝酒(drink)蕴含了醉(fuddle)。

3．形容词之间的关系

(1) 同义关系(synonyms)。比如 nice(好的)的一个同义词是 good(好的)。

(2) 反义关系(antonyms)。比如 nice(好的)的一个反义词是 bad(不好的)。

4．副词之间的关系

(1) 同义关系(synonyms)。比如 fast(快地)的一个同义词是 quickly(快地)。

(2) 反义关系(antonyms)。比如 happily(高兴地)的一个反义词是 unhappily(不高兴地)。

5．形容词和名词之间的关系

属性关系：即…is a value of…。表示某个形容词是表达什么名词的一个属性值。比如 fast(快的)是 speed(速度)的一个属性值。

6．动词和名词之间的关系

领域关系(domain)，表示某个动词是什么领域的一个动作或事件。比如 write(写作)的一个领域是 music(音乐)，即谱曲、作词。

除了以上这些特性，WordNet 还为建立英语之外的其他多种语言的语义网络提供了基础架构，因此 WordNet 具有广泛的用途。

2.6.4　汉语语义网络 HowNet 和 OpenHowNet

HowNet 是董振东、董强父子从 20 世纪 90 年代开始，毕三十年多年之功标注的大型语言知识库。HowNet 秉承还原论思想，认为所有词语的含义都由更小的语义单位构成。这种语义单位被称为"义原"(Sememe)，顾名思义就是原子语义，即最基本的、不宜再分割的最小语义单位。在不断发展的过程中，HowNet 逐渐构建出了一套精细的义原体系(约 2540 个义原)，而这些义原之间的语义关系又通过三元组的方式予以标注，构成一个复杂的语义网络；基于该义原体系标注了二十三万多个汉语和英语词汇的语义信息，构成一个庞大的词汇表。

清华大学人工智能研究院和自然语言处理与社会人文计算实验室(THUNLP)开发了开源系统 OpenHowNet，首次将知网的核心数据开源，并且提供丰富的调用接口，实现义原查询、基于义原的词相似度计算等功能。

OpenHowNet 的网址为：

https://openhownet.thunlp.org

https://gitee.com/thunlp/OpenHowNet

下面举例说明义原及其关系。一个义原例子如下：

bridge|桥梁,62

其中第一个英文单词是这个义原的英语表达，第二个汉语词汇是这个义原的汉语表达，第三个数字是 HowNet 词汇表中可以归结为这个义原的所有词汇的数量。

两个义原之间的关系与 WordNet 非常类似，包括 4 种关系，可以用这样的三元组来表示：英语义原1|汉语义原1 关系 英语义原2|汉语义原2，即两个义原通过某种关系和空格联系在一起，表示这两种义原之间的关系。

1. 上位(hypernym)

例如：bridge|桥梁 hypernym facilities|设施

2. 下位(hyponym)

例如：facilities|设施 hyponym bridge|桥梁

3. 名词和形容词的反义词(antonym)

例如：

```
upper|上 antonym beneath|下
upright|正 antonym slanted|歪
urgent|急 antonym relax|弛
used|旧 antonym new|新
useful|有用 antonym useless|无用
useless|无用 antonym useful|有用
```

4. 动词的反义词(converse)

例如：

> forget|忘记 converse remember|记得
> give|给 converse take|取
> go|去 converse come|来
> hate|仇恨 converse like|爱惜

HowNet一共定义了3316个这样的三元组。基于这些三元组，可以推导出一个词语的上位词、下位词和反义词。

比如，由这些三元组可以循环推导出义原"bridge|桥梁"的所有上位词：

> bridge|桥梁 hypernym facilities|设施，
> facilities|设施 hypernym building|建筑物，
> building|建筑物 hypernym artifact|人工物，
> artifact|人工物 hypernym inanimate|无生物，
> inanimate|无生物 hypernym physical|物质，
> physical|物质 hypernym thing|万物，
> thing|万物 hypernym entity|实体

所有义原中，最抽象、最上位的义原是存在(entity)，这和WordNet定义的最上位的类是相同的。

HowNet为每个词汇标注了基于义原的汉语定义及其词性、英语翻译及其词性、同义词等信息。比如：对于词汇"大桥"，其详细信息如下：

000000093660，大桥，noun，bridge，noun，"{bridge|桥梁}"，"{'000000050925'：1.0,'000000076945'：1.0,'000000076946'：1.0,'000000076947'：1.0,'000000087423'：1.0,'000000093660'：1.0,'000000122821'：1.0,'000000122822'：1.0,'000000130750'：1.0,'000000141779'：1.0,'000000166409'：1.0,'000000166410'：1.0,'000000167569'：1.0,'000000167584'：1.0,'000000167667'：1.0,'000000167668'：1.0,'000000182315'：1.0,'000000184773'：1.0,'000000184774'：1.0,'000000184775'：1.0}"

第一个数字是"大桥"这个词语的标号，第一个noun表明其汉语词性是名词(noun)，其英语翻译是"bridge"，第二个noun表明其英语词性也是名词(noun)。这个词语的义原是"{bridge|桥梁}"，在词汇表中还有20个其他词汇和这个词语的含义相似度为1.0(其中一个是自身)，即完全同义。

2.6.5　其他典型语义网络

YAGO 是德国马克斯普朗克研究院和法国巴黎电信合作研发的关于世界知识的语义网络,在知识共享署名 4.0 国际许可(CC4.0)下免费开源。网址是 https://yago-knowledge.org。它是一个庞大的知识库,包含关于人、城市、国家、电影和组织的一般知识。YAGO 包含实体(如电影、人物、城市、国家等)和这些实体之间的关系(谁在哪部电影中扮演,哪个城市位于哪个国家等)。总的来说,目前 YAGO 3.0 版本包含了 5000 多万个实体和描述这些实体之间关系的 20 亿多个事实。

其他典型的语义网络还有:
美国麻省理工学院的 ConceptNet(概念网),网址是:
http://conceptnet5.media.mit.edu/
美国伯克利大学的 Framenet,其网址是:
https://framenet.icsi.berkeley.edu
美国卡内基梅隆大学的 NELL(Never-Ending Language Learning),其网址为:
http://rtw.ml.cmu.edu/rtw/

2.7　脚本表示法

尚克和阿贝尔森(Shank,Abelson,1977)提出了脚本表示法,来描述事件的发生过程。它用一组槽来描述某些事件的发生序列,就像电影脚本中的事件序列一样,故称为"脚本"。一个脚本一般由以下部分组成:
(1) 开场条件:给出在脚本中描述的事件发生的前提条件。
(2) 角色:用来表示在脚本所描述的事件中关于人物的槽。
(3) 道具:用来表示在脚本所描述的事件中关于物体的槽。
(4) 场景:描述事件发生的真实顺序,可以由多个场景组成,每个场景又可以是其他脚本。
(5) 结果:给出在脚本所描述的事件发生以后产生的结果。

脚本表示法进行推理也需要知识库和推理机。知识库的知识是用脚本表示的,每个脚本都描述了某一类型的事件或者知识。当需要求解问题时,推理机首先到知识库中搜索是否有脚本适于描述待求解问题,如果有,则在适于描述该问题的脚本中,利用一定的控制策略启用一个脚本,再进一步运用脚本中的因果链来求解问题。

脚本结构对于表达预先构思好的特定知识,如理解故事情节等,是非常有效的。应用脚本表示法,笔者设计了针对中学英语课本场景对话的人机对话和初中数学习题辅导中的引导型提示,将在后面章节详细介绍。

2.8 大语言模型中的知识工程问题

大语言模型本质上是一个巨大而复杂的深度学习网络,它以国际互联网上的经过人类专家标注后的文本数据为训练样本,反复训练稳定后,又经过人类专家的反馈打分,可以回答用户的文本问题,包括它学习过的任何内容。因此,可以说大语言模型是一个庞大的知识库,也具有一定的推理功能。但是,因为这个深度学习网络是根据训练好的参数给出概率最大的输出的,而不是人类专家给出的确定性答案,所以它的知识回答和推理不能保证百分之百的正确。

2.9 知识工程在教育技术上的应用

知识表示方法和推理技术广泛应用在教育技术的各个方面,一个典型的应用领域就是智能教学系统。目前的教育软件基本上主要仍采用自然语言和多媒体的形式向学生呈现和展示知识,但是有一些智能教育系统采用了特殊的知识表示方法和一定的推理技术,比如产生式表示法、语义网络等。下面介绍一些典型的智能教学系统使用的知识表示方法。

智能教学系统 SCHOLAR(Carbonel,1970)用于帮助学生学习学科知识,比如南美洲地理知识,对智能教学的发展起到了促进作用。它以概念、事实和过程所构成的语义网络的形式表示知识。它尝试将学生置身于一个对话过程中,就诸如南美洲地理之类的学科知识,使用自然语言与学生展开对话,向学生提出问题,也能回答学生问题。它应用苏格拉底模式,跟踪正在进行的对话的结构,诊断学生的错误概念,帮助学生识别自己的错误。

ELM-ART(Brusilovsky,Schwarz,Weber,1996)是一个基于 www 的智能教学系统,支持学习 LISP 编程语言。ELM-ART 的智能性表现的关键之处在于关于主题内容和学生的知识表示方法。这些关于 LISP 中问题求解的知识是通过 LISP 概念及其关系、规划和规则的语义网络表示的。每个被表示的概念都用 ELM-ART 的参考手册中的一个网页来表示。概念间的关系是一般的部分—全体的关系("part of")和类属关系("is-a")。概念间的先决条件关系不是直接表示出来的，而是由系统通过几种启发式算法，由部分—全体关系和类属关系计算出来的。为了表示每个学生的概念性知识，系统使用一种传统的加权透明学生模型。

卡内基梅隆大学心理学系开设的 LISP 程序设计课程中包含一个智能教学系统，简称 LISPITS。该系统采用产生式系统表示 LISP 知识结构。这个个性化的虚拟助教帮助学生取得了很好的学习成绩（Corbett，Koedinger，Anderson，1997）。

智能助教系统 CIRCSIM-Tutor 的主要组成成分包括规划、文本产生、输入理解、学生模型、知识库、问题求解和屏幕界面（Evens，Brandle，et al.，2001）。知识库中的知识是按照心血管医学变量及其因果关系组成的语义网络组织起来的。对于这些因果关系，无论学生的理解正确与否，都会被这个系统的学生模型记录下来。它的输入输出都采用了自然语言，可以处理各种语法结构和辞典条目，包括残缺句子和拼写错误的单词。它和学生之间的对话功能帮助学生学习解决心血管心理学方面的相关问题。CIRCSIM-Tutor 被一所医学院的学生所使用，学生给出了良好的反馈，教学效果得到了验证。

一个智能教学系统 Ms Lindquist 以对话方式帮助用户学习代数中的符号化方法（Heffernan，Koedinger，2002）。它的教学模型包含了采用不同教学策略的教学内容知识，这些知识部分来自对一个有经验的人类助教的观察。一个助教的"教学内容知识"就是指它如何教授一种技能，以帮助学生克服常见困难的知识。其中的学生模型类似于传统的学生模型，使用认知理论支撑下的产生式系统（Anderson，Pelletier，1991），采用 68 条"如果-就（if-then）"规则表示学生解决一个问题的认知步骤。在学生模型完成对学生情况的诊断后，教学模型选择适合这个学生的教学策略。

KERMIT 是一个基于知识的数据库实体关系模型智能助教系统（Suraweera，Mitrovic，2004），帮助计算机专业的大学生学习数据库实体关系。该系统观察学生活动，并适应于他们的知识和学习能力。它使用基于约束的模型（Constraint-Based Modelling，CBM）来表示领域知识和产生学生模型。目前包括 92 条约束。每条约束确定了一个领域的必须被任何一种解决方法所满足的一种基本属性。约束是构件式的，与问题无关的，易于评估。每个约束包括一个相关条件，一个满足条件和反馈信息。当约束不能被满足时，反馈信息会被用于构成呈现给学生的建议。领域知识是约束的一个集合，用来测试学生数据库语言的语法错误，并与标准答案相比较。所以从本质上说，CBM 仍然是一种产生式系统。KERMIT 在真实教学环境中的应用和评估证实了其有效性。学生喜欢系统的适应性，并感觉它对学习特别有益。

本章小结

　　知识表示问题是人工智能研究的核心问题之一，是很多其他技术的基础和前提。知识表示方法很多，本章着重介绍了其中的四种。

　　谓词逻辑法基于谓词逻辑，将事实性知识和规则性知识存储在知识库中；基于推理规则可以求解问题，产生新的知识。

　　产生式表示法是对谓词逻辑表示法的进一步发展，增加了对知识可信度的表达。它是专家系统的基础。

　　语义网络是知识的一种图解表示，它由节点和弧线或链线组成。节点用于表示实体、概念和情况等，弧线用于表示节点间的关系。

　　脚本表示法使用一组槽来描述事件的发生序列，特别适用于描述顺序性动作或事件。

　　知识表示方法和推理技术广泛应用在教育技术的各个方面，比如智能教学系统。目前的教育软件基本上仍采用自然语言和多媒体的形式向学生呈现和展示知识，但是智能教学系统采用了特殊的知识表示方法和一定的推理技术。

思考和练习题

　　1. 使用自然语言表示知识的方法具有什么优缺点？

　　2. 安装并使用 SWI-Prolog 编辑本章给出的多边形关系的程序，然后运行求解问题。

　　3. 产生式表示法和谓词逻辑表示法的关系是什么？

第 3 章　数据挖掘

内容提要

本章介绍数据挖掘的概念、功能、常用软件、常用算法,然后以开源数据挖掘软件 WEKA 为例,说明如何进行相关分析、分类、聚类、规则关联等数据挖掘工作;阐述笔者团队提出的在线教育数据挖掘模型——在线学习活动指数;最后介绍教育领域的数据挖掘实证研究和文献综述研究。

学习目标

1. 了解常用的数据挖掘算法;
2. 熟练使用任何一种数据挖掘软件(比如 EXCEL、SPSS 和 WEKA)进行常用的数据挖掘工作,包括:统计描述、相关分析、回归分析、分类、聚类、规则关联。

关 键 词

数据挖掘,统计描述,相关分析,聚类,分类,预测,规则关联。

3.1　概念、功能和常用软件

3.1.1　概念

人类学习的内在行为是获取知识、积累经验、发现规律、自我完善、改进性能;外在表现是适应和改造环境。

机器学习(Machine Learning)是研究如何用计算机来模拟人类学习活动的一门学科。更具体地说,就是研究如何让计算机识别已有知识、获取新知识和新技能、改善性能、实现自我完善的方法。机器学习就是让计算机具有逻辑思维智能,包括归纳和演绎等。

机器学习的主要任务就是要从数据中挖掘信息,从信息中归纳知识,也称作数据挖掘(Data Mining)、知识推理(Knowledge Inference)或者知识发现(Knowledge

Discovery)。随着信息技术在教育领域的广泛应用,教育领域的数据量越来越大,教育领域数据挖掘工作日益重要,所以本章采用数据挖掘的概念。

3.1.2 功能

数据挖掘的功能主要包括:统计描述(Statistical Description)、相关分析(Correlation Analysis)、聚类(Cluster)、分类(Classification)、预测(Prediction)、规则关联(Rule Association)等。下面分别介绍。

统计描述用以描述一组样本数据的统计特性,包括:平均数(Mean),中位数(Median),众数(Mode),标准差(Standard Deviation),方差(Variance),全距(Range),变异或者离散系数(Coefficient of Variance),基尼系数(Gini),峰度(Kurtosis)和偏度(Skewness),等。其中的平均数、中位数和众数描述了样本数据的聚集程度,标准差和方差描述了样本数据的离散程度。例如,衡量学生学习效果的考试或者作业成绩作为一组样本,其平均值反映了全体学生成绩的总体表现,而标准差反映了学生之间的差异。

相关分析用以描述两组样本之间线性相关关系的程度,常用的计算方法有皮尔逊(Pearson)相关系数,其数值在区间[-1,1]内,如果为 0 则不相关,大于 0 为正相关,小于 0 为负相关;绝对值越接近于 1,则相关程度越大。相关系数一般用 r 表示,其平方(r^2)被称为判定系数。例如,学生在前后两次考试中的成绩一般具有一定的正相关性,即上一次考试中成绩好的学生,在后一次考试中成绩也好。

聚类是在不可事前预知的前提下,基于研究对象的大量数据,将对象进行分类的过程,是一种无监督的学习过程。例如,聚类可以将学生聚类,然后按照分组结果采取不同的教学策略或措施。

分类是在已经知道类别的前提下,将研究对象划分到已知的类别中,是一种有监督的学习。例如,模式识别的任务都属于分类:人脸识别,语音识别,声纹识别,步态识别,眼纹识别,指纹识别,情感识别,等。比如,人脸识别,就是将每人的人脸特征作为一类,应用数据挖掘算法区分和记忆每个人的人脸特征,将人脸特征和人名或者身份证号码等每个人的独一无二的标志一起保存在人脸识别结果数据库;当某人的人脸特征被检测后,和人脸识别结果数据库中的人脸特征进行比对,如果能够被正确分类,则返回这个人脸对应的标志,如姓名或身份证号等;如果不能识别,则提示不是保存在数据库中的人脸特征。

分类得到的类别一般是离散的变量,比如人的姓名或者身份证字符串组成的集合,也可以是连续变量。比如传统的回归分析,可以说是一种特殊的分类,从一组自变量集合到唯一的一个因变量之间存在一种映射，使得对于每组自变量集合都能得到唯一的一个因变量数值。

预测是在聚类或者分类的基础上，输入原来数据集合中没有的新数据，得到新的类别结果。以人脸识别为例，一般需要拍摄人脸的一张照片，如不戴口罩的人脸，通过分类算法记忆人脸特征；在实践应用中，再次拍摄人脸时，人脸数据不可能和原来录入的完全相同，比如可能戴上口罩了，但是也可以分辨出这是谁的人脸。这就是对于离散分类的预测。回归分析中，只能依据已有的有限数据建立回归方程或者模型，但是也要求对于未知的数据，能够预测其因变量的数值。当然预测的结果不一定百分之百地正确。

规则关联是从大量数据中发现某些数据之间的关联，这种关联很难用相关系数来表示，一般可以用产生式规则的方式来表示，即 $X {\rightarrow} Y$(可信度)。比如，学生在线学习行为包括点击观看视频、下载教师讲义课件等；这些行为会导致通过课程测试等结果的发生。这种因果关系可以用一个具有一定可信度的产生式规则来表示。

3.1.3 常用软件

数据挖掘软件系统既有商用的，也有开源的。商用的有：微软办公套件中的 EXCEL 和 ACCESS，金山软件 WPS 套件中的电子表格，IBM 的 SPSS，MathWorks 的 Matlab，Wolfram 的 Mathematica 等。

开源、免费的程序有：Weka(http://www.cs.waikato.ac.nz/ml/weka)和 R(https://cran.r-project.org)等。

开源、免费的 MYSQL 数据库管理系统也有一定的基础数据处理能力。

编程语言 Python 和 Java 也有很多数据挖掘的软件包可以安装使用，比如 TensorFlow、Deeplearning4j、DMTK、OPENN 等。

3.2 常用数据挖掘算法

数据挖掘常用算法有：产生式规则推理、回归分析、决策树、人工神经网络（深度学习）、遗传算法、Bayes 算法、邻近算法、支持向量机算法、模糊逻辑、粗糙集等。

大部分算法都不是针对某个特定问题的，算法之间也不互相排斥。在最终决定选取哪种模型或算法之前,用户可能需要对各种模型都试验一下,然后再选取一个较好的模型,来满足对分析准确度和误差的要求。

为了提高数据挖掘的准确度,需要对数据库中的数据进行预处理,包括清洗、整理、转换、选择等工作。比如删除无效数据(清洗),将文本型数据转换为数值型数据,等。

在数据分析的基础上,可以进行预测。即基于学习后形成的稳定的算法和模型结构,输入原数据库中没有的数据,通过算法和模型来计算输出。

3.2.1 回归分析

回归分析(Regression Analysis)用于研究变量与变量之间的关系。

变量之间的关系如果是完全确定的,就是函数关系。如:$y=2x+3$。

变量之间如果存在一定的关系,但是这种关系不能完全用一个函数来表示,就称作相关关系。这些变量中至少有一个是随机变量。如:身高和体重的关系。

应用某种技术手段将这种相关关系比较精确地描述出来,就是数据挖掘技术的任务。回归分析就是这样一种数学上常用的手段。

回归分析可以用一个数学公式描述变量之间的相关关系(也称作经验公式),还给出这种关系的有效性和精确程度。

在建立这样一种关系的前提下,可以进一步根据一个或多个变量的值,来预测另外一个变量的值;并且可以知道这种预测的精确度。

还可以进行因素分析,对于共同影响一个变量的多个因素,找出哪些影响因素是显著的,哪些是非显著的。

回归分析的方法很多。常见的有线性回归和非线性回归分析。

线性回归分析:描述一个因变量(也称响应变量,Dependent Variable)与一个或者多个自变量(Independent Variable)之间的线性依存关系。一般采用最小二乘法进行回归。

判定系数是判定线性回归拟合程度好坏的一个重要指标,体现了回归模型所能解释的因变量变异数的百分比,也被称作 r^2 系数。r^2 为 1 时,表示所有观测点都落在回归线上;为 0 时,表示自变量与因变量之间无线性关系。

为消除自变量个数以及样本量大小对判定系数的影响,又引入了经调整的判定系数(Adjusted R Square)。

非线性回归分析:采用曲线拟合(Curve Estimation)方法,对自变量进行变换。有多种非线性函数可以使用,比如:

二次方程(Quadratic):$Y = b_0 + b_1 X + b_2 X^2$,复合曲线模型(Compound):$Y=$

$b_0 \times b_1^x$,对数方程(Logarithmic),三次方程(Cubic),等比曲线方程(Growth),指数方程(Exponential),倒数方程(Inverse),乘幂曲线方程(Power),逻辑分析(Logistic),等等。

无论何种方法,都要设置许多参数。回归的结果也会产生很多中间变量。

3.2.2 决策树

决策树(Decision Tree)是产生式规则的树状表示。

决策树最上面的节点称为根节点,是整个决策树的开始。建立决策树的过程,即树的生长过程是把数据不断分组的过程。每次分组对应一个问题,也对应一个节点。每次分组都要求所分得的组之间的差异最大。这样的分组过程也称为数据的纯化。

不论最后形成的决策树多么庞大,每条从根节点到叶节点的路径所表述的含义仍然是清晰的。这是决策树方法的一个优点。另一个优点是它擅长处理非数值型数据,不必进行过多的数据预处理工作。

常用算法有 ID3、C45、CHAID、CART、Quest 等。

3.2.3 人工神经网络

人工神经网络(Artificial Neural Network)是仿照人脑神经网络结构建立的非线性预测模型。可以被当作黑箱来对待。通过学习已有的输入和输出数据,建立一个稳定的网络结构,然后进行预测、分类、组合优化等工作。具体算法有反向传播(Back Propagation,BP)网络、霍普菲尔德(Hopfield)网络、自组织模型(Self Organizing Model,SOM)等。

深度学习(Deep Learning)是在大规模并行计算技术成熟的今天,基于 BP 算法进行机器学习的算法。深度学习的特点是深度,就是用超多层次、高度复杂的网络结构来模拟人脑的神经网络,先学习大样本的数据(大数据),然后对未知输入进行预测。

深度学习的基础是大数据、算法和算力。

谷歌团队的围棋程序 AlphaGo 学习了 3000 万张以上的人类棋手棋谱,才可以快速落子,击败其他围棋程序和多位人类围棋世界冠军。这个围棋程序有赖于强大的硬件设施才能运行。它的单机版需要 48 个中央处理单元和 8 个图形处理单元,网络分布版需要 1202 个中央处理单元和 176 个图形处理单元(Silver,et al.,2016)。

清华"九歌"人工智能古诗词系统采用最新的深度学习技术,专门设计多种诗词生成的模型,基于我国80余万首古人诗词作品进行训练(矣晓沅,2021)。

为了训练语音识别系统,国内某著名人工智能公司采集了全国1500多万人的语音信号,并基于这些信号训练产生了声学模型。其用户超过9亿,日服务量在30亿次以上;这些用户的海量声音数据又反过来作为样本数据,极大改善了其声音模型。

为了实现较好的语音合成效果,国内某人工智能技术公司,录制了8000多位专业播音人员给不同内容的配音,作为合成语音的基础。

为了实现较好的人脸识别效果,某人工智能公司购置了大规模的人脸识别数据集,给十万个名人的一千万张图片进行了人工标注,作为训练样本集。

总结以上学习过的案例,可以看到基于深度学习的人工智能的第一个基础是大数据。如果没有这么多的数据作为样本进行训练,那么深度学习网络就是空中楼阁。

日益普及的互联网和手机、无处不在的物联网是大数据的主要来源。

例如,电子商务网站,无时无刻不在产生商品交易数据;手机上的社交应用系统,无时无刻不在产生文字、音频、图片和视频数据;遍布各处的监控视频摄像头和摄像机,无时无刻不在产生视频和图片数据。

处理这些海量的数据需要高性能的计算机(微机和服务器),它们配备高速运算的中央处理单元、大容量的内部存储器和外部存储器。这就是基于深度学习的人工智能的第二个基础——算力。我国的神威·太湖之光超级计算机,安装了40960个自主研发的中央处理单元,采用64位自主神威指令系统,峰值性能为12.5亿亿赫兹,持续性能为9.3亿亿赫兹。

此外,处理这些数据还需要精巧的算法。这是基于深度学习的人工智能的第三个基础。仅仅在连接主义指导下的算法就有一百多种,而每种算法又有少则几个、多则上万个不等的参数可以调节。为了达到最好的对海量样本数据的训练效果,需要在不同的算法之间选择;而对于每种算法,又要调节不同的参数。

3.2.4　遗传算法

遗传算法(Genetic Algorithm)进化理论,采用自然选择、遗传交叉(或结合)以及遗传变异等设计方法。

遗传算法把问题的解表示成染色体,即以二进制编码的字符串。先给出一群染色体,即假设解。然后将这些假设解置于问题环境中,按照适者生存的原则,从中选出比较适应环境的染色体进行复制,再通过交叉、变异过程产生更适应环境的新一代染色体群。经过若干代进化,收敛到最适应环境的一个染色体上,它就是问题的最优解。

这一算法可以用于解决组合优化、搜索等问题。

3.2.5 贝叶斯算法

贝叶斯(Bayes)算法是一类分类算法的总称,这类算法均以贝叶斯定理为基础,主要用于分类,即监督学习。

这类算法中一个简单和常用的算法是朴素贝叶斯算法(Naive Bayes)。它对于给出的待分类项,求解在此项出现的条件下各个类别出现的概率,哪个最大,就认为此待分类项属于哪个类别。

3.2.6 邻近算法

邻近算法(Neighbor Algorithm)是一种将数据集合中每个记录进行分类的方法。通过查询已知类似例子的情况,来判断新例子与已知例子是否属于同一类。一般算法是:首先存储全部(或者选择部分)训练好的例子。对于测试例子,借助相似性函数计算它与所存储的训练例子的距离以决定其类别归属。

K 最近邻(K-Nearest Neighbor,KNN)分类算法,是一个理论上比较成熟而简单的算法。如果一个样本与在特征空间中的 k 个最相似(即特征空间中最邻近)的样本中的大多数属于某一个类别,则该样本也属于这个类别。KNN算法中,所选择的邻居都是已经正确分类的对象。

KNN算法不仅可以用于分类,还可以用于回归。

3.2.7 支持向量机算法

支持向量机算法(Supporting Vector Machine,SVM)是按监督学习方式对数据进行二元分类的广义线性分类器,其决策边界是对学习样本求解的最大边距超平面。它利用一种非线性变换将空间高维化;在新的复杂空间取最优线性分类表面。由此种方式获得的分类函数在形式上类似于神经网络算法,主要用于分类。

3.3 EXCEL 简介

微软的电子表格软件 EXCEL 是一款简便易用的数据管理软件，具有一定的数据挖掘功能和数据可视化功能。它可以调用函数进行描述统计、相关分析、均值比较（t 检验等）等；图形功能也较强，可以画出条图、点图、线图、饼图等；也可以方便地导入和导出文本格式的文件（CSV）。

例如，可以利用 EXCEL 对学生成绩之类的数据进行以下工作：两组独立样本或者成对样本差异统计显著性的 t 检验、线性回归分析、散点图制作等，也可以计算准实验中的效果量。

3.4 SPSS 简介

SPSS 是一个专用的数据挖掘软件，具有较强的数据挖掘和数据图形可视化功能。在版本 22 中，主菜单项"分析"包含下述数据挖掘功能：描述统计、均值比较、线性模型、相关、回归、分类、神经网络等。也支持导入 EXCEL、CSV 等各类文件。

例如，可以利用 SPSS 对学生成绩之类的数据进行以下工作：两组独立样本或者成对样本差异统计显著性的 t 检验、线性回归分析、散点图制作等，也可以计算准实验中的效果量。

3.5 WEKA

3.5.1 简介

WEKA 是一个开放源代码的系统，来自新西兰 Waikato 大学计算机科学系。最新版本可以从 WEKA 网站上下载：

http://www.cs.waikato.ac.nz/ml/weka/

从该网站上还可以下载案例数据集合和相关程序。

WEKA 使用 Java 编程。目前最新稳定版本为 3.8。如果计算机上已经安装了 Java 的运行环境，如 JDK 1.4 以上版本，或者安装 JRE1.4 以上版本，可以下载未带 JRE 的 WEKA 版本，然后安装。否则，需要下载带 JRE 的版本，然后安装。

WEKA 的标准版本包括了回归、神经网络、贝叶斯算法、决策树、邻近算法、产生式表示法等常用的数据挖掘算法。用户还可以根据需要，增加新的算法，或者把 WEKA 整合到其他系统中。

WEKA 支持汉字数据，需要在配置文件 runweka.ini 中进行相应操作：

$$\#\ fileEncoding=Cp1252$$
$$fileEncoding=utf\text{-}8$$

WEKA 可以使用命令行程序运行，也可以使用 GUI 图形界面。主界面上的功能包括：

- Explorer 从众多算法中选择某一种算法进行数据挖掘。
- Experimenter 可以使用多个算法对同一个或多个数据集合进行数据挖掘。然后在相关系数、误差等统计检验指标上比较所有的挖掘结果。
- KnowledgeFlow 这个环境本质上和 Explorer 所支持的功能是一样的，但是它有一个可以拖放的界面。
- SimpleCLI 提供了一个简单的命令行界面，从而可以在没有自带命令行的操作系统中直接执行 WEKA 命令。

Explorer 中具有 6 项功能：

1. Preprocess：选择和修改要处理的数据。
2. Classify：训练和测试关于分类或回归的算法。
3. Cluster：从数据中学习聚类。
4. Associate：从数据中学习关联规则。
5. Select Attributes：选择数据中最相关的属性。
6. Visualize：查看数据的交互式二维图像。

3.5.2 Preprocess(数据预处理)

WEKA 处理的数据存储类型包括：

- 常见的文本格式的 ARFF(Attribute Relation Format File)；
- 电子表格文件(CSV)；
- 各种 SQL 数据库。

WEKA 可以直接处理的数据类型有：
- 离散或者连续的数值型(Numeric,Real)；
- 枚举型或者集合型,比如{Male,Female}；
- 字符串型(String)；
- 日期和时间型(Date)。

3.5.3 Classify(分类或回归)

本节举例说明使用 WEKA 对各种数据进行分类的方法。

例 3-1 1000 个 MBA 学员的个性测试评分分析和预测。

训练样本为一套来自工业界的 ERA(Employee Rejection\Acceptance)数据,包括了 1000 名 MBA 学员的信息：四项个性测试指标(如过去的经历、口头表达能力等),取值为区间[0,14]上的整数；决策者根据四项指标给每个应聘者打分,取值为区间[1,9]上的整数。

如果把最后的变量(out1)看作因变量,把前面的四个看作自变量,那么可以使用 WEKA 进行回归分析。

具体数值如下所示。

```
@relation ERA
@attribute in1 numeric
@attribute in2 numeric
@attribute in3 numeric
@attribute in4 numeric
@attribute out1 numeric

@data
13,6,12,2,4
2,7,9,2,2
… …
```

在 Classify 算法中选择线性回归(functions：Linear Regression)和默认的参数,回归结果如下。

```
= Run information = = =
Scheme: weka.classifiers.functions.LinearRegression-S 0-R 1.0E-8
Relation:      ERA
Instances:     1000
Attributes:    5
```

```
in1
in2
in3
in4
out1
Test mode:      10-fold cross-validation
= = = Classifier model(full training set) = = =
Linear Regression Model
out1 =
0.1551 * in1 +
0.2385 * in2 +
0.1207 * in3 +
0.0527 * in4 +
0.2182
Time taken to build model: 0.17 seconds
= = = Cross-validation = = =
= = = Summary = = =
Correlation coefficient            0.6091
Mean absolute error                1.2549
Root mean squared error            1.5719
Relative absolute error            76.6564 %
Root relative squared error        79.2313 %
Total Number of Instances          1000
```

因为结果并不太令人满意,所以在继续使用线性回归算法的情况下修改一个参数"attribute Selection Method",重新运行,但发现结果改进不大。

于是,更换一个别的算法,比如神经网络方法中的多层感知算法(function:Multilayer Perception)。设置以下参数:learning rate＝0.0001, training time＝10000,可以得到如下结果。

```
= = = Run information = = =
Scheme: weka.classifiers.functions.MultilayerPerceptron-L 1.0E-4-M
0.2-N 10000-V 0-S 0-E 20-H a
Relation: ERA
Instances: 1000
Attributes: 5

in1
in2
in3
in4
out1
```

```
Test mode: 10-fold cross-validation
… …
= = = Classifier model(full training set) = = =
= = = Cross-validation = = =
= = = Summary = = =
Correlation coefficient            0.613
Mean absolute error                1.255
Root mean squared error            1.5659
Relative absolute error            76.6624 %
Root relative squared error        78.9274 %
Total Number of Instances          1000
```

这个模型就建好了。为了以后能够调用,避免重复性的建模,可以将它保存下来。具体操作为:

选中左下栏"Result list(Right Click for options)"的模型行,点鼠标右键,选择"Save model",在对话框中输入模型名字,扩展名为 model。

这样下次打开 WEKA 和同样的样本集合后,点鼠标右键,选择"Load model",就可以调入以前保存的模型。

如何用生成的模型对那些待预测的数据集进行预测呢?编辑一个待预测数据集文件,它和训练数据集的各个属性必须完全一致。即使没有待预测数据集的函数值(Class)属性的值,也要添加这个属性,将该属性在各实例上的值均设成缺失值。

在"Test Option"中选择"Supplied test set",并且"设置"(Set)成要应用该模型的预测数据集,这里是"ERA_test.arff"文件。

右键点击"Result list"中刚产生的那一项,选择"Re-evaluate model on current test set"。运算结束后,右边显示结果的区域中会增加一些内容,告知该模型应用在这个数据集上表现将如何。如果 Class 属性都是些缺失值,这些内容是无意义的,需要关注的是模型在新数据集上的预测值。

点击右键菜单中的"Visualize classifier errors",将弹出一个新窗口,它显示一些有关预测误差的散点图。点击这个新窗口中的"Save"按钮,保存为一个 Arff 文件。打开这个文件可以看到在倒数第二个位置多了一个属性(predicted…),这个属性上的值就是模型对每个实例的预测值。

虽然使用图形界面查看结果和设置参数很方便,但是最直接最灵活的建模及应用的办法仍是使用命令行。下面以神经网络方法为例简单介绍。

打开"Simple CLI"模块,在底部输入行输入命令:

```
java weka.classifiers.functions.MultilayerPerceptron-L 1.0E-4-M 0.2-N
10000-V 0-S 0-E 20-H a-t directory-path \ ERA.arff-d directory-path \
ERA.model
```

"-t"后面跟着的是训练数据集的完整路径(包括目录和文件名),"-d"后面跟着的是保存模型的完整路径。这样可以把模型保存下来。

输入上述命令后,所得到的树模型和误差分析会在"Simple CLI"上方显示,可以复制下来保存在文本文件里。误差是把模型应用到训练集上给出的。

为了进行预测,比如把这个模型用到"EPA-test.arff",所用命令格式为:

java weka.classifiers.functions.MultilayerPerceptron-p 5-l directory-path\ERA.model-T directory-path\ERA_test.arff

其中"-p 5"说的是模型中的待预测属性的真实值存在于第 5 个(也就是"out1")属性中,它们全部未知,因此全部用缺失值"?"代替。"-l"后面是模型的完整路径。"-T"后面是待预测数据集的完整路径。

输入上述命令后,Simple CLI 上方有这样的结果:

```
= = = Predictions on test data = = =
inst#    actual   predictederror()
   1      ?      5.204    ?
   2      ?      3.234    ?
   3      ?      5.176    ?
   ...
```

第一列是"Instance_number",第二列是预测样本给出的实际值(可以是"?"缺失值),第三列是预测值,第四列是误差。

例 3-2 机器学习领域一个典型的分类例子是"植物鸢尾"(Iris Plants)分类,它包含的样本量为 150。根据植物鸢尾的 4 个长度属性变量值分为三类:Iris Setosa,Iris Versicolour,Iris Virginica。每类 50 例。共有五个变量,前面四个关于植物花瓣宽度的变量是自变量,最后一个变量"类别"是因变量。

使用决策树(tree)的一种算法(如 J48 算法)的缺省参数进行分类后,结果如下:

```
= = = Summary = = =

Correctly Classified Instances      144        96       %
Incorrectly Classified Instances     64                 %
Kappa statistic    0.94
Mean absolute error        0.035
Root mean squared error    0.1586
Relative absolute error    7.8705 %
```

```
Root relative squared error        33.6353 %
Total Number of Instances          150

= = = Detailed Accuracy By Class = = =

TP Rate  FP Rate  Precision  Recall  F-Measure  MCC    ROC Area  PRC Area
  Class
 0.980    0.000    1.000      0.980   0.990      0.985  0.990     0.987
Iris-setosa
 0.940    0.030    0.940      0.940   0.940      0.910  0.952     0.880
Iris-versicolor
 0.960    0.030    0.941      0.960   0.950      0.925  0.961     0.905
Iris-virginica
Weighted Avg. 0.960  0.020  0.960  0.960  0.960  0.940  0.968
 0.924

= = = Confusion Matrix = = =
 a   b   c   ←classified as
49   1   0 |  a = Iris-setosa
 0  47   3 |  b = Iris-versicolor
 0   2  48 |  c = Iris-virginica
```

在分类结果点击右键"Visulize trees",就可以看到分类结果的树状表示,如图3-1所示。可见,这是产生式表示法的树状表示。

如果 petalwidth<=0.6,则属于 Iris Setosa,50 个这样的案例都被正确分类了。

如果 petalwidth>0.6,则要继续判断:

如果 petalwidth>1.7,则属于 Iris Virginica,46 个这种案例被正确分类到了,还有 1 个这样的案例分类错误了。

如果 petalwidth<=1.7,则要继续判断:

如果 petalwidth<=4.9,则属于 Iris Versicolour,48 个这种案例被正确分类了,还有 1 个这样的案例分类错误了。

……

以此类推,就将所有的案例进行了分类。当然,分类结果正确与否已经在前面的总结部分作了报告。

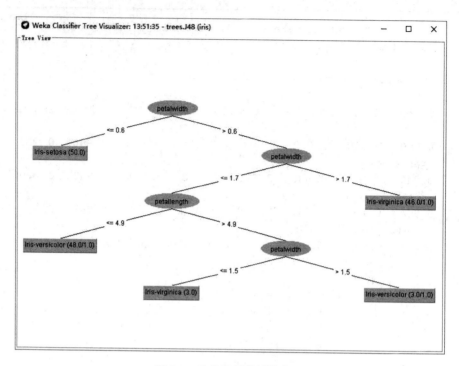

图 3-1　分类结果的树状表示

3.5.4　Cluster(聚类)

例 3-3　MOOC 学习者众多,差异巨大;能否使用聚类算法将学生分成若干类别,并概括出每类的特点?

对北大第一批上线的六门慕课平台数据作了预处理后,得到的数据文件包含如下信息:

注册时刻(registration_time),单位为秒(Unix 时间戳),表示用户注册到课程的时刻;

开始学习时刻(begin_time),单位为秒(Unix 时间戳),如果注册时刻晚于课程开始时刻,则为注册时刻,否则为课程开始时刻,因为课程还没有开始的情况下是无法学习的;

最后访问时刻(last_access_time),单位为秒(Unix 时间戳),表示用户最后一次访问课程的时刻;

在线时长(duration),单位为秒,表示最后访问时刻与开始学习时刻的差值,相当于传统线下教学的学期时长;

浏览课程视频次数 video_views；

浏览网页次数 page_views；

浏览课件次数 lecture_item_views，

平时测试成绩总分 quiz_score_sum；

平时作业成绩总分 assignment_score_sum；

所有交互总次数 total_actions；

讨论区发帖次数 forum_posts_count 和得分 forum_posts_votes；

回帖次数 forum_comments_count 和得分 forum_comments_votes；

论坛总得分 forum_reputation；

课程总分数 grade；等。

其中一门课程的数据包含了 12689 行记录，对这个数据文件使用系统自带的缺省的 EM(最大熵)算法的缺省参数值进行聚类，结果如下：

```
= = = Run information = = =

Scheme: weka.clusterers.EM-I 100-N-1-X 10-max-1-ll-cv 1.0E-6-ll-iter 1.0E-6-M 1.0E-6-K 10-num-slots 1-S 100
Relation: 计算概论真实用户
-weka.filters.unsupervised.attribute.Remove-R1-4-weka.filters.unsupervised.attribute.Remove-R3-9
Instances: 12689
Attributes: 16
     registration_time
     last_access_time
     duration
     begin_time
     total_actions
     assignment_score_sum
     lecture_item_views
     quiz_score_sum
     forum_posts_count
     forum_posts_votes
     forum_comments_count
     forum_comments_votes
     forum_reputation
     grade
     video_views
     page_views
Test mode: evaluate on training data
```

```
= = = Clustering model(full training set) = = =

EM
= =

Number of clusters selected by cross validation: 2
Number of iterations performed: 4

            Cluster
Attribute       0         1
             (0.88)    (0.12)
= = = = = = = = = = = = = = = = = = = = = = = = = =
registration_time
   mean     1382861743.9251 1381648601.6569
   std. dev.       26311421.1693    2302205.5497

last_access_time
   mean     1385122697.8258 1387729202.1939
   std. dev.3075896.8598    2556895.0847

duration
   mean        1637283.8709    5842883.0598
   std. dev.2487519.9821    2988832.8547

begin_time
   mean        3112213.9549    1513119.1341
   std. dev.2905808.8754    2095193.9001

total_actions
   mean      98.6984         1181.9769
   std. dev.       159.256         1113.2631

assignment_score_sum
   mean     17.6576 22.9924
   std. dev.       3.2461 18.1932

lecture_item_views
   mean     28.9755 137.427
   std. dev.       36.048178.0858

quiz_score_sum
   mean      2.2439  6.6275
   std. dev.       0.9424 10.0401
```

```
forum_posts_count
   mean       5.3911   5.3922
   std. dev.           0.0131 11.3508

forum_posts_votes
   mean       0.6169   0.6174
   std. dev.           0.0058   2.232

forum_comments_count
   mean       5.5402   5.5402
   std. dev.           0        6.5777

forum_comments_votes
   mean       0.2548   0.2548
   std. dev.           0.1905   0.5585

forum_reputation
   mean       2.0541   2.0541
   std. dev.           0        1.6443

grade
   mean       0.2     24.6758
   std. dev.           0.7184  31.6154

video_views
   mean       99.8185 586.1321
   std. dev.          113.9624 684.9611

page_views
   mean       38.5115 595.7754
   std. dev.          53.3466  78.1237

Time taken to build model(full training data): 15.31 seconds

= = = Model and evaluation on training set = = =

Clustered Instances
0         11305(89%)
1          1384(11%)
Log likelihood: -69.89816
```

可见，聚类结果为两类，特征明显。第 0 类占比 88%，为大多数用户；第 1 类占比 12%，用户数量很少。在注册时刻和最后访问时刻上，两类差异不大；在开始学习时刻上，0 类显著晚于 1 类；0 类的在线时长显著少于 1 类；0 类的在线交互行为各个方面和总体频次显著少于 1 类，包括浏览课程视频次数、浏览网页次数、浏览课件次数、平时测试成绩总分、平时作业成绩总分和所有交互总次数。但是在讨论区的各项表现上，两类差别较大，包括讨论区发帖次数和得分、回帖次数和得分、论坛总得分；最重要的是，0 类的课程总分显著低于 1 类，分别为 0.2 和 24.7。

从这个聚类结果可以看出，影响用户最后总分的因素主要包括：开始学习时刻和在线时长，在线学习交互行为的各个方面和总体频次，包括浏览课程视频次数、浏览网页次数、浏览课件次数、平时测试成绩总分、平时作业成绩总分和所有交互总次数。开始学习时刻越早，在线时长越长，在线学习交互行为的各个方面和总体频次越多，总分越高。

单击右键选择"Visual cluster assginments"，选择 duration 为 x 轴，grade 为纵轴，jitter 拉到右边最大值，可以看到聚类结果图形如图 3-2。

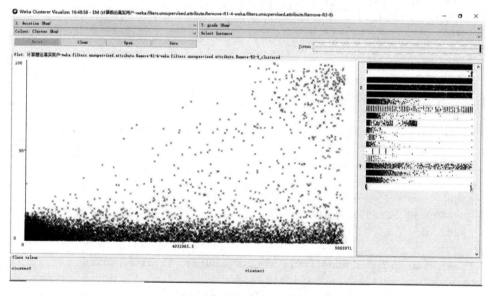

图 3-2　聚类结果图形

这个可视化结果也能表明在线时长和总分的正相关关系。

对于这些慕课数据，可以从类似的角度进行深入分析，挖掘背后的教学规律。这方面已有大量研究。比如，对于北大第一批上线的六门慕课数据，笔者团队采用上述的聚类和分类等算法，做过详细的分析（贾积有等，2014；赵楠，贾积有，2018；王小越，贾积有，2021）。

3.5.5 Associate(规则关联)

例 3-4 美国议会投票的关联分析。

样本容量为 435。变量有 17 个,最后一个为党派,其余 16 个为需要投票的决策。

采用系统缺省的 Apriori 算法的缺省默认参数进行规则关联,结果如下:

```
= = = Run information = = =

Scheme: weka.associations.Apriori-N 10-T 0-C 0.9-D 0.05-U 1.0-M 0.1-S-1.0-c-1
Relation: vote
Instances: 435
Attributes: 17
      handicapped-infants
      water-project-cost-sharing
      adoption-of-the-budget-resolution
      physician-fee-freeze
      el-salvador-aid
      religious-groups-in-schools
      anti-satellite-test-ban
      aid-to-nicaraguan-contras
      mx-missile
      immigration
      synfuels-corporation-cutback
      education-spending
      superfund-right-to-sue
      crime
      duty-free-exports
      export-administration-act-south-africa
      Class
= = = Associator model(full training set) = = =

Apriori
= = = = = = =

Minimum support: 0.45(196 instances)
Minimum metric<confidence>: 0.9
Number of cycles performed: 11
```

```
Generated sets of large itemsets:
Size of set of large itemsets L(1): 20
Size of set of large itemsets L(2): 17
Size of set of large itemsets L(3): 6
Size of set of large itemsets L(4): 1

Best rules found:
1. adoption-of-the-budget-resolution = y physician-fee-freeze = n 219 = =
   >Class = democrat 219    <conf: (1)>lift: (1.63)lev: (0.19)[84]
   conv: (84.58)
2. adoption-of-the-budget-resolution = y physician-fee-freeze = n aid-to-
   nicaraguan-contras = y 198 = = >Class = democrat 198    <conf: (1)
   >lift: (1.63)lev: (0.18)[76]conv: (76.47)
3. physician-fee-freeze = n aid-to-nicaraguan-contras = y 211 = = >Class
   = democrat 210    <conf: (1)>lift: (1.62)lev: (0.19)[80]conv:
   (40.74)
4. physician-fee-freeze = n education-spending = n 202 = = >Class = demo-
   crat 201    <conf: (1)>lift: (1.62)lev: (0.18)[77]conv: (39.01)
5. physician-fee-freeze = n 247 = = >Class = democrat 245    <conf:
   (0.99)>lift: (1.62)lev: (0.21)[93]conv: (31.8)
6. el-salvador-aid = n Class = democrat 200 = = >aid-to-nicaraguan-con-
   tras = y 197    <conf: (0.98)>lift: (1.77)lev: (0.2)[85]conv: (22.
   18)
7. el-salvador-aid = n 208 = = >aid-to-nicaraguan-contras = y 204
   <conf: (0.98)>lift: (1.76)lev: (0.2)[88]conv: (18.46)
8. adoption-of-the-budget-resolution = y aid-to-nicaraguan-contras = y
   Class = democrat 203 = = >physician-fee-freeze = n 198    <conf:
   (0.98)>lift: (1.72)lev: (0.19)[82]conv: (14.62)
9. el-salvador-aid = n aid-to-nicaraguan-contras = y 204 = = >Class = dem-
   ocrat 197    <conf: (0.97)>lift: (1.57)lev: (0.17)[71]conv: (9.
   85)
10. aid-to-nicaraguan-contras = y Class = democrat 218 = = >physician-
    fee-freeze = n 210    <conf: (0.96)>lift: (1.7)lev: (0.2)[86]
    conv: (10.47)
```

Apriori 算法找到了 10 条规则，比如第一条规则表明：

219 条规则的左侧条件是 adoption-of-the-budget-resolution＝y，physician-fee-freeze＝n，右侧结论为 Class＝democrat，可信度（conf）为 1，即 100%。

第十条规则表明：

218 条规则的左侧条件是 aid-to-nicaraguan-contras＝y，Class＝democrat，右

侧结论为 physician-fee-freeze=n，但是符合这个规则的为 210 条，可信度为 0.96，即 96%。

挖掘出来的一条关联规则 L ⟶ R，相当于知识表示方法中的产生式表示法；常用可信度（Confidence）来衡量它的重要性。可信度是样本中出现了 L 时也会出现 R 的条件概率。规则关联的目标一般是产生置信度较高的规则。上述挖掘出来的 10 条规则按照符合条件的案例数量多少顺序排列。

如果将 Apriori 算法的参数调出，如图 3-3 所示，

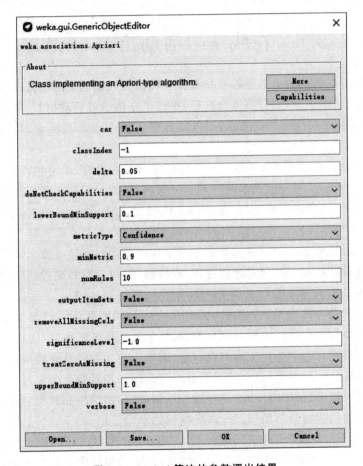

图 3-3　Apriori 算法的参数调出结果

注意到 metricType 为 Confidence，minMetric 为 0.9，numRules 为 10。如果将 minMetric 设置为 1.0，numRules 改为 1000，则该算法可以挖掘出来可信度为 1（100%）的 1000 条规则。结果按照符合条件的案例数量多少顺序排列，第一条依然是上面 10 条规则的第一条，最后一条是：

```
1000. physician-fee-freeze = n aid-to-nicaraguan-contras = y education-
spending = n crime = n duty-free-exports = y 104 = =>Class = democrat
104    <conf:(1)>lift:(1.63)lev:(0.09)[40]conv:(40.17)
```

可信度仍然是 1(100%),但是符合这条规则的案例只有 104 个。

可见,借助规则关联算法,可以从大量数据中快速挖掘出产生式规则,这就是从数据到信息的挖掘过程;当然,下一步需要对这些信息进行分析,总结出知识。

3.6 在线学习活动指数 OLAI

教育数据挖掘的一个重要领域是在线学习活动数据挖掘。笔者团队对一个在线学习平台"乐学一百"进行数据分析后,提出了在线学习活动指数(Online Learning Activity Index,OLAI)的概念,用以描述学生的在线学习活动,并得到了应用(贾积有,于悦洋,2017)。

在常规教学环境下,学生参加的学习活动包括:课前、课上和课后三个部分。课前活动包括预习,如阅读课本内容和尝试做题等;课上活动包括听讲、思考、回答问题和参与讨论、参加课堂练习、参加各个阶段考试等;课后活动包括完成各种作业、复习课本内容等。

在线学习活动是指学习者在某个学习平台或者课程管理系统上学习时参与的活动,包括阅读课程网页、观看课程视频、在线做题、讨论发帖或者回帖、提交作业、同伴互评等。

在线做题是非常重要的一类活动,也是大多数网络教学平台都支持的一种学习活动。在线所做的题目类型包括选择题和填空题等客观题型,这些客观题目可以预设标准答案。当学生提交回答内容后,系统会自动判断其正确程度、给出得分和相应的反馈。一般来说,这些学习平台或者课程管理系统都会记录、保存用户提交每道题目的答案、所用时间、尝试次数等详细数据,供学生和教师、家长等回顾之用。这些数据构成对学习活动进行深度挖掘的基础信息。

教师在给学生布置设计活动的时候,习惯上从"多、快、好"三个维度评价学生完成活动的好坏。"多"代表完成活动的数量,"快"代表完成活动的速度,"好"代表完成活动的质量。比如做作业题,如果做的题目多,速度快,而正确率又高(比如百分之百地正确),那么学生的得分自然就高。

如果能将这三个维度(数量、质量和速度)都数量化,然后将三者合并到一起,成为一个量化的学习活动指数(Learning Activity Index,LAI),就可以使用它来刻画学生的学习活动了。

在传统教学方式支撑的学习活动中,学生参与活动的质量维度可以通过老师评判的得分、级别等进行度量,数量维度也容易通过活动内容数量(如题目多少)来度量,但是每个学生完成活动的速度或者说参与活动的时间却较难准确地测量并记录下来。

在线学习平台或者课程管理系统支持的学习活动,通常会记录学生完成某个活动的起始和结束时间,可以由此计算完成该活动的速度;也会记录完成活动的质量(比如对客观题目的自动评分、对主观性题目的老师判分或者同伴互评得分等)和数量。所以可以计算在线学习活动指数 OLAI。下面就以一个在线数学学习平台"乐学一百"为例,介绍 OLAI 的计算公式和用途。

"乐学一百"系统聚焦于中小学数学教学,包括与全国初中和小学数学大部分通用教材相配套的习题内容。该系统上学生的学习活动主要是闯关做题,每道关卡对应一套包含若干道题目的测验题,题型为选择题或者填空题(贾积有,等,2017)。

学生必须依次做对每道题目(不管做多少次),才算闯关成功。系统会生成一条记录,主要包括的信息有:

学生做该套题目的时间(usetime,单位为秒),相对于标准时间(系统通过测算给出的一个完成题目的合适时间量)的提前或者推迟时间(difference,提前为正值,推迟为负值,单位为秒),包含每道题目尝试答案的做题过程数据(result)等。

对每套题目的做题过程数据(result)进行详细分析,可以得到学生在做每套题目时的如下信息:

题目个数(question_number);

错题次数(wrongs),即不是第一次就做对的题目的个数;

尝试次数(tries),即做错题目的尝试次数之和;

猜测做对的题目次数(guesses,假设猜测 4 次及以上就为一次猜测做题,而不是真正思考推理得出的答案)。

1. 速度维度 speed 的定义

$$speed = difference/(usetime + difference)$$

它代表相对标准时间(usetime+difference)的偏离值,反映了学生做题的快慢,即速率。

标准时间可以是固定时刻,也可以是一段时间。

如果是固定时刻(standard_time),则

$$Speed = 1 - usetime/standard\_time$$

如果是一段时间[left,right],则

$$\text{Speed} = \begin{cases} 1-\text{usetime}/\text{left}, & \text{if usetime} < \text{left}, \\ 0, & \text{if usetime} >= \text{left and usetime} <= \text{right} \\ 1-\text{usetime}/\text{right}, & \text{if usetime} > \text{right} \end{cases}$$

例 3-5 单位都为秒，一套题目的标准完成时间为 100。

若 usetime = 33, difference = 67, 则 $\text{Speed1} = \dfrac{67}{(33+67)} = 0.67$

若 usetime = 89, difference = 11, 则 $\text{Speed2} = \dfrac{11}{(89+11)} = 0.11$

若 usetime = 100, difference = 0, 则 $\text{speed3} = 0$

若 usetime = 150, difference = −50, 则 $\text{speed4} = -\dfrac{50}{(150-50)} = -0.5$

若 usetime = 200, difference = −100, 则 $\text{Speed5} = -\dfrac{100}{(200-100)} = -1$

显然：speed1 > speed2 > speed3 > speed4 > speed5。

例 3-6 单位都为秒，一套题目的标准完成时间为 [100, 200]。

若 usetime = 33, 则 $\text{Speed1} = 1 - \dfrac{33}{100} = 0.67$

若 usetime = 89, 则 $\text{Speed2} = 1 - \dfrac{89}{100} = 0.11$

若 usetime = 100, 则 $\text{speed3} = 0$

若 usetime = 250, 则 $\text{speed4} = 1 - \dfrac{250}{200} = -0.25$

若 usetime = 300, 则 $\text{Speed5} = 1 - \dfrac{300}{200} = -0.5$

显然：speed1 > speed2 > speed3 > speed4 > speed5。

2. 质量维度 quality 的定义

$$\text{quality} = \frac{(\text{question\_number} - \text{guesses})}{(\text{question\_number} + \text{tries})}$$

其中，question_number−guesses 表示学生不是通过猜测做对的题目数量；question_number+tries 则表示学生所有题目做题次数之和。

例如，若一个关卡（即一套题目）包含了 10 道题目，即 question_number = 10；guesses = 0, tries = 10, 则 $\text{quality} = \dfrac{10}{(10+10)} = 0.5$。没有一道题目尝试次数大于 3，但是至少 4 道题都没有一次做对，全套题目的准确率为 50%。

guesses=1,tries=5,则 quality=$\frac{(10-1)}{(10+5)}$=0.6。有一道题目尝试次数大于3,即为猜测出来的,但是还有一道题目是尝试一次就做对了,全套题目的准确率为60%。

tries=0,guesses=0,则 quality=1,这是最好的做题结果,就是一次做对了全部(100%)题目。

guesses=question_number,quality=0,这是最差的做题结果,表示没有一道题目是尝试4次以下做出来的。

所以 quality 是一个介于 0 到 1 之间的正数,数值越大表明做题准确率越高、质量越好。

3. 数量维度 quantity 的定义

$$quantity = Question\_number/Standard\_number$$

其中 Standard_number 为系统平台在所研究时间范围内学生能够在短于标准时间的时间内(difference>=0)一次答对(quality=100%)的题目数量的均值,比如为26.7。

这个取值同时考虑了学生的做题数量范围和所花费时间两个因素。当然,该标准值也可以由学科教学专家人为定义。

显然 quantity>0,并且数值越大,表明学生在系统平台已经完成的题目数量越多。

4. 在线学习活动指数 OLAI 的定义

$$OLAI = speed + quality + quantity$$

speed 可以为负值且最大值为1,quality 介于 0 到 1 之间,quantity 为正值且最小值为0,所以理论上 OLAI 的最大、最小值均可能取到无限。但是,因为当一门课程的题目数量确定后,quantity 对于所有做题的学生都是相同的,所以 OLAI 的范围并非无限大。

OLAI 的数值越大,则这次做题的结果越好,也就是说学生越快、越好地完成了这套题目,这正是教学所期待的结果! 更加细致地分析 OLAI 三个维度数值范围,还可以看到其对应的教学意义。

如果某个学生重复多次做了同一套题目,则可以根据常见的"多次考试,取最好成绩"的评价原则,取多次 OLAI 值中最大值作为该学生在该套题目上的学习活动指数 OLAI。

当然,如果采用其他教学策略,也可以根据需要取多次 OLAI 的平均值。

将某个学生在某个学期或者某个时间段内所有活动的 OLAI 求平均值,称作该生的平均学习活动指数(OLAI Mean of All Activities,OLAIMAA),它可以反映该生所有活动的平均表现。三个维度的相应均值也分别反映了该生所有活动的平均速度、平均质量和平均数量。

将某个学生在某个学期或者某个时间段内参加所有活动的 OLAI 值求和,称作该生的学习活动指数总值(OLAI Sum of All Activities,OLAISAA),它可以反映该生的学习活动总体表现。

将某个班级、某个学校或者某类学生的在线学习活动指数均值 OLAIMAA 再求平均,则得到该群体全体学生在线学习活动指数均值(OLAI Mean of All Activities of All Participants,OLAIMAAAP)。

将某个班级、某个学校或者某类学生的在线学习活动指数总值 OLAISAA 再求和,则得到该群体全体学生在线学习活动指数总值(OLAI Sum of All Activities of All Participants,OLAISAAAP)。

OLAI 三个维度(速度、质量与数量)不同数值区间组合代表不同的学习状态,由此可以针对每种状态设计相应的教学策略。

在此基础上,从正向激励的教学原理出发,进一步设计多维度、多层次的反馈方法和适应性的功能界面方案,实现个性化和适应性教学。

3.7 教育数据挖掘案例

教育数据挖掘(Educational Data Mining,EDM)是指从教育领域积累的数据中提取信息,发现知识,以便帮助教育管理者和决策者更好地进行教育管理和决策;数据可以是师生在教学活动中产生的数据,也可以是教育管理活动中用到的数据;可以是在线系统产生的数据,也可以是离线积累的数据。

学习分析(Learning Analytics,LA)则是侧重对学生学习行为产生的数据进行分析,以便提取信息、发现知识,帮助教育者更好地实施个性化和适应性教学活动;也可以帮助学习者更准确地认识自己,开展针对性学习,改进学习效果,提高学习效益,比如对学习者聚类或者分类,建立学习者模型等。数据可以是在线系统产生的,也可以是离线积累的数据。

关于数据挖掘,国内外期刊和会议都有大量的实证研究论文,也有对这些研究论文进行系统性文献综述的论文。下面将列举一些典型的实证研究论文,然后介绍两篇系统性文献综述分析研究论文。

3.7.1　教育数据挖掘实证研究

罗梅罗、文图拉和加西亚(Romero,Ventura & García,2008)使用数据挖掘方法对某一大学 Moodle 系统的学生使用情况进行了详尽分析。研究者使用 WEKA 提供的 KMeans 算法进行了聚类,将学生分为三类;使用 Keel 系统的 C4.5 算法对通过考试和没有通过考试的学生进行了分类分析,试图找出每类学生的特征;使用 WEKA 的 Apriori 算法发现变量之间的关联规则。该文还综述了机器学习在适应性和个性化学习系统中应用的多篇文献。比如:时序模式挖掘、特例分析、社会网络分析等。

罗梅罗等(Romero,et al.,2009)开发了一个 Web 数据挖掘工具,并把一个推荐引擎整合到适应性超媒体网络教学系统"AHA!"系统中,来给学生推荐该系统中最适当的链接和网页。该工具使用 Apriori 等算法来实现对学生的聚类。Web 数据挖掘指从用户在 WWW 上的活动中发掘提取出有趣或有用的模式或者潜在的信息,包括内容挖掘、结构挖掘和使用情况挖掘三类。评估结果证明了该工具的有效性。

卡萨迈约尔、阿曼迪和坎波(Casamayor,Amandi & Campo,2009)介绍了一个智能型的教师"助理",即智能代理系统。它采用基于关联规则挖掘的机器学习技术,可以在合作式学习环境中,发现学生出现冲突而需要教师帮助的情形。三种类型的冲突检测出来的准确率高达 98.7%,召回率高达 98.3%。对于发现的大量产生式规则,还用一种过滤算法 ARTool 来除掉其中重复多余的规则,获取置信度和支持度都高于 90% 的规则。

魏顺平(魏顺平,2011)针对 Moodle 平台数据,使用常规统计方法、可视化方法、聚类方法、社会网络分析等方法,对网络学习平台的日志和交互论坛数据进行数据挖掘,揭示出某一网络培训班在线学习过程中师生活动的总体情况,发现学生的模块访问偏好和学习时间偏好,分析得出师生交互网络的结构特点。

魏顺平(魏顺平,2012)以中央电大开放教育入门课程"开放教育学习指南"网络课程为例,以 2010 年春季学期江苏电大 9369 名新生学习该课程时所产生的登录数据、资源浏览数据和形成性考试数据为分析对象,采用数据挖掘的方法得出登录、资源浏览、作业、测试等在线学习活动的特点及其影响因素。

博迪亚等人(Bodea,et al.,2012)研究了一个在线两年制项目管理硕士学位课程的学生的行为。对 129 名注册学生和每个学生超过 195 个不同的特征/变量进行了分析。研究者选择通过数据挖掘进行探索性数据分析,并在 WEKA 环境中设计和执行基于模型的发现方法。应用关联规则、聚类和分类来识别行为模式,并发现了解释学生在虚拟社区中行为的因素。

第一学年和第二学年发现了三种实际的行为模式：第一种行为模式的学生倾向于访问电子学习平台的管理区域，对同事和老师交流不感兴趣。第二种行为模式的学生对管理问题有很高的兴趣，但也同样关注教学主题。学生在很大程度上倾向于与同事互动，就新话题提出建议。第三种行为模式的学生明显专注于学术活动，对管理问题的兴趣较低。第一年和第二年的行为差异并不相关。第一年对实际行为影响最大的属性是与老师的交流量，而第二年是阅读材料量。

笔者团队（贾积有，等，2013）对2013年9月到2014年1月期间北京大学在Coursera平台上线并完整实施的6门慕课课程的82352位注册学员的学习行为数据进行了汇总与分析，试图发现课程层面上学员的网上学习行为及其对学员学业成绩的影响。相关分析结果表明，学业成绩与平时测验成绩和论坛活跃程度（发帖、回帖）有比较强烈的正相关关系，与观看课程网页次数有一定的正相关关系。无成绩学员的特征是观看视频和网页、观看和下载课程内容的次数随着在学时间增加而增加，论坛参与性不强。对取得了期末成绩的学生的数据分析发现，其成绩与以下大部分指标在 0.01 水平上呈显著正相关：在线时间、观看视频次数、观看网页次数、浏览和下载讲义次数、平时测验成绩之和，与开始学习时间呈显著负相关；5门课程结果显示成绩与论坛参与程度（发帖、回帖）呈正相关。

胡祖辉和施佺（胡祖辉，施佺，2017）以学生上网数据和学生成绩数据为研究对象，采用决策树、关联规则、逻辑回归三种数据挖掘方法，对学生上网行为相关属性与学生学习成绩之间的关系进行了研究。数据分析结果表明，学生上网行为的相关属性如上网时长、入流量、出流量、总流量、上网次数等均对学习成绩有不同程度的影响，且均呈现负相关关系。其中，上网时长是影响学习成绩的主要因素，可以根据数据挖掘发现的关键数据节点，制定相应的网络管理措施限制学生过度上网。三种数据挖掘方法都较好地实现了预期效果，得出的结论基本一致，其中关联规则挖掘算法的总体性能最好，决策树算法的总体性能略好于逻辑回归算法。

斯皮科尔等（Spikol，et al.，2018）研究使用不同的传感器来记录小组学习者互动的高保真同步多模式记录，包括计算机视觉、用户生成的内容和来自学习对象（物理计算组件）的数据。探索了采用不同的机器学习方法（传统和深度学习技术）来分析多模态数据。研究结果表明，神经网络等新的方法和传统的回归分析等方法，都可以用于对多模式学习数据进行分类，两者都各有优缺点。这些技术可以自动识别学生在基于项目的学习环境中成功的关键方面，并帮助教师在这些基本方面为学生提供适当和及时的支持。多模式学习分析为研究人员提供了新的工具和技术，可以从动态学习环境中的复杂学习活动中捕获不同类型的数据。

以上实证研究表明,教育领域数据挖掘要根据数据特点,采用合适的算法进行挖掘和分析工作。

3.7.2 教育数据挖掘系统性文献综述研究

佩纳-阿亚拉(Pena-Ayala,2014)关于教育数据挖掘的文献综述首先介绍了教育数据挖掘的发展历史,然后应用数据挖掘技术来组织、分析和讨论了从2010年到2013年第一季度有关教育数据挖掘的文献。该研究选择了240篇教育数据挖掘文献,涉及222种方法和18种工具。

按照大的模型来划分,一共两种:描述性的(60%)和预测性的(40%)。

按照任务来划分,一共10种。主要是:分类(42.1%)和聚类(26.86%),以及回归、规则关联等。

按照应用到的教育系统来划分,一共37种。主要是:ITS(39.64%),学习管理系统(9.01%),传统教育系统(9.01%),基于计算机的教育(6.76%)。

按照应用到的特定系统来划分,一共37种。主要是:Algebra(15.38%),ASSISTments(14.62%),Moodle(10%),Algebra-Bridge(7.69%)。

按照功能来划分,共4大类:学生模型,包括行为建模和表现建模等(61.72%),学生支持和反馈(9.46%),课程、领域知识和教师支持(8.56%),测试评估(20.27%)。

帕帕米齐乌和埃科诺米迪斯(Papamitsiou & Economides,2014)的综述研究从数据库找到的2008—2013年的教育数据挖掘文献中筛选出40篇论文,进行详细分析。发现:

研究方法大部分是实验或探索性研究;一些是评估研究;其他是实证研究或调查。

研究学科主要是科学、技术、工程和数学学科(STEM)等。

研究环境包括:学习管理系统,慕课/社会性学习,基于Web的教育,认知导师,基于计算机的教育,多模态,移动学习。

数据来源包括:日志,问卷,访谈,谷歌分析,开放数据集,虚拟机器。

数据类型包括:聊天信息数据,问题答案,反映条目,访问资源,成绩,个人资料,情感观察等。

数据挖掘方法包括:分类,聚类,回归,文本挖掘,规则关联,社会网络,可视化,统计等。

研究目的包括:建立学生行为模型,预测表现,提升自我意识和反思,辍学率/

保留率预测,改进评估和反馈服务,推荐资源。

本章小结

数据挖掘就是通过计算机算法由数据提取信息的工作,主要功能包括:统计描述、相关分析、回归分析、分类、聚类、规则关联等。常用软件包括 Excel、SPSS 等商用软件和 WEKA 等开源软件。常用算法包括:回归分析、决策树、临近算法、人工神经网络和深度学习、贝叶斯算法等。开源数据挖掘软件 WEKA 具有较强的数据挖掘功能,可以完成上述的数据挖掘工作。在线学习活动指数 OLAI 可以从质量、速度和数量三个维度对在线学习活动进行精确刻画,然后据此进行层次化或者个性化教学设计。最后给出教育领域的数据挖掘实证研究和文献综述研究案例。

思考和练习题

1. 常用的数据挖掘算法有哪些?

2. 安装并熟练使用任何一种数据挖掘软件(比如 EXCEL、SPSS 和 WEKA),结合本章给出的数据例子,进行常用的数据挖掘工作,包括:统计描述、相关分析、分类、聚类、规则关联等。

3. 尝试使用在线学习活动指数模型分析一个在线学习平台的数据。

第 4 章 自然语言处理

内容提要

本章首先阐述自然语言处理的研究意义和方法、研究层次,然后分别介绍语音、词法分析、语法分析、对话机器人、大语言模型等各个层面的最新进展,最后介绍计算机支持的语言教学领域的实证研究案例。

学习目标

1. 了解自然语言处理的研究意义和方法;
2. 了解自然语言处理的研究层次;
3. 了解我国在自然语言处理各个层次的前沿成果;
4. 了解常用的语音识别和合成系统;
5. 了解常用的词法分析系统;
6. 了解常用的语法分析系统;
7. 了解基于关键词的对话机器人系统的原理;
8. 了解大语言模型的功能及其对教育的影响;
9. 了解自然语言处理技术在语言教学领域的应用方式和效果。

关 键 词

自然语言处理,自然语言理解,自然语言产生,语音识别,语音合成,分词,语法解析系统,对话机器人,大语言模型,计算机支持的语言教学

4.1 研究意义和方法

4.1.1 研究意义

自然语言能力是人类自然智能的一个重要表现方面。自然语言在教学系统中至关重要。教师要回答学生的问题,激发学生的学习兴趣,乃至因材施教,实施个

性化教学,必须使用自然语言,要么是口语,要么是书面语。在计算机辅助教学系统中,计算机要能够回答学生的问题,而不仅仅是呈现教学材料,最终也必须通过自然语言的形式进行,最好是口语,至少应该是文字方式。而在基于网络的远程教学系统中,比如慕课,学生和教师的数量比例一般相差较大,教师和学生直接面对面的机会很少,教师的释疑解惑作用就受到很大限制,教学效果就会受到影响。所以一个成功的自动答疑系统将对计算机辅助教学系统和基于网络的远程教学系统起到很好的推动作用。

一个理想的人机对话系统应该能够在一定时间内,对用户给出的所有领域的所有问题,给出合适的回答或者响应,也就是说通过"图灵测试"。1950年,人工智能奠基人之一的阿兰·图灵在一篇论文中(Turing,1950)设计了这样一个虚拟测试:一个测试人(裁判)要测试并区分一个人(被测试人)和一个声称自己有人类智力的机器。测试人只能通过手写或者打印文字的方式向被测试人和机器同时给出一个自然语言表达式,比如一个问题;然后,被测试人和机器以匿名的方式给出对于这个表达式的相应输出。这样交流一个小时之后,如果测试人能够正确地区分谁是人、谁是机器,那机器就没有通过图灵测试;如果测试人没有分出谁是机器、谁是人,那这个机器就是有人类智能的。

图灵测试认为,如果计算机具备了自然语言理解和产生能力,就可以说它具有人类智能了。目前还没有一台机器能够通过真正意义上的图灵测试,也就是说,计算机系统的智力与人类相比还差得很远。图灵测试提出以来,引发了广泛的学术讨论,也促进了自然语言处理等人工智能技术的发展。

符号主义或者认知主义认为,要让计算机具备理解和产生自然语言的能力,首先要了解人类的自然语言理解和产生机制。人类对自然语言的理解和产生机制,是生理学家、心理学家、语言学家、哲学家、计算机科学家等长期以来研究的一个领域。这些不同的学科都定义了一套自身的问题,并有其自己的解决方法。语言学家研究语言本身的结构,考虑为什么特定词语的组合能形成句子而其他的词语组合则不能,为什么一个句子可能具有某种意义而不是另外一种意义等。心理学家研究人类生成和理解语言的过程,考虑人类如何识别一个句子的合理结构,何时确定词语的合理意义等。哲学家考虑的是词语如何能够表示事物和现实世界中的实体,也考虑拥有信仰、目标和意图意味着什么,以及这些认知能力和语言是如何联系的。计算语言学家的目标是利用计算机科学中的算法和数据结构,建立一种自然语言的计算理论。当然,为了建立计算模型,必须利用所有其他学科的研究成果。

自然语言是如此复杂,以致任何传统学科至今都没有提供足够的理论和工具来全面处理语言的理解和产生问题。为此,语言学家、心理学家、哲学家和计算机科学家等多个领域的专家通力合作,发展了自然语言处理(Natural Langauge Processing, NLP)这一研究领域,也称为计算语言学(Computer Linguistics)。

自然语言处理有两方面的用途:出于科学研究的目的,可以探索语言交流的本质;出于实用的目的,能够实现有效的人机交互。

4.1.2 研究方法

从20世纪50年代以来,自然语言处理主要沿着三条技术路线发展:符号主义(认知主义)、基于语料库的统计方法、连接主义(人工神经网络)。

符号主义的核心思想是:语义蕴含于符号之中。逻辑编程语言如 PROLOG 和 LISP 等通过谓词逻辑方法对自然语言进行语法分析,就是在符号主义指导下的一种自然语言处理方法。符号分析方法的里程碑是乔姆斯基(Chomsky)的产生式语法体系(Generative Grammar)(Chomsky,1965/1966)。按照乔姆斯基的说法,产生式意味着这个语法应该能够结构性地描述和产生一种自然语言中的所有表达式。乔姆斯基语法体系不仅是现代语言学的一个重要基础,也是当代理论计算机科学和计算语言学的一块重要基石。在语法分析的前提下进行语义分析的理论基础,一是弗雷格(G. Frege)的句子分解和组合原理(Frege,1879/1964),他指出:"一个句子的意义由组成它的各个部分的意义和它们的连接方式决定。"二是维特根斯坦(L. Wittgenstein)的语言分析哲学(Wittgenstein,1918/1921),他指出:"世界可以分解为事实。事实是由原子事实组成的。一个原子事实是多个对象的组合。对象是简单的(基本的)。对象形成了世界的基础。事实由自然语言所表达。"

统计分析技术是分析文本等语料库中的数据,以便从中获取信息。比如通过分析语料库中词汇的概率,而不是依靠事先规定好的语法规则,实现对语句的语法分析。概率统计方法也广泛应用在语音和光学符号(如手写体、印刷体)识别上,如隐含马可夫模型的应用。21世纪以来,统计分析技术随着计算机运算能力的大幅度提高而得到广泛的应用。

连接主义用现有的计算机硬件和软件技术,也就是构建人工神经网络来模拟人脑神经网络的结构和功能,具有较强的容错性和学习能力;应用到自然语言处理中,连接主义强调自然语言的语义蕴含于网络结构中。2010年以来,随着计算机中央处理单元和图形处理单元的运算速度提升、内存和外存容量的增加,大规模人工神经网络(即深度学习)算法日益成熟,而国际互联网海量语言语料(包括语音和文本等)的涌现和可获得性又为深度学习提供了充足的训练样本;所以,深度学习算法被广泛应用在文本的语法和语义分析、语音识别、声纹识别、手写体和印刷体等光学符号识别等自然语言处理的多个领域,成效显著。大语言模型就是一个典型的研究成果。

4.1.3 研究层次

自然语言虽然表示成一连串的文字符号或者一串声音,但其内部事实上是一个层次化的结构。从自然语言的构成中就可以看到这种层次性:一个用文字表达的句子的层次是词素、词或词形、词组或句子。一个用声音表达的句子的层次则是音素、音节、音词和音句。其中每个层次都要受到语法规则的制约。因此,自然语言的分析和理解过程也是一个层次化的过程。语言学家将自然语言的分析、理解和产生过程分为以下层次,而计算语言学家在每个层次上都研究相应的技术来实现对人类自然智能的模拟:

(1) 语音和音韵学:研究词语、句子与其发音的关系。语音识别技术实现从语音到文字的转换,而语音合成技术实现从文字到语音的转换。

(2) 词语形态学,即词法:研究词语与其组成单位——词素的关系。汉语分词技术实现从句子到词素的分解,西方语言则借助构词规则识别词语词素。

(3) 语法:语法也称句法,是指一个句子中各种成分的组合方式,句子成分有主语、谓语、宾语、定语、状语、补语。语言学研究词语如何排列以组成正确的句子,并决定每个单词在句子中的结构角色,以及短语之间的构成关系。一种语言中各个句子成分之间的组合方式是一定的,这就是语法规范。人们说话、写作都要符合语法规范,否则就是不正确的表达。比如汉语的语法结构有:主谓宾、主谓、动宾、动补等。

(4) 语义:即词语的意义以及在句子中词语的意义是如何相互结合以形成句子意义的。语义是句子中各个词语所表达的含义以及整个句子的含义,比如事件的主体与客体、场所、时间、原因、结果、目的、方式等。比如:"这些课我都上过了""这门课我们都上过了""这些课我们都上过了",从语法结构上看,这三个句子中的副词"都"修饰动词"上",表示偏正关系,但是语义指向却不同,第一句子"这些课",第二句是"我们",第三句既包括"这些课",又包括"我们"。

(5) 语用:即句子在不同的情形下如何被使用,以及这种使用如何影响句子的解释。语用是句子、篇章、段落等与说话者或者写作者表达观点、条件和语言背景的关系,强调在交际等实际环境恰当地使用语言。比如:"我下午三点到",虽然在语义上,这句话中没有指明是谁在哪天的三点到什么地方,但是会话的另一方可能就理解了对方的意思,并且会在某天下午的三点去机场接上说话人。因为在对话中双方已经互相了解了彼此的部分信息,所以可以在不明确语义的情况下知道语句表达的真实意思。

语法、语义和语用三者既有区别又有关联。语法是基础,语义和语用都要通过语法才能表达出来。语法结构中的各个成分之间也表达动作与主体、客体、处所、时间之间的语义关系,还存在例如陈述、话题、焦点等语用信息。

比如,"写作文""写黑板""写钢笔字",语法结构都是动宾结构,但是分别表达了动作与结果、动作与场地、动作与工具的不同语义关系。

(6) 篇章:即在上下文背景中理解句子,比如前面的句子如何影响对下一个句子的解释,代词指代什么对象等。

上述各个层次并非截然分隔,而是相互关联的。某些词语可能有多个发音,要在一定的上下文背景中才能确定为某个发音;汉语中的分词结果也和句法、语义紧密相关。综合性的语言技能需要多个层次语言知识的综合运用,比如基于文本或者语音的对话,基于文本或者语音的翻译等。

人们在学习语言、提高语言智能的过程中,除了潜移默化地掌握了语音、词法、语法、语义、语用和篇章知识,还要不断丰富常识性知识,也就是关于世界的通用知识。一个人在义务教育阶段(小学和初中)学习的各个学科的知识,都可以说是将来进入社会后生活、工作所必需的基本的常识性知识。没有这些常识性知识,一个人与别人进行语言沟通交流时就没有共同话题,由此会产生诸多交流困难的情况。

下面各节分别介绍语音识别、语音合成、词法分析、语法分析领域的进展。语义、语用、篇章层次的技术要对文本中的信息进行提取、分类、归纳、推理,以全面理解文本中所表达的含义,难度很大,也缺乏普遍适用的软件系统。但是2022年年底以来,ChatGPT为代表的大语言模型技术越发成熟,可以较好地解决语义、语用、篇章层次的文本理解和产生问题;所以4.7节将综合介绍人机对话系统。

4.2 语音识别

语音识别技术,也被称为自动语音识别(Automatic Speech Recognition, ASR),其目标有两个:一是将人类语音转换为计算机可处理的二进制编码或者人类语言文字;二是说话人识别和确认,或者称声纹识别,类似于指纹识别;说话人识别是根据语音区分不同的说话人,说话人确认是根据语音确定说话人。

4.2.1 语音到文字转换

人类能够感知各类声音,将其转换为大脑中的事件和概念,并做出反应、说出话语,甚至能将话语用文字记录下来。这是因为人类有耳朵这样的听觉器官、口腔和鼻腔这样的发声系统、大脑内部复杂的神经系统所支持的思维和记忆智能,以及经过教育所拥有的语言智能。类似的,人工智能系统要拥有语音识别和合成的功能,必须具有声音的感知器件、发声器件和像神经系统那样的语音和文字处理器件,即麦克风、扬声器、语音识别和合成系统。

计算机要像人类那样听懂人话,第一步就是要像耳朵那样能够感知到声音信号。所以需要的输入设备就是麦克风。麦克风,俗称话筒,物理学上也叫拾音器,是将声音信号转换为交流电信号的器件。人类要识别声音,需要一双好耳朵;同样的,计算机要识别声音,也需要灵敏度高、频率响应范围大的麦克风。麦克风的好坏会直接影响到语音识别功能的效果。好的麦克风能够降低周围噪声和杂音干扰,采集到清晰完整的语音。比如,英语听说考试就需要高灵敏度的麦克风。

计算机内部的声卡是将麦克风感知到的声音信号转换为二进制代码的部件,也具有将计算机产生的二进制代码转换为交流电信号并通过扬声器转换为声音信号的功能。它的运行受到中央处理单元的指挥。

模拟的语音信号(即声波)经过声卡采样处理会被转化为二进制数据。之后,经过计算机特征提取模块,提取出与语言相关的声学特征参数。完成这些工作需要语言学和语音学方面的大量知识。

比如:汉语有普通话和各种方言。普通话按音素的发音特征分类可以分为辅音、单元音、复元音、复鼻尾音四种,按音节结构分类可以分为声母和韵母,声母或韵母是由音素构成的。有时将含有声调的韵母称为调母。单个调母或者声母与调母可以组合成为音节。汉语的一个音节就是汉语一个字的音,即音节字。由音节字构成词,最后再由词构成句子。汉语声母有22个,其中包括零声母,韵母有38个。按音素分类,汉语辅音共有22个,单元音13个,复元音13个,复鼻尾音16个。

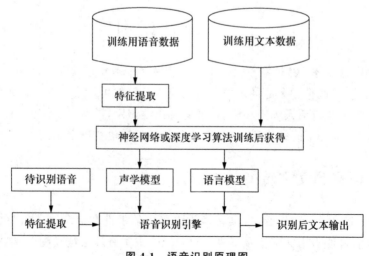

图 4-1 语音识别原理图

目前常用的用于语音识别的声学模型基本单位为声韵母、音节或词,根据不同的实现目的来选取。在小词汇表孤立词语音识别时常选用词作为基元,在大词汇表语音识别时常采用音节或声韵母建模,而在连续语音识别时,由于协同发音的影响,常采用声韵母建模。目前建立声学模型采用的方法主要有:隐马尔科夫模型、人工神经网络和深度学习等。

要识别汉语普通话和各种方言,就必须了解普通话和各种方言的声音特征,并建立相应的声学特征参数数据库,也就是声学模型。这个数据库还要考虑到不同年龄和性别的人声音特征的不同、不同说话背景下语速、语调等的差异。为此需要采集大量说话人的声音,人工标注声音特征后,训练声学模型。这类似学习汉语拼音或者英语发音的过程,让计算机学会哪个字词发什么音、该怎么连在一起读等规则,还需要掌握学科知识。比如,如果没有学习数学上的"勾股定理",就很难将这四个字放在一起读,听到了也很难将它们理解为一个数学概念。

目前语音识别技术取得了很大进展。国内某著名人工智能公司的语音识别系统,采集了全国1500多万人的语音信号,基于这些信号训练产生了声学模型。有了这样的声学模型,就可以将新的语音输入转换成声学表示的输出,也就是给出语音属于某个声学符号的概率。

下一步要借助语言模型,从候选的文字序列中找出概率最大的字符串序列。因为不管汉语还是其他语言,都存在多音字、同音字的现象。这像语文课上学习多音字、同音字的过程,需要多读、多听、多写、多练才能够熟练掌握,并且还需要各个学科的知识。比如,如果没有学习地理知识,在听到"杭州富阳"这四个字的发音后,也可能将它们理解成同音的另外四个字"杭州阜阳",而阜阳则是安徽省的一个地名,不是浙江省杭州市下属的一个县市。所以语言模型也是至关重要的,它的建立也需要海量数据的标注。

事先训练好声学模型和语言模型后,语音识别模块就可以工作了。一个人的声音信号被麦克风捕捉,经过声卡处理后转为语音信号,然后先后送入声学模型和语言模型进行比对和搜索,最后输出为文字。

声学模型和语言模型数据库非常庞大,而在这么庞大的数据库中进行比对和搜索更需要强大的运算和存储能力,一般的个人微机、平板电脑和手机难以承受,所以现在一般通过云服务的方式进行语音识别,即将声学模型、语言模型存储在云端功能强大的服务器上,在个人微机、平板电脑和手机上通过麦克风采集声音信号并转换为数字信号后,通过国际互联网传输到服务器上,在服务器上完成搜索和比对工作,将得到的文字传回客户端。

一个系统的用户越多,能够采集到的声音数据就越丰富,而这些数据又可以作为样本数据来训练声音模型。比如,国内某著名人工智能公司的语音识别用户超过9亿,日服务量在30亿次以上。这些用户的声音数据极大改善了其声音模型。国内外还有很多开源免费的声音模型数据库,可以免费下载使用到语音识别系统中,比如清华大学THCHS30中文语音数据集等。

国内也有些语音识别系统采用创新的模型压缩技术及方案,能够较好地支持离线语音识别,满足没有互联网等特殊情况下的需求。

在安静环境下,很多语音识别系统可以实现**97%**的识别准确率,在一定程度上超过了普通人的语音识别能力。有些系统还可以提供个性化语音识别功能,即针对每个人的兴趣点、知识背景等进行个性化语言模型建模,更加准确地识别出用户个性化的词汇内容。我国研发的基于语音识别技术的自动速记系统,内容准确率可以达到95%,速度可以达到平均每秒6.5个字,而专业播音员的平均语速仅为每秒4个字。对于发音迥异的各地(比如上海、湖北、陕西、广州和四川)方言,速记系统也做到了实时转写,精准快速。

国际多通道语音分离和识别大赛(Computational Hearing in Multisource Environments,CHiME)是语音识别领域最高难度的比赛之一,重点解决的是真实、复杂场景下的语音识别,参赛的各个语音系统需要克服高噪声、混响等干扰,在咖啡厅、公交车、街道等日常生活场景中,准确地识别和处理英文语音。从2011年CHiME开始举办以来,我国的多家语音识别研究机构连续多次在比赛中获得冠军,并不断刷新各个项目的纪录。比如,2018年,我国研制的语音识别系统的词错误率,在六麦克风场景下降至2.24%,双麦克风下为3.91%,单麦克风下为9.15%。

2020年的CHiME被称为"史上最难的语音识别任务",共有四大难点:第一是大量的语音交叠(Speech Overlap);第二是远场混响和噪声干扰对录音的影响;第三是对话风格非常自由、近乎随意;第四是训练数据有限。比如比赛中有这样的生活场景:多人在厨房边做饭边聊天、在起居室边用餐边聊天、在客厅聊天,聊天的声音中包括远场、混响、噪声、语音叠加等各种复杂因素,因而技术难度极大。我国参赛团队通过技术攻关,将该任务上的语音识别错误率从原来的46.1%降至30.5%,大幅刷新该项赛事历史最好成绩,进一步拉大与世界其他顶尖研究机构强队的领先优势。

4.2.2 声纹识别

声纹识别技术难度较大,因为每个人的语音声学特征既有相对稳定性,又有一定的变异性,不是一成不变的。这种变异可来自生理、心理、病理、模拟、伪装,也可能来自环境噪声的影响。尽管如此,由于每个人的发音器官都不相同,在一般情况下,人们在一定范围内和一定条件下,仍能区别不同人发出的声音或判断声音是否来自某人。

声纹识别的第一步是特征提取,第二步是模式匹配或者模式识别。特征提取的任务是提取并选择说话人的个性化的声学或语言特征,包括:韵律、节奏、速度、语调、音量等特征,这些特征可用诸如频谱之类的物理和声学标准来衡量;也包括与教育水平和本人特征有关的语义、修辞、发音、言语习惯等。提取的这些个人声学特征可以保存在数据库中,就是声纹。模式匹配或者模式识别则是从声纹特征数据库中找出与被测者匹配的某一特征,确认该声音是否由某个特定的人发出的。

声纹识别技术目前在银行证券、公安司法、安保防恐、国防等领域得到了一定程度的应用。但是因为易受环境噪声影响,在日常生活和教育中的应用还没有指纹识别与人脸识别成熟。比如,在使用语音识别技术对课堂录音进行文字转录时,对教室和不同学生的识别并不能保证准确无误,还需要人工标注。

国际上规模与影响力最大的说话人识别评测大赛(Speaker Recognition Evaluation,SRE)由美国国家标准技术研究院举办。自 2005 年以来,我国的研发机构在这个比赛中一直成绩领先。

4.3 语音合成

语音合成(Text to Speech,TTS)是将任意文字实时转换为流畅的语音并朗读出来的技术,也就是让计算机说出人类语言。人类要流利地朗读一篇文章,首先需要掌握这篇文章中的文字和语言,才能理解文本的语法和语义,比如汉语词语的切分、多音字的处理、重读和轻读、数字的读法等,然后通过发声器官(舌头、鼻腔和口腔)抑扬顿挫地读出来。类似地,语音合成技术包括语言分析和声学系统两个部分,也分别称为前端部分和后端部分。

语言分析部分要让计算机判断该怎么读输入的文字。它分析输入的文字信息,确定所属语种,根据不同语种的语法规则,生成对应的语音符号;再根据文本的韵律要求,确定要朗读的韵律符号。比如汉语,要将整段文字切分为单个的句子,将句子切分为有意义的词汇,根据上下文背景确定多音字的读法、数字的读法,最后确定文字对应的拼音和声调。还需要对文本进行韵律预测,确定什么地方需要停顿、停顿多久、哪个词需要重读、哪个词需要轻读、如何高低曲折和抑扬顿挫地表达等。

声学系统部分负责让计算机读出来,根据前端的语音符号和韵律符号等信号,产生对应的音频文件,然后通过声卡和扬声器实现发声功能。目前主要有三种技术实现方式,分别为:波形拼接、参数合成以及端到端的合成技术。不管是何种方式,都需要事先由专业播音员录制大量音频,尽可能覆盖所有的音节音素,形成一个音节音素语料库;然后在语音合成时,采取不同的方式,根据语言分析部分传来的参数选择对应的音节,拼接成音频。前期的音节音素语料库越大,效果越接近真人发声。比如,手机导航中听到的明星播报路况,就是采集了这个明星的音频,作为语音合成的基础数据。再比如,国内某人工智能技术公司,为了实现较好的合成效果,录制了八千多位专业播音人员给不同内容的配音。

目前,更加先进的语音合成系统可以在实时采集任意说话人的一定数量的声音后,提取其声纹特征,然后产生该人的合成音频,并被系统朗读出来。比如,手机导航软件的录制语音包功能可以采集某人的十句话,并提取其声音特征,用于语音合成导航声音。

日益成熟的语音合成技术已经广泛地应用在人类的日常生活、学习和工作中。比如:手机导航中的语音播报、英语学习软件中的合成朗读、合成歌舞演员、人工智能歌手、自动电话和网络客服、智能音箱中的合成语音管家等。

Blizzard Challenge 国际英文合成比赛是英语语音合成领域最具权威性、广泛性的国际评测比赛,由美国卡耐基－梅隆大学和日本名古屋工业大学联合组织发起,旨在建立一个统一的英文语音合成技术的评测平台,加强各语音研究机构之间的交流与沟通,促进语音技术研究的深入发展。评测采取公平、公正、公开的原则,各参赛机构在主办方提供的统一英文音库的基础上,采用自己的研究方法合成待测句子,所有合成效果随机打乱后共享在网络上,由语音合成专家和业余爱好者等联合评分。系统的评价指标包括自然度(MOS)等方面。自然度指标是最重要的一项指标,由所有测评人员对音频的总体效果进行打分,满分为5分。

自 2005 年以来,我国的研发团队在这个比赛中的成绩就一直名列前茅。2019 年,Blizzard Challenge 首次以中文作为主任务,同时以脱口秀风格声音作为合成样本,以故事、百科、诗词等文本为合成形式,除此之外,还加上了英文混读、儿化音等偏门难点任务,堪称 Blizzard Challenge 史上最难赛程。在入围的 24 支队伍中,我国十多支队伍都取得了优异成绩。这次比赛的指标除了自然度,还有不包含声调的拼音的错误率(PER)、包含声调的拼音的错误率(PTER)、相似度(Sim)。在自然度上,我国一支团队获得最高的 4.5 分,与真人原声的 4.7 分仅差 0.2 分。在 PER 和 PTER 上,我国一支团队的错误率分别仅为 9.2% 和 10.3%。

4.4 语音识别和合成软件

语音识别和合成技术日益成熟,相应软件系统有单机版的,也有云服务器版本的。比如,微机操作系统 Windows 7/8/10 等以后的版本自带语音识别和合成应用,提供对任意应用程序下语音输入和输出的支持。语音识别功能需要用户跟读系统提供的文本,训练系统,让它熟悉用户发音特点。"现有讲述人"程序则可以讲述屏幕窗口和部分文本中的内容。

很多开源免费语音识别和合成系统可以供用户调用和二次开发,比如:

美国 CMUSphinx 系统:http://cmusphinx.sourceforge.net/wiki/download/

英国 HTK toolkit:http://htk.eng.cam.ac.uk/

日本 Julius 系统:http://julius.osdn.jp/en_index.php

德国 RWTH ASR 系统:https://github.com/rwth-i6/rasr

美国 OpenAI Whisper:https://openai.com/research/whisper

其中,美国 OpenAI 研发的 Whisper 系统具有较强的语音识别功能。Whisper 的英语含义为耳语,它是一个开源的自动语音识别(ASR)系统,对从国际互联网收集的 68 万小时的多语言和多任务、有监督的数据,用一个人工神经网络系统进行训练。使用这样一个庞大而多样的数据集可以提高对口音、背景噪声和技术语言等多因素影响的鲁棒性。它在英语语音识别方面接近人类水平的鲁棒性和准确性。它还支持汉语等其他多种语言的转录,或将这些语言翻译转录为英语。在不同数据集上的测试结果表明,相比其他语音识别系统,Whisper 取得了目前最低的词错误率。

我国很多人工智能公司提供汉语和英语等多语种的语音识别和合成的云服务,比如讯飞、百度、腾讯等,支持各种高级编程语言调用;语音合成更能提供男声和女声、普通话和各地方言的选择。

讯飞人工智能云服务为 https://www.xfyun.cn/

百度人工智能云服务为 https://ai.baidu.com/

常用的在线会议系统,比如腾讯会议和讯飞听见会议系统,也可以实时呈现会议语音内容的汉语和英语双语字幕,识别准确率可达 97.5% 以上。

4.5　词法分析

4.5.1　西方语言词法分析

英语、德语等西方拼音文字的表达式中,词和词之间用空格分开,每个词都是独立存在的一个单元。词法分析主要是要找出词的各个词素。词素是词的基本要素,也称词根,是词语构成的基本单元。比如,英语的一个词 worked,词素,或者说词根就是 work。

对于那些按照一定的规则变化的单词,可以通过变换,找出其基本词根即词素。大量动词、名词、形容词和副词等都是按照一定规则变换时态和语气的,可以根据变换规则,找到一个词的词根。

例如:英语动词的变换规则是,原形(一般现在时的形式)就是词根,它加上词尾的 ed,变换为一般过去时、现在完成时和过去完成时的形式;原形(一般现在时)加上词尾的 s,变换为一般现在时的第三人称单数形式;原形(一般现在时)加上词尾的 ing,变换为正在进行时的形式。反过来,通过逆变换,去掉特殊词尾后缀如 s、ed、ing,就可以得到一个单词的原形即词根。

比如:动词 work(工作)的不同形式有:worked,works,working。这些变形去掉特殊词尾如 s,ed,ing,都可以得到原形 work。

英语中大部分名词的复数形式(词尾加 s 或者 es)、形容词和副词的比较级(词尾加 er)和最高级变换(词尾加 est 或者 st)也是规则的,那么也可以通过逆变换,去掉特殊的词尾后缀后得到名词、形容词和副词的原形。

对于那些不规则变化的单词,则必须记住单词的基本词根及其每个形态的对应关系,也就是词典,在需要时进行查找。

比如:动词 write(写)的不同时态形式有:一般现在时第三人称单数 writes,过去时 wrote,过去分词 written,现在分词 writing。其中 writes 和 writing 是规则变化,可以通过逆变换得到原形 write,但是 wrote 和 written 是不规则变化,只能通过"死记硬背"的方式在字典中找到原形。

4.5.2　汉语分词系统

汉语词汇构成的特点是:每个汉字就是一个词素;若干词素组成一个词或者

短语（成语）；若干词和短语构成句子。在口头语言中，人们可以通过词和词之间的间隔来区分不同的词；而在汉语书面语言中，词与词之间、短语与短语之间、词与短语之间都没有明确的界限，比如空格，而是连着写在一起。现代汉语的句子之间有标点符号，而古代汉语的句子之间则没有标点符号。所以人们在阅读书面汉语的时候，需要基于所掌握的语言知识、常识性知识和专业性知识，将词、短语分隔开来。这个工作就是分词。

例如：著名相声表演艺术家侯宝林先生的相声中，曾经用非常简练的语言表达了复杂的含义，比如下面的对话，每个句子只有一个字，句子之间使用不同的标点符号，言简意赅，不需要分词就能理解其含义。

"谁？我。咋？走！"

当然，这样的只有一个字构成的句子毕竟是极少数。大部分是需要切分正确，才能够正确理解的。但是，有些句子的词汇切分会有几种情况，不同情况表达的语义不同，即产生了歧义。

比如下面的对话：

甲说："我到北京大学上学。"

乙说："你到北京的哪所大学上学？"

乙将甲所说的语句中的"北京大学"切分为"北京"和"大学"两个词，"北京"作为位置名词修饰后面的名词"大学"，因而发出了"你到北京的哪所大学上学？"的疑问。在大部分语境下，"北京大学"是作为一个完整的词汇来理解的，是位于北京的一所大学的名称，这也可以说是一个常识性知识。如果乙具有这样的常识性知识，就不会将甲所说的"北京大学"分成两个部分，并进一步提问了。

再例如这样一句话："南京市长江大桥调走了"，可以切分为以下两个形式：

南京市　长江大桥　调走　了

南京市长　江大桥　调走　了

从语法上讲，两种切分方法都正确，都包含了主语和谓语两个部分。但是从语义上说，能"调走"的一般是"人"，而不是"桥"，所以第一种分词结果语义上不通，而第二种正确。

这两种切分方法中，词素"长"有不同的读音，在第一种念"cháng"，在第二种念"zhǎng"。这就涉及汉字的多音多义现象。多音字也是造成汉语切分歧义的一个重要原因。为了避免切分歧义，需要具备上述的语音和语义知识、常识性和专业性知识。

在相声、小品、戏剧和电影演出中，大量笑料的产生都和演员对于语言的切分歧义有关。这种场合下，切分歧义给听众和观众带来了笑声和欢乐。但是在日常生活、教育、工作等语境中，切分歧义可能会造成误解和学习、工作上的失误。

和人类处理分词类似，在自然语言处理领域，也需要通过特定的程序来对书面文字进行分词，实现这种功能的系统就是汉语分词系统。目前常用的汉语分词系统很多，比如：讯飞、腾讯、百度等都提供了云服务，可以让用户调用 api 接口，向云服务器提交需要解析的表达式申请，云服务器解析后将分析结果返回给客户端。

这种云服务的方式优点是简单易用，缺点是需要熟悉接口参数，不太方便用户自定义新的词汇。

除了在客户端借助云服务方式进行分词，还可以使用很多开源的分词系统进行分词，比如 Jieba 和百度 LAC, SCWS, NLPIR-ICTCLAS, 等。

综合分析上述 4 个分词系统，可知汉语分词系统的工作原理是基于词典，遵循最大化原则，按照从左到右或者从右到左的方向分析一个表达式的字符串，将其切分为词典中的词汇组合；如果在词典中找不到某个字符串，则将其定义为"未知词"或者"特殊名词"。如果词典中定义了每个词的词性，则切分结果中还可以标注出来这些词的词性。

例句：南京市长江大桥调走了

不管按照从左到右还是从右到左的顺序分词，结果都是：

南京市　长江大桥　调　走　了

这是因为词典中包含这些词汇：南京市，长江大桥，调，走，了

如果加上词性的话，以上四种分词系统的结果分别是：

LAC：南京市/LOC　长江大桥/LOC　调/v　走/v　了/xc

Jieba：南京市/LOC　长江大桥/LOC　调/v　走/v　了/xc

NLPIR-ICTCLAS 汉语分词系统：南京市/LOC　长江大桥/LOC　调/v　走/v　了/xc

SCWS：南京市/ns　长江大桥/nz　调/v　走/v　了/v

三种分词系统（LAC、Jieba、NLPIR-ICTCLAS）都使用了同样的词性标注体系，如表 4-1 所示，其中最下面一行是最常用的 4 个专名类别，标记为大写的形式。

表 4-1　词性标注体系

标签	含义	标签	含义	标签	含义	标签	含义
N	普通名词	f	方位名词	S	处所名词	nw	作品名
Nz	其他专名	v	普通动词	vd	动副词	vn	名动词
A	形容词	ad	副形词	an	名形词	d	副词
M	数量词	q	量词	R	代词	p	介词
C	连词	u	助词	xc	其他虚词	w	标点符号
PER	人名	LOC	地名	ORG	机构名	TIME	时间

尽管上述分词系统宣称具有专名识别等功能，但是并没有一个将"江大桥"作为一个特殊的人名识别出来。

如果在词典中增加一个新词"江大桥",那么:
Jieba 的全模式结果是:
南京/南京市/京市/市长/长江/长江大桥/江大桥/大桥/调走/了

如其网站上所述:"把句子中所有的可以成词的词语都扫描出来,速度非常快,但是不能解决歧义"。所以结果无法使用。

LAC 的结果只有一个:南京市/LOC 长/LOC 江大桥/n 调/v 走/v 了/xc。显然是错误的。

SCWS 的结果仍然是:南京市/ns 长江大桥/nz 调/v 走/v 了/v

NLPIR-ICTCLAS 汉语分词系统封闭,无法定义新词。

针对以上现有分词系统的缺点,笔者用 Java 语言编程,开发了一个分词系统 CSIEC_ZH_SEG,使其能够产生从左到右和从右到左的所有分词结果,并按照其中所有词汇词频之和的降序排列。

还以"南京市长江大桥调走了"为例,词典中增加新词"江大桥"后,从左到右的顺序分析结果仍然是:

南京市 长江大桥 调走 了

而从右到左的顺序分词,结果是:

南京市长 江大桥 调走 了

从语法上讲,两种分词结果都是合理的;但是从语义上讲,第一种分词结果不合理,因为长江大桥作为一种物体,不可能像一个人那样被调走。所以需要将语义和语法分析结合起来,才能得到合理的分词结果,除去歧义。

4.6 语法分析系统

词法分析的作用是从词典中划分出词,而句法或者语法分析的作用是解析这些词之间的关系。一个语法解析系统对表达式的语法结构进行解析,得到该表达式的各个句子成分,比如主语、谓语、宾语、定语、状语、补语等。句法分析的输入是一个句子(词串),输出是该句子(词串)的句法结构。

在进行分词和语法解析后,再从语义层次上判断主语和谓语动词等是否一致,如果一致,则判定为合乎语义规范的分词结果;否则判定为不合语义规范的分词结果。

就句法分析所解决的问题而言,汉语、英语及其他语言都没有太大区别,所采用的技术也都大体相同。国际上常用的一个语法分析系统是斯坦福语法分析器(Stanford Parser)(Manning,et al.,2014),其网址为:

http://nlp.stanford.edu/software/lex-parser.shtml

该网站上这样介绍这个系统:"自然语言解析器是一个计算句子语法结构的程序,例如,分析出哪些单词组合在一起成为短语,哪些单词是动词的主语或宾语。"

这是用 Java 编写的语法分析器,按照通用公共协议(GNU General Public License V2 及其以上版本)开源,易于整合到其他系统中,可以分析英语、汉语和其他多种语言。目前最新版本(V4.2.0,2020-11-17)包括核心的依存语法解析器和若干种语言的语法语料数据库。在用户界面上,它既支持 DOS 终端下的命令行运行模式,也提供可视化的图形界面(GUI)。

这个解析器采用语法规则加现代统计模型的混合方法对一个表达式进行最可能的语法分析,但是不试图确定该表达式在语法上正确与否。这在许多情况下都是合适的,例如解释用户输入,或处理会话内容、网页内容、非母语人士的话语等内容。

在对汉字的处理上,支持 GB18030/UTF-8 等编码。

用 Models.jar 来存放模型文件。

中文处理方面的模型文件有:

chineseFactored.ser.gz,chinesePCFG.ser.gz,

xinhuaFactored.ser.gz,xinhuaPCFG.ser.gz,

xinhuaFactoredSegmenting.ser.gz 等。

其中 Factored 包含词汇化信息,PCFG 是更快更小的模型;xinhua 是来自我国新华社的语料,而 chinese 同时包含我国香港和台湾的语料,xinhuaFactoredSegmenting.ser.gz 可以对未分词的句子进行句法解析。

它处理表达式后的语法输出结果有多种形式,常见的有依存句法结构和宾州树状结构等。

比如对于英语句子:"This is just a test."

其树状结构输出结果为:

```
(ROOT
  (S
    (NP(DT This))
    (VP(VBZ is)
(ADVP(RB just))
(NP(DT a)(NN test)))
    (..)))
```

其中的术语含义是:

ROOT:依存树树根

S:主语

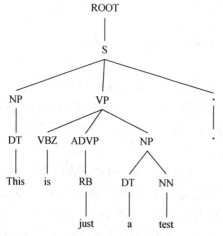

图 4-2 一个英语句子语法解析结果的树状结构

NP：名词短语
DT：冠词
VP：谓语短语
VBZ：系动词
ADVP：副词短语
RB：副词
NN：实物名词
.句号

其依存句法输出结果为二元一阶谓词表示的两个词之间的依存关系序列：

> nsubj(test-5,This-1),
> cop(test-5,is-2),
> advmod(test-5,just-3),
> det(test-5,a-4),
> root(ROOT-0,test-5)

一个汉语表达式的处理例子：我给了他一本书。

在分词结果确定的前提下，如："我给了他一本书"，树状结构输出结果为：

```
(ROOT
(IP(NP(PN 我))
(VP(VV 给)(AS 了)
(NP(NP(PN 他))
(QP(CD 一本))(NP(NN 书))))
(PU．)
)
)
```

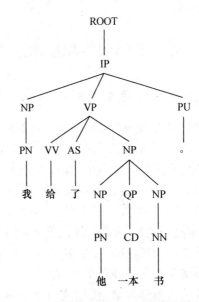

图 4-3 一个汉语句子的树状语法解析结构

其中的含义如下：
IP：短语
NP：名词短语
PN：代词
VP：谓语短语
VV：动词
AS：结尾助词
QP：带有量词的短语
CD：量词
NN：实意名词
PU：句号。

依存语法输出结果为：

```
nsubj(给-2,我-1),
root(ROOT-0,给-2),
aux：asp(给-2,了-3),
compound：nn(书-6,他-4),
dep(书-6,一本-5),
dobj(给-2,书-6)
```

4.7　人机对话系统

人工智能技术越来越普及，已经深入人类日常生活的多个方面。比如我国的智能手机上安装的百度导航等地图导航系统可以根据用户语音指令规划路线，自动导航，极大方便了交通出行。本节就以手机语音导航系统为例，介绍人机对话系统的工作原理。

4.7.1　基于关键词匹配技术的人机对话系统

1. 手机语音导航系统的人机对话分析

计算机是怎么和人对话的呢？它如何理解语言所表达的意义？基本文本的人机对话系统大多采用了关键词匹配技术，它非常类似于人们在学习语言时的对话机制。人们在听别人讲英语时，可能听懂了某个词或者某些词，而没有听懂全部词语；在参加英语听力考试的时候，也可能只听懂了某个词或者某些词，而没有听懂全部词语；这时如果需要马上做题、给出答案，那么就基于听懂的关键词语猜测答案；在参加英语笔试，做阅读理解题的时候，也可能只看懂了某个词或者某些词，而没有看懂全部词语；这时如果需要马上做题、给出答案，那么就基于看懂的关键词语猜测答案。不仅是外语学习，在语文学习文言文的时候，也会碰到类似的情况。所以事实上人类经常采用的是基于关键词的理解和处理方法。

很多手机上配备的自动语音导航系统是基于关键词匹配技术的。比如用户对着手机说："请找到去北京的最快路线"。手机首先调用语音识别功能，将语音识别为文字；然后通过全球卫星定位系统找到当前位置，比如郑州，这是行程的始点。要找到终点，文本对话系统分析文本输入，从里面找到三个关键词："去""北京""最快路线"。这三个词包含在关键词数据库里,并且发现了三个词的属性,如表4-2所示。

表 4-2 关键词属性

关键词	属性
去	动词,后面是目的地
北京	地名
最快路线	名词,从起点到终点的最快路线

这样,文本对话系统就能确定:用户是要找从当前的起始点郑州到终点北京的最快路线。通过最短路径规划功能,自动导航系统就能规划出一条最短路径,并在地图上呈现出来。

这个系统如果只搜索这样三个顺序出现的关键词,而不考虑其他词汇的话,那么其数据库必须包括全国的所有地名,包括省、市、区、县、镇、街道、村庄等。

如果地名是全国唯一的地名,那么搜索结果也是唯一的,就不会产生任何歧义,比如北京、颐和园、北京大学等。但是,如果同样的地名或者企事业单位名称在全国不止一个,那么系统应当给出用户选择的机会。比如用户说:"请找去李家庄的最快路线",因为全国可能有很多个李家庄,这时候系统应该提醒用户:"哪个李家庄?请说明所在的省、市、区、县、镇。"用户可能简单地回答"北京丰台",也可能稍微详细地回答"北京市丰台区的李家庄",也可能回答"它在丰台,北京市的"。这时,系统从中搜索出两个地名关键词"北京"和"丰台",不管其前后顺序,然后能从数据库中找到两者的关系:丰台是北京的一个区。进一步结合用户的前一个问题,逐步缩小范围,确定北京→丰台→李家庄作为终点,然后找到从起始点到终点的最快路线,呈现给用户。

如果用户给出的目的地不是地名,而是企事业单位,比如位于北京市丰台区李家庄的"菜鸟驿站",那么这个系统数据库还应该存储全国的企事业单位名称,以及每个单位所在地的地名。这样当用户输入单位名称时,系统首先在企事业单位名称数据库中找到这个单位,还有它的所在地,然后为用户规划路线。

这么一个看似非常简单的自动导航系统,后台并不简单,需要全国全部地名和企事业单位名称数据库,需要上下文记忆功能,需要推理能力。其实这些也是向人类学习的。要回答类似问题,也需要学习地理知识,了解全国行政区划和企事业单位分布。但是如果要人工从几十万个地名和企事业单位名称中查找某个地名或者单位,除非具有超强大脑,否则所需时间会远远大于手机导航系统所需的时间。

这么一个简单的自动导航系统,能够理解的就是上述的关键词。如果用户输入其他内容,它就无法反应了,或者只能简单地回答"我听不懂你的话"。如果希望它理解新的输入,比如直接说"北京或者李家庄这样的地名",那么它要将这样的简单地名判断为目的地,然后进行查找。

2. 第一个人机对话系统 ELIZA

一个包含了某些关键词的输入模式(Pattern)和相应的输出模板(Template)被称作一条规则(Rule)。可以用前面讲过的"如果→就"这样的方式来描述这样的规则。比如:

第一个规则是:如果输入中依次包含:去、某个地名、最快路线三个关键词,那么查找从当前的起始点到这个地名为目的地的最快路线,呈现给用户。

第二个规则是:如果输入中仅仅包含某个地名的一个关键词,那么查找从当前的起始点到这个地名为目的地的最快路线,呈现给用户。

如果要和计算机进行更大范围的对话,甚至和人那样无话不谈,使它成为聊天或者对话机器人,就需要给它设置更多地从输入模式到输出模板的规则。这方面,计算机工作者很早就有了尝试。

最早的基于关键词匹配的人机对话系统 ELIZA,出现在 20 世纪 60 年代中期,名字来自一个著名电影《窈窕淑女》(*My Fair Lady*)中的女主角 Eliza Dolittle。她在一个学识渊博的语音学教授的教育训练下,从一个只会俗语方言的卖花女逐步成长为发音标准、应对自如、举止得体的窈窕淑女,其中也经历了只对关键词反映的鹦鹉学舌的阶段,对话令人贻笑大方。美国麻省理工学院的计算机研究者魏茨鲍姆(Weizenbaum,1966)在小型机上用编程语言 LISP 设计了计算机程序 ELIZA,模仿一个心理学医生与用户对话。它包含了 37 条规则,以及用户输入如果同时与多个规则都匹配时的处理方法——事先给不同规则赋予不同的权重,选择权重大的规则。

ELIZA 是自然语言处理和人工智能历史上的一个里程碑,尽管它的作者从来没有声称它应用了某种语言的理解和生成理论。本质上,它仅仅应用了关键词匹配或者说模式匹配的方法。魏茨鲍姆在论文中引用下列人机对话语句来说明这个关键词匹配技术。

User:Men are all alike.
ELIZA:In what way?
User:They're always bugging us something or other.
ELIZA:Can you think of a specific example?
User:Well,my boyfriend made me come here.
ELIZA:Your boyfriend made you come here.
User:He says I'm depressed much of the time.

> ELIZA: I am sorry to hear that you are depressed.
> User: It's true, I am unhappy.
> ELIZA: Do you think coming here will help you not to be unhappy?
> User: I need some help; that much seems certain.
> ELIZA: What would it mean to you if you got some help?
> User: Perhaps I could learn to get along with my mother.
> ELIZA: Tell me more about your family.
> User: My mother takes care of me.
> ELIZA: Who else in your family takes care of you?
> User: My father.
> Eliza: Your father.
> User: You are like my father in some ways.
> ELIZA: What resemblance do you see?

这么一个看似简单的系统，但用户使用之后居然达到了信以为真、无法区分人和计算机的效果。它的基本原理就是抓取用户输入句子中的某些关键词，忽略其他部分，然后对关键词给出相应的输出。人类用户之所以觉得它善解人意，是因为人类具有同种语言的自然智能，能够尽量全面理解计算机给出的对话。如果用户不懂英语，或者懂得不多，那自然不会理解计算机给出的语句，也不会觉得这样的对话充满含义了。

其实，这种方法在人们练习外语听力、口头对话和阅读理解的时候经常使用，也有一定的积极作用。但是这种方法也可能造成理解错误和反应荒谬的情形，因为人们没有理解整个句子的含义，而是仅仅抓住了只言片语。

一个包含了某些关键词的输入模式（Pattern）和相应的输出模板（Template）被称作一条规则（Rule）。这个人机对话系统的规则越多，机器人所给出的输出就越合理。当然，某些句子会符合多条规则的输入模式。ELIZA 对于每一个规则赋予了一个为整数值的权重。当某个输入同时匹配多个模式时，选取权重最大的模式输出。例如对于用户的第一句输入，有以下匹配的模式规则和相应的权重：

- * alike→In what way?   10
- X are Y→What if they were not Y?   3

对于用户的第一句输入"Men are all alike."用户就选择第一个规则的输出"In what way?"因为它的权重较大。

对于第二句输入"They're always bugging us something or other."有以下匹配的模式规则和相应的权重：

- * always * →Can you think of a specific example?　　5
- X are Y→What if they were not Y?　　3

那么第二句输入就选择第一个规则的输出,因为它的权重较大。

对于同一规则,其输出可以存在多种表达方式,而含义是一样的,或者差别不大。当某个规则的输出有很多时,系统依次或者随机选取不同的输出,以避免对话中出现不自然的重复。

以上就是 ELIZA 程序的基本思想。它是一些对话技巧的集合。有人认为它并没有理解所参与的对话。但是,它看上去具备智能,因为它使用了用户自己的智能来使它的话充满了意义。人类特别擅长区别词句的意义并根据上下文来解释句子。

3. 图灵测试的深入讨论

下面从历史背景出发探讨智能答疑系统和关键词匹配技术。一个理想的智能答疑系统应该能够回答用户提出的所有领域或者至少是某个领域的所有问题。也就是说可以在一定程度上通过"图灵测试"(Turing,1950)。

图灵测试提出以后,引起了学术界的广泛讨论。有同意的,也有反对的,还有补充这个定义的。其中最著名的两个反对观点是内德·布洛克(Ned Block)的简单机器说(Block,1981)和约翰·塞尔(John Searle)的中文小屋说(Searle,1980)。

布洛克的主要观点是:他可以设计一个非常简单的机器,它的工作就是筛选字符串;而人类所有对话都可以用字符串表达的输入和输出表示出来。只要从数据库中挑选出和测试人的输入相匹配的输入,并找到相应输出,就可以通过图灵测试了。他因此认为:怎么能说这样一个简单的机器具有人类的智能呢?

塞尔的主要观点是:他借助英汉词典和汉英词典,就可以通过用汉语进行的图灵测试,尽管他一个汉字都不认识。因为他认为,本质是象形符号的汉语句子和英语句子之间存在对应关系,而词典可以帮助他建立这种对应关系,从而对一个汉语为母语的人的所有输入做出合理的汉语输出。这样他可以通过汉语的图灵测试,但是仍然不理解、也不具备汉语思考能力。

布洛克和塞尔在反驳图灵测试思想中"发明"的从输入到输出的一一对应关系及其数据库,是一种最简单质朴的通过图灵测试的办法。但是,问题在于:

- 自然语言表达方式的无穷性导致输入序列的无穷大,使得这样大规模的数据库及其搜索的时间和空间复杂性趋于无穷大。不仅在非限定领域的随意聊天如此,在限定领域的问题解答也是这样。
- 对于同样的输入,在不同的领域和在不同的谈话背景下会有不同的输出。相声、小品的包袱就来源于此。比如:"张教练下课了。"

为了解决第一个问题,学者采用了所谓关键词匹配的办法,来归纳某些具有一定特征的输入。这些特征也可以被称作模式(Pattern)。模式可以是输入中的一个词,也可以是某几个词,也可以是整个输入。当输入和某个模式匹配时,输出就按照规定的内容给出。

下面以人们熟悉的句子为例进一步说明关键词匹配技术。对于以下输入,可以有一个共同的输出:

> "Beijing is the capital of China and located in the northern China."
> - Where is Beijing?
> - What is Beijing?
> - What is the meaning of Beijing?
> - Do you know Beijing?
> - Do you know what is Beijing?
> - Do you know anything about Beijing?
> - Could you tell me what is Beijing?
> - May I ask you to tell me what is Beijing?
> - Please tell me what is Beijing.
> - Tell me something about Beijing.
> - ……

这些输出比较合理,但并不是完全合理。比如对于类似于"Do you know Beijing?"这样的一般疑问句,应该首先给出一个 Yes/No 回答,然后再给予进一步解释。

这些输入和共同的输出可以用一个规则来表达:

* Beijing→Beijing is the capital of China and located in the northern China. (R.1)

这里 * 代表任意字符串(可以是空),Beijing 就是这个规则中的模式或者说关键词。

应用这个规则,对于以下输入,也会有同样的输出。而对于这些输入来说,这个输出显然是不恰当的。

> - Who is the mayor of the city Beijing?
> - Was the Olympic game 2008 held in Beijing?
> - Do you like Beijing?
> - Do you know the reason why the capital of China is Beijing?
> - How old is Beijing?

- Please sing a song about Beijing!
- What a large and beautiful Beijing!
- The capital of China is Beijing.
- I live in Beijing.
- I know the capital of China is located in the northern China and is called Beijing.
- Dsfjdskjf dsfjdskf dsfdsfewdjew092ew93202u Beijing.

这个问题在于,设计模式规则时只考虑了输入语句中的一个单词,而没有考虑其他部分的含义和由它们共同构成的整个输入语句的含义。

这显然违背了著名逻辑学家和数学家弗雷格(Frege)在20世纪初的论断:一个句子的含义取决于构成这个句子的各个成分的含义和这些成分的连接方式,即句子分解和组成原理。

为了解决这个问题,应该尽量精确地设计模式规则。比如,不使用上面的规则(R.1),而引入一个规则(R.2)。

Beijing→Beijing is the capital of China and located in the northern China. (R.2)

这个规则规定,只有输入等于 Beijing 时,才能给出输出"Beijing is the capital of China and located in the northern China."这实际是最精确的匹配。

但是旧的问题又出现了,人们不可能把所有的输入和相应的输出都罗列出来!所以还要使用新的具有一定概括性的模式规则。比如,引入这样一个新的规则:

Do you know * →Yes,I know. <sr/>　　(R.3)

对于符合这个规则的输入,首先给出一个"Yes,I know."的回答,然后再对 * 所代表的字符串给出详细解释。这就是<sr/>的含义。

例如,对于输入"Do you know Beijing?"要连续应用规则(R.3)和(R.2),得出"Yes,I know. Beijing is the capital of China and located in the northern China."

这个处理规则,又称作**分解-合并规则**。但它不是对全体句子成分的分解。所以应称作**部分的分解-合并规则**。

模式匹配方法可以用理论计算机中的乔姆斯基(Chomsky)语法体系来表达。一个乔姆斯基语法体系 L 包括:

- 一个有限集合,称作非终端集合。记作 N。其中的元素为字符串。
- N 中的一个元素 S,称作起始符。
- 一个有限集合,称作终端集合。记作 T。其中的元素为字符串。$N \cap T = \Phi$(Null),即非终端集合和终端集合无交集。
- T 和 N 的合集称作这个语法的词汇表 V。
- 一个规则系统 R,包含这样的规则:$u \to v*$,其中 $u \in N$,$v*$ 表示一个词汇表中的元素的任意组合。这个规则即是一个从非终端到词汇组合的映射。

也就是说 $L=(S,N,T,R)$。

在上面的规则(R.1)(R.2)(R.3)中,左边的字符串(输入)相当于乔姆斯基语法体系中的非终端,右边的字符串(输出)相当于词汇组合。反复应用这些规则,直到词汇组合中没有非终端元素为止,就得到了一个相应的输出,即对应于输入的一个自然语言表达式。

既然不能把所有的输入/输出都罗列进去,那么对于那些未被罗列进去的输入,即不属于非终端集合的元素,应该给出一个什么样的输出呢?一般来说,应用模式匹配方法的系统都使用随机选择的方法。比如,从下面的回答中随机选出一个。

- "Go on."
- "Tell me a story."
- "Oh, you are a poet."
- "I do not understand."
- "I've been waiting for you."
- "I lost my train of thought."
- "That is a very original thought."
- "We have never talked about it before."
- "Try saying that with more or less context."
- "Not many people express themselves that way."
- ……

4. ALICEBOT人机对话系统

20世纪90年代以后,人工智能专家在ELIZA基础上,进一步发展了关键词匹配技术:主要是定义了更多的规则,从原来的单机版软件变为基于服务器/客户机模型的分布式系统,并且将系统开源、开放给全世界所有用户使用,用户可以增加新的规则或者修改、删除已有的规则。这种开放性使得世界各地的人工智能爱好者将这个系统本地化,用于人机对话娱乐、电子商务自动客服、自动导航等系统中。很多导航系统和电子商务的自动客服机器人就是采用了这种关键词匹配技术。

ALICEBOT就是一个典型的基于关键词匹配的人机对话系统(http://www.alicebot.org)。以上随机选择的句子都来源于ALICEBOT的数据库。这些回答在大多数情况下是牵强附会的,并且占据了实际人机对话中输出的一定比例。对此笔者做过研究,见(Jia,2004)。该文统计结果显示,这些无的放矢的回答占据了所有对话的8.5%。

ALICEBOT是华莱士(Wallace)等用编程语言Java在微机上开发出来的基于客户机/服务器模型的开放源代码系统。ALICEBOT是20世纪90年代诞生的一个新的应用模式匹配的程序,打上了网络时代的烙印。

ALICEBOT中的规则是按照一种特殊的XML语言——AIML(Artificial Intelligence Markup Language)以普通文本方式保存的。每一个模式规则称作一个范畴(Category),它包含了被称作模式(Pattern)的一个输入和称作模板(Template)的一个输出。

例如,前面的规则R.1到R.3可以用如下方式描述和保存。

R1:

- <category>
- <pattern> * BEIJING</pattern>
- <template>
- Beijing is the capital of China and located in the northern China.
- </template>
- </category>

R2:

- <category>
- <pattern>BEIJING</pattern>
- <template>
- Beijing is the capital of China and located in the northern China.
- </template>
- </category>

R3:

- <category>
- <pattern>DO YOU KNOW *</pattern>
- <template>
- Yes,I know.<sr/>
- </template>
- </category>

这些模式规则顺序排列,保存在一个后缀为AIML的文件中,被称作ALICEBOT的一个知识库。用户可以根据需要不断添加新的规则,即丰富ALICEBOT的知识,使之能够应付越来越多的输入。标准的ALICEBOT系统包含2万多条模式规则。

当某个输入同时与多个模式匹配时,系统按照一种树状结构搜索和输入最匹配的模式,也就是层次最深的模式。

例如:当上面的三条规则同时存在时,如果用户输入 Do you know Beijing,尽管它符合规则(R.1)和(R.3),但根据如图 4-4 所示的树状结构,它将按照(R.3)和(R.2)得到输出。

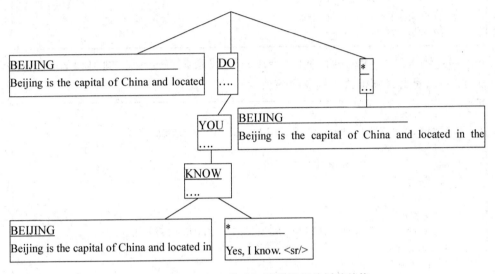

图 4-4　ALICEBOT 搜索匹配关键词的树状结构

在模式规则的输出中,ALICEBOT 还应用了一些新的标注符号,如:<star/>,<srai>…</srai>,<sr/>,<set_X>…</set_X>,<get_X>,<random>…</random>,<li>…</li>,<script>…</script>等。其含义解释如下:

- <star/>:输入中的 * 代表的实际字符串。
- <srai>…</srai>:将其内容作为一个新的输入进行匹配和输出。
- <sr/>:将输入中的 * 代表的实际字符串作为一个新的输入进行匹配和输出。等于<srai><star/></srai>。
- <set_X>…</set_X>:将 X 代表的变量取值为标注中的内容。
- <get_X/>:获得 X 代表的变量的值。
- <random>…</random>和<li>…</li>:随机选取<li>…</li>中的内容作为输出。例如前面举过的对于没有找到匹配的输入的随机输出,就由这种方式表达。
- <script>…</script>:将其中的内容通过一个 Java VM(Virtual Machine)进行解释。

该系统还具有浅显的上下文分析功能。通过一个标注对 SET 和 GET，系统可以设定一些变量的值，来保持上下文一定的连贯性。例如：对 R1 的扩展：

```
<category>
<pattern>＊BEIJING</pattern>
<template>
Beijing is the capital of China and located in the northern China.<set_it>BEIJING</set_it>
</template>
</category>
```

用户输入这个模式，如"What is Beijing?"系统将变量 it 的值设置为 BEIJING，以后可通过新模式规则获取该值。

```
<category>
<pattern>TELL ME SOMETHING ABOUT IT</pattern>
<template>
<srai>TELL ME SOMETHING ABOUT<get_it/></srai>
</template>
</category>
<category>
<pattern>TELL ME SOMETHING ABOUT BEIJING</pattern>
<template>
<random>
<li>BEIJING is a large city with more than 10 millions people.</li>
<li>Beijing has a history of more than 2000 years.</li>
<li>In Beijing there are many comprehensive universities.</li>
</random>
</template>
</category>
```

如果用户在"what is Beijing"后接着输入"tell me something about it"，则会随机得到三个输出中的某一个。

当然，这样的设置只有在用户连续输入这样的语句后才会生效，而实际上用户采用这样精确的连续输入的概率很小。所以这种上下文连贯策略并非有效。

5. 模式匹配方法总结

模式匹配原理对输入语句进行部分的分解，算法复杂度较低（只需要在已有规则中搜索），速度较快。另外用户还可以随时方便地加入新的规则或修改已有的规则。这是其**优点**。

模式匹配原理的**缺点**:
- 未对整个输入进行完整的句法和语义分析,而只是对某个模式关键词的反映。因而输出在很多情形下是重复单调、牵强附会、答非所问的。
- 无上下文分析,没有记忆谈话对象的个性、特征等。
- 对输入没有语法检查,允许错误表达,因此不能用在教学系统,特别是语言教学中,因为语言教学的一个基本原理就是禁止病句的出现,尽管有时候病句也能够被人所理解。

这种技术用于自动导航,已经可以满足用户搜索路线的简单需要了。但是如果应用于电子客服和娱乐聊天,用户就会发现这样的机器人在回答很多问题时,牵强附会,答非所问,不得不转向人工服务。

对话机器人之所以答非所问甚至给出荒谬可笑的回答,原因就是没有理解整个句子的含义,而是仅仅抓住了只言片语,也就是整个句子中的关键词。

为了解决这个问题,这样的对话机器人系统应该增加更多的规则。一种最理想的情况是,将所有人类对话作为规则都包括进来,其中的整句输入作为关键词模式,整句输出作为输出模板,也就是建立所有输入语句和输出语句的一一对应关系;然后根据用户输入的句子去搜索相应的模式,找到后给出恰当的输出。但是这又造成目前乃至将来的计算机无法承受的时间和空间的复杂度。

以汉字为例,粗略估算下这样的系统的时间和空间的复杂性。汉语书面语言常用字有 6763 个,加上 10 个常用的标点符号和 10 个阿拉伯数字,共有 6783 个字符。这些字符组合构成了句子。

如果一个常用的句子包含 10 个字符,那么这个句子中可能的字符组合个数为:

$6783^{10} = 2.06166534413002081896671956979 \times 10^{38}$

假设这些组合中的百分之一是有意义的汉语表达式,那么有意义的汉语表达式大约有 2×10^{36} 之多。

要将包含了 10 个字符的两个表达式进行比较,看是否完全相同。假设每个比较需要 10 次运算,那么这么多的字符需要的运算次数为:

$2 \times 10^{36} \times 10 = 2 \times 10^{37}$

对于一个运算速率为 2G 赫兹的中央处理单元来说,需要耗时:

$$\frac{2 \times 10^{37}}{(2 \times 10^9) 秒} = 10^{28} 秒 = \frac{10^{28}}{(3600 \times 24 \times 365) 年} = 3.17 \times 10^{20} 年$$

经过这么长的时间找到一个适合的对话模式,再给出输出,是一个常人在对话中无法忍受的。

这么多字符所占用的空间也是巨大的。每个汉字占用 2 个字节,10 个字符组成的一个表达式占用 20 个字节。那么 2×10^{36} 个有意义的表达式占用空间为 4×10^{37} 字节 $\approx 4\times 10^{25}$ T 字节。现在还找不到这么大容量的硬盘来存贮这么多字节的内容。

即使能够使用多个大容量硬盘存储这么多字符串,用多个中央处理单元组成的服务器在对话可忍受的时间范围内完成这样的搜索,这样的人机对话系统恐怕还不能满足日常对话的需要,因为:

(1) 人类无时无刻不在创造新的表达方式,这就是人类语言智能的魅力所在。比如:在语文学习中写同样题目的作文,老师要求学生写出新意,而不能一字不差地照抄其他人的作文。

(2) 人类对话很多情况下是和上下文背景相关的。比如:代词他、她、它在不同的情况下指代不同的人或者物体,所以包含代词的同一个表达式,在不同的背景下表示不同的含义,当然需要不同的输出。

所以,单纯依靠关键词匹配技术设计出的人机对话系统,不能和正常人实现任意话题的对话。一个人机对话系统如果能够具有某种语言的词汇、语法、语义和语用知识,再加上一个海量的常识性知识库,就可以比较成功地与人进行交流了。人工智能专家为了实现这样的系统,已经做了大量阶段性工作,比如汉语的分词系统,汉语和英语等语言的语法解析系统,汉语和英语等语言的语义型词库,大规模、开放的常识性知识库等;这都为大语言模型的出现和应用奠定了基础。

4.7.2 人机对话比赛

勒布纳奖(The Loebner Prize)由美国慈善家休·勒布纳(Hugh Loebner)于 1990 年设立,准备将金奖颁给第一台通过图灵测试的计算机,以鼓励人工智能研究。

比赛一般分为两个阶段,海选阶段与测试阶段。海选阶段的每个参赛系统都要回答 20 个与往届风格相似的问题。由人类专家就机器与人类的相似性进行评分,选取前四名参加最终测试。

测试阶段的评测者由四个裁判组成。共有四轮测试,每个系统一轮。在每轮测试中,每个裁判通过电脑同时与两个对象进行交流,其中一个对象是该轮对应的对话系统,而另一个对象则是一个真实的人。每个裁判根据最长 25 分钟的问询,判断哪个对象是对话系统,哪个对象是人。如果有一个系统成功欺骗了所有裁判,则获得金奖;如果一个系统成功欺骗了半数以上的裁判,则获得银奖;否则,裁判将对对话过程进行评分,根据评分排序并颁发铜奖。

时至今日,这个大赛最高仅仅颁发过铜奖,取得较好成绩的都是基于关键词匹配和启发式规则的对话系统。

4.8 大语言模型

2022年年底,美国OpenAI推出人机对话系统ChatGPT,其表现引人注目。它所依赖的大语言模型技术更是极大改善了自然语言处理技术的研究效果。本节首先介绍其理论基础,然后介绍国内外重要的大语言模型及其功能。

4.8.1 理论基础

前面分析指出:将整个输入句子作为一个关键词,在所有输入和输出对应的规则数据库中搜索匹配的策略尽管无法实现,但是它毕竟为人机对话系统的设计提供了一条思路。随着手机和国际互联网的普及,人类的对话数据爆炸式增长,包括日常聊天、小说、戏剧、电影等文艺作品中的对话,新闻报道中的对话等;在法律允许的范围内,这些数据被下载后,经过人工分析和标注,可以形成从输入到输出的对话数据库。如果建立一个深度学习网络,将这些样本的输入文本和输出文本矢量化后,分别作为输入层的输入和输出层的输出,用这些样本训练这个深度学习网络,那么这个深度学习网络就可以针对输入产生相应的输出。

这样的网络有些类似人脑,人类也是在阅读了一定数量的文章、进行了一定的对话练习后逐渐掌握某种语言的。但是,人类在学校教育阶段所接触的对话规则和阅读过的文章远远没有这些人机对话系统所需要的数据量大,反而比这些系统更好地驾驭了语言。语言学、神经科学、脑科学等领域的关于语言智能方面的研究成果将进一步揭示人类语言的奥秘,为让计算机更好地理解人类语言和产生人类语言提供借鉴。

大规模语言模型(Large Language Model,LLM)就是基于海量语料库和强力的深度学习网络,学习语言规律以理解和生产语言。世界上的大规模语言模型有OpenAI的GPT系列(Ouyang,et al.,2022)、谷歌的BERT(Devlin,et al.,2018)、BLOOM(Fan,et al.,2022)、我国清华大学的GLM(清华大学,2022;Zeng,et al.,2022),等等。

下面介绍国外的OpenAI的GPT系列大语言模型和国内的一个大语言模型——讯飞星火大模型。

4.8.2 美国微软投资的OpenAI的大语言模型GPT系列

OpenAI是美国的一家人工智能研究和开发机构,成立于2015年,后来得到美国微软公司的巨额投资,致力于"研发通用人工智能(Artificial General Intelligence,AGI)并造福于全人类"。该机构定义通用人工智能为"具有高度自主性的系统,在最有经济价值的工作中的表现优于人类"。它研发的系统包括 Whisper, DALL·E2,ChatGPT。

Whisper 在 4.4 节已经介绍了。DALL·E2 将在第 7 章予以介绍。本节重点介绍 GPT 系列。

GPT 是"生成预训练转化(Generative Pretrained Transformer)"的简称。"生成(Generative)"是指模型被训练为以无监督的方式预测(或"生成")令牌序列。换句话说,模型抛出了大量原始文本数据,并找出文本的统计特征来创建更多的文本。"预训练(Pretrained)"意味着一个强大的语言模型,可以针对机器翻译等特定任务进行微调。"转换(Transformer)"指的是使用转换结构。这个生成式转换器能够从来自全球的语言文本中计算出不同单词(字)序列的出现概率。

基于著名信息和通信科学奠基人香农早在 1948 年就提出的人类文本序列概率模型,GPT 采用自回归语言模型迭代产生下一个单词(字)或者句子、段落等文本。通俗地说,这个系统是基于其拥有的网络文本语言信息,当用户输入一个关键词(字)或者句子的时候,它产生出概率最大或者较大的文本输出,这就构成了一轮人机对话,就像两个人之间的自然语言对话一样。

GPT 的第一个版本于 2018 年诞生,之后不断迭代,2020 年 5 月出现的第三个版本 GPT-3 展示了三个重要能力:

语言生成:遵循提示词(Prompt),然后生成补全提示词的句子(Completion)。这其实是聊天机器人中关键词匹配技术的继续发展,提示词相当于原来的关键词。

上下文学习(In-context Learning):遵循给定任务的几个示例,然后为新的测试用例生成解决方案。

世界知识(World Knowledge):包括事实性知识(Factual Knowledge)和常识性知识(Common Sense Knowledge)。

GPT-3 的这三种强大能力都来自对海量语料的大规模预训练。它采集了到 2021 年为止的国际互联网上几乎所有的语言文字数据,语料库容量多达 45TB,包括 3000 亿单词、来自互联网上的文本资源,包括著作、维基百科等。这构成了世界知识的来源。它还预训练了一个拥有 1750 亿参数的深度学习模型,以便存储知识。GPT-3 的模型参数、训练数据和计算量都是惊人的,相关的论文署名多达 31 个作者,训练过程需要 1 万枚 CPU 芯片,耗电 128.7 万度,造成的二氧化碳排放量为 502 吨,相当于地球上每年 100 个人的二氧化碳排放量之和。

梁等(Liang,et al.,2022)关于大规模文本处理系统的综述论文进一步证明了语料规模的重要性。他们的结论是,知识密集型任务的性能与模型大小息息相关。

语言生成的能力就是语言建模的训练目标。

GPT-3 接近"通用人工智能",可以动态学习、处理多种不同的任务,如写文章、聊天、解答问题、翻译、写代码、下棋、医疗诊断等。例如:在阅读下面英文短文后,一个基于 GPT-3 的系统可以回答问题。

> Robotics is an interdisciplinary branch of engineering and science that includes mechanical engineering, electrical engineering, computer science, and others. Robotics deals with the design, construction, operation, and use of robots, as well as computer systems for their control, sensory feedback, and information processing. These technologies are used to develop machines that can substitute for humans. Robots can be used in any situation and for any purpose, but today many are used in dangerous environments (including bomb detection and de-activation), manufacturing processes, or where humans cannot survive. Robots can take on any form but some are made to resemble humans in appearance. This is said to help in the acceptance of a robot in certain replicative behaviors usually performed by people. Such robots attempt to replicate walking, lifting, speech, cognition, and basically anything a human can do.

问题:*What do robots that resemble humans attempt to do?*

系统回答:*Replicate walking.*

又比如根据图 4-5 回答问题。

图 4-5 试题图

问:*What game are they playing?*

系统回答:*Baseball.*

但是 GPT-3 仅仅通过训练来预测互联网文本大数据集中的下一个单词,所以可能产生违法或者有悖于社会伦理道德的输出,而不是安全地执行用户想要的语言任务。

2022年1月27日，OpenAI发布了GPT-3的改进版本InstructGPT，它能够比GPT-3更好地跟踪用户意图，同时使用人工对齐技术使其内容更真实、危害性更小，在循环中向人类学习并得到训练。所谓的危害性是指输出内容违法或者有悖于社会伦理道德。

2022年11月30日，OpenAI发布了ChatGPT。从字面上说，这个词包括两个部分：Chat和GPT。前者是一个独立的英文单词，含义是聊天，后者是产生式预训练转换器三个英文单词的首字母缩写。它借鉴来自人类反馈的强化学习（Reinforcement Learning from Human Feedback，RLHF）来训练深度学习模型，但使用与InstructionGPT不同的方法进行数据收集方法略有不同——使用有监督的微调训练了一个初始模型，即人工智能培训师给出人机对话的样板内容，在其中扮演用户和人工智能助手两个角色。培训师可以借助撰写模型的建议输入要求，撰写系统应该给出的恰当回复。这个新的对话数据集与InstructGPT数据集结合后，转换为对话输出。也就是说，为了确保这个系统的输出是合理的、排除网络上不可避免地充斥仇恨性、色情、凶杀等违法或者有悖人伦道德的文字，系统开发者又雇用了大量接受过严格训练的人工标注师，与这个系统展开了多轮次的对话，并修改、完善这些对话中不合要求的机器输出，这个过程被称作微调。经过大量的微调和反复的训练后，ChatGPT才会鹦鹉学舌了（迈因策尔，贾积有，张誉月，2023）。

ChatGPT的功能更加接近"通用人工智能"，其自然语言处理能力包括：

第一是对话聊天。它可以和用户展开任何一种语言的对话，并逐渐理解用户的语言意义；因为它掌握了全世界的文本知识，所以可以无所不谈。相关研究表明，它在某些领域的对话能力通过了图灵测试，甚至具有相当于9岁儿童的人类心智。当然，它的很多对话还是不尽如人意的，甚至包含了违背事实的错误表述。

第二是翻译。它可以根据用户的要求将任何一种语言翻译为另外一种语言，比如按照这种方式输入要求："请将下面一句话翻译为汉语：……"翻译质量因语系和语种而异，对于英语、德语等欧洲大陆语系内的语种，翻译质量与商用软件不相上下；而对于东方语言和用户较少的语种，质量则较差。造成这个现象的原因就是它的来源文本中英语、德语等欧洲语系的语种文本数量巨多，而其他语种的文本数量所占比例较少。

第三是概括中心思想。它可以根据用户的要求，概括一段文字的中心思想。

第四是写作。它可以根据用户的要求，写出一篇小学生或者中学生作文、科学论文、诗歌、新闻报道、评论等。当然，写作质量因题材和具体要求不同而有差异。例如，已有研究证明，它写出来的关于大学普通物理知识的论文查重率很低，很难被大学教师判断为机器写出的。

第五是回答和解决问题。基于上述的功能，它能够根据用户给出的要求，找出问题答案；也能够求解数学、物理等学科问题；当然很多题目的解答并不正确。

第六是修改语句。它可以根据用户的要求，修改某种语言的句子，包括拼写和语法错误、润色语句。

第七是设计和修改程序。因为计算机程序也是一种特殊的语言，所以它可以根据用户提示和要求，用 Python 等编程语言设计程序，并帮助用户找到程序中的错误（BUG），完善程序。

第八是绘画。它能够根据用户的语言描述和精确度要求，产生新的图片。

正是由于上述强大功能，ChatGPT 在诞生以后的两个月时间内，用户量快速超过 1 亿，成为有史以来用户增长速度最快的应用系统。

ChatGPT 具有文本理解、文本创作、聊天机器人、文本内容搜索四项功能，再加上语音识别和转录系统 Whisper，图形创作系统 DALL·E2，可以说 OpenAI 集六项顶尖人工智能技术于一身。

2023 年 3 月 17 日，OpenAI 推出了 GPT-4。它具备多模态能力，即在文本生成内容的基础上，它可以基于图像输入生成内容。将手绘的网站框架照片输入给 GPT-4，GPT-4 就可以生成一个真实的网站。

GPT-3.5 做出的回答被限制在约 3000 个单词，而 GPT-4 可以做出超过 2.5 万个单词的回答。

GPT-4 在回答中出现不允许内容的可能性比上一代技术低 82%，在某些事实性测试中的得分则要高出 40%。

GPT-4 还支持开发者定制 AI 对话的语气和风格。例如，GPT-4 可以采用苏格拉底式的对话方式，用问题来回答问题。而 GPT-3 版本在回答中采用固定的语气和风格。

4.8.3 对 ChatGPT 的评测综述

ChatGPT 由于其强大的文本理解和生成创作功能，得到社会各界和各个学科研究人员的极大关注，他们采用各种研究方法对其进行测试评估。在国际知名的未经同行评审的论文预印本网站 arxiv(https://arxiv.org)上，几乎每天都会出现关于 ChatGPT 的论文。截至 2023 年 3 月 10 日已有多篇与教育有关的论文对 ChatGPT 的思维智能、翻译能力、对话质量、学科知识测评等多个方面进行了细致研究。这里精选其中研究方法比较严谨的几篇，分别予以介绍。

帮等学者(Bang,et al.,2023)提出了一个使用公开可用数据集定量评估交互式大规模语言模型(如 ChatGPT)的框架。他们使用涵盖 8 个常见 NLP 应用任务的 21 个数据集对 ChatGPT 进行了广泛的技术评估,包括其多任务、多语言和多模式等各个方面。测评结果发现,ChatGPT 比其他的零案例学习模型在大多数任务上表现都好,在某些任务上优于其他的微调模型。理解非拉丁语系的语言文字比生成这些文字效果更好。ChatGPT 在有关逻辑推理、非文本推理和常识推理的 10 个不同推理类别上的平均准确率为 64.33%,因此它并不是一个可靠的推理系统。例如,相对于归纳推理,它更擅长演绎推理。与其他大规模语言模型一样,ChatGPT 也存在幻觉问题,并且由于无法访问外部知识库,它会从参数记忆中产生更多的外部幻觉。ChatGPT 的交互功能使人类能够与底层 LLM 进行协作,以提高其性能。因为思维智能是人类自然智能的一个重要方面,而逻辑思维、形象思维和顿悟思维是思维智能的三种形式,从这篇论文可以看到,ChatGPT 在逻辑思维方面已经达到了一定水平,尽管还不是百分之百地正确。

冯等(Nov,et al.,2023)采用类似图灵测试的方式评估使用 ChatGPT 之类的聊天机器人进行人机交互的可行性。该研究的 430 名参与者来自美国,年龄不低于 18 岁,平均年龄 47.1 岁;其中 53.2% 是女性;样本具有一定的代表性。每个人提出十个具有代表性的有关健康类的、并且非管理性的问题,然后由专业人士或者机器人随机回答,其中五个来自专业人士,五个来自机器人,由受访者来评判是机器人还是专业人士回答的,并对所认为的机器人答案质量进行评分,得分使用从 1 到 5 的里克特(Likert)量表。结果表明:对不同问题的回答发出者的评判的正确率在 49.0% 至 85.7% 之间。平均而言,来自聊天机器人的回答被正确识别出来的比例为 65.5%,来自专业人士的回答被正确识别出来的比例为 65%;参与者对所认为是来自聊天机器人的回答的质量评判水平较低,平均得分为 3.4,并且随着与健康相关问题的复杂性增加,机器人的得分降低。所以,该论文得出结论:很难将聊天机器人 ChatGPT 对患者问题的回答与专业人士的回答区分开来。

焦等人(Jiao,et al.,2023)对 ChatGPT 的机器翻译功能进行了初步评估,包括翻译提示、多语言翻译和翻译稳健性等方面。他们采用 ChatGPT 建议的提示来触发其翻译能力,发现其候选提示通常工作良好,并显示出较小的性能差异。通过对多个基准测试集的评估,发现 ChatGPT 在网络资源丰富的欧洲语言上的表现与谷歌等商业翻译产品相比具有竞争力,但在网络资源少或与英语差别较大的语言上明显落后。他们对于和英语差别大的语言,设计一种名为 pivot promotion 的策略,要求 ChatGPT 在将源句子翻译成目标语言之前先将其翻译为具有丰富网络资源的 pivot 语言,比如英语,然后再翻译为目标语言;这显著提高了其翻译目标语言的性能。至于翻译的稳健性,ChatGPT 在生物医学摘要或 Reddit 评论上的表现不如商业翻译系统,但对口语的翻译效果很好。

在自然语言理解和生成方面,黄等(Huang,et al.,2023)以网络上隐含的仇恨言论的检测和解释说明为例对ChatGPT进行了测试。结果表明,ChatGPT正确识别了80%的隐含仇恨推文,对这些隐含仇恨言语的解释表达也很清晰。对于其他20%的未能识别的、也就是有分歧的案例,ChatGPT的结果更有可能与外行人的看法一致。该文指出,由于ChatGPT对一般用户来说貌似正确无比,如果它的判断是错误的,将产生误导外行的风险。当使用ChatGPT作为语言学习辅助工具时,需要格外小心。

弗里德等(Frieder,et al.,2023)为了测试ChatGPT的数学知识,带领数学研究人员制作和设计开发了一个自然语言表达的数据集GHOSTS,它涵盖了研究生水平的数学知识。在GHOSTS上对ChatGPT进行基准测试,并根据细粒度标准评估其性能。结论发现:与媒体上的许多可能被特意选择的正面报道相反,ChatGPT的数学能力明显低于普通数学专业的研究生,在小学水平数学上的得分只有26%。ChatGPT经常能够理解数学问题,但无法提供正确的解决方案。ChatGPT无法达到与针对单个任务训练出来的专属计算机模型或系统一样的性能。总之,该研究认为,与ChatGPT所引起的媒体轰动相反,ChatGPT尚未准备好始终如一地提供高质量的数学证明或计算。不过,ChatGPT是一种适用于任何数学领域的通用工具,优势在于能够根据给定信息搜索出某些数学对象,比如它在"搜索引擎特性"子数据集的"反向定义检索"文件中获得了最高分数。该文建议,如果一个大学生的目标是通过大学考试,最好向普通同龄人学习,而不是ChatGPT。

很多人已经尝试了ChatGPT在数学等学科的解题能力,并希冀使用ChatGPT来帮助学生解决问题。这种帮助作用究竟如何呢?

帕尔多斯和班达里(Pardos,Bhandari,2023)让ChatGPT对初等和中等代数领域的问题自动产生解题提示,也请人类教师对同样问题撰写提示,然后由共77名学习者分别参照两种解题提示,解决这些数学问题。结果表明,ChatGPT产生的提示中有70%通过了作者的人工质量检查;人类和ChatGPT的提示都对学生解题产生了积极的效果;然而,人类教师设计的提示对学生的帮助效果在统计意义上显著高于ChatGPT的提示。

考特迈尔(Kortemeyer,2023)让ChatGPT制作一份关于基于微积分知识的物理课程的具有代表性的测试内容,并按照人类学生评分标准对其输出进行评分。结果证明,ChatGPT表现出作为初学者常见的先入为主等错误,但是会以54.55%的成绩勉强通过这门课程,获得1.5个课程学分,但低于毕业所需的成绩要求。ChatGPT在平方根操作和计算公式方面一直存在问题。如果ChatGPT是一个人的话,那么这个人可能会被描述为行为顺从,但内心固执、不断猜测而没有反思能力。

耶登等(Yeadon,et al.,2022)提供了ChatGPT这样的人工智能系统能够生成高水平的大学物理论文的证据。他们给 ChatGPT 提供了一套共五个开放式问题，要求其对每个问题写出一篇 300 字的短文，然后由 5 位物理学专家进行独立打分，并与英国杜伦大学二年级物理系本科生对同样问题的回答进行比较。结果表明，5 位专家的打分一致性较高，机器人生成的短文的平均得分为 $71\pm2\%$，与本科生的平均得分 $72\pm3\%$ 非常一致。顶尖学生得分高于机器人得分，但是大部分学生得分低于机器人得分或者与之相当。他们还使用两个常用剽窃检测软件 Grammarly 和 TurnitIn 对机器人的回答进行查重检查，发现重复率结果分别仅仅为 $2\pm1\%$（Grammarly）和 $7\pm2\%$（TurnitIn）。该研究表明，ChatGPT 这样的现代人工智能系统能够在几秒钟内免费撰写高质量的物理论文，并获得一流的分数。因此，得分较低的三分之一的学生很有可能利用这个系统来撰写论文，而教师使用一般的查重软件不可能认定这些论文是抄写或者剽窃别人的作品。当前的人工智能系统对作为物理课程评估方法的短文的真实性构成了严重威胁。人工智能技术的突飞猛进，应该促使大学教学和评价方式发生巨大而深刻的变化，并设计和提供新的教学工具。

贝塞克等（Basic, et al., 2023）比较学生使用或不使用 ChatGPT 作为辅助工具的论文写作表现。9 名学生是使用 ChatGPT 的实验组，9 名是不使用的对照组。采用等级（A—D）和相应的数值（4—1）对论文要素进行评分，分析了论文内容的真实性、相互之间的相似性和分数的潜在影响因素，比如学生的平常成绩（GPA）和写作时间等。结果发现：两组的平均得分均为 C，对照组平均成绩（2.39）高于实验组平均成绩（2.00）；得分与写作时长与成绩（GPA）相关性不大。实验组的文本不真实性比例（11.87%）略高于对照组（9.96%）；实验组和对照组所有论文之间的相似度普遍较低。因此，该文得出结论：没有证据表明，学生使用 ChatGPT 作为辅助工具可以提高论文质量。

钟等（Zhong, et al., 2023）对 GPT-3、ChatGPT(3.5)和 GPT-4 在中国和美国重要考试试卷上的表现进行了测试和比较，比如中国高考、公务员考试和律师资格考试，美国大学入学考试等；结果发现：ChatGPT 和 GPT-4 在中国英语高考选择题和填空题这样的客观题目上的得分（分别为 84.9 和 91.9）都远远高于人类考生的平均分 69，而 GPT-4 的得分 91.9 还高于人类考生的最高分 91；在历史、地理和生物三个科目上，GPT-4 的得分都高于人类考生的平均分，但是低于人类考生的最高分；在语文、物理、化学和数学四个科目上，ChatGPT 和 GPT-4 的得分都低于人类平均分；在数学填空题和选择题上，GPT-4 仅仅得到 16.1 和 47.0，远远低于人类考生平均分 73 和 73！该文表明，不管是 ChatGPT 还是 GPT-4，其数学逻辑推理能力都远远低于人类平均水平；但是它们对英语这一人类自然语言的理解和掌握程度已经远远超过普通人类考生。

除了 Arxiv,国际知名学术论文数据库 Scopus 也逐渐收录了一些研究 ChatGPT 的论文。胡(Huh,2023)测试了 ChatGPT 对专业医学知识的解答能力。提供 79 项关于寄生虫学的问题给 ChatGPT,然后分析 ChatGPT 作出的回答的总体表现分数、针对问题知识水平的正确回答率以及对问题解释的可接受性。结果发现,ChatGPT 的表现低于医学生的解答,并且 ChatGPT 正确回答率与问题的知识水平无关。总之,ChatGPT 在寄生虫学考试中的知识和解释能力还不能与韩国的医学生相比。

总结以上公开发表的关于 ChatGPT 性能评测的文献,可以说 ChatGPT 已经具有了一定的逻辑思维智能,可以在某些领域与人类用户对话,也具备了翻译、语言理解和生成等语言智能;所生成的专业论文已经和人类学生水平相当,具有一定的创新性,不会被查重软件检测出来,可能被学生用来完成课程作业;但是在数学、物理、医学等专业领域的问题解答上,还不如学生的水平,更不能起到教师那样的辅导作用。

4.8.4 讯飞星火认知大模型(SparkDesk)

2023 年 8 月 15 日,我国人工智能领域的旗舰企业讯飞发布讯飞星火认知大模型(SparkDesk)V 2.0,具有语言理解、知识回答、文本生成、代码生成、多模态交互、数学推理等功能。该系统网站为:

https://xinghuo.xfyun.cn/

网站上这样介绍科大讯飞星火认知大模型:"以中文为核心的新一代认知智能大模型,拥有跨领域的知识和语言理解能力,能够基于自然对话方式理解与执行任务。从海量数据和大规模知识中持续进化,实现从提出、规划到解决问题的全流程闭环。"它也明确说明:"测试产生的所有内容均由人工智能模型输出,其内容的准确性和完整性无法保证,不代表我们的态度或观点。"尽管如此,星火对汉语内容的回答在某些方面优于 ChatGPT,其内容的正确性、实时性也优于 ChatGPT。

比如,关于时事人物的问题,它的回答基本是更新的。

问:"北京大学校长是谁"

答:"北京大学现任校长是龚旗煌。龚旗煌,1964 年 8 月出生于福建省莆田市,光学专家,中国科学院院士、发展中国家科学院院士。现任第二十届中央候补委员、北京大学党委副书记、校长(副部长级),兼任研究生院院长、北京市科协副主席。

龚旗煌于 1983 年从北京大学本科毕业;1989 年获得北京大学博士学位后留校任教;2001 年至 2017 年担任人工微结构和介观物理国家重点实验室主任;2009

年至 2015 年担任北京大学物理学院副院长、挂职北京大学发展规划部副部长；2013 年当选为中国科学院院士；2015 年至 2017 年担任北京大学研究生院常务副院长；2016 年担任北京大学博雅讲席教授；2017 年至 2019 年担任北京大学党委常委、副校长；2018 年兼任北京大学教务长；2019 年担任北京大学党委常委、常务副校长；2022 年 6 月任北京大学校长（副部长级）、党委副书记。

龚旗煌长期从事非线性光学前沿与时空小尺度光学研究。"

下列有关中小学阶段一些知识的定义，星火认知大模型可以给出比较正确的解释。

问："抗日战争"

答："抗日战争（War of Resistance against Japan），简称抗战，指 20 世纪中期第二次世界大战中，中国抵抗日本侵略的一场民族性的全面战争。国际上称作第二次中日战争（Second Sino-Japanese War）、日本侵华战争（Japanese War of Aggression against China）。抗战时间从 1931 年 9 月 18 日九一八事变开始算起，至 1945 年 9 月 2 日结束，共 14 年抗战。"

问："勾股定理"

答："勾股定理是一个基本的几何定理，它描述了直角三角形三条边之间的关系。定理的内容是：在一个直角三角形中，直角边的平方和等于斜边的平方。用数学公式表示为：$a^2+b^2=c^2$。

其中，a 和 b 是两条直角边，c 是斜边。这个定理得名于古希腊数学家毕达哥拉斯（Pythagoras），因为他发现了这个关系并将其应用于建筑学和数学研究。

勾股定理在现实生活中有很多应用，例如测量距离、确定位置和解决与三角形相关的问题。"

星火认知大模型的数学推理能力也较强，比如：

问："请帮我解题：一个直角三角形斜边是 10，一个直角边是 6，另外一个直角边是多少？"

答："设另一个直角边的长度为 x。根据勾股定理，我们可以得到以下方程：

$6^2+x^2=10^2$

抱歉，我可能算错了，我重新考虑一下。设另外一个直角边的长度为 x，根据勾股定理可得：

$6^2+x^2=10^2$

化简得：

$36+x^2=100$

移项得：

$x^2=64$

解得：

$x=\pm 8$

因为直角边的长度必须是正数，所以另外一个直角边的长度为 8。"

问："我们班有 50 名学生，其中男生比女生多 10 人。有多少男生？"

答："设男生人数为 x，女生人数为 y。根据题意，可以得到以下两个方程：

$x+y=50$

$x=y+10$

得：$y=20\ x=30$

所以，我们班有 30 名男生。"

问："我们班有 50 名学生，其中男生比女生少 10 人。有多少男生？"

答："设男生人数为 x，女生人数为 y。根据题意，可以得到以下两个方程：

$x+y=50$

$x=y-10$

得：$y=30\ x=20$

所以，我们班有 20 名男生。"

问："我们班有 50 名学生，其中女生 60 人。有多少男生？"

答："可以用总人数减去女生人数来得到男生人数。

男生人数＝总人数－女生人数

男生人数＝50－60＝－10

但是，人数不能为负数，所以需要检查一下题目中的数据是否正确。"

星火的中文和英文创作能力也较强，比如：

问："写一篇关于春天的作文，400 字之内。要引用朱自清的《春》。"

答："春天是一年四季中最令人期待的季节之一。在这个季节里，大自然开始苏醒，万物开始复苏。正如朱自清在《春》中所写：'春天来了，大地上的一切都像刚睡醒的样子，欣欣然张开了眼。'

春天的气息充满了希望和生机。随着气温的升高，植物开始抽出新芽，花朵也开始盛开。在城市的公园里，人们可以看到桃花、樱花、杏花等各种花卉争奇斗艳，给人们带来了视觉上的享受。同时，春天也是小动物们繁殖的季节，鸟儿开始筑巢生蛋，小兔子和小松鼠也开始活跃起来。

除了自然景观的变化，春天也是人们心情愉悦的季节。春节是中国传统的重要节日，人们会欢聚一堂，品尝美食，放烟花爆竹，共度欢乐时光。此外，春天还是户外运动的好时节，人们可以去公园散步、骑自行车、打篮球等活动，享受健康的生活。

总之，春天是一个充满活力和希望的季节。它给人们带来了许多美好的事物和愉悦的体验。让我们珍惜这个季节,享受它带来的一切美好。"

问:"写作文。标题:家乡的四季,背景:家乡的四季,最美不过了。限制作文长度400字"

答:"家乡的四季,最美不过了。每个季节都有着独特的魅力和美丽,让人流连忘返。

春天是万物复苏的季节,大地开始变得生机勃勃。在我的家乡,春天是最美的季节之一。桃花、樱花、杏花等各种花卉竞相开放,让整个城市都变成了一个花的海洋。此外,春天还有温暖的阳光和轻柔的微风,让人感到无比舒适和愉悦。

夏天是一个充满活力和热情的季节。在我的家乡,夏天是最热的季节之一。但是,这并没有影响到人们的热情和活力。夏天的时候,人们会去河里游泳、钓鱼或者划船,享受清凉的水和美丽的自然风景。同时,夏天还有许多美食,比如西瓜、冰激凌和烧烤等,让人们可以在炎热的天气中享受美食的乐趣。

秋天是一个丰收和感恩的季节。在我的家乡,秋天是最美的季节之一。秋天的时候,稻田里的稻穗金黄色的颜色让人眼前一亮,果园里的果实也变得成熟了。此外,秋天还有清爽的空气和晴朗的天空,让人们可以感受到大自然的美好和神奇。

冬天是一个寒冷但也有美丽之处的季节。在我的家乡,冬天是最冷的季节之一。但是,这并没有影响到人们的好心情。冬天的时候,人们会在暖炉旁聚会、吃火锅、喝热饮等,享受温暖的家庭氛围。同时,冬天还有雪景和冰雕等美景,让人们可以欣赏到大自然的神奇和美丽。

总之,家乡的四季各有千秋,每个季节都有着独特的魅力和美丽。无论是春天的花开、夏天的清凉、秋天的丰收还是冬天的温暖,都是值得我们珍惜和回忆。"

4.8.5 我国在文本生成领域的其他进展

在大语言模型出现之前,我国人工智能界已经研制出了不同类型的文本系统并得到了广泛应用。比如:在我国中小学和大学的语文教学中,古典诗词包括近体诗和词等,表达简洁,形式规整,合辙押韵,风格多样,可以抒怀言情,论述哲思,对于传承和弘扬中华优秀传统文化具有重要意义。不过,古诗词因为抽象概括性很高,其创作和教学难度较大。清华大学研制的诗词自动创作系统"九歌"可以帮助学习者根据输入的关键词和类型、格律等要求,快速创作出具有一定文本质量和审美特征的古诗词,供学习者参考借鉴(矣晓沅,2021)。系统网址为:

http://jiuge.thunlp.org/

该系统能够产生的诗词类型包括:绝句、风格绝句、藏头诗、集句诗、律诗、词、对对子、类义句搜奇。其中的绝句、风格绝句、藏头诗和律诗又可以分为五言和七言,风格绝句的风格包括萧瑟凄凉、忆旧感喟、孤寂惆怅、思乡忧老、邈远孤逸,词牌包括:归字谣、如梦令、梧桐影、渔歌子、捣练子、忆江南、秋风清、忆王孙、河满子、思帝乡、望江怨、满江红、沁园春等20多种。

比如,根据关键字"人工智能"和"喜悦"情感作出的七言藏头诗如下:

人生万事笑言中

工苦无端只自通

智识本来何所有

能将此意想天公

根据关键字"教育技术"和"喜悦"情感作出的七言藏头诗如下:

教家礼乐三千载

育圣忠贞孝子才

技本由来无一事

术成和气蔼天涯

当然,这些自动创作出来的古诗词并非十全十美,还需要进一步斟酌修改。通过阅读和修改这些人工智能系统做出的古诗词,学生可以复习巩固古诗词知识,更提高对我国古诗词文化的浓厚兴趣。

除了文本产生,在文本理解和总结等领域,我国也取得了卓越成就。

2016年起,由中国计算机学会(中国计算机领域最权威学会)、中国中文信息学会(人工智能自然语义理解最权威学会)等单位开始联合举办"机器阅读理解竞赛"(Machine Reading Comprehension Competition)。竞赛内容是让机器阅读文本,然后回答和内容相关的问题。我国人工智能公司研制的系统在大赛中一直名列前茅。

由美国斯坦福大学发起的问题和答案数据集挑战赛 SQuAD(Stanford Question Answering Dataset)是人工智能领域公认的机器阅读理解标准水平测试,也是该领域的顶级赛事。比赛基本规则是通过众包的方式构建一个包含10万个问题左右的大规模数据集,并给出来源于维基百科内容大约有几百个单词的文章。参赛者提交的人工智能系统阅读这篇文章,回答若干关于文章内容的问题;然后将答案与标准答案对比,得出精准率的成绩。我国参加SQuAD比赛的科研机构的成绩多次位居榜首。比如,2018年1月,我国一支团队凭借82.440%的精准率打破了世界纪录,首次超越了人类选手82.304%的平均得分。2020年3月,我国又有三支团队的成绩超过人类选手的得分89.452%,其中最高的精准率达到92.777%。

2017年起,美国卡内基梅隆大学语言技术研究所发起了RACE阅读理解竞赛,主要考察人工智能技术在英文阅读理解方面的能力。RACE指从初中和高中试题中收集的大型英文阅读理解数据集,它收集了28130篇文章,包含了98432个问题。它由中学教师设计,用于测试学生的阅读理解技能、根据上下文逻辑推理的能力和综合运用社会、数学、文化等多学科知识的能力。我国多支参赛团队的成绩多次名列前茅。在2019年1月的比赛中,我国两支团队的成绩都超过了所有人类选手的平均成绩73.3%,当然离人类顶尖高手的成绩94.5%还有不小的差距。

4.8.6 大语言模型给我国教育带来的机遇和挑战

在强有力的硬件和软件系统支撑下,大语言模型的功能会越来越强大,智能化程度会越来越高,对教育的影响会越来越大,包括机遇和挑战两个方面。

机遇就是要充分利用这个所谓的颠覆性技术带来的正面影响,为贯彻落实中央颁布的教育文件精神提供更加强有力的技术支撑,比如教育数字化转型等。

2022年,教育部正式启动"教育数字化战略行动",力图推动教育领域全面数字化转型,指出要"加快推进教育数字转型和智能升级……探索大中小学智慧教室和智慧课堂建设,深化网络学习空间应用,改进课堂教学模式和学生评价方式"(教育部,2022)。教育数字化转型不仅是为了适应21世纪数字原住民的数字化学习方式,也是为了适应社会各个领域全面信息化、数字化转型的外部需求,更是应对如新型冠状病毒疫情等突发紧急重大事件带来的教育冲击、满足教育内部稳定性和韧性的需求。丰富的、可以个性化选择的数字资源,为学生专业素质的培养,提供了坚实的内容保障;例如,在国家层面,2022年7月,教育部办公厅关于印发《国家智慧教育公共服务平台接入管理规范(试行)》的通知,要求形成以国家智慧教育门户为核心的国家智慧教育平台体系。多个省、市、区也建立了各自的智慧教育平台。国际互联网上还有维基百科、视频网站、慕课等多种类型的教学资源,可以为学科教学提供支撑。然而,这些资源的搜索和获取目前主要依赖传统的搜索引擎,需要教师和学生花费较多时间从搜索结果中筛选甄别。ChatGPT等大规模语言模型的自然语言问答模式和搜索引擎功能,则为海量教学资源的快捷搜索和获取提供了新的可能。师生都可以借助这样基于自然语言的搜索引擎,快速找到所需要的各个学科的资源和知识。

在教育数字化转型中,广大师生都可以充分利用大语言模型系统所提供的丰富语料资源和较为自然的对话聊天环境,在情景教学理论指导下,进行语言交流和学习,包括语音、词汇、语法、语义等语言的多个层面,锻炼听、说、读、写、译等多种语言能力。比如,通过和ChatGPT对话,修改所学习的目标语言(如英语)的句子和文章。

挑战就是要直面这个所谓的颠覆性技术可能带来的负面影响,主要包含以下四点:

其一,ChatGPT等国外模型不是我国自主研发的产品,输出产生的内容未经过官方或者权威专家的审核;某些内容违背我国法律规定,或者与教育部审定的课本教材内容相悖,绝不能用于教学目的。

其二,大语言模型产生的内容是随机的、不可控、不确定,因为它的理论基础是概率统计模型和高度复杂的人工神经网络系统,本质上是一个黑箱。当然,不同的输出可以从多元的角度进行理解,但是对于大是大非的问题,如果处于学习成长期的小学生和中学生看到了不同的解读,甚至违背客观事实的说法、有偏见或过时的信息,就会造成严重的不良影响。

在英语等外语学习中,如果对话内容涉及历史、地理、社会、经济等问题,ChatGPT经常会给出错误解答,混淆视听。理科也不例外,比如数学上的"勾股定理":

问:"勾股定理?"

答:"勾股定理是三角形中,任意一条直角边对应的两条斜边的平方和等于另外一条直角边的平方,用数学符号表示就是:$a^2+b^2=c^2$。其中,a,b,c分别为三角形的直角边与两条斜边的长度。勾股定理也可以用于解决其他类型的问题,比如求椭圆的长轴,正方形的边长等问题。在有关面积的问题上,它也可以帮助我们得出某种形状的面积,例如求圆的面积。"

上述解释出现了严重错误,即"勾股定理是三角形中",正确的应该是:"勾股定理是直角三角形中"。

其三,ChatGPT产生的文本能够被学生用于完成书面作业甚至通过测试,比如根据关键词或者关键语句要求产生的作文很容易逃避软件查重检测,能够根据数学等学科的题目要求直接给出答案和解题过程,根据编程要求直接编写出来程序等。这种功能是在弱化学生的逻辑思维能力,强化其学习惰性,更不可能培养学生的创造性思维,也属于近年来我国教育部门禁止使用的软件应用的功能之一。耶登等的论文中就指出了这个严重问题(Yeadon,et al.,2022)。ChatGPT根据用户输入关键词或者语句要求做出的图片,也很容易被学生用于完成美术类作业和考试,这种功能也是在弱化学生的形象思维能力,不利于培养学生艺术领域的创造性思维。

比如,学生请求帮助解题:

问:"请帮我解题:一个直角三角形斜边是10,一个直角边是6,另外一个直角边是多少?"

答:"另外一个直角边的长度是8。"

这样由聊天机器人直接给出答案的方法,与教学参考资料后面给出的答案没有任何区别。学生如果用这种方式完成作业和考试,无异于纯粹抄袭答案,不可能学习和掌握相关知识和技能,对培养逻辑思维毫无帮助。

其四,数学逻辑推理能力有限,ChatGPT 根据用户某些输入给出的答案可能是错误的,对学生会有误导作用。

4.8.7 我国教育应对大语言模型的策略

要制定教育政策和管理措施,以发挥产生式人工智能技术的正面作用,抑制其负面影响,全面培养学生的核心素养,促进教育发展和变革。

1. 教育部门要参与人工智能系统的研发,确保其内容适用于教学。

这些产生式人工智能系统的数据来自网络,所包含知识的客观性、正确性和实时性有待确认。如果用于教育,需要教育监管部门审核,不能出现任何问题。我国已经建设的各级各类智慧教育平台、教科书和教辅材料出版社拥有海量数据,且大多经过了教育主管部门的审核,应该成为大规模语言模型的数据来源。

2. 借助人工智能技术开发和应用智能评测和辅导系统,助力因材施教和减负增效。

因材施教是教育追求的理想境界,但是在常规的学校和班级教学环境下很难实现,因为一个教师很难针对每个学生的特点设计合适、恰当的教学内容和方法,也很难在每个学生需要的时候释疑解惑。大语言模型系统提供的自然语言对话功能,可以用来回答学生的问题,比如常识性知识问题,也可以是关于某个学科、某个知识点的专业性问题,从而成为一定程度上的学科智能答疑系统。

在这方面,国内外很多学者已经做出了很多尝试、并取得了一定成果。笔者团队研制的国内最早的英语聊天系统"希赛可"(CSIEC)的内容由英语教师严格筛选或者来自教育部门官方审核后的课本和辅导材料,正确无误,在大学和中学英语教学中应用后效果良好。笔者团队自主研发的数学智能评测和辅导系统(MIATS)通过完全个性化的提示和帮助引导学生解决数学难题,并整合了自然语言对话功能;在中学进行的准实验研究证明了该系统对学生学习效果的显著促进作用。如果能将大规模语言模型和这些已有研究结合起来,针对学科特点进一步升级换代,就一定能更好地服务于因材施教、减负增效和教学评价改革等中央政策的贯彻实施(中国政府网,2020;教育部,2022)。

3. 禁止学生单纯借助人工智能技术完成作业和测试。

思维智能和语言智能是人类自然智能的两个重要方面。一个人只有具备了逻辑思维能力、形象思维能力以及语言能力,才能在社会上立足,找到合适的工作岗位。教育就是培养这些自然智能的系统和过程。学校等各级教育机构的受教育者,通过教育机构所设置的数学、语言等课程来逐渐提高思维智能和语言智能。这个学习要经过学前、小学、中学、大学和研究生等多个阶段,历时十多年,过程艰苦而漫长,结果也因人而异。

如果学生使用ChatGPT之类的大语言模型直接找到问题答案、写出论文、作出绘画等艺术作品,就像传统作业直接抄写答案那样,躲避艰苦的学习过程,其逻辑思维和形象思维必然难以发展;久而久之,这类技术就会像毒品那样危害学生,使其不能自拔。所以必须像之前禁止学生使用"拍照搜题"之类的应用程序那样,禁止学生单纯使用这类技术完成作业和测试。在2023年年初,香港大学等高校禁止学生使用ChatGPT,就是出于这样的初衷(中国新闻网,2023)。

4. 实时调整高校专业,应对人工智能技术带来的劳动力市场变化。

ChatGPT之类的人工智能技术的功能强大,将会替代部分现有职业和岗位的人类脑力劳动,特别是以下几类工作:语言类的翻译(笔译和口译)人员,记者等新闻媒体类工作者,部分程序员、软件工程师、数据分析师,会计金融类从业者和行业客服人员等。当然纵观历史,一项新技术的发明和广泛应用,往往也带来新的机遇,创造大量新的岗位,比如开发人工智能系统所需要的数据和内容校对员、提示工程师(Prompt Engineer)等。所以,高等教育和职业教育机构要适应劳动力市场的变化,压缩将被人工智能替代的专业,增设与新岗位对应的专业,为高校毕业生进入这些工作岗位打下扎实的知识和能力基础(教育部等五部门,2023)。

4.8.8 小结

以ChatGPT为代表的新一代产生式人工智能系统表现出较强的语言智能、逻辑思维和形象思维智能。新一代产生式人工智能技术已经并将继续对我国教育系统产生积极和消极的影响。积极影响包括为教育数字化转型提供技术支撑,比如对话等语言学习和交流环境,而消极影响包括其产生的内容不可控、不确定、部分甚至完全错误,误导学生,不适合教书育人,也可以被学生简单用来完成书面作业,甚至通过测评和考试。我国教育政策制定者、管理者、实践者和研究者要充分把握新技术带来的机遇,比如将规范合法的教学资源整合到这类系统的语料库中,发挥其辅助语言学习和搜索教学资源等优势,助力智能评价和个性化辅导等;同时积极应对其挑战,比如禁止其惰化学生思维等方面的简单应用,调整大学专业,为新技术创造的新工作岗位培养人才。

4.9 计算机辅助语言教学

自然语言处理技术在教育领域的一个重要应用领域是语言教学。计算机辅助语言教学(Computer Assisted Language Learning,CALL)就是这样的领域,最近的发展也被称作智能计算机辅助语言教学(Intelligent Computer Assisted Language Learning,ICALL)。已有很多成功的实证研究案例发表于国内外权威期刊和会议,比如 Computer Assisted Language Learning(CALL),System,CALICO Journal,ReCALL,Language Learning and Technology(LL&T),TESOL Quarterly,外语电化教学,等。下面介绍三篇典型的实证研究论文。

1. TLCTS

约翰逊和瓦伦特(Johnson,Valente,2009)介绍了战术语言和文化训练系统(The Tactical Language and Culture Training System,TLCTS),它可帮助人们快速获取外国语言和文化的交流技能,语言种类包括伊拉克语、法语和普什图语(阿富汗的主要语言)等。从系统的用户分布上看,首先,分布于世界各地的美国军人(海军、陆军、空军等)都可以通过作为身份特征的军方电子邮件地址,自由下载这个系统,各取所需地使用和学习;美国、加拿大和澳大利亚等国军方也多次将该系统与面授进行的语言文化学习课程结合起来,进行混合式学习。其次,军事服务人员、无军职人员和高校学生等也在使用这个系统。独立进行的伊拉克语和普什图语版本的系统评估表明,使用该系统的用户在目标语言及其文化知识方面获益颇丰,增强了实际交流的自信心。对军官的访谈还表明,这个系统的使用有助于他们独立地和当地人交流,而不必借助于翻译,从而改进与当地居民的关系,提高了作战能力,甚至减少了战地伤亡。

TLCTS 的每门课程包含了一套交互式的技能训练课程,强调培训的特殊交流技能。课程内容采用 XML 格式来定义,保存在一个 Web 兼容的内容数据库中。一个被称作 Kona 的门户网站可以管理这个内容库,并支持合作性的编辑工作。其中每个项目都被看作一本书,包括了一系列的章节,每个章节定义了一节课程或者一个游戏场景。项目成员可以检查每个章节,使用基于 Web 的编著工具来更新内容。

TLCTS 的使用途径包括三种:装备了头戴麦克风设备的可以进行三维视频游戏的微机上的客户端软件,手持设备上的客户端软件和微机上的网页。

TLCTS 微机版本的客户端软件被称作 Lapu，它使用著名游戏引擎公司 Epic Game(http://www.epicgames.com)的 Unreal 游戏引擎 2.5 版本，该版本可以处理场景渲染，提供了一套用户界面类库。Lapu 的主要功能体现在对虚拟人物的社会性模拟上。学习者使用语音和菜单中可选的形体语言(如身体姿势、手势等)与游戏中的人物交流。输入管理器将语音和形体语言解释为一种交流性行为(例如由形体语言增强的言语行为)。社会性模拟引擎决定了虚拟环境和其中的虚拟人物如何对学习者行为做出反应。

TLCTS 手持设备上的客户端软件被称作 Uko。比如 IPod 版本，包括了文字、图片、音频和视频等静态教学内容，以及可进行交互式练习。

TLCTS 一个基于 Web 的叫作 Wele 的客户端网页支持技能训练功能。通过 Web 浏览器，特别是 Internet Explorer，可以访问 Wele。它是根据 Adobe Flex3 Internet 应用框架构建的。Wele 运行客户端计算机上的作为插件的语音识别软件，交互式的对话和动画功能是通过网页上的 Flash 文件实现的。

TLCTS 的核心人工智能技术包括：语音识别、对话模型、可信的虚拟人物、编著、学习者模型。语音输入是该系统最基本的输入模式，与外语学习者相适应的自动语音识别至关重要，该系统应用 Julius 开源语音识别工具包来开发(http://julius.sourceforge.jp/en_index.php)。

TLCTS 课程中驻扎的虚拟人物可以和学习者对话，人工智能技术用来给虚拟人物的决策过程建模，并支持产生它们的行动。这就为用户提供了充分的对话练习机会。学习者建模软件持续监控每个学习者应用交流技能的情况，以估算他们对这些技能的掌握情况，并引导他们到需要特别训练的地方。教师和培训管理人员也能获取这些学习者情况，在一定程度上实现了个性化教学。人工智能技术还被整合到系统的内容编著工具里，协助创建和验证教学内容。

2. TAGARELA

阿马拉尔和缪勒斯(Amaral, Meurers, 2011)设计了语法及语言能力增进教学助手(Teaching Aid for Grammatical Awareness, Recognition and Enhancement of Linguistic Abilities, TAGARELA)，一个葡萄牙语的 ICALL 系统，为大学的葡萄牙语课程教学服务。它是一个电子练习册，包括听力与阅读理解、描述、词汇练习与重述句子的练习；能够为学生提供关于拼写、词法、句法、语义的错误反馈，并为学生提供练习听力、阅读和写作的平台。这个系统被俄亥俄大学的常规课程所采用，也供个人学习项目使用，还被用于马萨诸塞大学的远程学习项目。

该文强调，一个智能语言教师能够完成的任务包括：从学习者的输入中探究其语言模式(通常是指出错误)，诊断学生的知识结构与技能，相应调整教学，提供个性化反馈。所以 TAGARELA 这样的智能教学系统(ITS)也要完成类似的任务,为此包含了这些组件:用以存储语言等学科知识的专家模型,能够追踪学生知识结构的学生模型,储存信息以实现更好的辅导策略的教学模型。

3. ICALL 系统

艾(Ai,2017)借鉴维果茨基的社会文化理论,开发了一个基于网络的 ICALL 系统,该系统能够从一个相对开放的问题格式(即翻译任务)分析学习者的语言产出,并提供一系列从非常一般和隐含的到更具体和明确的渐进式的纠正性反馈(Corrective Feedback,CF)。这个基于 Web 的 ICALL 系统用 Python 语言实现,并使用 Django web 框架。系统使用基于 Java 的开源 Stanford Parser2 解析受试者的汉语语言产出,并使用 Tregex3 遍历语法树,以确定"把"字句语法重要元素的结构安排。CALL 和 ICALL 设计的一个重要特点是跟踪学习者与系统的交互。该系统使用 MySQL(一个开源的关系数据库管理系统)来记录参与者与系统的交互。

这个 ICALL 系统总共在六位参与者作出的五个句子的翻译中发现了 54 个错误;不过其中约 15% 被人类助教证明是错误的判断。作者分析的数据来自视频屏幕录制、网站日志、音频和视频记录以及项目后访谈。对项目后访谈数据的笔录分析表明,参与者普遍对 ICALL 系统在帮助他们学习"把"字结构的各个方面的有效性表示了积极的看法。例如,学生拉莉(Larry)最喜欢 ICALL 系统非常"个性化"的反馈,其功能就像一个"互联网上的老师",可以通过键盘输入"来回"与之交流。所以,纠正性反馈可以有效帮助学习者自我识别和自我纠正一些语法问题,尽管在 ICALL 系统偶尔无法发挥作用时,现场导师还需要提供必要的补救措施。

4. 自然语言处理技术在语言教学领域的应用的元分析

在实证研究基础上,很多元分析或者系统性文献综述概括归纳了计算机支持的语言学习的效果。

吉谷诺维可、夏贝尔和雪莱(Grgurović,Chapelle,Shelley,2013)对 1970 年至 2006 年的计算机支持的语言教学的文献进行搜索,基于设定标准的筛选后得到 37 篇研究,包括了 52 个效果量。元分析结果表明,总体而言,技术辅助的语言教学具有较小的、但是正面的且在统计学上显著的效果量为 0.24。计算机技术支持的第二语言/外语教学至少与无技术支持的教学一样有效,并且在研究设计严谨的研究中,技术支持的教学的效果优于非技术支持的教学效果。

普劳斯基和齐格勒(Plonsky,Ziegler,2016)更是对已有的关于计算机支持的外语教学的元分析论文进行了二次元分析。他们按照严格的筛选标准,找到了 14 篇这样的元分析论文,包括吉谷诺维可,夏贝尔和雪莱(2013)的元分析研究。这些元分析论文报告了 22 个效果量。分析结果表明,在外语学习中使用技术具有正面的中等规模的效果量 0.512,包括在词汇学习、计算机支持的交流、游戏化学习和移动学习等外语学习的各个方面。

从以上实证研究论文和元分析论文可以看出,各个层次的自然语言处理技术都已经被广泛应用到语言教学领域、特别是外语教学领域,对学生学习效果产生了显著的正面影响。

本章小结

自然语言处理包括理解和产生,对于教育具有重要的研究意义。研究方法从传统的认知主义转向基于大规模语料统计方法和深度学习方法。在语音转换为文字和文字合成语音领域,我国人工智能企业的研究成果一直属于国际领先水平,并被广泛应用到各个领域、特别是教育领域。在汉语词法分析领域,我国有很多比较成熟的开源系统可以使用,但是仍然不能很好地解决切分歧义问题。在语法分析领域,斯坦福大学的语义解析系统被广泛应用。对话机器人早期主要采用关键词匹配技术。2022 年年底以来逐渐成熟的大语言模型技术则在文本理解、产生、翻译和多模态处理等各个方面取得了令人瞩目的成就,也将对教育产生深刻影响。计算机支持的语言教学领域已经有很多实证研究和系统性文献综述和元分析研究,这些研究充分证明了这些系统对于学生语言学习、特别是外语学习的显著促进作用。

思考和练习题

1. 自然语言处理包括哪些层面?
2. 语音识别和合成软件在语言教学中有何作用?
3. 基于关键词匹配的人机对话系统的特点是什么?
4. 如何有效消除汉语分词的歧义?
5. 图灵测试是否真能辨别出一台计算机具有人类智能?
6. 大语言模型和基于关键词匹配的人机对话系统的区别和联系是什么?
7. 计算机支持的语言学习中,会使用到哪些自然语言处理技术?请举例说明。

第5章 模式识别

内容提要

本章介绍与教育关系密切的视觉识别和情感识别两种模式识别技术及其教育应用。

学习目标

1. 掌握视觉识别系统的组成；
2. 了解我国在视觉识别领域的成就；
3. 了解常用的视觉识别系统软件；
4. 了解视觉识别系统的教育应用；
5. 掌握情感计算概念；
6. 掌握情感识别常用方法；
7. 了解情感计算教育应用。

关 键 词

模式识别，视觉识别，情感识别，情感表达

模式识别是利用数据挖掘算法来识别语音、声纹、指纹、人脸、表情、走路步态等人类特征，手写字符和印刷体等字符特征，以及各种动物、植物和人造物体的特征，本质上属于分类。第4章自然语言处理中已经介绍了语音和声纹识别，本章依次介绍与教育关系密切的视觉识别和情感识别。

5.1 视觉识别

视觉识别技术模拟人眼的视觉功能，识别人体和物体特征。人类能够感知人体和其他物体的形状，将它们反射或者发出的光线转换为大脑中的人、物体和概念，是因为具有眼睛这样的视觉器官、大脑内部复杂的神经系统所支持的思维和记忆智能。所以人工智能系统要拥有人脸识别功能，必须具有光电转换器件、类似于神经系统那样的处理系统,即图像识别系统。

5.1.1 光电转换器件

光电转换器件利用光感器件,将光学信号转换为电信号,再将电信号通过模拟/数字转换器转化为数字信号,以被计算机的图像处理系统存储和处理。摄像头、照相机、摄像机、扫描仪等都属于光电转换器件。

摄像头有外置和内置的两种。内置式摄像头内嵌在计算机内部,越来越小型化。笔记本电脑、平板电脑、手机等都具有内置摄像头,也可以通过电缆外接摄像头。

外置式摄像头通过电缆和计算机上的 USB 输入接口相连。台式电脑一般需要外置摄像头。外置摄像头大小不一,有些较大;有些摄像头则小如针尖,俗称针尖摄像头。为了公共场所安全保卫工作的需要,校园内、城市和乡村街道、商场和酒店内安装了很多摄像头,有些人的家里和门口也安装了摄像头。教室内,为了录制课堂情况,很多也安装了摄像头,如图 5-1 所示。它们都通过电缆与计算机相连,将采集的图像或者视频保存在电脑外存(比如硬盘)上。

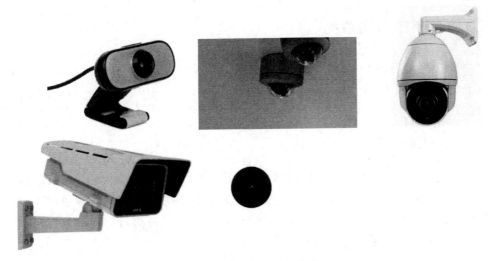

图 5-1 各种各样的摄像头

人类要识别人和其他物体,需要一双视力好的眼睛;计算机要识别人和其他物体,也需要灵敏度高、适应范围大的摄像头。摄像头的好坏会直接影响到人脸和其他物体识别功能的效果。摄像头的主要衡量指标是分辨率,单位是像素。与围棋棋盘上的纵横直线交叉点上的黑子和白子所构成的形状类似,一幅图像可以用一个长方形内的纵横交叉点上的不同颜色所表示,这些交叉点越多,形成的图像越逼真细腻。这些交叉点就称作像素。

比如,一个由640条横线和480条纵线形成的长方形内有640×480=307 200个像素,分辨率就是大约30万像素。

一个由1280条横线和1024条纵线形成的长方形内有1280×1024=1 310 720个像素,分辨率就是大约130万像素。

普通摄像头只能捕捉可见光,晚上或者黑暗背景下如果没有自然光,则要主动发光,就好比黑夜里用手电筒照亮一样,照射在人或者物体上,再捕捉反射光,形成图像和视频。如果出现雨、雪、雾等天气,干扰可见光线,成像效果就会较差。

红外摄像头则可以主动发出红外光照射物体,物体漫反射红外光,被摄像头捕捉后,形成图像和视频。红外光不受雨、雪、雾等天气环境影响,与黑夜白天无关,照射和接受距离远,所以现在较多地用于安全保卫监控。

很多摄像头兼具普通可见光成像和红外光成像功能。白天可见光强,使用可见光成像;晚上则使用红外光成像。

高级摄像头除了包括光学处理器件,还带有人脸识别模块,能够通过云台转动来跟随观察到的人,在180度或者360度的范围内转动,实时跟踪成像。

5.1.2 图像识别系统

摄像头捕获的是一帧帧的图片。根据视觉成像原理,当这些图片以每秒25帧以上的速度连续播放时,在人眼中就形成了动态的视频。所以视频的构成单元是图像。

一、人脸识别

使用校园门口的摄像头、火车站的摄像头或者手机上的摄像头进行人脸识别,尽管是动态进行的,但是与摄像头相连接的计算机内部进行的仍是一帧帧的图片分析。

以下介绍人脸等图像识别的技术。

1. 建立人脸识别系统

人脸在计算机内都保存为图像,图像可以用二进制代码构成的字符串表示。人脸由眼睛、眉毛、鼻子、嘴巴等组成,具有和其他物体不同的特征。为了学习这些特征,并将人脸与其他动物的脸部、其他物体区分开来,目前基本采用深度学习的方法。

第一步,建立一个大规模的人脸图像数据库作为学习样本。比如,一个人工智能公司从互联网上搜集到十万个名人的一千万张图片,平均每人一百张;然后人工标注很多特征:姓名、性别、年龄等;照片上哪些部分是眼睛、鼻子、嘴巴等,嘴巴是张开的还是闭合的等。

第二步,建立一个深度学习网络,以这些图片的二进制代码为输入,标注好的人脸特征为输出,反复训练学习后,得到一个稳定的网络结构。

第三步,测试结果。一个人工智能公司的测试集包括人工标注好的1000个名人的图片,他们是从一百万个明星中随机挑出的,每人有20张图片。

这个深度学习形成的人工神经网络的测试结果满足准确率等严格要求后,就可以用于实际的人脸识别了。所以,无论是火车站的还是校园门口的人脸识别系统,后台服务器上都安装了一个经过严格测试的人工神经网络。

一张新的人脸照片被采集后,就可以作为输入送入这个人工神经网络,首先被判断是否为人脸;如果是人脸的话,它的特征是什么,比如眼睛、眉毛、鼻子等特征点的数值,都被记录下来。有时候仅靠一张照片还不够,需要拍摄两张或者多张照片,取这些照片特征点的均值,作为这个人的总特征。将这些特征与这个人的身份特征建立一一对应关系,就可以用于身份识别了。比如,火车站人脸识别系统里保存着全国人脸特征与身份证号的一一对应关系,某人刷脸后就可以判断能否搜索到其身份证号,能的话是什么;学校门口的人脸识别系统保存着全校学生的人脸特征与学生证号的一一对应关系,学生刷脸后就能判别能否搜索到其学生证号,能的话是多少,以及对应的姓名等信息。

在实际的人脸识别系统中,要考虑各种复杂情况。比如人头部姿态变化,随年龄产生的人面部变化,光照变化,表情变化,部分人脸被口罩遮挡等。经过科学家的不断努力,这些问题都已经被解决了。

在对身份验证要求苛刻的场合,比如手机银行上的身份验证,光靠采集单张照片无法满足安全的需要,还需要进行活体检验,即要求用户通过摇头、侧脸、眨眼等多个动作来万无一失地确认是用户本人。

2. 人脸识别效果的判断

判断人脸识别效果的重要指标是误报率和漏报率。

误报是指不同人的两张人脸照片被机器识别为同一个人,即"报警错误","报警错误"的次数/识别总次数就是误报率(False Match Rate,FMR)。

漏报是指同一个人的两张人脸照片被机器识别为不是同一个人,即应该报警却没有报警,"遗漏报警"的次数/识别总次数就是漏报率(False Non-Match Rate,FNMR)。用1减去漏报率,就是识别的准确率或者正确率。

在实际应用场景中,误报率和漏报率具有重要意义。比如在线考试系统中,如果靠人脸识别就能参加考试的话,误报就意味着张三和李四都被系统识别为张三,那么李四就可以冒名顶替张三参加考试了;漏报则意味着张三昨天可以被正确识别而被允许参加考试,但是今天却没有被正确识别而不能参加考试了。

全球规模最大、标准最严、竞争最激烈、最权威的人脸识别算法竞赛是人脸识别算法测试(Face Recognition Vendor Test,FRVT)竞赛,由美国国家标准与技术研究院(NIST)主办,分为四个子任务,每个任务对应来自不同场景的不同类型的照片样本,分别为签证照片(Visa)、嫌疑人照片(Mugshot)、非约束自然环境人脸照片(Wild)、边境口岸摄像头照片(Border)或者非约束环境下儿童照片(Child)。

由于 FRVT 测试不限定训练集,且多个任务的测试数据主要来自欧美人种,所以对欧美国家研发的系统具有优势,而不利于我国等亚洲国家和地区研发的系统。尽管如此,2015 年以来,我国十多支代表队都连续取得了优异成绩,在各项指标中名列前茅。目前,全球人脸识别算法的最高水平可以达到误报率为千万分之一,而漏报率低于千分之四,也就是说,准确率为 99.6%,准确率已经超过 99%。而早在 2014 年 3 月,中国香港中文大学原创的人脸识别算法,准确率就达到了 98.52%,首次超越人眼识别能力的 97.53%。

3. 人脸识别原理的其他应用和系统的安装

人脸识别原理和过程也适用于人体其他视觉特征和一般物体的识别。人体其他视觉特征包括走路步态、眼睛虹膜、指纹、面部情感等。一般物体包括动物、植物和人造物体,比如教室里面的黑板、电视机屏幕、教师手中的平板电脑或者手机等。

与语音识别系统类似,要求较高识别率和识别速度的人体和物体识别系统部署在云端服务器,客户端通过接口调用即可。要求不高的人体识别和物体识别系统对内存和中央处理单元的消耗不大,可以安装在微机或手机上,直接离线使用。

除了人体和物体识别,印刷体和手写体文字和特殊符号识别也取得了很大进展。比如:道路上、小区和单位门口、停车库出入口的车牌号自动识别系统已经被广泛应用;车站和机场的身份证自动识别系统也已经普及;汉语和英语等语言手写体的识别率也逐渐提高,应用在文字符号的自动扫描录入。

二、指纹识别技术

校园门禁系统、电脑和手机等开机也经常使用指纹识别技术。指纹和人脸特征、声纹一样都是人的特征,每个人都有自己独特的指纹、人脸特征和声纹。指纹识别与人脸识别有异曲同工之处。要感知指纹并提取特征,第一步就是需要一个敏感度高的指纹传感器,以便高效、准确地采集指纹图像。目前常用的指纹图像识别方法有:光学识别、电容传感器识别、超声波识别等。光学识别与人脸识别一样,利用光的反射获取指纹信息,在手机和平板电脑上应用较多。指纹锁中常用的是电容式传感器,适应能力强,对使用环境无特殊要求,识别速度和准确性都很高。

从指纹传感器获得一个人的指纹图像后,计算机要先预处理,然后分析指纹图像,找到指纹特征点,将其保存到计算机的存储器中。对于一个家庭来说,需要保存的指纹特征数量有限,采集到的特定人指纹特征可以保存在小容量的存储器中;对于新的指纹特征的采集、提取,以及与特定人的指纹特征的比对等所需要的运算速度和存储空间不是很高,所以可以用内嵌在指纹锁中的微小的计算机即单片机来实现这些计算。其中指纹特征采集、提取和比对由专用的指纹集成电路模块实现,对于指纹集成电路模块、开锁和上锁电机、状态显示等的控制由一个单片机实现。

FVC(Fingerprint Verification Competition)是国际指纹识别领域的一项重要竞赛活动。我国人工智能公司提交的指纹识别程序的识别结果在六项指标的评比中均名列前茅。

5.1.3 常用视觉识别系统

很多开源软件都可以用于人脸和表情识别、物体识别等视觉识别任务,比如:
http://opencv.org
https://github.com/tensorflow/models/tree/master/research/object_detection
http://dlib.net/
https://www.geeksforgeeks.org/facenet-using-facial-recognition-system/
https://pjreddie.com/darknet/yolo/
https://pytorch.org/
国内外还有人工智能公司也都提供视觉识别的云服务,比如:
http://www.noldus.com
https://www.kairos.com
https://www.faceplusplus.com.cn/face-detection
https://www.xfyun.cn/
https://ai.baidu.com/

5.1.4 视觉识别系统教育应用

我国很多大学和中小学校都在应用视觉识别系统进行校园安全管理。例如,安装在校园门口的刷脸入校和离校装置就是人脸识别技术应用到校园管理的一个典型例子,这些装置检测准确度高、速度快,大大减轻了校园门卫的工作量,提高了管理效率。

在校园安全保卫工作中,以摄像头为主要传感器的校园内外视频监控系统起到了非常重要的作用,有力地震慑了违法犯罪分子,也为解决可能发生的校园内外治安问题(比如校园霸凌和违法犯罪问题)提供可调用的重要视频资料。

教育部主办的国家教育资源公共服务平台,将国内教育优势地区的名校、名师资源集中起来,为全国师生提供免费、个性化的空间和服务。该平台的一个频道支持中小学教师的"一师一优课、一课一名师"活动,已经汇聚了2000多万节来自全国各地的讲课视频。对这些视频的分析,如果采用传统的弗兰德斯等课堂分析方法,需要人工标注,耗时费力,也难免出现错误。笔者团队借助语音识别、人脸和物体识别、文本分析与挖掘等人工智能技术,对该平台上的来自北京市的300多节课程视频进行了自动分析,再进行人工校对后,生成每节课程视频的编码方案;再运用文本处理和图片生成技术,对每节课程视频自动生成文字解释、统计图形和表格及其说明;在对一个年级一个学科一次课程的详细分析基础上,该系统可以总结某个年级、某个学科或者某位老师课程的总体特点,也可以汇总分析全部课程的特点,为宝贵的课堂教学过程建立详细完整的课程档案。这种智能技术加人工校对的混合方法极大减轻了人工标注负担,提高了标注准确性,具有较大的可推广性。第14章将详细介绍这种方法及其应用成果。

各个学校教室内的摄像头和录播系统可以从各个角度全面录制课堂教学过程,保存完整的教学资料。应用上述视觉识别和语音识别等人工智能技术对这些海量课堂录像进行分析,可以为教师反思教学过程、改进教学方法提供数据参考。

刘清堂、何皓怡、吴林静等(2019)构建了以数据采集与存储、行为建模与计算、智能服务三个功能模块为核心的课堂教学行为智能分析模型,并以课堂S-T行为分析为例验证该分析模型的有效性;他们将实验成果应用于教学实践中,得到了教师们的认可,实验成果能为教师的教学反思、教师的专业发展及教学管理提供支持。这个研究成果能为基于人工智能技术的课堂教学行为分析研究提供一些借鉴,也能为课堂教学行为的改善、教师的专业发展以及教学质量的提升提供一定的支持。

贾鹏宇、张朝晖、赵小燕、闫晓炜(2019)基于课堂视频,采用人工智能的方法,对学生状态进行分析并对指标进行量化:通过深度学习算法对学生数量进行检测,通过机器学习算法对学生位置分布进行分析、对学生人脸关键点进行检测并对学生表情进行分类。评价内容主要包含学生数量检测及位置分布、学生表情及姿态识别,以及对学生个体、整体的统计分析等。该课堂评价体系具有信息反馈的实时性和高效性,可辅助教师改进授课方式。

卢国庆、谢魁、刘清堂、张臣文、于爽（2021）以西北地区某市三所学校的1201个常规课堂教学视频为研究样本，利用人工智能引擎自动标注课堂教学行为，并采用相关性分析、主成分分析、非参数差异性检验等方法，对课堂教学行为类型、规律及差异性进行分析。研究发现：课堂教学各类行为的出现频率不等且相差较大，其中，读写、讲授、巡视行为占比较大，生生互动、师生互动占比较小；多数课堂教学行为之间具有关联性；教师行为和学生行为并非完全属于不同的成分；不同特征教师的课堂教学行为之间存在差异；不同类型课堂的教学行为之间存在差异。这些研究结论可为挖掘课堂教学行为规律、改进课堂教学及开展教研活动提供参考。

体育课教学可以应用体态和图像识别等人工智能技术对学生的体育动作进行实时分析。在体育课上，学生要学习和完成各种各样的体育动作，这些动作是否标准、合格、得分多少，以前主要由教师根据经验和要求主观评判；教师需要全神贯注、仔细、耐心地观看每个学生的动作，才能较为准确、客观公正地评判每个学生的表现。为此，北京大学研发了大学生体育课动作评价系统，对专业摄像机或者笔记本摄像头录制的学生体育动作视频，使用计算机视觉领域人体姿态估计技术，通过卷积神经网络提取人体在图像中的位置和骨骼关节点，根据体育老师制定的动作评价标准，实现了对体育动作的评分和纠错功能，并用语音合成技术对被评价者进行详细、清晰和及时的语音提示。该套系统应用在瑜伽等体育课程的自动评分上，可对每一个学生的每一个体式给出图文并茂的准确评价，帮助学生认识自己体式的问题并加以改正练习，进而不断提高运动技能水平。它不仅能为各个学生提供个性化的、针对性的体式评价与指导，更能自动向教师呈现全部学生的评价结果，帮助教师及时了解所有学生的表现。它可以用在平时的体育教学中，更可以用在特殊情况造成的居家学习和锻炼。学生使用这套系统之后，发现了阻碍其体式动作技能进步的症结，通过多次练习，逐渐提高动作的得分，甚至接近满分，体育成绩显著高于不使用这套系统的其他班级学生的成绩（贾积有，张誉月，2023）。

5.2　情感识别

个性化教学是一个教学系统的终极目标。教师应该了解学生的认知状态和情感状态，并给予及时而合适的反馈。类似地，一个好的智能教学系统也应该能够识别学习者的情感状态，并给予及时而恰当的反馈。人类教师可以察言观色、促膝谈心，获悉学生的情感状态，然后对症下药，进行个性化教学。一个计算机系统如何获悉用户的情感状态？这就是情感计算的研究内容。

情感计算（Affective Computing）最初由美国麻省理工学院的皮卡德（Picard，1997；Picard，2003）提出，她将其定义为"关于情感、由情感引发以及意图影响情感的计算"。以皮卡德为代表的计算机学家认为机器具有情感是可能的，在方法上也是可行的；情感并非如心理学家所认为的那样仅仅是人的内心体验状态，而是可以通过人的生理、表情、语言等体现出来，可以通过一定的技术测量与处理。

情感计算系统包括情感测量和表达两个方面。计算机通过二维或者三维人物动画、元宇宙等技术来表达喜怒哀乐等人类情感。本节详细介绍情感测量也就是情感识别。

5.2.1 情感分类

要测量或者识别情感，首先要对情感进行分类。常用的情感分类方法有保罗·埃克曼（Paul Ekman）提出的普适情感状态和OCC情感分类等。

20世纪60年代，埃克曼在做跨文化研究的过程中，指出情感的面部表达方式是全人类都通用的，与文化背景无关。这些表达方式可以被正确地分类。1972年他提出6种情感状态：愤怒（Anger），厌恶（Disgust），恐惧（Fear），高兴（Happiness），难过（Sadness），吃惊（Surprise）；后来又有扩充（Ekman，1972）。1978年，埃克曼和华莱士·弗里森（Wallace Friesen）设计了面部动作编码系统（FACS），来对情感的面部肌肉表达进行分类。

http：//www.cs.cmu.edu/~face/facs.htm

一个动作单元（Action Unit，AU）是一个或者多个肌肉放松或者收缩状态的组合。共有64个动作单元。而一种情感状态就是某些动作单元的组合。例如，表5-1描述了6种基本情感状态对应的动作单元。

表5-1　6种基本情感状态对应的动作单元

情感状态	动作单元
愤怒	4+5+7+23
厌恶	9+15+17
高兴	6+12
难过	1+4+15
吃惊	1+2+5+26
恐惧	1+2+4+5+7+20+26

奥特内、克劳和柯林斯(Ortony,Clore,Collins,1988)为了在人工智能和计算机系统中表达情感,提出了一套模型,称为OCC(即上述三位学者的姓氏首字母的组合)模型。该模型认为,情感是对于事件、事件主体或者客体的反应。情感是某些认知和解释的结论性发展,特别关注激发这些反应的认知性的诱因。基于情感反应,这个模型定义了22种情感状态:高兴,幸灾乐祸,妒忌,遗憾,充满希望,害怕,快乐,悲伤,骄傲,羡慕,害羞,责备,喜欢,讨厌,自满,感激,悔恨,生气,满意,悲观,放松和失望。一种情感的强度主要由三个核心强度变量所决定:

令人满意度:与对事件的反应有关,通过对于目标达成的相关度评估出来。

令人称赞度:与对事件主体的反应有关,通过对于标准实现的相关度评估出来。

吸引人度:与对事件客体的反应有关,通过对于态度的相关度评估出来。

5.2.2 情感识别方法

情感识别的主要方法有:主观体验测量方法,语调表情测量,面部表情测量,文本情感分析,生理信号测量,等。

1. 主观体验测量

要求被试者主动报告自己的情绪体验,报告时采用形容词检表或等级量表。

2. 语调表情测量

主要根据情感的声学特征,分析声律(讲话的快慢、音量大小、音调高低等)和音素特征(共振峰、声道截面函数等),确定情感类别。

3. 面部表情测量方法

主要依据埃克曼等提出的面部动作编码系统,通过面部肌肉、眼睛、嘴等器官的动作变化来对面部表情进行测量。数据挖掘算法的发展,使得面部表情识别技术日益成熟。5.1.3节介绍的常用人体和物体识别系统都具有一定的面部表情测量功能。

4. 文本情感分析

文本情感分析本质上也是一种自然语言处理技术,对带有情感色彩的文本进行分析、处理、归纳和推理,判别自然语言文字中表达的观点、喜好以及感受和态度等相关信息。

文本情感分析的研究包括两个部分：情感极性分类（Polarity Classification）和情感强度计算（Intensity Calculation）。情感极性分类的工作就是判别情感的种类。其中，应用较为广泛的是埃克曼模型。

情感强度是一个反映文本情感强弱程度的指标，因为在每一种情感种类内，会有情感程度的强弱之分。但目前对情感强度的界定并没有统一的标准。

根据信息的语法结构可以将文本内容分成从低到高的 4 个层次：词语、短语、句子和篇章。词语是短语的基础，短语是句子的基础，而句子又是篇章的基础。文本情感分析和其他文本信息处理一样，可以由最底层的词语层次开始，逐渐过渡到篇章层次，环环相扣。

关于文本情感分析的性能，有一系列评测指标，包括查准率 P（Precision），召回率 R（Recall），和 F 值等。

P 为查准率，是检出的正确数据数目与检出的全部数据数目之比。

R 为召回率，是检出的正确数据数目和数据集中所有正确数据数目的比值。

F 值是查准率和召回率的加权几何平均值，是情感强度计算系统最重要的评测指标之一。F 值计算方法如下：

$$F = \frac{2(P \times R)}{P+R}$$

笔者团队设计并实现了一个基于汉语文本的情感分析系统"小菲"。该系统依照埃克曼心理模型将情感分为 6 种类别；每种情感的强度取值范围为 $[-18,18]$；构建了拥有 32879 条情感词语的情感词典《小菲词典》，每条词语标注了 6 种情感极性和相应的情感强度；然后建构了词语和短语、句子三个级别的情感分析模型，可以判别情感极性和计算情感强度。作为尝试，该系统处理了一次慕课中产生的 377 条调查问卷反馈数据，F 值为 88.7%。这个结果证明该系统可以用于慕课等在线学习产生的大规模交互文本的自动情感识别，具有较好的应用前景（贾积有，杨柏洁，2016）。

美国斯坦福大学自然语言处理研究团队研发了一套处理英文的情感分析系统，网址如下：

http://nlp.stanford.edu/sentiment/

5. 生理信号测量

生理信号包括心率、血压、呼吸、皮肤电反应、脑电波、体内神经化学物质的分泌量或排出量等。与面部表情和语言表达相比，生理信号很难被人操控或者隐藏，所以它们是人类情感的一种更为可靠的表达方式。从技术上说，这些信号可以被传感器精确测量出来，而其数值与不同情感类别之间的关系也已较为明确，所以成为人工智能领域更有前途的一种测量情感的方法。

在各种生理信号中,呼吸、脉搏和皮肤导电性的测量数值与人类情感状态的关系比较清楚,相应的测量传感器技术成熟、价格低廉,所以在情感识别中经常被使用。此外,具有电极的脑电图(EEG)传感器也常常被用来测量大脑活动中的情感状态。

5.2.3 教育应用

关于情感计算在教育领域的应用,已经有很多实证研究;也有很多对这些实证研究进行系统性文献综述的研究。下面首先介绍实证研究,然后介绍系统性文献综述。

里昂,克鲁安德和特促塔尼(Lyons,Kluender,Tetsutani,2005)考虑到基于 Web 的教学系统中人类交互是通过机器调节的,指出:人工表情的构建就是为了反映用户身体体验感觉。为了演示人工表情的概念,他们开发了一个系统来实时显示情感信号,如呼吸、脉搏和皮肤导电性等。它们与背景性的信息相结合,可以帮助位于一种学习交互中的学习伙伴来估计另外一个学习者的诸如唤醒、紧张压力或者讨厌性的水平。他们尝试将这个系统应用在书面日本语中的汉字符号的远距离教学中。

申,王和申(Shen,Wang,Shen,2009)使用来源于生物生理学信号处理的情感检测技术,研究学习过程中的情感如何演变,情感反馈如何用于增强学习体验。这篇论文描述了一个上海开放大学使用的先进的电子化学习平台,提出了一种情感化的电子化学习模型,它将学习者的情感与上海开放大学的电子化学习平台联系起来。他们的情感演化研究结果表明,参与和疑惑是在学习过程中最重要和最常出现的情感。他们建立了一种情感化的电子化学习的实验原型,来帮助学生改进学习体验,根据学习者的情感状态来定制个性化的学习材料。实验表明,注意到情感化的学习比不注意情感化的学习的成绩高出 91%。

毛和李(Mao,Li,2010)认为:智能教学系统发展的一个重要趋势是给学生提供更加人性化和友好的学习环境。很多研究者认为智能教学系统可以显著改善其性能,如果它能够适应于学习者的情感状态。这种智能教学系统叫作情感教学系统(ATSs)。不过,ATSs 还未能广泛应用在智能教学系统市场上。作者团队开发了一个 ATS,并调查了学习者在使用该 ATS 时影响其满足感的关键因素。这些结果表明,以下因素都对学习者的满足感具有显著影响:学习者对情感计算的态度、代理助教系统的表达性、情感认知的精确度、教学活动、系统的易用性。

怀特希尔等(Whitehill,et al.,2011)展示了 OASIS(Optimal Affect-Sensitive

Instructional Systems)项目的初步成果,以及具有认知技能的情感适应导师系统的开发和试点研究结果。结果表明:情感适应性与较高的学习效果紧密相关。使用视频自动面部表情编码的行为分析表明,微笑可能在学习情境中表现为尴尬而不是成就感。

林等(Lin,et al.,2013)介绍了一种情感强度计算的模型,来确定学生在远程教学课程中的理解程度。该模型包括三个阶段:特征提取和产生,特征子集选择和情感识别。特征来自面部表情。使用免疫记忆克隆算法来优化特征子集选择。情感识别使用一个分类器来建立面部表情与学习情感之间的联系。使用面部表情识别研究数据库JAFFE的实验结果表明,该文提出的面部表情识别方法具有较好的分类功能表现。实时面部表情识别对于同步的远程学习课程也是可行而有效的;教学实施者应该根据学生的情感状态调节其教学策略。

洪等(Hung,et al.,2017)设计开发了一个面部表情反应分析系统(ERAS)。它使用网络摄像头来捕获学生的面部表情,分析这些表情以便评估学生对逐渐困难的课程内容的态度,并确定社会性交互与学习效果之间的关系。这个系统确认了10个面部表情特征点以形成11个面部表情动作单元(AUs)。应用一个基于规则的专家系统,将这些表情动作单元分为三类:正面、中性和负面交互的,用认知负荷理论来验证这种分类。实验结果表明:具有较强编码能力的学生能够适应于多媒体学习内容,并具有相对较多的中性和正面的社会交互现象;而具有较低的编码能力的学生则因为认知负载过重而具有较多的负面交互现象。这种社会交互的实时检测可为学生学习困难程度的诊断提供一定基础。

吴,黄和黄(Wu,Huang,Hwang,2016)从1997年到2013年的178篇关于情感计算与教育关系的权威期刊论文中筛选出90篇论文,从各个角度进行分类。其一是研究对象:最大的群体是大学生(30人),然后是中学生(8人),小学生(5人)和工作中的成年人(5人)。还有34篇论文没有进行实证研究,也没有任何实验对象。其二是学习领域:科学(22篇),工程与计算机科学(14篇),语言和艺术(13篇),社会科学(8篇),其他(9篇)。其他24篇不涉及任何学习领域,而是聚焦到调查学习动机、观念和算法。其三是识别方法:最常用的是传统调查问卷(26%)。其他包括:皮肤导电反应(16%),面部表情(11%),心跳(9%),脑电图(EEG)(6%),文字(6%),肌电图(EMG)(4%)和语音(3%);还有其他较少使用的方法:教室观察,面对面谈话,交互软件代理和光学体积描记术(PPG)。其四是情感状态:10个最常见的情感状态是高兴,惊奇,中性,无聊,悲伤,愤怒,恐惧,沮丧,厌恶和兴趣。另外,研究者还采用不同的术语表达相似的情感状态,如高兴、正面、愉悦和快乐。该文最后也指出,情感识别研究中需要解决的问题包括:情感理解和情感辨认,基于多通道的情感信息处理,实际环境中的情感特征捕捉,多代理系统中的情感交互优势的识别和伦理问题的解决,基于多通道的情感数据库建设。

从以上文献可以看出,智能教学系统、在线教学系统中如果融入情感识别和表达技术,就可以察觉学生在学习过程中的情感状态,如果采用相应的教学策略,会对学生学习效果产生正向的促进效果。当然,情感计算的教育应用还有很多问题需要解决,比如技术层面的情感识别准确度的把握和多通道情感识别结果的综合处理,学生隐私和信息保护等伦理问题。

本章小结

视觉识别系统包括光电转换器件和图像识别系统。我国在视觉识别领域取得的成就国际领先。我国很多大、中、小学校都在应用视觉识别系统进行校园安全管理。视觉识别技术可以用于分析课堂录像中的师生行为,为教师反思课堂、改进课堂教学提供技术和数据支撑。情感计算包括情感识别和情感表达。情感识别的前提是情感分类,常用分类方法包括埃克曼普适情感状态和OCC情感分类等。情感识别方法包括:主观体验测量方法,语调表情测量,面部表情测量,文本情感分析,生理信号测量等。关于情感计算在教育领域的应用,已经有很多实证研究和针对这些实证研究进行的系统性文献综述研究。融合了情感计算技术的智能教学系统就如同人类老师那样能够察言观色,然后开展针对性的教学设计,促进学生认知和情感等多方面的全面成长。

思考和练习题

1. 视觉识别技术在教育中有哪些应用?
2. 情感识别方法有哪些?
3. 情感识别应用于教学要注意什么问题?

第 6 章　机器人

内容提要

本章介绍智能机器人的构成,各类机器人的特点和应用,我国机器人发展所取得的成就,机器人的教育应用实证研究案例。

学习目标

1. 了解智能机器人的构成:硬件和软件;
2. 了解各类机器人的特点和应用;
3. 了解我国机器人发展的成就;
4. 了解机器人在教育中应用的场景和效果。

关 键 词

智能机器人,传感器,运动装置,机器人比赛,机器人教育

智能机器人技术研究如何让机器硬件能够像人类或者动物那样感知空间位置,根据人类指令或者根据本身的判断采取一定的行动,比如完成某些操作、进退、躲避障碍物等。也就是说使机器人具有感知能力和行为能力。为了进行感知和做出行为,机器人需要一定的记忆和思维能力。如果需要与人类进行自然语言对话,机器人也应该具有语言理解和产生能力。

机器人是人工智能技术集大成者。不管是家用扫地机,还是各行各业的机器人,一般都需要具有感知、行为、记忆和思维智能,如果要与人进行语言交流,还需要语言智能。

感知能力依靠各种传感器接收外界信号:
- 超声波测量距离;
- 红外传感器和遥控器测量距离、速度、加速度等;
- 碰撞传感器测量障碍物;
- 颜色传感器测量颜色和光强;
- 陀螺仪传感器测量每秒转动的角度;
- 温度感应器测量温度;
- 麦克风识别语音。

行为能力通过电机实现：变换速度、转动方向等。

机器人通过无线网络（WIFI）和蓝牙与人类和其他机器交互。人类可以通过遥控方式控制机器人行为；机器人也可以在程序控制下自主与环境（包括其他机器人）交互；或者同时使用两种方式交互。

机器人按程序输入方式区分，有编程输入型和示教输入型两类。编程输入型是将计算机上已编好的作业程序文件，通过有线或者无线网络等通信方式传送到机器人内的计算机存储器。示教输入型是由操作者直接领动执行机构，按要求的动作顺序和运动轨迹操演一遍，这个工作程序的信息即被自动保存到机器人内的存储器；机器人工作时，控制系统从存储器中调出相应信息，指挥驱动机构再现示教的各种动作。

机器人本质上是一台计算机，除了上述硬件，还包括操作系统和应用软件。

6.1 各类机器人

机器人有多种类型，比如轮式机器人（无人驾驶车辆）、四足机器人、人形机器人、空中无人驾驶飞行器、水中无人驾驶器械等。

6.1.1 扫地机为代表的轮式机器人

扫地机器人包括开关按钮、充电口、指示灯、集尘盒、转动轮、转向轮、扫地刷子、拖地抹布、吸尘口等组成部分。因为扫地机依靠轮子的转动而运动，又被称为**轮式机器人**。自动驾驶汽车也是一种轮式机器人。本节就以看似简单的家用扫地机为例，讲解机器人的工作原理。

1. 扫地机内部的部件

扫地机内部的部件包括：

可充电电池：为整个系统供电。可以通过充电口充电。

单片机：一个完善的微型计算机系统，采用超大规模集成电路技术，把具有计算能力的中央处理器（CPU）、内部和外部存储器、多种输入/输出接口和中断系统、定时器/计数器、显示驱动电路、数字和模拟转换电路等多个部件集成到一块硅片上。它体积小，功能完善，可靠性强，电压低，能耗小，使用寿命长，价格低廉，在工业和家用自动控制领域应用广泛。

电动机：俗称马达，将电能转化为机械能，带动机器人运动。按照电源不同分为直流电动机和交流电动机两种。计算机控制的大部分是直流电动机。图 6-1 为各种各样的电动机。

舵机：是由电动机、齿轮组、位置传感器和控制电路组成的自动控制系统，主要控制转动角度，可以达到 180 度。它在机器人中的作用就像是人类四肢的关节。通过舵机，计算机中央处理单元控制机器人实现各种精准的转动、移动等动作。图 6-2 为各种各样的舵机。

图 6-1　各种各样的电动机　　　　图 6-2　各种各样的舵机

超声波传感器模块：用于发出超声波，并接收障碍物反射回来的超声波，根据接收和发射超声波的时间差和超声波的传播速率，测算障碍物的距离。超声波技术模仿鲸和蝙蝠，采用超声波来探测家居物品及空间方位，灵敏度高，结果精准。

红外传感器模块：用于发出红外线，并接收障碍物反射回来的红外线，根据接收和发射光波的时间差和红外线的传播速率，测算障碍物的距离。红外线传输距离远，但对使用环境有相当高的要求，当遇上深色的家居物品时无法反射回来。

角度传感器等其他类型传感器：探测运动角度等信息。

2. 扫地机器人的清扫方式

在通过各种传感器获知外部环境信息后，扫地机器人就要规划清扫路线了。人类打扫一个较大的房间时，可以不假思索地随机扫，也可以规划好路线按照顺序扫。类似地，扫地机器人的清扫路线可分为随机式和规划式两类。

随机式扫地：从初始位置开始，沿着前方行进并扫地，只要探测不到前方有障碍物，就一直往前走；探测到墙壁等障碍物后，随机选择贴着墙壁或者离开墙壁、朝着某个方向行进并扫地。这种无规则的随机扫地，可能会导致某些地方永远打扫不到。

规划式清扫：扫地机器人首先探测房间内的环境，然后规划行走路径，有效地遍历各个区域,彻底打扫所有区域。弓(S)形行走模式就是一种常用的规划式清扫,效率高,不重复,不留卫生死角。如果原来规划好的路线中有新的障碍物出现,比如某人站在了中间,扫地机可以感知到这些障碍物的存在,会沿着障碍物周边清扫,然后继续按照原来路线运行和打扫。

有些扫地机器人存储器中内置了预先训练好的人工神经网络模型,如反向传播神经网络(BP网络),可帮助它更好地自主规划打扫路线。

6.2.2 其他类型的机器人

其他类型的机器人被广泛应用在农业、工业、物流服务业等多个部门。

在整体设计上,我国农业机械化、智能化企业提出的"主粮生产作业全程无人化解决方案"实现了农业装备无人驾驶、多机协同、任意曲线行驶控制和农机具控制、全程机械化作业监测和作业大数据云服务等关键智能技术,可实现主粮作物"耕、种、管、收"全流程无人化作业。农业上的施肥和撒药无人机、自动播种和收割机等多种机器人技术在农业领域的推广应用,极大地减轻了农民的工作量,充分解放了农村劳动力,提高了农业的生产力水平,为确保我国粮食供应、"端稳中国人自己的饭碗"做出了重要贡献。

作为互联网创新的一项突出成果,我国电子商务事业蓬勃发展,快递物流量世界第一,广大民众足不出户就可以购买到物美价廉的各类商品。货物分拣是物流过程中非常重要的一个环节。现在的分拣工作很大程度上都由分拣机器人完成。机器人能根据物品的派送目的地,快速、准确、无差错、不知疲倦地将物品分拣到不同的位置。一个仓拣货员,监控一百台分拣机工作,从供包到装车,全流程无人操作,每小时可以分拣将近一万件货品。据测算,在场地规模和分拣货量相同的前提下,使用分拣机器人可以使每个场地节省180名人类员工的劳动力。物流系统的最后一个环节配送工作,原来主要由快递小哥完成,现在也可以由配送机器人完成了。

在城市街道或者公路上自动行驶的车辆就是无人驾驶汽车。完全无人驾驶汽车技术日趋成熟,我国在北京市、广东深圳市、重庆市、江苏苏州市等地都建设了实验性的场地,供游客体验无人驾驶汽车的性能。我国汽车日益普及,保有量和驾驶员数量都已经是世界第一。完全无人驾驶汽车的应用和推广能够促进交通安全,为人们出行提供更加方便的保障。

我国在固定铁道上行驶的高速火车的自动行驶水平也越来越高。比如,作为2022年北京冬奥会交通运营服务重要保障的京张高铁全程174千米,从北京到冬奥会另一举办地张家口,全程只需要47分钟。它是世界上首次实现时速

350千米自动驾驶功能的高铁列车,使用我国自主研发、全球组网的北斗卫星系统和 GIS 全球导航系统,司机只要按下一个启动按钮,动车组就可以实现自动驾驶、区间自动运行、到站自动停车、停车自动开门、车门和站台联动等诸多智能化功能。

空中翱翔的飞机的自动驾驶系统的基础是循径导航系统和自动稳态控制系统。它能控制飞机按照设定好的航线、速度和高度安全稳定地飞行,如果飞机偏离原有姿态,系统也能自动修正,甚至还能自主规划最佳飞行路线。高水平的航空自动驾驶技术可以减少人为因素造成的事故,也能减轻驾驶员的疲劳感。

真正无人驾驶的飞行器是无人机。无人机由地面人员通过无线电波遥控操纵或者按照自身装载程序设定的路线航行,主要应用于城市管理、农业、安保防恐、气象观测、地质勘探、抢险救灾、视频拍摄等多个领域。我国生产的无人机在世界市场上占据了重要份额,在农业、安保、新闻报道等领域大显身手。

我国航空航天事业成就斐然,先后向月球和火星成功发射了着陆探索的自动行驶车辆。2013年12月15日,"玉兔号"月球车顺利驶抵月球表面。它质量140千克,能源为太阳能,能够耐受月球表面真空、强辐射、零下180℃到零上150℃极限温度、月亮灰尘等极端环境,具备20度爬坡、20厘米越障能力,并配备有全景相机、红外成像光谱仪、测月雷达、粒子激发 X 射线谱仪等科学探测仪器。到2016年7月31日,"玉兔号"月球车超额完成了任务,在月球上工作了长达972天,取得了丰富而珍贵的月球地质资料。

2020年7月17日,我国首次火星探测任务中,"天问一号"探测器通过长征五号运载火箭发射成功,于2021年5月成功软着陆火星表面,其中的"祝融号"火星车安全驶离探测器,进行了巡视探测工作。该火星车高1.85米,重量达到240千克,搭载了6台科学仪器载荷:火星表面成分探测仪、多光谱相机、导航地形相机、火星车次表层探测雷达、火星表面磁场探测仪、火星气象测量仪。"祝融号"火星车相较于国外的火星车,移动能力更强大,设计也更复杂。它采用主动悬架,6个车轮均可独立驱动,独立转向。除前进、后退、四轮转向行驶等功能外,还具备蟹行运动能力,用于灵活避障以及大角度爬坡。更强大的功能还包括车体升降(在火星极端环境表面可以利用车体升降摆脱沉陷)、尺蠖运动(配合车体升降,在松软地形上前进或后退)和抬轮排故(遇到车轮故障的情况,通过质心位置调整及夹角与离合的配合,将故障车轮抬离地面,继续行驶)。它使用的能源是太阳能,能够耐受火星不足地球上1%的极低压强、零下133℃到零上270℃极限温度等极端环境。2021年6月27日,国家航天局发布了"天问一号"火星探测任务着陆和巡视探测系列实拍影像。"祝融号"火星车在火星表面的移动过程视频是人类首次获取火星车在火星表面的移动过程影像。截至2021年8月23日,"祝融号"火星车在火星平安度过了 100 天,行驶里程突破了 1000 米。祝融在中国传统文化中被尊为最早的火神,象征着祖先用火照耀大地,带来光明。首辆火星车被命名为"祝融号",寓意点燃我国星际探测的火种,指引人类对浩瀚星空、未知宇宙的接续探索和自我超越。

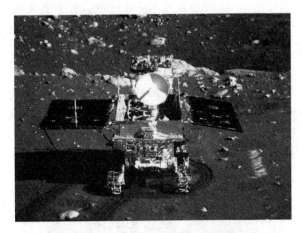

图 6-3　"玉兔号"月球车(新华网)

图 6-4　国家航天局发布的"祝融号"火星车视频截图(新华社)

无人舰艇是一种无人操作的舰艇,包括无人水面舰艇和无人潜航器。20 世纪中叶就已问世,主要用于海底勘察和测绘、海底生物研究等工作。2016 年 7 月,世界上最大的无人驾驶军舰"海猎号"(Sea Hunter)自美国加利福尼亚州圣迭戈海岸下水,顺利完成首次试航。该舰艇船身长达 40 米,速度达到每小时约 50 千米,可航行数千千米,无须船上人员操控。

人工智能技术的进步，促使水上水下的无人舰艇研发愈加活跃。更复杂的水面和水下机器人也逐渐从概念走向现实，比如鱼形水下机器人，即机器鱼。它的外形根据仿生学原理建造，模仿鱼类游泳动作航行，可以由人类通过无线电波操纵，也可以按照内置程序自动航行。2015年，北京大学研制的可重构双尾鳍机器鱼耐受零下40℃的低温环境，在南极地区水域平稳首航，携带的水质传感器实时采集水质数据。这是仿生机器鱼继北极首航成功后又完成的南极"探险之旅"。这款机器鱼以其低耗能、高效率的水中运动能力为人类的极地海洋探索提供了潜在的有效工具。

四足机器人是模仿四足动物外形和运动的机器人。它对采矿、地下工程、海底探测等危险行业具有重要意义，对外星球探测也具有潜在的应用价值。图6-5是浙江大学研制的四足机器人，正在跳越空中的绳圈。我国研究者已经将四足机器人的硬件和软件系统开源，免费供大家学习和研发。

图 6-5　浙江大学研制的四足机器人在跳跃空中的绳圈

人形机器人就是外观形态像人的机器人，有些还配备了高度拟人的皮肤、五官和四肢，有些可以和人进行语音对话。人形机器人集人工智能、电子、机械、材料、语言等多门学科于一体，是一个国家科技发展水平的重要体现，因此，包括我国在内的很多国家都不惜投入巨资进行开发研究，并已取得突破性的进展。它们已经应用在歌舞表演、商场导购、医院咨询、老年人陪护、特殊儿童教育等很多行业。

6.2　机器人世界杯比赛

1997年起，机器人世界杯比赛RoboCup开始举行，主要检验机器人视觉识别、自主定位、双足行走的步态动态规划、身体平衡抗干扰能力、弹跳能力等多项技术的发展水平。

RoboCup 足球赛分为 5 个组：

小型组：集中解决多个智能机器人间的合作问题以及在混合集中分布式系统下高度动态环境中的控制问题。

中型组：机器人直径小于 50 厘米，可以使用无线网络来交流，旨在提高机器人的自主、合作、认知水平。

类人组：具有人类相似外观及感知能力的自主机器人会进行足球比赛。类人组的众多研究问题包括：动态行走、跑步、平衡状态下踢球、视觉感知球、其他机器人球员、场地、自定位、团队比赛。

标准平台组：所有的团队使用同样的机器人比赛。机器人的操作完全是自主的，即没有人为或者计算机的外在控制。

足球仿真组：不需要任何的机器人硬件，关注的是人工智能和团队策略。

从 2006 年起，我国参赛的团队多次获得前三名的优异成绩。

2019 年 7 月，第 23 届机器人世界杯中，浙江大学小型足球机器人团队(ZJUNlict)获得机器人足球赛小型组冠军；北京信息科技大学队(Water)获得机器人足球赛中型组亚军；之江实验室队(ZJLabers)获得仿人机器人组亚军；清华大学火神队(Hephaestus)最终斩获人形组三项大奖，包括成人尺寸(AdultSize)的技术挑战赛(Technical Challenge)亚军、Drop-in 比赛亚军，以及二人足球(2VS2)比赛季军。

平均年龄还不足 14 岁的合肥铁榔头机器人战队，摘得 2019 年第 23 届快速制造救援机器人挑战赛(RMRC)的世界冠军。参赛队伍自行设计制作救援机器人，要求能在碎石、杂草、台阶、废墟等复杂地形环境下，执行侦测、识别幸存者等救援任务。

6.3 机器人教育应用

智能机器人作为人工智能技术中集大成的一个跨学科的领域，应用在教育中，对于科学、技术、工程和数学学科(Science,Technology,Engineering and Mathematics,STEM)的整合式教学至关重要。它鼓励探索、动手操作与学习，将工程技术概念应用到真实世界中，能够减少科学和数学的抽象性，提高学生的学习兴趣，激发学习动机，增强自信心，增进交流和合作，锻炼提出问题和解决问题能力，减少焦虑等负面情感体验，培养创造性思维。

自著名人工智能专家和教育技术专家佩珀特（Papert,1985）强调在课堂上使用可编程、积木化的材料来教小学生控制机器人以来，大量研究已经证明了机器人教学整合对于学习效果的正面促进作用，例如推动小学生科学学科成绩的改进、小学和中学STEM知识的学习、小学和中学生数学成绩的提高、中学生物理内容知识的掌握、中学生工程设计技能的增强；促进STEM学习中关键能力的提高，如空间能力、图形解释能力、图形序列能力等。

所以，我国的双创教育、创客教育一般都将机器人编程列为一个重要科目，并将其与中小学信息科技课程有机融合，在普及中提高，取得了显著成效。

墨考雷斯等（Merkouris,et al.,2017）探讨学习可触摸计算机（如机器人和可穿戴计算机）编程的教学效果。他们将36名学生分为三个组，分别使用不同的设备：台式机、机器人和可穿戴计算机；每个组都应用相似的基于模块的可视化编程环境，测量学生在情感、态度和计算机编程能力上的变化。实验结果表明：与使用台式机相比，使用机器人的学生表现出更加强烈的学习编程的倾向；不管是机器人还是可穿戴计算机，都对学生学习基本计算概念（比如顺序、重复和分支结构等）产生了显著的正面影响。

达纳海等（Danahy,et al.,2014）以四所美国大学机器人教育的实践为例，分析了乐高机器人从1998年的RCX到2013年的EV3,15年来在工程教育中所起到的作用。通过将模块化的编程语言与模块化的搭建平台结合起来，乐高教育使所有年龄段的学生都能成为各自教育领域活跃的领导者，并建造了各种各样的物件，从机器人动物园的一个动物到能够玩儿童游戏的机器人。更为重要的是，它允许所有学生对同一个问题给出不同的答案，从而建立一个学习化社区。

金等（Kim,et al.,2015）介绍如何帮助在校师范生应用机器人来学会设计和实施STEM教育。作者调查了学生通过机器人参与STEM学习和课程的情况。收集的数据主要通过调查问卷、课堂观察、访谈、教学计划等途径获得。定量和定性数据分析表明，这些职前师范生积极而专注地参与到机器人学习活动中，极大地提高了STEM参与程度。学生的教学设计表明其STEM教学能力正在朝着富有成果的方向发展，尽管还有不少值得改进的地方。这些发现证明，机器人技术能够被应用到改变教师对STEM教学的态度、提高教师STEM教学能力的活动中去。

本章小结

智能机器人由硬件和软件系统构成，硬件主要包括传感器、运动器和通信设备。机器人类型包括：轮式机器人（无人驾驶车辆）、四足机器人、人形机器人、空中无人驾驶飞行器、水中无人驾驶器械等。我国机器人发展迅速、技术先进，应用到各行各业。智能机器人作为人工智能技术中集大成的一个跨学科的领域,应用在教育中,对于科学、技术、工程和数学学科(STEM)的整合式教学起到重要作用。

思考和练习题

1. 机器人的传感器主要有哪些?
2. 我国机器人的应用领域有哪些?
3. 机器人应用到 STEM 教育中的作用有哪些?

第 7 章 艺术创作

内容提要

本章介绍人工智能在艺术创作方面的进展,包括美术和音乐作品创作,及其教育应用。

学习目标

1. 了解人工智能绘画软件及其功能;
2. 了解人工智能音乐软件及其功能;
3. 了解文化艺术创意产业;
4. 了解人工智能艺术创作的教育应用。

关 键 词

形象思维,智能绘画,智能音乐制作,文化创意

人工智能技术不仅可以模仿人类的逻辑思维,还能模仿人类的形象思维创作出艺术作品,被广泛应用在文化创意产业。

形象思维的产出是数字化的文艺作品,包括歌曲等使人产生听觉信号的音乐作品,人物和景物绘画等使人产生视觉信号的美术作品,以及将听觉信号和视觉信号结合的视频、动画等多媒体作品。声音信号和视觉信号(即图像)都是可以数字化的,那么形象思维的产出——包含了声音信号和视觉信号的艺术作品也可以数字化。模式识别技术可以识别声音和图像,也可以用来识别各种艺术作品。声音可以合成,图像可以合成,艺术作品也可以通过人工智能技术进行合成。

7.1 智能绘画系统

人工智能绘画软件,可以实现各种神奇的绘画效果。

比如中国科学院计算所开发的一套系统 DeepFaceDrawing,旨在帮助"几乎没有受过绘画训练的用户从粗略甚至不完整的写意草图中产生高质量的图像"。它

可以根据手绘人脸草图或者素描,产生极其逼真的人脸照片,当然不是世界上任何存在过的人脸照片。这个系统学习了关键人脸部件的特征嵌入,提出了一种深度神经网络来学习从嵌入式组件特征到真实图像的映射,并将多通道特征映射作为中间结果,以改善信息流。即使是粗糙或不完整的草图,也能够生成高质量的人脸图像。定性和定量评估都证明这套系统的可用性和表达能力。图 7-1 就是该系统给出的样例。

有些人工智能绘画系统可以如神笔马良那样,让任何用户都能绘制出生动形象的图画。用户只需要勾勒出简单的形状和线条,绘画系统会立即以天空、山脉、河流和石头等 15 种不同素材填充画布、形成逼真形象的图形,实时显示摄影级效果,创作者无需等待即可实时查看视觉设计。这就可以帮助用户快速构思,节省大量时间。

图 7-1　DeepFaceDrawing 系统根据素描自动绘出的人脸照片

我国一个人工智能公司研制的海报辅助设计系统,通过学习 500 万张优秀设计作品,包括其中的构图、配色、风格、模板等特点,训练了一个深度学习模型。只要输入文字要求和主体图片,它就会从知识数据库中搜索相关信息,快速设计一张海报,用时不到一分钟。这可以将设计师从高强度的设计工作中解脱出来。图 7-2 是它为《孙子兵法》设计的图书海报,得到了包括中央美术学院院长在内的专业人士的高度评价。

OpenAI 推出了人工智能绘画系统 DALL·E2,这个系统的名称是由西班牙超现实主义画家达利(Dali)和知名科幻机器人瓦力(WALL·E)的名字组合而成。它能够根据自然语言文本描述的内容自动绘图,对一个图片进行修改,还能根据原图做出变化、产生新图。专业人士对 DALL·E2 创作的一千份图片进行的评估表明,71.7% 的人士觉得这一系统根据文字描述作图的功能很好,88.8% 的人士肯定其照片真实性(Ramesh,Dhariwal,Nichol,et al.,2022)。超过 300 万人已经在使用该系统来拓展他们的创造力,加快他们的工作流程,每天生成超过 400 万张图像。可见,该系统不仅具有文本理解功能,更具备绘画能力,也就是形象思维能力,而形象思维和逻辑思维一样,是人类思维智能的一种重要形式。

图 7-2　人工智能系统设计的《孙子兵法》海报

例如:输入"横看成岭侧成峰",作图如图 7-3 所示。输入"五岭逶迤腾细浪",作图如图 7-4 所示。输入"骑着自行车上学的三个高中女生",作图如图 7-5 所示。

图 7-3　DALL·E2 输入"横看成岭侧成峰"作图

图 7-4　DALL·E2 输入"五岭逶迤腾细浪"作图

讯飞星火大模型 2.0 也具有根据关键词绘图的功能。同样输入上面三个关键词后，星火大模型作出的图如图 7-6，图 7-7，图 7-8 所示。

图 7-5　DALL·E2 输入
"骑着自行车上学的三个高中女生"作图

图 7-6　星火大模型输入
"横看成岭侧成峰"作图

图 7-7　星火大模型输入
"五岭逶迤腾细浪"作图

图 7-8　星火大模型输入
"骑着自行车上学的三个高中女生"作图

7.2 智能音乐生成系统

音乐创作也可以借助人工智能技术来实现。一个非营利组织的音乐生成系统(Jukebox),本质上是一个用120万首歌曲训练生成的神经网络系统,可以在输入流派、艺术家和歌词之后,生成相应风格的高仿真音乐或歌声。

生成 AI 音乐的系统还有:http://Boomy.com。

本书第4章介绍了自动创作古诗词的人工智能系统。诗词创作需要逻辑思维,更需要形象思维。所以说这样的古诗词系统实际上也学习了人类的形象思维能力。现在这样的人工智能系统不仅会写古诗词,也会写现代诗歌、小说、新闻等,甚至填词作曲。

7.3 文化创意产业

文化创意产业就是通过音乐、舞蹈、美术、视频等艺术形式给人以艺术熏陶和享受的产业。在文化创意产业领域,人工智能技术将前沿科技与艺术深入地结合起来,日益发挥越来越重要的作用。

2019年国庆七十周年庆祝活动演出、2021年建党一百周年大型演出、2022年北京冬季奥运会开幕式和闭幕式演出等重大文艺演出活动,都广泛采用了人工智能技术,达到了精彩绝伦、举世瞩目的演出效果。

2022年2月4日晚上,第24届冬奥会开幕式在北京奥林匹克中心的国家体育场"鸟巢"隆重开幕。在中央电视台的电视实况直播中,可以看到运动员所到之处冰雪消融,雪花们跟随着孩子们的脚步在舞台上自由移动。实际上,当时北京并没有下雪,开幕式所在的国家体育场"鸟巢"内也没有人工降雪。观众在电视转播中看到的随人而动的雪花,都是人工智能技术产生的灯光效果。位于演出场地的多个角度的摄像机能够捕获演员等图像,通过事先训练好的深度学习模型识别出演员及其位置,然后在演员位置由灯光照射出雪花图案。这样将实体的演员图像和虚拟的雪花图案混合到一起,就产生了雪花跟随演员而动的视觉效果。演员在动态移动,渲染的虚拟雪花图像也实时地跟随演员移动。这种技术也称作增强现实技术,就是在现实图像的技术上叠加了虚拟的图像。

人工智能系统识别出演员位置后,要在毫秒级的时间内为每位演员产生雪花渲染的灯光效果。这对灯光产生机制要求更加苛刻。开幕式技术团队采用了国产的高速跟踪投影仪,才实现了这一美轮美奂的效果。

与课堂视频中普通教室内只有几十个学生的近景录像不同,演出场地录像的视野广阔,每帧视频都包含了参加演出的600多名演员的微小图像和大量其他物体图像;这是世界上第一次在这么大的场地上对这么多人进行实时位置捕捉和灯光图像渲染,技术难度很大。所以,开幕式技术团队设计了复杂的深度学习网络,以在鸟巢内录制的上万段视频为样本进行了训练学习,最后才达到了虚实融合的绝美效果。

这种基于人工智能技术的增强现实或者说实时特效视频技术与以前的传统舞台表演和灯光特技有着本质区别。在传统模式中,演员要按照计划精确移动,位置与速度都是已知的,演员数量也很有限,所以后台人员可以分工跟踪不同的演员并给出灯光效果。但是,开幕式演出中要跟踪600多位不断移动的演员,并实时给出灯光,采用人盯人的传统方式是不可能的。

冬奥会开幕式上气势磅礴的一幕是"黄河之水天上来"。一滴墨落下,慢慢幻化为黄河水,随后,滚滚黄河水倾泻而下。这是奥运历史上首次以水墨风格呈现冬季运动,以传统笔墨精神再现奥运历史。常见的瀑布形态的解算方法,无法实现"山水画"与"黄河水"的观念意境的结合。为了达到最佳的视觉效果,技术团队利用图像处理算法,以大量中国传统水墨画为样本进行学习,建立了表征水墨纹理特征模型的神经网络,以此生成风格化的山水图像。这才产生了逼真的"黄河水"的视觉效果。

讯飞星火大模型也可以根据用户输入的文字产生一段具有人物形象和声音解说的视频。比如语文授课中,教师可以根据讲解的课本文字,产生这样的微课,供学生课后使用。解说声音可以来自教师自己的声音取样。

7.4 人工智能技术用于艺术教育

将人工智能技术应用于艺术教育,已经有很多实证研究。

达尔马佐和拉米雷斯(Dalmazzo, Ramirez, 2017)训练并评估了两个机器学习模型,即决策树和隐马尔可夫模型,用于使用集成在Myo设备中的运动传感器和EMG传感器(肌电传感器)来预测小提琴演奏中的指法。结果表明,决策树预测的正确率低于隐马尔可夫模型的正确率。首先,这个研究可以在游戏化的虚拟小提琴应用程序中提供一个指法识别模型,测量右手(即弓)和左手(即指法)的姿势;其次,可以为高水平音乐教育中的自我调节学习者实现一个智能跟踪系统。

邱等(Chiu, et al., 2022)采用微调后的 ResNet50 深度学习模型开发了一个基于深度学习的艺术学习系统(DL-ALS),以帮助学生区分不同类别的绘画作品,培养学生准确的鉴赏知识和艺术创作能力,并借助人工智能技术提供即时反馈和个性化指导。为了验证该系统的效果,在一所大学的艺术品欣赏课程中进行了一项准实验,招募了选修艺术课程的 46 名大学生,将其分为两个班。一班是采用 DL-ALS 学习的实验组,另一班是采用传统技术支持的艺术学习(CT-AL)的对照组。成绩数据和调查问卷数据分析结果表明,与 CT-AL 相比,通过 DL-ALS 进行学习可以提高学生的学习成绩,并改善在技术接受度、学习态度、学习动机、自我效能、满意度等各个方面和艺术课程总体上的表现。

崔(Cui, 2022)研究增强现实(AR)移动应用程序在获取钢琴技能方面的可能性。该研究提出了"初级钢琴课程"的概念,并将其实施于一系列移动应用程序的教育实践中,如学习钢琴等。该文作者于 2021 年 1 月至 7 月在中国黑龙江省哈尔滨市对 47 名使用这个移动应用程序的大学生进行了测试,调查了学生钢琴技能上的学习进展及其主观感受。89% 的学生确认在掌握音乐术语素养方面取得了大幅度的进步,83% 的学生展示了阅读乐谱和独立处理音乐材料的技能,70% 的学生展示了基本的演奏钢琴技能,90% 的学生展示了未来成为钢琴家所必需的技术性技能。这个研究结果可能引起正在寻找创新机会的钢琴教师的兴趣。

吕和索科洛娃(Lyu & Sokolova, 2023)比较了基于人工智能技术的音乐教育与传统音乐学习方法的效果。他们对在丽水音乐学校学生的音乐技能和能力水平进行了为期一年半的评估,对照组和实验组各由 24 名儿童组成,年龄在 5~6 岁,此前没有学习音乐的经验。学习内容是弹钢琴和视唱练耳。对照组按照传统方法学习。实验组学生则使用丽水职业技术学院开发的一款新的音乐学习软件进行学习:它考虑儿童个体特点,界面清晰明亮、乐器选择范围大,与带有完全仿真钢琴键盘的迷笛(MIDI)键盘直接连接,按键上显示音乐五线谱,反映了正在演奏的音符;提供所选择作品的作曲家的照片和传记链接;显示所弹奏音符序列所在的音乐作品的名称;根据再现音乐文本的错误数量、演奏节奏等参数对学生进行评估;学生自行选择一个动画角色将音乐节奏可视化。在学习结束时,学生们表演了学习过的节目片段。五位独立专家评估了以下表演参数:音乐文本再现的错误次数、表演节奏、表演的艺术表现力、连续完整的表演、表演动态、对指法的掌握以及表演过程中身体和手的定位。除最后一个参数难以客观评估外,实验组在其他方面的表现都优于对照组。

本章小结

　　人工智能绘画软件,可以实现各种神奇的绘画效果。讯飞星火等大语言模型具有根据关键词绘图的功能,随机产生图形。人工智能技术也能根据用户需求产生曲谱、创作音乐。这些技术既能用于文化创意产业,也可以用于艺术教育,提高学生艺术素养。

思考和练习题

1. 哪些软件可以自动绘画?
2. 哪些软件可以自动作曲?
3. 人工智能艺术创作软件的教育应用潜能有哪些?

第 8 章　自动程序设计

内容提要

本章介绍大语言模型的自动程序设计功能及其教学应用。

学习目标

1. 掌握应用大语言模型设计程序和修改程序的方法；
2. 了解大语言模型自动程序设计的教学应用方式和效果。

关 键 词

大语言模型，自动程序设计，教学应用

8.1　大语言模型的自动程序设计功能

大语言模型可以根据用户要求，设计和修改程序。

比如，应用讯飞星火大模型，用户输入："请写出计算 100 之内整数之和的 Python 程序"，得到以下回复：

```
sum = 0
for i in range(1,101):
    sum = sum + i
print(sum)
```

这个程序运行完全正确。可见，对于相对简单的要求，自动设计的程序可以直接运行。

如果用户输入："请用 Java 写出能够和人对弈的五子棋程序"，输出的程序看起来也很规范，文字解释也比较正确（如下所示），但是无法直接运行，还需要修改后才能运行。原因是这类程序结构复杂。

以下是一个简单的 Java 实现的五子棋程序，可以和人对弈：

```java
import java.util.Scanner;

public class Wuzi {
```

```java
        private static final int BOARD_SIZE = 15;
        private static final char EMPTY = '.';
        private static final char PLAYER1 = 'X';
        private static final char PLAYER2 = 'O';

        public static void main(String[]args){
char[][]board = new char[BOARD_SIZE][BOARD_SIZE];
initBoard(board);
printBoard(board);

Scanner scanner = new Scanner(System.in);
boolean player1Turn = true;
while(true){
    System.out.println("轮到玩家" + (player1Turn ? "1":"2") + "下
子,请输入行和列(1-" + BOARD_SIZE + "): ");
    int row = scanner.nextInt()-1;
    int col = scanner.nextInt()-1;

    if(board[row][col]! = EMPTY){
System.out.println("该位置已经有子,请重新输入!");
continue;
    }

    board[row][col] = player1Turn ? PLAYER1: PLAYER2;
    printBoard(board);

    if(checkWin(board,row,col)){
System.out.println ("恭喜玩家" + (player1Turn ? "1":"2") +
"获胜!");
break;
    }

    player1Turn = !player1Turn;
}
    }

        private static void initBoard(char[][]board){
for(int i = 0;i<BOARD_SIZE;i + +){
    for(int j = 0;j<BOARD_SIZE;j + +){
board[i][j] = EMPTY;
    }
}
```

```
    }
        private static void printBoard(char[][]board){
for(int i = 0;i<BOARD_SIZE;i + + ){
    for(int j = 0;j<BOARD_SIZE;j + + ){
System.out.print(board[i][j] + " ");
    }
        System.out.println();
}
        }

        private static boolean checkWin(char[][]board, int row, int col)
{
char player = board[row][col];
int count;

//检查行
count = 0;
for(int i = 0;i<BOARD_SIZE;i + + ){
    if(board[row][i] = = player){
count + + ;
if(count = = 5){
    return true;
}
    } else {
count = 0;
    }
}

//检查列
count = 0;
for(int i = 0;i<BOARD_SIZE;i + + ){
    if(board[i][col] = = player){
count + + ;
if(count = = 5){
    return true;
}
    } else {
count = 0;
    }
}
```

```
//检查主对角线
count = 0;
int startRow = row-Math.min(row,col);
int startCol = col-Math.min(row,col);
for(int i = 0;i<BOARD_SIZE-Math.max(startRow,startCol);i++){
    if(board[startRow + i][startCol + i] == player){
count++;
if(count == 5){
    return true;
}
    } else {
count = 0;
    }
}

//检查副对角线
count = 0;
startRow = row + Math.min(col,BOARD_SIZE-1-row);
startCol = col-Math.min(col,BOARD_SIZE-1-row);
for(int i = 0;i<BOARD_SIZE-Math.abs(startRow-startCol);i++){
    if(board[startRow-i][startCol + i] == player){
count++;
if(count == 5){
    return true;
}
    } else {
count = 0;
    }
}

return false;
    }
}
```

这个程序使用一个 15x15 的字符数组表示棋盘,玩家 1 用 'X' 表示,玩家 2 用 'O' 表示。程序会循环让玩家输入行和列,然后更新棋盘。每次落子后,程序会检查是否有玩家获胜。如果有玩家获胜,程序会输出获胜信息并退出。

8.2 大语言模型的程序修改功能

大语言模型也具有较强的程序修改功能。

比如对于这样的问题：

下列计算 100 之内整数之和的 Python 程序，有没有错误？

```
for i in range(1,101):
    sum = sum + i
print(sum)
```

讯飞星火大模型给出这样的回答：

程序有错误。在循环之前，变量"sum"没有被初始化，所以在第一次循环时，它试图将一个未定义的变量与一个整数相加，这会导致程序出错。

以下是修正后的代码：

```
sum = 0
for i in range(1,101):
    sum = sum + i
print(sum)
```

这样就能正确计算 1 到 100 之间整数之和了。

这种比较显著的错误，大模型修改是正确的。但是比较细小的错误，大模型检测不出来。比如：

下列计算 100 之内整数之和的 Python 程序，有没有错误？

```
sum = 0
for i in range(1,100):
    sum = sum + i
print(sum)
```

讯飞星火大模型给出这样的回答：

程序没有错误，可以正确计算 1 到 100 之间整数之和。

8.3 自动程序设计与编程教学

在大语言模型成熟之前，编程教育者已经尝试使用人机对话系统辅助编程教育。比如，穆勒、贝尔甘特和布鲁尔（Müller，Bergande，and Brune，2018）在一所德国应用科学大学的 Java 编程入门课程中,尝试将一个人机对话系统(IBM Watson)作为一个虚拟导师来回答学生的问题,并通过对几名参与学生的定性研究评估其效果。虽然结果显示这样的人工智能系统在未来教育中具有潜力,但当时只能在非常有限和特定的场景下替代人类导师回答学生问题。

在大语言模型成熟以来,很多学者已经尝试将大语言模型应用到编程教学中。比如下列案例:

在程序教学中,需要一些专用系统来帮助学生修改编程中的错误。索巴尼亚(Sobania,2023)在标准错误修复基准集 QuixBugs 上评估了 ChatGPT 的错误修改能力,并将其性能与已有文献中报告过的其他方法的结果进行了比较。结果发现,ChatGPT 修复了 40 个错误中的 31 个,超过了所有其他最先进的系统,比如应用深度学习方法的 CoCoNut 和 Codex。与其他系统采用的方法不同,ChatGPT 提供了一个对话系统,用户通过该系统可以输入更多信息,例如某个输入的预期输出或观察到的错误消息,可以进一步提高其识别错误的成功率。可见,ChatGPT 可以用于程序教学。

伊尔马兹和伊尔马兹(Yilmaz,Yilmaz,2023)通过实证研究调查了编程教育中使用 ChatGPT 对学生计算思维技能、编程自我效能感和课程学习的动机的影响。45 名学习编程课程的本科生参与了研究,被随机分为实验组($n=21$)和对照组($n=24$)。实验组学生在每周编程实践中使用 ChatGPT,而对照组学生没有使用此工具。分析数据后发现,在前测水平一致的前提下,后测中实验组学生的计算思维技能、编程自我效能感和课程学习的动机明显高于对照组学生。由此可见,ChatGPT 等人工智能技术对编程教育会起到正面的促进作用。该文还就如何最有效地在课堂上使用人工智能技术提出了各种建议。

张等(Zhang,et al.,2023)设计了一个名为 STEAM(Simulating the InTeractive BEhavior of ProgrAMmers for Automatic Bug Fixing)的阶段性的框架,模拟涉及缺陷生命周期各阶段的多个程序员的交互协作行为。受到错误管理实践的启发,他们将修复任务分解为四个不同的阶段:报告缺陷、诊断缺陷、生成补丁和验证补丁。这些阶段由 ChatGPT 交互执行,旨在模仿程序员在解决软件缺陷过程中的协作能力。通过利用集体贡献,STEAM 有效地提高了修复能力。通过对广泛采用的缺陷修复基准进行的评估表明,STEAM 达到了修复性能的最高水平。

刘等(Liu,et al.,2023)进行了一项探索性的用户研究,以比较两个系统 Stack Overflow 和 ChatGPT 在提高程序员生产力方面的性能。两组编程能力相似的学生被要求使用这两个平台来解决三种不同类型的编程任务:算法挑战、库使用和调试。实验过程测量并比较了两组生成的代码的质量和完成任务所需的时间。结果表明,在代码质量方面,ChatGPT 在帮助完成算法和库相关任务方面显著优于

Stack Overflow, Stack Overflow 在调试任务方面更好。关于任务完成速度, ChatGPT 组在算法挑战中明显快于 Stack Overflow 组, 但两组在其他两项任务中的表现相似。对参与者进行了一项实验后调查, 以了解平台是如何帮助他们完成编程任务的。通过分析问卷, 总结了参与者所指出的 ChatGPT 和 Stack Overflow 的优势和劣势。

当然, 如果学生仅仅依靠大语言模型产生程序, 用于提交作业, 而不是学习其中的编程技能或者进一步修改完善程序, 则无异于简单拷贝作业答案, 只会惰化思维, 不利于编程技能的提高和计算思维的培养。

本章小结

讯飞星火等大语言模型可以根据用户需求设计程序和修改程序。对于相对简单的要求, 自动设计的程序可以直接运行。对于复杂的编程要求, 自动生成的程序还需要修改才能运行。大语言模型应用到编程教学中, 可以协助学生修改程序, 改善学生的计算思维技能、编程自我效能感和课程学习动机。但是学生不能简单复制程序、向老师提交答案。

思考和练习题

1. 如何在编程学习中有效使用大模型产生的程序, 而不是简单复制这个程序原型?
2. 使用一个大语言模型生成一个五子棋程序, 修改后使之能够运行。
3. 假设你是中学信息科技课程教师, 如何使用大语言模型来教学生编程?

第 9 章 智能教学系统

内容提要

本章介绍智能教学系统的定义、发展历史、组成、实现技术和应用效果。

学习目标

1. 掌握智能教学系统的定义;
2. 了解智能教学系统的发展历史;
3. 了解智能教学系统的组成和实现技术;
4. 了解智能教学系统的应用效果。

关 键 词

智能教学系统,教学机器

9.1 定义

一个智能教学系统(Intelligent Tutoring System,ITS)是指一个能够模仿人类教师或者助教来帮助学习者进行某个学科、领域或者知识点学习的智能系统。它是教育领域的专家系统(Jia,2015),也被称作智能代理、智能导师系统、智能辅导系统或者智能助理、智能学伴等。智能教学系统通过与学生交互对学生进行诊断,判别其学习特点,比如优势和劣势、学习风格等,然后在一定的教学理论指导下进行个性化辅导,帮助学生进行某门课程、某个学科领域或者某个知识点的学习,比如通过苏格拉底式对话与学生交流、搭建认知脚手架等。一个成功的智能教学系统应当具有教育者的基本功能,即拥有某个学科领域的知识,用合适的方式向学生展示学习内容,了解学生的学习进度和风格,对学生的学习情况给予及时且恰当的反馈,帮助学生解决问题,进行个性化教学。

9.2 发展历史

智能教学系统已经有半个多世纪的研发和应用历史。著名行为主义心理学家斯金纳 1958 年发表在权威期刊《科学》上的论文《教学机器》(Skinner,1958),详细介绍了他所设计的教学机器,如图 9-1 所示,这可以说是智能教学系统的鼻祖。

这个教学机器的工作原理很简单,就是机器窗口给学生呈现一道选择或者填空题目,如果学生输入答案正确,就呈现下一道题目;否则就停留在刚才那道题目上;重复上述操作直到学生回答正确为止。借助这个机器,学生可以用来练习低年级的语言单词拼写和算数等知识,以及从高中到大学的知识内容。

斯金纳所在的哈佛大学和拉德克利夫大学中将近 200 名本科生使用这些机器学习关于人类行为的课程。学生的调查问卷和访谈验证了这种机器教学所预期的优越性:与传统的学习方式相比,学生花费了较少时间,但是学会了较多知识;学生不必等待很多时间,就可以立即知道本人的学习状况。

图 9-1 斯金纳的教学机器
(来自维基百科)

通过这个教学机器,斯金纳所提出的行为主义指导下的程序教学法得以实现。他更希望它能够节省教师时间,为学生提供个性化的指导,从而满足那个时代大量学生的教育需求,不仅仅是学校正规教育,还有家庭教育、工业和军事培训等。

当然,斯金纳并没有对这个教学机器的教学效果进行严格的评估,光靠这样的机械装置很难实现斯金纳的教育梦想。20 世纪 40 年代第二次世界大战之后出现的计算机技术、50 年代末诞生的人工智能科学才能实现这样的梦想。从 20 世纪 70 年代以来,各个学科的智能教学系统不断涌现,典型的如采用苏格拉底对话式地理教学的系统 SCHOLAR(Carbonel,1970),用于程序教学的 SOPHIE(Brown,Burton,Bell,1975)和 BUGGYBUGGY(Burton,Brown,1979),用于地球物理教学的WHY(Stevens,Collins,1977)、用于医学教学的GUIDON(Clancey,1979)和CIRCSIM(Evens,et al.,2001)、具有适应性学习能力的MAIS(Tennyson,1984)、用于LISP教学的ELM-ART(Brusilovsky,Schwarz,Weber,1996)、用于数学教学的PAT和Algebra Cognitive Tutor(Koedinger,et al.,1997)、用于物理、数学、编程等教学的AutoTutor(Graesser,et al.,2005)、用于数据库知识教学的KERMIT(Suraweera,Mitrovic,2004)、用于语言教学的TLCTS(Johnson,Valente,2009)和希赛可CSIEC(Jia,2004;Jia,2009)、数学在线智能教学系统乐学一百(贾积有,等,2017)和数学智能评测和辅导系统MIATS(贾积有,等,2023)等。

9.3 构成和实现技术

第一章指出,一个一般教学系统包括教育者(教师)、受教育者(学生)、教学媒体、教学内容和教学方法;教师在一个一般教学系统中的功能可以概括为六个方面:拥有知识、讲解知识、了解学生、释疑解惑、激发兴趣、因材施教;为了实现类似于教师的功能,一个智能教学系统通常包括四个部分:教师模块、学生模块、教学模块和交互模块。

教师模块存储某个学科、领域或者知识点的知识。采用谓词逻辑表示法、产生式表示法、脚本表示法等各种知识表示方法来表示知识、基于知识进行推理。

学生模块在学生知情的前提下,采集并存储反映学生认知和情感状态的数据、学习风格等个性信息,作为实施个性化教学的根据。

教学模块在行为主义、认知主义、建构主义等各种教学理论指导下,采用合适的教学方法实施个性化辅导。

交互模块为了实现学习者和系统之间的有效人机交互,多采用自然语言对话、情感或体感识别、多媒体、虚拟现实与增强现实等人工智能技术。

当然,在各个具体的智能教学系统中,这些组成模块会有不同的叫法,也会包括其他辅助模块。

这里介绍上节提到的AutoTutor(Graesser,et al.,2005)的组成结构和应用到的技术。这个系统的结构图如图9-2所示。它包括四个模块(module),分别是语言分析模块(Language Analysis Module)、评测模块(Assessments Module)、对话管理模块(Dialogue Management Module)和日志模块(Logging Module)。评测模块依靠潜在语义分析(Latent Semantic Analysis,LSA)功能,对用户输入的文本进行语义分析,因为LSA可以计算用户输入文字和系统内部标准表述文字这两段文字的概念相似度；对话管理模块依靠课程脚本功能(Curriculm Scripts Utility)产生机器输出的对话；日志模块管理系统和用户交互的日志。这四个模块都被中枢管理器(Hub)所管理。客户端(Client)用户和中枢管理器之间通过一个中转布偶(Muppet)进行输入和输出的交互。

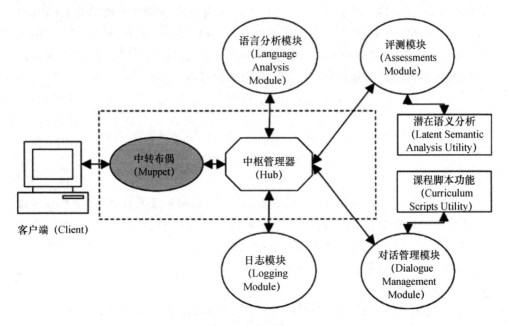

图 9-2　AutoTutor 系统结构图(Graesser, et al., 2005)

这个系统是用 C♯ 和 Visual Basic.NET 编程语言实现的，代码运行在公共语言运行库(Common Language Runtime, CLR)这么一个虚拟运行环境中，其兼容性较强。这个开发框架还保证了线程安全性与可扩展性，允许 500 个人同时访问这个系统。

这个系统的界面是交互式 3D 仿真，如图 9-3 所示，讲授汽车驾驶中的物理问题。最上方是虚拟导师输出文本框，左上方就是一个虚拟的 3D 导师，他会模拟人类导师与学习者进行对话，给出提示(Hint)和建议(Suggestion)，为学习者搭建脚手架(Scaffolding)。在中间的学习者控制参数(Learner Controls Parameters)部分，学习者可以改变参数，例如，物体的质量、物体的速度或物体之间的距离，然后要求系统在上面的模拟(Simulation)部分显示将会发生什么。学习者可以多次改变参数，观看模拟动画，直至自己理解为止。在界面的右下方，学习者可以通过键盘输入自己的问题或者给出问题的答案等，然后由虚拟导师给予解答，包括文本输出和语音合成解释。

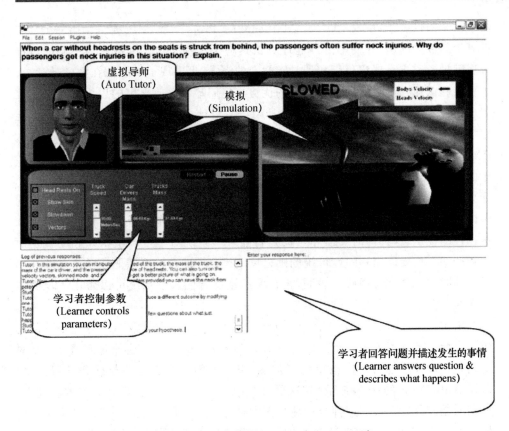

图 9-3　AutoTutor 界面（Graesser,et al.,2005）

9.4　应用和效果

研究者开发出智能教学系统后,为检验其对学生的影响,将其应用到教学实践中,通过准实验研究检验其应用效果,并将实验结果公开发表。本节首先介绍一些实证研究成果,然后介绍元分析研究成果。

9.4.1　关于智能教学系统的实证研究

寇丁格(Koedinger,et al.,1997)介绍了他所领导的跨学科团队多年研发的数学智能导师系统 PAT 的原理、技术和在美国匹兹堡市高中的实际应用。匹兹堡市数学教学项目（Pittsburgh Urban Mathematics Project，PUMP）要求学生分析真实世界中的数学问题，并使用恰当的计算工具解决这些问题。以用户为中心的设计方法满足了用户在课程目标和课堂教学上的需求，也展现了该团队在数学教学、人工智能和认知心理学上跨学科整合的优势。他们基于之前提出的思维的适应性控制理论（Adaptive Control of Thought，ACT），设计了一个认知主义指导下的智能教学系统 PAT（PUMP Algebra Tutor 或者 Practical Algebra Tutor 的简称）。PAT 系统被常态整合到匹兹堡市三所高中的九年级代数课程中。1993—1994 学年的评估结果表明，使用 PAT 的实验班学生与不使用 PAT 的对照班学生相比，在标准化考试中的平均成绩高出 15%，效果量为 0.3；而在以 PUMP 为核心内容的考试中高出 100%，效果量为 1.2。PAT 根据学生的操作给予及时恰当的反馈和帮助性的提示；这种即时反馈和帮助是智能教学系统对学生产生认知和动机正面影响的一个重要原因；并且，传统的延迟反馈比这样的及时反馈要让学生多花 3 倍以上的时间。这项应用研究表明，来自实验室的智能教学系统可以满足大规模教学实践的需求。

格雷塞尔（Graesser，et al.，2005）介绍了一个基于建构主义教学理论设计的模仿人类导师与学习者进行自然语言对话的系统 AutoTutor。这种对话通过一个对话角色代理和三维交互模拟得到了加强，以便增强学习者的参与感和学习深度。对于 AutoTutor 的评估在四个层次展开。第一个层次是系统对话输出的合理性，该团队之前的研究表明这种合理性与人类导师相差无几。第二个层次是系统对话输出的质量，学生作为旁观者进行图灵测试，结果表明他们无法区分系统产生的对话与人类导师发出的对话的差异。第三个层次是它的实际教学效果，该团队之前的研究表明这个系统在大学计算机文化和概念性物理学教学中的应用，不管是在实验室还是班级常规教学中，对学生考试成绩的影响效果都是正面的，效果量从 0.2 到 1.6 不等，平均为 0.8，具体值与教学科目、学习效果的测量方法和比较条件有关。第四个层次是学生是否喜欢使用这个系统进行学习，该团队之前的研究证明了学生喜欢这个系统。

德迈罗等人（D'Mello，et al.，2012）开发了一种旨在通过动态监测和响应学生的无聊和失去兴趣来促进参与和学习的智能教学系统，即虚拟导师。虚拟导师使用商业眼动仪来监测学生的凝视模式，并识别学生何时感到无聊、失去兴趣或者走神；然后尝试通过对话来重新激发学生的兴趣，引导学生重新将注意力集中到代表虚拟导师的动画教学代理上。在一项对照实验中，48 名本科生接受了 4 个生物学主题的教学，其中既有对注视反应的虚拟导师支持下的实验组，也有不对注视反应的虚拟导师支持下的对照组。实验结果表明：对注视敏感的对话成功地动态地重新引导学生的注意力到界面的重要区域，对注视的反应促进了需要深入推理的问题方面的学习效果,对注视的反应对学生的状态、动机和自我报告的参与度影响较小,学业能力的个体差异调节了注视反应对总体学习收益的影响。

罗歇尔等人(Roschelle,et al.,2016)在美国缅因州的43所学校中,对2850名七年级数学学生进行了随机实验,评估了在线教学工具ASSISTments的教学效果,该工具能够为学生提供及时反馈和提示,同时向教师及时报告学生作业情况。缅因州为每个七年级学生提供一台可以带回家的笔记本电脑,以便学生在家里可以访问这个在线智能教学系统。数据分析结果显示,与继续使用现有传统作业方式的对照组相比,该干预措施显著提高了实验组学生年末标准化数学测试的得分;其中成绩较低的学生受益较大。这种智能教学系统应用前景广泛。

默罕默德和拉米亚(Mohamed,Lamia,2018)将翻转课堂作为物联网学习过程中的一个元素,应用于数理逻辑课程的学习过程中。在翻转课堂教学实践中,智能教学系统被用来帮助学生在课堂外解决课程中的问题。该研究表明,学生使用该系统所感知到的有用性、自我效能感、兼容性和对增强社交联系的支持是继续使用翻转课堂的重要前提条件。

9.4.2 关于智能教学系统的元分析研究

基于大量的实证研究成果,国际期刊上更有不少关于智能教学系统的元分析研究论文,将之前实证研究得出的效果量进行综合计算,以报告这些实证研究的总效果。本节介绍两篇这样的元分析论文。

梵林(VanLehn,2011)对按照严格条件筛选出来的与智能教学系统有关的44篇文献进行了元分析,比较了有人类导师、计算机辅助教学系统和无导师情况下的教学效果。计算机辅助教学系统根据人机交互界面的颗粒度大小分为基于答案的、基于步骤的、基于小步骤的导师系统。大部分智能教学系统具有基于步骤的或者基于小步骤的人机交互功能,而其他计算机教学系统则具有基于答案的人机交互功能。分析结果表明:辅导的步骤越小,教学效果越显著;与没有导师的学习情况相比,人类导师的效果量是0.79,而智能教学系统的效果量为0.76,两者没有显著差异。这个发现不同于之前普遍认为的人类导师和无导师相比的效果量为2.0,证明了智能教学系统和人类导师教学效果的可比性。

库利克和弗莱彻(Kulik,Fletcher,2016)对按照严格条件筛选出的50篇智能教学系统方面的文献进行了元分析,结果表明:46篇(92%)的文献证明使用智能教学系统的实验组学生在后测中的学习效果好于不使用智能教学系统的对照组学生;其中的39篇(78%)的效果量大于0.25;平均效果量是0.66。智能教学系统的效果也是稳定可靠的。50个案例发生在不同时间、场合和教育环境中,比如他们分布在四个大洲的 9 个国家。其中 39 个案例(78%)在美国,平均效果量为 0.56;其他国家的 11 个案例平均效果量为 0.79。看来智能教学系统不但走出了它的发源地美国,走向了世界各地,而且在其他地方发展得还很好。不过,智能教学系统的这种中等水平的教学效果是相对于为研究而特殊设计的测试而言的。在这 50 个研究中,使用了特殊测试的研究的平均效果量是 0.73,而其他采用标准化测试的研究的平均效果量只有 0.13,当然,这是元分析中非常普遍的现象。该文由此认为,相关研究中的绝大多数智能教学系统对于学生的学习效果的促进作用不但是正面的,而且对于教学而言是足够大的;智能教学系统可以成为非常有效的教学工具。

总之,在智能教学系统领域,不管是众多的实证研究还是元分析的结果都证明了与传统教学方式相比,智能教学系统对于学生的学业表现都有比较显著的正面影响。

9.5 智能教学系统研究的现实意义

关于中小学生学业评价改革和减负增效,最近几年我国已经颁布了多项政策文件。比如 2020 年 10 月中央印发的《深化新时代教育评价改革总体方案》(教育部,2020)和 2021 年 7 月中央印发的《关于进一步减轻义务教育阶段学生作业负担和校外培训负担的意见》(教育部,2021)。这些文件不但指明了我国学生考试评价和作业改革的方向,而且提出了一些具体措施,比如教师要认真批改作业,及时做好反馈,加强面批讲解,认真分析学情,做好答疑辅导工作;改变相对固化的试题形式,布置分层、弹性和个性化作业,发挥作业诊断功能,压减作业总量和时长;减少死记硬背和机械刷题,禁止惩罚性作业;不得要求学生自批自改作业和家长批改作业。

然而在常规的学校和教室环境中,生师比一般大于 30。一个教师在有限的时间和精力下,要落实上面的各项具体措施就会面临各种各样的挑战。

学业评价改革和减负增效涉及的核心对象是学校教学过程中的两个重要环节,即学生作业、测验或者考试,二者关系紧密。学业评价包括过程性评价和总结性评价。日常作业是过程性评价的主要手段,要求学生对一节课程或者若干节课程内容进行复习、反思和深化理解,一般在课外时间完成,在完成时间和地点上没有严格的限制。测验和考试则是总结性评价的主要手段,考查内容可以包括日常作业的题目,也可以包括综合性更强的题目;一般要求学生在教室和一定的时间范围内完成,以体现评价的公平性和公正性。

在功能目的上,除了中考、高考等与学生前途命运等个人利益高度相关的选择性考试,日常的作业、阶段性测验和考试的主要目的是以测促学、以测促教,即通过作业、测验和考试中学生的作答情况,了解学生对所学知识和技能的掌握程度,然后设计相应的教学内容或者补救措施,来让学生查漏补缺;当然,学生自己也应该逐渐具备这样的反思能力,即根据在作业、测验和考试中的表现,发现不足之处,并通过订正等措施进行补救,以便加深对所学知识的正确理解,提高对所需技能的掌握程度,并在以后遇到类似问题时尽量避免重蹈覆辙。

在形式上,作业和考试一般是老师发放给学生的纸质材料,也可以是老师指定的教材或者教辅材料上面的某些试题。2020 年因为疫情防控要求学生居家学习,很多学校的老师以微信、邮件等方式发放试题的 Word、PPT 或者 PDF 等电子版文件,需要学生或者家长打印出来后由学生书写答案,再用手机等将作业答案拍照反馈给老师,这种电子和纸质混合的作业形式也逐渐成为作业布置的新常态。

从内容上讲,作业一般是全班学生都一样的题目,外加一些让学生选做的题目。设置这样的同质性作业内容与教师的有限时间和精力有关,也与作业形式和下面要分析的作业批改和反馈有关。如果要给不同学生发放不同内容的纸质作业,就要细致分析学生的学习情况,然后设置不同的题目内容,也需要更多的打印或者印刷作业的时间。如何针对不同类别、层次的学生设置不同的题目,教师主要依靠自己的经验和主观判断,难度也很大;如何针对每个学生设置完全个性化的题目,教师更需要丰富的经验、高超的判断能力、充沛的精力和大量的时间。

对于这样内容都完全相同的作业和测试,所有学生都需要认真完成。这样的作业和测试看似公平,但事实上对于某些学生却是在浪费时间。比如基础较差的学生,没有必要去做难度很大的题目;对于基础较好的学生,则没有必要去做难度较小的题目。

学生完成作业提交后,教师要给予反馈,以便反映学生对作业所要求知识内容和能力的掌握程度。如最常见、最必需的分数反馈,便可以达到基本的评测目的。为了激励学生,也可以根据得分加上一些简单的评语,比如优、良、中、差,等。如果是分层次和类别的作业,甚至是个性化的作业,那么教师就要根据不同作业内容和作答情况给出相应的得分和评语,这会使教师的工作量倍增。

为了实现以测促学,教师应该在得分和评语之外,给予某些学生更多的提示性反馈,使得没有得到满分或没有完全掌握所练知识和技能的学生,能够了解错在何处、如何纠正错误、改进对知识的理解和能力的掌握。在教学实践中,最实用、最简单的提示就是题目的正确答案。教师将题目的正确答案以纸质或者电子的形式发放给所有学生,学生通过对比正确答案与自己的回答,更正错误理解,树立正确观点。但是，能否达到这个目的，主要依赖于学生自身的知识基础和思维能力，也和题目考查内容的类型有关。

作业和测试题目中所考查学生的知识主要分为两种类型：事实性知识和程序性知识。事实性知识是定义、概念等，应该由学生熟记于心，学生通过比对标准答案和自己的作答容易掌握正确的定义和概念。程序性知识是解决某一个较为复杂问题的方法和思路，有些是已经学习过的，有些是需要将原有的方法重新排列组合才能得出的，必须牢记相关的事实性知识才能掌握。2022年公布的中小学阶段各个学科的新课程标准，普遍要求学生能够综合运用所学知识解决问题，这其实是要求学生能够解决更多的程序性问题。

基础较为薄弱、思维存在某些局限的学生，在解答程序性问题的时候会存在困难；即使阅读了老师给出的标准答案，也可能存在理解片面的问题，以至于在碰到其他类似问题的时候，仍然会束手无措。这样的学生就需要教师的个性化反馈和辅导。这种辅导和反馈光靠静态的纸质版或者电子版的材料很难实现辅导目的，而是需要苏格拉底式的对话才能达到较好的效果，需要针对学生的知识和技能基础、学习风格等个性特点，对于教师的辅导能力和水平要求也较高（Vanlehn，2011）。

但是，在常规的学校和班级教学环境下，在日常作业和测试中，一个教师面对平均30个以上的学生，没有足够时间和精力对每个有需要的学生进行这样的个性化反馈和辅导。这种情况下，如果家长没有时间、精力和能力对学生提供这样的帮助，社会机构的课外辅导也被排除在外，学生只能寻求相互之间的帮助和启发。然而，同学之中像老师一样具备较高辅导能力的不多，时间和精力也都被自己的学业占据，因此亦友亦师的学伴很少，大多也是只能互相提供一个参考答案。

综上所述，虽然宏观政策要求学校和教师实施规模个性化教学，布置层次化甚至个性化的作业，并根据作业情况诊断学情、做好答疑辅导，同时不得要求学生自批自改作业和家长批改作业，但这些政策在具体实施中会遇到困难。

智能教学系统在解决这些困难中可以发挥作用。笔者团队研制的智能英语教学系统"希赛可"和数学智能评测和辅导系统MIATS就是这样的尝试，将在第11章和第12章进行详细介绍。

本章小结

一个智能教学系统是指一个能够模仿人类教师或者助教来帮助学习者进行某个学科、领域或者知识点学习的智能系统。它是教育领域的专家系统。斯金纳设计的教学机器可以说是智能教学系统的鼻祖。一个智能教学系统通常包括四个部分：教师模块、学生模块、教学模块和交互模块，综合采用前面讲述的各种人工智能技术。智能教学系统的教学应用效果，不仅在大量严谨的实证研究论文中得到了验证，更被不少元分析研究论文的综合效果量所支持。智能教学系统设计、研究和应用具有极大的现实意义。

思考和练习题

深入学习 Vanlehn(2011)关于智能教学系统的元分析论文，回答以下问题：
1. 这篇论文总结的以前元分析研究的结论是什么？
2. 这篇论文的假设是什么？
3. 这篇论文的颗粒度(granularity)指的是什么？
4. 人类导师或者助教的优势是什么？
5. 这个元分析分析了多少文献？涉及哪些学科？
6. 这个元分析的结论是什么？

第 10 章 学习风格与个性化教学

内容提要

本章介绍学习风格的定义、常用学习风格量表、笔者团队提出的综合型学习风格模型和量表、基于学习风格的个性化学习设计。

学习目标

1. 了解学习风格的定义;
2. 了解常用的学习风格量表;
3. 了解基于学习风格的个性化学习设计方法。

关 键 词

学习风格,个性化教学

10.1 基本概念

学习风格并没有一个公认的明确的定义。一些研究者将学习风格视为个体学习过程中稳定的行为风格,就像智力和个性一样,是个体差异的指标。另一些研究者则将学习风格视为处理各种类似问题的个体方法,就像认知风格一样。从这个角度来看,学习风格与认知风格密切相关,后者指的是个体处理信息和解决问题的首选方式。总的来说,学者们对学习风格的本质和定义存在不同的看法,不同的理论视角可能强调该概念的不同方面。

基夫(Keefe,1979)将学习风格定义为:"由认知、情感和生理因素一起组成的、相对稳定的指标,表明学习者如何感知外部环境、与学习环境互动和对环境作出响应。"

斯图尔特和费力西提(Stewart,Felicetti,1992)将学习风格定义为:"最有可能使学生产生学习行为的教育条件。"

里德(Reid,1987,2002)将学习风格定义为:"吸收、处理、保留新信息和技能的自然习惯和偏好方式。"并将风格分为六种类型:视觉、听觉、运动、触觉、群体和个体。因此，学习风格实际上并不关注学习者学习什么，而是关注他们如何偏好学习。

每个人都有自己独特的学习风格，就像个体签名一样。它反映了个体的生理和心理特征，以及受环境影响的个体特征。

10.2 常用的学习风格量表

学术界对于如何更好地测量学习风格还存在争议，但是已经设计了多种学习风格的测量量表，例如：
- 曼勒特克斯(Memletics)学习风格量表；
- 费尔德-西尔弗曼(Felder-Silverman)学习风格量表(Felder,Silverman, 1988)；
- 场依存型-场独立型学习风格量表；
- 科拓(Kirton)提出的适应型-革新型学习风格量表；
- 基于体验学习理论的科尔布(Kolb)模型(Kolb,1984)；
- 哈尼和芒福德 Mumford 模型(Honey,Mumford,2006)。

下面依次介绍介绍曼勒特克斯(Memletics)学习风格量表、费尔德-西尔弗曼(Felder-Silverman)学习风格量表、场依存型-场独立型学习风格量表和适应型-革新型学习风格量表。

10.2.1 曼勒特克斯(Memletics)学习风格量表

由美国 Memletics 公司(http://www.advanogy.com)设计的曼勒特克斯学习风格量表可用于教育和其他非商业用途，可以帮助某人发现自己的学习风格。根据这个量表，每个人的学习风格由 7 个维度组成：视觉、听觉、口头、身体、逻辑、社交和独立。

视觉：喜欢使用图片、图像和空间进行理解。
听觉：喜欢使用声音和音乐。
语言：喜欢使用书面和口头语言表达。
身体：喜欢使用身体、手和触觉。
逻辑：喜欢使用逻辑、推理和系统方法。
社交：喜欢在团体中或与其他人一起学习。

独立：喜欢自己独立学习。

所有7个维度的量表可以通过回答70个陈述句的问卷来计算,详见以下网页：http://class.csiec.com/ml.php。这些句子试图描述被测试者的学习风格。对于每个陈述句,都有下面3个答案可供选择：

这个陈述一点也不像我,这个陈述部分像我,这个陈述非常像我。

相应的得分数值为0、1或2。

对于学习风格中的每个维度,都有10个相应的陈述句,每个维度的数值就是其所包含的10个陈述句的答案值之和。7个维度的数值可以画在一个蜘蛛图或者说雷达图上,如图10-1所示。学习风格评测结果中,一个维度中的高数值,比如视觉维度的19,意味着这个被测试者擅长使用这个维度,即视觉来学习。

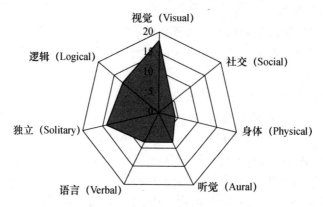

图10-1 曼勒特克斯(Memletics)学习风格量表的一个测量结果构成的蜘蛛图

10.2.2 费尔德-西尔弗曼(Felder-Silverman)学习风格量表

费尔德-西尔弗曼(Felder-Silverman)学习风格量表将每个学习者设定为4个维度：**信息加工、信息感知、信息输入和信息理解**。其中,每个维度都包含3种类型的学习者,总共包含12种学习风格。在信息加工维度,包含了活跃型、中性以及沉思型学习风格；在信息感知维度,包含了感觉型、中性和直觉型学习风格；在信息输入维度,包含了视觉型、中性和言语型学习风格；在信息理解维度,包含了顺序型、中性和整体型学习风格。为此,费尔德(Felder)和所罗门(Soloman)设计了一套包含44个问题的学习风格问卷,信息加工、信息感知、信息输入和信息理解四个维度分别包含11道题。

10.2.3 场依存型-场独立型学习风格量表

场依存-场独立型认知方式是美国心理学家威特金(Witkin)在20世纪40年代研究垂直知觉时首先发现的。他认为:"当呈现一个具有支配作用的场的时候,场独立的个体倾向于克服场的组织,或重新构建它,而场依赖的个体倾向于依附于给定的场的组织。"

场独立的人认识事物时,很少受环境和他人的影响;而场依存的人的认知受环境和他人的影响较大。场独立的个体倾向于以分析的方式看待事物,而场依存的人则倾向于以整体的方式去看待事物,这两种人在学习方法和策略上也存在较大的差异。

场依存-场独立学习风格量表包括7道题。从信息的角度来理解,这个学习风格量表获取的是受测者信息知觉的方式。

10.2.4 适应型-革新型学习风格量表

适应型-革新型认知方式由科拓(Kirton)提出,他将个体决策和解决问题的风格分为适应者与变革者两种,并按照个体是按照传统的、现有的程序来解决问题还是重新组织、以新的方式来解决问题,区分适应与革新的维度。适应型-革新型学习风格量表包括7道题目。从信息的角度来理解,这个学习风格量表获取的是受测者信息重组的方式。

10.3 综合型学习风格量表

综合型学习风格量表将费尔德-西尔弗曼学习风格量表、场依存型-场独立型学习风格量表和适应型-革新型学习风格量表整合到一起(孟青泉,贾积有,颜泽忠,2021;Meng,Jia,Zhang,2020),以期能从更多维度对学习者学习风格进行分析。信息感知、信息输入、信息加工和信息理解4个维度分别设置11道题,信息知觉(场依存-场独立)、信息重组(适应型-变革型)2个维度分别设置7道题。共58道题。详见以下网页:http://class.csiec.com/cl.php。

每个问题有a、b两个选项,分别对应某一维度下的两种学习风格的类型。对每个选项设置不同的分值,视觉型、顺序型、活跃型、感觉型、场依存型和适应型等类型对应的选项为-1分,言语型、整体型、沉思型、直觉型、场独立型和革新型对应的选项为1分。每个维度得分等于该维度所有题目得分之和。因为每个维度题目数量都是奇数,所以每个维度得分只能是奇数。

每个维度所包含的题目及每道题目不同选项的得分如表 10-1 所示。

表 10-1 综合型学习风格量表得分

所属维度	题目编号	选 a 得分	选 b 得分
活跃-沉思	1	−1	1
	5	−1	1
	9	−1	1
	13	−1	1
	17	−1	1
	21	−1	1
	25	−1	1
	29	−1	1
	33	−1	1
	37	−1	1
	41	−1	1
感觉-直觉	2	−1	1
	6	−1	1
	10	−1	1
	14	−1	1
	18	1	−1
	22	−1	1
	26	−1	1
	30	−1	1
	34	−1	1
	38	−1	1
	42	−1	1
视觉-言语	3	−1	1
	7	−1	1
	11	−1	1
	15	−1	1
	19	−1	1
	23	−1	1
	27	−1	1
	31	−1	1
	35	−1	1
	39	−1	1
	43	−1	1

续表

所属维度	题目编号	选 a 得分	选 b 得分
顺序-整体	4	−1	1
	8	−1	1
	12	−1	1
	16	−1	1
	20	−1	1
	24	−1	1
	28	−1	1
	32	−1	1
	36	−1	1
	40	−1	1
	44	1	−1
场依存-场独立	47	−1	1
	48	−1	1
	49	−1	1
	53	−1	1
	54	−1	1
	55	−1	1
	56	−1	1
适应-革新	45	1	−1
	46	−1	1
	50	−1	1
	51	1	−1
	52	1	−1
	57	1	−1
	58	−1	1

58道测试题中,绝大多数题目选 a 为−1分,选 b 为1分,为了增加量表的差异性,特意设置18、44、45、51、52和57题选 a 为1分,选 b 为−1分。

学生作答后,对每道题进行打分,同一维度的题得分相加得到该维度的得分。综合型学习风格各维度得分与学习风格类型的对应关系如表10-2所示。各维度特征如表10-3所示。

表 10-2　综合型学习风格维度极性

学习风格维度	得分范围	≤-2	-1 或 1	≥2
视觉-言语	[-11,11]	视觉型	中性	言语型
顺序-整体	[-11,11]	顺序型	中性	整体型
活跃-沉思	[-11,11]	活跃型	中性	沉思型
感觉-直觉	[-11,11]	感觉型	中性	直觉型
场依存-场独立	[-7,7]	场依存型	中性	场独立型
适应-革新	[-7,7]	适应型	中性	革新型

表 10-3　综合型学习风格各维度特征

信息角度	学习风格类型	特征
输入	视觉型	对视觉信息更为敏感,擅长识别图片、图像等视觉信息,能够很有效地回忆图像,也就说更容易记住以图像形式传递的信息
输入	中性	对视觉信息和语言信息无明显偏好
输入	言语型	对语言信息更为敏感,擅长识别文字、语音等信息,能够有效地回忆文字,这里的文字包括数学公式中的各类符号
理解	顺序型	倾向于按照一定的顺序去理解所学的内容,前后的内容需清晰连贯,小步推进式学习效果更好,若前期有一些知识没有掌握会对后续学习产生较大影响
理解	中性	对顺序和整体的理解方式无明显偏好
理解	整体型	倾向于先大量学习相关的内容,暂不关心学习内容的联系,积累到一定程度获得对内容的整体理解;先了解概貌再学习具体细节效果更好,教学进度可适当跳跃,并大步推进
加工	活跃型	倾向于先做后想,喜欢直接在实践中检验自己的想法
加工	中性	在活跃-沉思维度无明显偏好
加工	沉思型	倾向于先想后做,喜欢通过自己的思考想出解决方案再去实践
感知	感觉型	喜欢学习具体的事实性内容,将学习内容与现实生活的情景结合起来学习效果更好。分析思考过程中更注重实际,对细节内容的学习很有耐心
感知	中性	在感觉-直觉维度无明显偏好
感知	直觉型	喜欢学习抽象的内容,如理论、定理等。分析思考时更有想象力,有跳跃性,对抽象内容的接受程度更高
知觉	场依存型	做评价时容易受到外界的暗示,喜欢进行小组学习,需要高水平的外在强化和指导,活动中需要有明确的目标
知觉	中性	在场依存-场独立维度无明显偏好
知觉	场独立型	通过自己的独立观察和思考做出评价,喜欢独立学习,自我设定目标,并对学习做出规划
重组	适应型	习惯于遵循已有的规则,按部就班完成任务,倾向于用标准的方法解决问题
重组	中性	在适应-革新维度无明显偏好
重组	革新型	喜欢尝试新的组合方式,对新事物的兴趣比较浓厚,不喜欢重复

10.4 基于学习风格的个性化学习

学习风格能从多个维度描述学生的学习能倾（Aptitude）和学习特征，可以为教师了解学生情况并开展适应性教学提供参考。在实际教学中，教师应采用"扬长避短"的策略，既要顺应学生的学习风格，采用与之相匹配的教学策略，以促进学生对知识的吸收；又要有目的有计划地采用与学生学习风格适配的教学策略来帮助学生完善自身的心理机能，虽然这样做会影响学生学习知识的速度，但是从学生全面发展的角度来说是非常有意义的。教师要能够掌握多种教学策略，增强授课的丰富性，兼顾不同学生的学习习惯。

国内外很多学者基于学习风格，设计了不同的智能教学系统，实施了个性化教学。比如，黄国桢等人（Hwang, et al., 2012）提出了一种基于费尔德-西尔弗曼所提出的学习风格的顺序/全局维度的个性化游戏学习方法，创造了一个角色扮演游戏，并在小学自然科学课程上进行了实验以评估其有效性。实验结果表明，基于学习风格的个性化教育电脑游戏不仅能增强学生的学习动机，还能提高学生的学习成绩。

基于前面提出的综合型学习风格量表，笔者团队对不同的学习风格学生给出的策略建议见表10-4，包括五个方面：动机激发、教学引导、深度内化、练习巩固和创新运用策略。

表 10-4 针对不同学习风格的教学策略设计

学习风格/教学策略	动机激发策略	教学引导策略	深度内化策略	练习巩固策略	创新运用策略
视觉型	用图像动画激发学习兴趣	尽可能以图示化的形式呈现知识	通过画图的方法留下深刻印象	可以多用图像呈现习题内容，产生更深刻的印象	可布置图像内容丰富的创新任务
言语型	用好听的故事激发学习兴趣	以文字的形式清晰呈现知识	借助语义图示的方法留下深刻印象	引导学生提炼练习的文字要点	可布置语言内容丰富的创新任务
顺序型	设定明确的目标，产生动力	以渐进的方式清晰条理地解释知识	引导学生梳理知识的全貌	循序渐进地安排练习内容	小领域内布置创新任务，如自然科学或社会科学

续表

学习风格/教学策略	动机激发策略	教学引导策略	深度内化策略	练习巩固策略	创新运用策略
整体型	运用多个学科的融合的方法讲解知识,激发学习的动力	先介绍全貌,在全貌中解释局部,可根据学生情况适当跳跃	引导学生找出知识点之间的关联	可组成单元总测试,或将前后知识放在一起考察	可布置多学科的融合创新任务,如社会科学与自然科学融合创新
活跃型	借助实验或动手操作等方式激发好奇心	采用接受学习策略,尽可能通过亲自动手操作来学习知识内容	创设真实的问题情景,提出要解决的问题,请学生设计方案	提醒学生先仔细思考再作答	可布置操作性创新课题
沉思型	提出有挑战性的问题以激发好奇心	采用发现学习策略,提供足够的相关知识,引导自主思考以学习知识	创设真实的问题情景,提出认知冲突,请学生想办法解决	提醒学生多动笔写下思考过程,还要兼顾解题速度,思考到一定程度就开始作答	可布置思辨性创新课题
感觉型	通过描述感受产生共鸣	体验式学习,创设情境,增强感官体验	通过体验和感受深化理解	多布置与现实生活结合较紧密、有情景的练习	布置与实际生活密切相关的创新任务
直觉型	通过想象和直觉产生共鸣	学术学习,可通过抽象内容的讲解来传授知识	通过知识溯源,回顾发展历程深化理解	可引导学生思考本题考查的知识点和出题人的想法	布置偏向理论和相对抽象的创新任务
场依存型	及时给出相对正面的反馈,更多的关注和监控	可适当运用合作学习模式,通过讨论来增强学习效果	通过让学生分享自己的理解而内化知识	提供一些适当的提示,以帮助学生完成练习	以小组合作式创新为主
场独立型	询问他的想法,并适当给予支持和认可,留出的学习空间中不需要太多的监控	鼓励独立学习,留出自主学习空间	指明思考路径,让学生自己思考探索	引导学生自我评价,发现自身的不足,并提出改进方法	鼓励自主创新的同时,引导加入小组合作创新
适应型	在学习的时间和方式上形成一定的习惯和规律	维持性学习为主,不提过高的创新应用要求	通过提供更多的资料和更多角度的解释来深化理解	帮助学生总结解决问题的常用技巧和方法	学习过去创新案例,在此基础上分析其创新思考路径

第 10 章　学习风格与个性化教学

续表

学习风格/ 教学策略	动机激发策略	教学引导策略	深度内化策略	练习巩固策略	创新运用策略
革新型	新鲜的事物更有吸引力	创新性学习为主,可引导学生在已学习内容的基础上探索新的内容	引导学生进行批判性思考,提出疑问	让学生找出一个问题的多种解法或做法	不必提供太多的辅助性内容,进行自由创新

比如,两个学生小明和小花各填写量表后,人工智能教学系统根据其学习风格各维度得分,为两人分别绘制了一幅雷达图,并给出了相应学习策略建议,见表 10-5。

表 10-5　两个学生的学习风格和相应学习策略

姓名	小明	小花
学习风格雷达图	（雷达图：适应-革新、视觉-言语、顺序-整体、活跃-沉思、感觉-直觉、场依存-场独立）	（雷达图：适应-革新、视觉-言语、顺序-整体、活跃-沉思、感觉-直觉、场依存-场独立）
学习风格各维度	视觉-言语维度:视觉 顺序-整体维度:顺序 活跃-沉思维度:活跃 感觉-直觉维度:感觉 场依存-场独立维度:场独立 适应-革新维度:中性	视觉-言语维度:言语 顺序-整体维度:整体 活跃-沉思维度:活跃 感觉-直觉维度:直觉 场依存-场独立维度:场独立 适应-革新维度:中性
动机激发策略	用图像动画激发学习兴趣;设定明确的目标,产生动力;借助实验或动手操作等方式激发好奇心;通过描述感受产生共鸣;询问他的想法,并适当给予支持和认可,留出的学习空间中不需要太多的监控	用好听的故事激发学习兴趣;运用将多个学科融合的方法讲解知识,激发学习的动力;借助实验或动手操作等方式激发好奇心;通过想象和直觉产生共鸣;询问他的想法,并适当给予支持和认可,留出的学习空间中不需要太多的监控

续表

姓名	小明	小花
教学引导策略	尽可能以图示化的形式呈现知识;以渐进的方式清晰条理地解释知识;采用接受学习策略,尽可能通过亲自动手操作来学习知识内容;体验式学习,创设情境,增强感官体验;鼓励独立学习,留出自主学习空间	以文字的形式清晰呈现知识;先介绍全貌,在全貌中解释局部,可根据学生情况适当跳跃;采用接受学习策略,尽可能通过亲自动手操作来学习知识内容;学术学习,可通过抽象内容的讲解来传授知识;鼓励独立学习,留出自主学习空间
知识内化策略	通过画图的方法留下深刻印象;引导学生梳理知识的全貌,创设真实的问题情景,提出要解决的问题,请学生设计方案;通过体验和感受深化理解;指明思考路径,让学生自己思考探索	借助语义图示的方法留下深刻印象;引导学生找出知识点之间的关联;创设真实的问题情景,提出要解决的问题,请学生设计方案;通过知识溯源,回顾发展历程深化理解;指明思考路径,让学生自己思考探索
练习策略	可以多用图像呈现习题内容,产生更深刻的印象;循序渐进地安排练习内容;提醒学生先仔细思考再作答;多布置与现实生活结合较紧密、有情景的练习;引导学生自我评价,发现自身的不足,并提出改进方法	引导学生提炼练习的文字要点;可组成单元总测试,或将前后知识放在一起考查;提醒学生先仔细思考再作答;可引导学生思考本题考查的知识点和出题人的想法;引导学生自我评价,发现自身的不足,并提出改进方法
创新思维促进策略	可布置图像内容丰富的创新任务;小领域内布置创新任务,如自然科学或社会科学;可布置操作性创新课题;布置与实际生活密切相关的创新任务;鼓励自主创新的同时,引导加入小组合作创新	可布置语言内容丰富的创新任务;可布置多学科的融合创新任务,如社会科学与自然科学融合创新;可布置操作性创新课题;布置偏向理论和相对抽象的创新任务;鼓励自主创新的同时,引导加入小组合作创新

小明和小花根据上述策略,在智能教学系统引导下,采取不同的学习路径进行学习,最后都取得了较好的学习成绩。

本章小结

学习风格并无大家公认的定义。每个人都有自己独特的学习风格,就像个体签名一样。它反映了个体的生理和心理特征,以及受环境影响的个体特征。常用的学习风格量表有曼勒特克斯学习风格量表等。综合型学习风格量表将费尔德-西尔弗曼(Felder-Silverman)学习风格量表、场依存型-场独立型学习风格量表和适应型-革新型学习风格量表整合到一起。学习风格能从多个维度描述学生的学习倾向和学习特征,可以为教师了解学生情况并开展适应性教学提供参考。很多学者基于学生学习风格设计智能教学系统,实施个性化教学,效果显著。

思考和练习题

1. 学习风格有无好坏之分?
2. 请你根据曼勒特克斯学习风格量表和综合型学习风格量表,评测下你的学习风格,并结合学习习惯和体验,说明两个评测结果是否和你相符。

第 11 章 智能英语教学系统"希赛可"

内 容 提 要

本章介绍智能英语教学系统"希赛可"(CSIEC)的架构、功能、教学应用和评估结果。

学 习 目 标

1. 了解英语对话机器人希赛可的功能和架构；
2. 了解智能英语教学系统希赛可的功能；
3. 了解智能英语教学系统希赛可中学英语教学应用研究的设计方法和效果；
4. 了解智能英语教学系统希赛可大学英语教学应用研究的设计方法和效果。

关 键 词

希赛可，英语对话机器人，智能英语教学系统

11.1 系统设计缘起

语言交流是各种教学活动的主要媒体。外语教学法经常借鉴的一种理论是母语习得理论。该理论的一个基本观点是：语言是自我获得的（"习得"的英文对等词就是"自己获得"）。外语学习与母语学习不完全一样，但存在诸多可以互相借鉴的地方。外语主要是自己学会的，不是教会的。对学习者有意义的、真实的交际环境有助于语言的习得。这也可以通过一个著名的学习理论——建构主义得到证明。建构主义的一句名言就是"做中学，学中做"。因此，语境对于英语学习至关重要。到国外上语言学校与在国内上外语课的区别，便在于语境。这个真正的语境迫使说汉语的人不得不用英语与别人进行交流，其英语水平也就在不知不觉中提高了。

国际互联网可以为英语学习者提供一个通过网络进行语言学习的语境。但是缺点是：如果通信双方都是学习这种外语的人，则在通信中经常出现母语的干扰，这在实时交流中特别明显。但如果通信一方是以这种外语为母语的人，则往往会

因人员稀少而产生代价昂贵等问题,这在我国这个英语学习需求巨大的国家尤其明显。

为了解决上述问题,满足英语学习的巨大需求,新的技术和手段已经被广泛应用在英语教学中,比如多媒体教学软件,基于网络的学习,以及以计算机为中介的交流(Computer Mediated Communication,CMC)等。在信息和通信技术(Information and Communication Technology,ICT)时代,计算机和互联网已经被大量应用在语言教学中,使得计算机辅助语言学习(Computer Assisted Language Learning,CALL),这一介于语言学、计算机科学、教学论等多个领域的交叉学科的研究日益受到研究者的重视。大量文献都表明,计算机技术如果应用恰当,能够有效提高学生的听、说、读、写四种能力。

目前的计算机程序大多还不能实现一项重要的教学手段,即与学习者进行基于自然语言的交流和通信,而这种交流通信对语言学习至关重要。计算机和互联网尽管为人与人之间的交流提供了极大便利,但是一个普通用户很难找到一个随时可及的对话伙伴或者笔友来练习一门外语。解决这个问题的一个潜在办法是采用计算机对话系统来模拟一个聊天伙伴。如果能够设计一个基于互联网的交互式对话系统,使之随时随地可以与英语学习者对话,就可以满足英语学习者对学习伙伴的极大需求。通过经常性地与英语学习者进行对话,这个系统可以提高他们的英语技能。

从 2001 年起,笔者团队开始设计这样一个在国际互联网上与用户进行英语聊天的系统。设计原则是面向应用和绩效评估的。笔者团队将这一系统发布在网站上(http://www.csiec.com)供用户自由测试并获取用户反馈(Jia,2004;Jia,2009)。为了满足英语教学的需求,笔者团队还与英语教师密切协作,将这个系统应用和整合在中学和高校的英语教学中,并进行系统评估(Jia,Chen,2009;陈维超,贾积有,2008;陈维超,贾积有,向东方,2008)。这种系统性的应用和评估,帮助笔者团队获得更多建议和批评,从而更加有效地开展进一步的研究和开发。

11.2 指导理论

情景学习理论和建构主义学习理论能够为外语学习者创建一个虚拟在线聊天伙伴提供指导。情景学习理论框架(Barab,Duffy,2000;Brown,Collins,Duguid,1989)考虑学习对认知条件的依赖,强调创建合适情景来激励学习活动,并激励学习者在相关的社会活动中进行练习。应用在语言学习中,情景学习理论强调借助恰当的情景交流实现语言习得(Asta,2007;Mondada,Doehler,2005)。建构主义学习理论（Jonassen，1994；Tenenbaum，et al.，2001；von Glasersfeld，1996）主张"做中学"和通过情景化的实习而进行的学习。对于语言学习而言，在目标语言中的浸润对于语言建构至关重要（Kaufman，2004）。

笔者团队开发的希赛可系统在处理文本语言时，仍然以沿袭传统的符号主义路线为主，但是也采用了一些统计方法，尝试对用户输入的完整的语法进行语义分析，就像著名逻辑学家弗雷格（Frege，1879）指出的："一个句子的意义存在于它所包含的所有单词的含义及其联结方式之中。"通过解析用户输入，它获取了用 XML 方式表示的用户信息，简化作 NLML，并称之为用户事实。这些事实来自自然语言表达式，也是用句子本体中的自然语言方式标注的。这些事实是机器人对话推理中的主要背景知识来源。这种思想可以说源自维特根斯坦（Wittgenstein，1918/21）关于世界、事实、对象和人类语言的理论："世界由事实构成，事实由对象构成，对象反映在语言中。事实的一个逻辑图像是思想。语言的界限就是知识和认知的界限。"

目前的希赛可系统版本由 Java 语言（JDK14.0.1）编程实现，并使用 MySQL Server 7.0 作为数据库管理系统。

11.3 希赛可中的英语语法体系

在英语中要处理各种各样的句子、从句、短语和单词，也就是说，英语中的所有允许的表达式。下面是在两个人（A 和 B）的对话中出现的表达式例子，以及它们的语法范畴。

A：I will buy a book tomorrow. -句子（陈述句）
B：Why? -单词（疑问副词）
A：Because I have got some money. -为上一个句子提供信息的从属句子
B：Which book will you buy? -句子（疑问句）
A：That one you have read. -具有修饰性的定语从句的名词短语
B：What a pity! -短语（简化感叹句，核心是名词：pity）
A：What about this book? -简化句子（疑问句，核心是名词：book）
B：Terrible! -单词（形容词）
A：What? -单词（疑问代词）
B：How terrible that book is! -句子（完整感叹句）
A：Please tell me why you say that! -句子（祈使句）
……

在听到或者看到这些文本时,一个学过英语语法的人应当能够有意识或者无意识地辨别出其中的语法成分,比如:陈述句,疑问句等。类似地,应当标注这些句子成分,以便在解析句子之后,能够获取这些成分信息。比如,使用标注对<mood>…</mood>来标注表达式范畴。名字"mood"适合于描述一个句子是陈述句、疑问句、祈使句还是感叹句;当然并不适于将一个名词短语与一个形容词短语区分开来。这里使用它来区分英语中的不同类型的表达式。

将所有可能的表达式用一个和上下文无关的规则系统描述出来,以产生英语表达的标注语言。

```
expression:
    ♯1. e.g.   I will buy a book tomorrow.
    statement,["."]/
"<mood>statement</mood>",statement;
    ♯2 e.g.   Which book will you buy?
    question,["?"]/
"<mood>question</mood>",question;
    ♯3 e.g.   Please read the book!
["please"],order,["please"],["!"]/
"<mood>order</mood>",order;
       ♯e.g.   Please tell me why you say that!
    ♯4 e.g.   How terrible that book is!
    full exclamation,["!"]/
"<mood>full exclamation</mood>",full exclamation!
    ♯5 e.g.   How about this book?
    "how","about",object phrase,["?"]/
"<mood>about</mood>",object phrase;
    ♯6 e.g.   What about this book?
    "what","about",object phrase,["?"]/
"<mood>about</mood>",object phrase;
    ♯7 e.g.   what a pity!
    "what",subject(NUMB,PERS),["!"]/
"<mood>what terse exclamation</mood>",subject;
    ♯8 e.g.   How terrible!
    "how",predicative adjective,["!"]/
"<mood>how terse exclamation</mood>",predicative adjective;
    ♯9 e.g.   What?Who?
    query NP(NUMB,CASE),["?"]/
"<mood>np</mood>",   query NP;
    ♯10 e.g.   Why?
    LEX_QUEADV(ATTRIBUTE)/
```

```
            "<mood>circumstances</mood>",LEX_QUEADV;
#11 e.g.    in the morning,  at home,certainly.
$ PENALTY(10),mid circumstances,["."]/
"<mood>circumstances</mood>",  mid circumstances;
#12 e.g.    that book on the desk.
$ PENALTY(10),noun phrase(NUMB,PERS,CASE)/
"<mood>np</mood>",noun phrase;
#13 e.g.    That one you have read.
 $ PENALTY(10),noun phrase(NUMB,PERS,CASE),relative clause
(NUMB)/
"<mood>np</mood>",noun phrase,relative clause;
#14 e.g.    That one you have read.
$ PENALTY(10),   attribute adjectives    /
"<mood>adj</mood>",   attribute adjectives;
#15 e.g.    ill.
$ PENALTY(10),   predicative adjective/
"<mood>adj</mood>",   predicative adjective;
#16 e.g.    Because I have got some money.
$ PENALTY(12),    subordinator,simple statement,[period]/
"<mood>subcircum</mood><subordinator>",subordinator,
"</subordinator>",simple statement.
```

以"#"开始的行是注释内容,可以用来加注解释和说明。

按照以上标注,一个英语输入表达式的解析结果至少是 16 种可能性中的某一种;或者说,解析输入表达式后,能够按照标注对"<mood>…</mood>"获得该表达式的"mood"值。根据这个值,系统可以继续进行下一步的分析处理。

注意:第 1 到 3 种分析结果以分号结束,而第 4 种分析结果以感叹号("!")结束。这表明,mood 是 statement,question,order 或者 full exclamation 的分析结果具有较高的优先级,一个表达式只要能被解析为这四种类型的某一种,就不再继续被解析为其他类型了。而这些类型的特征是都至少包含一个主语和一个谓语,也就是通常意义上所说的句子。这种机制被称为最大匹配机制。也就是说,如果一个表达式被解析为一个完整句子,就不必再进行其他情况的分析了。实际生活中,人们也习惯于将听到和读到的表达式当作一个完整的句子来理解;如果不能识别为一个句子,再继续把它处理为短语或单词。

在以上 16 种处理结果中,"mood"有 11 种不同的情形:"statement""question""order""full exclamation""np""adj""about""circumstances""what terse exclamation""how terse exclamation""subcircum"。

其中 mood 具有以下值的表达式包含了至少一个动词结构,也就是说它们可以按照句子来解析。它们是:"statement""question""order""full exclamation" "subcircum"。以下所提到的句子都是这个含义。

mood 具有以下值的表达式实质上是在处理至少一个名词短语,可以被作为一个名词短语来分析:"np""what terse exclamation"和"about"。

mood 具有以下值的表达式实质上是在处理至少一个形容词短语,因此可以被当作形容词短语来解析:"adj"和"how terse exclamation"。

mood 具有值"circumstances"的那些表达式实质上是处理一个状语短语,因而可以被作为状语短语来解析。

在以下段落中,按照四个层次来介绍英语语法成分及其标注语言:句子(sentences)、从句(clauses)、短语(phrases)和单词(words)。最后得到的标注结果是一种特殊的 XML,称之为自然语言标注语言 NLML(Natural Language Markup Language)。

11.3.1 句子

在句子层次上,可以按照几种不同的分类方法进一步分类:语气(mood),复杂性(complexity)和语态(voice)。

11.3.1.1 语气

每个句子都有其语气,所以使用标签对<mood>…</mood>来标注句子的语气。表 11-1 列举了句子语气以及相应的实例。感叹句可以被划分为三类:what 引起的简化感叹句,how 引起的简化感叹句和完整感叹句。完整感叹句可以被作为一个句子来处理,而简化感叹句应该按照名词短语或者形容词短语来处理。

11.3.1.2 复杂性

句子也可以按照其复杂性来分类。使用标签对<complexity>…</complexity>来标注句子的复杂性。表 11-2 列举了各类复杂性及其实例。

从实例中可以看出,复合复杂句、复合句和复杂句子都是由简单句子通过连词以及逗号等标点符号连接起来形成的,因此简单句是各类句子的基本构成单位。与复合复杂句、复合句以及复杂句相比,简单句比较简单,但是它也可以是非常复杂的,比如包含了定语从句和名词从句的简单句子就很复杂。

11.3.1.3 语态

每个句子都有自己的语态:主动态(active)或者被动态(passive),因此句子可以按照其语态进行分类。使用标注对<voice>…</voice>来标注句子语态。因为只有两种语态主动态和被动态,在 NLML 中如果没有标注对<voice>…

</voice>，就认为这个表达式是主动态的。表 11-1 和表 11-2 中的例句都是主动态的。表 11-3 展示了被动态表达式的例子（祈使句中没有被动态）。

表 11-1　按照语气划分的句子类型

语气	例句
陈述句（declarative）	If it rains today, you can not go out, and I can not come.
疑问句（interrogative）	What will you do if it rains today?
祈使句（imperative）	Please do your homework if it rains today.
完整感叹句（exclamative）	What a rainy day it is!

表 11-2　按照复杂性划分的句子类型及其主动态例句

复杂性	陈述句	疑问句	祈使句	感叹句
复合复杂句	If it rains today, you will not go, and I will not come.		If it rains today, please stay at home, listen to the radio and read the book!	
复合句	Today you come, he goes, and I wait. It snows, but I still go out. Neither you come, nor I go.	What should I do, what can I do, and what must I do?	Please sit down, read the book and then write your paper! Either live or die!	
复杂句	If you come, I will go. I lived whenever she lived.	What would he do if it rains today?	Please phone me if you have time.	
简单句	Both you and he come today. Neither he nor I come today. I don't understand what he is now saying. I give him a book written by the famous professor. I know the book you gave your girl friend yesterday. The man coming today is my best friend. The horse runs so fast that others can not catch up with it. I see the student do his job carefully. He has his car repaired.	Can you understand what he is saying? Who is coming to fetch the book? Whom did you give the book written by the famous professor?	Go to listen to the radio!	What a stupid man he is! How beautiful she is!

表 11-3　按照复杂性分类的句子及其被动态例句

复杂性/语气	陈述句	疑问句	感叹句
复合复杂句	If it rains today, the desk should be moved into the room, and the window should be closed.		
复合句	Today the car should be repaired, the room should be cleaned, and the clothes should be washed. The car has been repaired, but the room has not been cleaned. Neither the car is repaired, nor is the room cleaned.	What should be done, what can be done and what must be done?	
复杂句	If you come here, the room can be cleaned completely.	What should be done by us if it rains today?	
简单句	Both the car and the bicycle are repaired by him alone. Neither the car nor the bicycle was repaired by him. What he is now saying can't be understood by me. A book written by the famous professor is given him. The student was seen to do his job carefully.	May the car be repaired by him? Who was seen to do his job carefully? How can the room be cleaned so completely?	What a good book has been lost by him! How completely the room is cleaned!

如表 11-2 和表 11-3 所示，所有复合句、复杂句都可以被分解为由连词联系起来的简单句子。下面将分别按照语气分类进行介绍。

11.3.1.4　陈述句

一个陈述句，要么是一个复合复杂陈述句，要么是一个复合陈述句，要么是一个复杂陈述句，要么是一个简单陈述句。这种分类可以通过以下的标注语言所描述。

```
statement:
  compound complex statement/
    "<complexity>compound complex</complexity>", compound complex statement!
  compound statement/
    "<complexity>compound</complexity>", compound statement!
```

```
complex statement/
  "<complexity>complex</complexity>",complex statement!
simple statement/
  "<complexity>simple</complexity>",simple statement.
```

最大匹配原理也被运用在这个句子的解析过程中。

一个复合复杂陈述句,要么是一个从句加一个主句,要么是一个主句加一个从句。两者之间通过连接词连接起来。使用标注对<subordinator>…</subordinator>来标注从句类型;而其内容则是连接从句和主句的连词,除了"ever"和"whether or not"之外。使用标注对_…来标注从句中的简单句。主句部分就不必再标注了,因为首先处理用<subordinator>…</subordinator>标注的从句部分,然后处理其他剩余部分,即主句部分。

复合陈述句可以被分成两种类型:"and or statement"和"two simple statements"。"and or statement"类型的陈述句由若干简单陈述句构成,最后一个独立简单句通过连词"and"或者"or"与前面的句子相连,而更前面的其他简单句子则通过逗号连接在一起。在"two simple statements"类型的陈述句中,只有两个简单陈述句,它们通过"but"或者"neither…nor…"连接在一起。

使用标注对<simple_sentence>…</simple_sentence>来标注一个简单陈述句,用标注对<sentence_connector>…</sentence_connector>来指明连接词。如果这个标注 sentence_connector 的内容仅仅是一个单词,比如"so""for""but",或者"yet",它就是事实上的这两个简单陈述句的连接词。如果其内容是由下划线符号"_"连接起来的两个单词,比如"either_or",或者"neither_nor",它就对应于两个连接词的情形。

复合复杂句实际上是一个从句加一个"and or statement"句子。

综上所述,简单陈述句是最基本的陈述句。

将简单陈述句划分为两类:"simple statement without noun clause as real subject"和"simple statement with noun clause as real subject"。前者指没有名词性从句作为主语的简单陈述句,后者指具有名词性从句作为主语的简单陈述句。前者具有较高的解析优先权,就是说一个陈述句要尽量被解析为一个不包含作为主语的名词性从句的陈述句,如果实在解析不了,才解析为一个包含作为主语的名词性从句的陈述句。

"simple statement without noun clause as real subject"类型的句子由一个"pre circumstances"和一个"simple SVerb phrase"构成。

simple statement without noun clause as real subject:
  pre circumstances,simple SVerb phrase

"pre circumstance"是指位于句子前端的状语部分。这里讲一下句子的状语问题，这是一个棘手的问题。有些状语必须置于句首，有些必须置于句尾，有些必须置于句子中间；但是有些则可以灵活地置于句首、句尾或者句中。那么为什么在上面的解析式子中只标注了前置状语，而不像下面这样标注后置状语呢？

simple statement without noun clause as real subject：

  pre circumstances, simple SVerb phrase, post circumstances.

这样做的目的是避免状语解析的歧义性。比如在解析以宾语为名词性从句的句子时，容易产生歧义。例如对于句子："Today I know he will come tomorrow."后置状语"tomorrow"是作为宾语的名词从句中的状语，也即"he will come tomorrow."但是如果使用上面的解析方法，这个状语就有可能被解析为主句的状语，也就是说理解为"Today tomorrow I know he will come."显然这样的解析是错误的。对于歧义性不可避免的情形，比如对于句子"I know he will come today."，仍然将后置状语理解为宾语从句的状语。也就是说，将 post circumstances 放入 simple SVerb phrase 中来进一步解析。

一个"simple SVerb phrase"是一个简单陈述句，包含了主语和谓语短语两个部分；主语位于句首，谓语短语描述其行为或者状态。语态可以是主动的，也可以是被动的。需要特别注意的是"there be"句型：将它的主语人为地设置为"there"，以区别于其他的一般句子，并将它的实际主语设置为名词性表语。

```
simple SVerb phrase:
"there", be ( NUMB, PERS, TENSE ), mid circumstances, subject ( NUMB, PERS)/
    <subject><noun><word>there</word></noun></subject><verb_phrase><verb_type>be</verb_type><tense>, TENSE, "</tense><numb>", NUMB, "</numb><pers>", PERS, "</pers>", be, "<predicate><predicate_type>np</predicate_type>", subject, "</predicate>", mid circumstances, "</verb_phrase>";
    ♯e.g.  There is a book on the desk.
subject(NUMB, PERS), Verb phrase(NUMB, PERS)/
    "<subject>", subject, "</subject><verb_phrase>", Verb phrase, "</verb_phrase>".
```

在上面的标注中，用标注对＜subject＞…＜/subject＞表示主语部分，用＜verb_phrase＞…＜/verb_phrase＞表示谓语部分。

主语部分实质上是一个名词短语。需要特别注意主语部分和谓语部分之间的一致性。主语部分具有数量(number)和人称(personality)的属性。数量上有单数(singular)和复数(plural)，人称上有第一人称(first)、第二人称(second)和第三人称(third)之分。谓语部分也要考虑这两个属性。英语语法要求主语和谓语的这两个属性必须相同。分析系统保证了这个一致性。

11.3.1.5 疑问句

一个疑问句,要么是一个复合疑问句,要么是一个复杂疑问句,要么是一个简单疑问句。在解析疑问句的时候也要使用最大化匹配原理。

一个复杂疑问句是一个主要的简单疑问句加上一个从属的简单陈述句。两者之间通过连接词连接起来。

一个复合疑问句是一个"and or question"类型的疑问句,该类疑问句由若干简单疑问句构成,最后的一个通过"and"或者"or"与前面的相连接,更前面的则通过逗号相连。

所以疑问句可以被分解为简单疑问句,有时候则加上简单陈述句。

11.3.1.6 祈使句

一个祈使句,要么是一个复合复杂祈使句,要么是一个复合祈使句,要么是一个复杂祈使句,要么是一个简单祈使句。在解析祈使句的时候要应用最大化匹配机制。

一个复杂祈使句可以是一个从属的简单陈述句,加上一个简单祈使句;或者是一个简单祈使句,加上一个从属的简单陈述句。两者之间通过连接词连接起来。

一个复合祈使句要么是"and or order",要么是"two simple orders"。"two simple orders"类型的祈使句由两个简单祈使句构成,它们通过如"but"这样的连接词连接起来。"and or order"类型的句子由若干简单祈使句组成,最后一个独立的简单祈使句通过连词"and"或者"or"与前面的相连,而更前面的则通过逗号相连接。一个复合复杂祈使句事实上是一个从属的简单陈述句加上一个"and or order"句子。

总之,祈使句可以被分解为简单祈使句,有时则再加上简单陈述句。

总结:各种各样的陈述句、疑问句和祈使句是由简单陈述句、简单疑问句和简单祈使句构成的。如前所示,将所有语气的简单句都用标签对＜simple_sentence＞…＜/simple_sentence＞来表示,也就是说,这些简单句子,不管是陈述句、疑问句还是祈使句,都可以按照同一类型的句子——简单句(simple sentence)来处理。后面还要继续验证这一点。

11.3.1.7 完整感叹句

有两种类型的完整感叹句。如果感叹句强调的是名词性表语,"what"就被置于句首,然后是被强调的名词短语,以及主语和谓语部分。如果感叹句强调的是形容词性表语,"how"就被置于句首,然后是被强调的形容词短语,以及主语和谓语部分。

11.3.2 从句

名词从句和定语从句都必须包含至少一个谓语从句,有些具备明确的主语,有些的主语则隐含在主句中。所以从句可以按照一个简单句子来处理。

名词从句在主句中起到名词短语的作用,例如作为主语、宾语或者补语,或者是介词短语的宾语部分。名词从句有很多形式和种类:一般动词不定式短语,疑问不定式短语,否定性不定式短语,动名词短语,否定性动名词短语,所有格动名词短语,that 引起的名词从句,whether(if)引起的从句,疑问性名词从句,等等。

定语从句位于其修饰的名词短语之后。有两种形式的定语从句。完整性定语从句包含主语和谓语部分,不过被疑问代词所代替的主语、宾语或者补语必须位于定语从句的句首。简化的定语从句包括不定式短语、现在分词、过去分词等形式,一般都省略了主语部分,需要从其修饰的名词短语中查找。

11.3.3 短语

11.3.3.1 动词短语

需要考虑复杂的谓语短语形式,动词短语可能包含两个或者更多个动词部分,它们通过连词联系起来。使用标注对＜verb_phrase_part＞…＜/verb_phrase_part＞来表示不包含任何连词的简单动词部分,用＜verb_phrase_connector＞…＜/verb_phrase_connector＞来标注连词。所以解析谓语部分的关键是简单动词短语"simple Verb phrase(NUMB,PERS)"。这个短语的属性有数量(NUMB)和人称(PERS)两个部分。数量的值为单数(singular)或者复数(plural)。人称的值有第一人称(first)、第二人称(second)或者第三人称(third)之分。

简单谓语短语可以是主动态的或者被动态的。主动态的简单谓语短语是由"all Verb phrase"所表示的各种各样的动词短语所构成。这些动词短语的差异性主要体现在其时态上,该时态由元标签"SENTENCETENSE"所表示,可以是一般现在时(present)、一般过去时(past)、现在进行时(present progressive)、过去进行时(past progressive),也可以是情态动词与不同形式的词典动词的组合。

所有动词短语可以分为两大类:实意词典动词短语"real all Verb phrase"和系动词 be 引起的表语短语。仍然使用最大化匹配机制来避免歧义的出现,尤其是当句子中的系动词"be"既可以被解释为一个引领表语短语的实意词典动词,又可以被解释为一个引领正在进行时动词短语的助动词时。例如对于一个非常简单的句子"I am doing the job."而言,单纯从语法上讲,就有两种解释。

一是:I—主语,am doing—正在进行时的动词,the job—宾语。

二是:I—主语,am——一般现在时的系动词,doing the job—作为表语的动名词短语。

使用最大化匹配机制,可以避免第二种处理结果的出现。

实意词典动词短语"real all Verb phrase"包含一个词典动词,还可能包含多达四十多种的其他附属成分,词典动词和附属成分组合起来描述主语的状态或者行为。

一些组合方式举例如下:

- 及物动词(transitive verb)+宾语(object)
- 双宾语动词(bitransitive verb)+间接宾语(indirect object)+直接宾语(direct object)
- 动词(verb)+副词(particle)+介词短语(prepositional phrase)
- 及物动词(verb)+副词(particle)+宾语(object)
- 动词(verb)+宾语(object)+不定式短语(bare infinitive clause)
- 动词(verb)+宾语(object)+过去分词短语(past participle clause)

……

使用标签对＜verb_type＞…＜/verb_type＞来标注词典动词的语义学类型,用＜direct_obejct＞…＜/direct_object＞来描述直接宾语短语,用＜indirect_object＞…＜/indirect_object＞来描述间接宾语短语,用＜prep_phrase＞…＜/prep_phrase＞来描述介词短语,用＜predicate＞…＜/predicate＞来描述表语短语,等。

被动态的简单谓语短语则由不同形式的系动词"be"和过去分词时态的"all Verb phrase"所组成。

11.3.3.2 名词短语

名词用来定义人、地方和各类事物,描述世界上的客观事物或者人类大脑的主观状态等。名词短语具有三种属性:数量(number),人称(personality)和格(case)。数量上有单数和复数,人称上有第一、第二和第三人称,而格上有主格(nominative)和宾格(dative)的区分。

一个名词短语可以包含几个名词部分(noun part),它们由连词和逗号联结起来。使用标签对＜part＞…＜/part＞来标注每个名词部分,用＜part_connector＞…＜/part_connector＞来标注连词。所以名词短语的核心是名词部分(noun part)(NUMB,PERS,CASE)。它必须具有一个核心部分,如实意名词、代词、数量词等,也可以有前置修饰部分,如代词、量词和形容词等,也可以有后置的修饰部分,如介词短语、定语从句等。

11.3.3.3　形容词短语

形容词短语有两类：属性形容词（attribute adjective）位于修饰的名词短语之前，表语形容词（predicate adjective）用于作为句子的系动词的表语部分。不过两者有重叠部分，称为一般形容词。也就是说，一般形容词既可以作为属性形容词，又可以作为表语形容词来使用。纯粹的属性形容词则只能作为属性形容词使用，纯粹的表语形容词只能作为表语形容词来使用。

一个表语形容词可以包含几个表语形容词部分，它们由连词和逗号连接起来。使用标注对＜part＞…＜/part＞来标识每个表语形容词部分，用＜part_connector＞…＜/part_connector＞来标识连词。

除了一般形容词，现在分词和过去分词也可以被用作形容词短语。

形容词短语具有一个程度属性（GRAD）。它可以是绝对级（absolute）、比较级（comparative）、最高级（superlative）或者表语级（predicative）。属性形容词的这个属性可以是前三种之一。纯粹表语形容词只能具有属性表语级属性（predicative），表示它只能作为表语使用。具有比较级的一般属性形容词可以通过连词"than"和一个名词短语或者一个简单陈述句相连接，表明其被比较的对象。形容词短语也可以通过两个连词的组合如"so…as""as…as""so…that""too…to""enough…to"，以及名词短语，来和其他句子连接起来，表示形容词所形容事物的结果或者程度。

某些形容词可以具有另外一个附属部分，比如介词短语、不定式短语或者其他名词短语。

形容词短语前面可以有修饰它的副词，来表明其程度等。

11.3.3.4　副词短语

副词短语（adverb phrase）有两类。一类是纯粹的副词，没有程度属性（GRAD），另一类是只有一个音节的特殊形容词，比如 fast，也可以用作副词，它们具有程度属性。纯粹副词的比较级形式为前置一个词"more"，最高级形式为前置"the most"。

11.3.3.5　介词短语

介词短语（prepositional phrase）由一个介词和宾语短语构成。介词可以是一个单词，也可以是若干词的组合。宾语可以是一个名词短语，或者是一个名词从句（动名词或者疑问不定式短语）。而名词短语也可以用定语从句来修饰。

11.3.3.6 状语短语

状语短语(circumstance)可以被置于一个句子的起始位置、中部或者结尾,分别被称作前置状语(pre circumstances)、中置状语(mid circumstances)或者后置状语(post circumstances)。

前置状语可以是一个现在或者过去分词短语,或者是一个中置状语。

中置状语可以是一个表示时间、地点、方式等的副词,或者是一个介词短语。

后置状语可以是一个中置状语,或者是一个现在或者过去分词。如果中置状语的核心是一个副词,它还可以通过连词组合如"so…as""as…as""so…that""too…to""enough…to",以及名词从句等表示这个副词的程度或者结果。如果这个副词使用了比较态,它就可以通过连词"than"和一个名词短语或者一个简单陈述句联合起来,表明比较的对象。

11.3.3.7 表语短语

表语短语(predicate phrase)可以是一个主格形式的名词短语,或者是一个名词从句,或者是一个介词短语,或者是一个形容词短语。使用标签对<predicate_type>…</predicate_type>来区分不同类型的表语以便进一步采用不同的解析方法。

11.3.4 单词

短语由不同种类的词典单词构成:形容词、副词、名词、代词、动词、介词等。单词的词典形式用标签对<word>…</word>来表示。每个类型的单词与它的可能属性,以及语料统计的出现概率,作为一行被保存在一个词典文件中,这个文件是一个普通的文本文件。在语法解析中,这个概率也是被考虑的,这被称作混合式解析。例如:

"beam"　NOUN(sing)　6 表示一个名词的单数形式,概率为 6。

"beams"　NOUN(plur)　6 表示一个名词的复数形式,概率为 6。

"big"　ADJE(abso)　15 表示一个形容词的绝对形式,概率为 15。

"well"　ADVB(abso)　13 表示一个副词的绝对形式,概率为 13。

"Qinghua"　ANAME　表示一个地名,概率为 1。

"Zhang"　FNAME　表示一个姓氏,概率为 1。

"live"　VERBI(to,intr,up)　5 表示一个不及物动词的一般形式,后接副词 up 和介词 to 构成一个动词短语,概率为 5。

"lives"　VERBS(to,intr,up)　5 表示一个不及物动词的第三人称单数形式,后接副词 up 和介词 to 构成一个动词短语,概率为 5。

"lived"　VERBP(to,intr,up)　5 表示一个不及物动词的过去时形式,后接副词 up 和介词 to 构成一个动词短语,概率为 5。

"lived"　VERBV(to,intr,up)　5 表示一个不及物动词的过去分词形式,后接副词 up 和介词 to 构成一个动词短语,概率为 5。

"living"　VERBG(to,intr,up)　5 表示一个不及物动词的现在分词形式,后接副词 up 和介词 to 构成一个动词短语,概率为 5。

"always"　ADVB　4 表示一个一般副词,概率为 4。

"in the morning"　TIMEPP　2 表示一个时间短语介词词组,概率为 2。

"Monday"　WEEK(1)　表示一个星期名词,属性值为 1。

"hi"　INTERJECTION　表示一个感叹词。

"we"　PERSPRON(plur,first,nom)　表示一个人称代词,复数,第一人称,主格形式。

"aren't"　TOBE(plur,first|third,present)　表示一个系动词,复数,第一或者第三人称,时态为一般现在时。

"has to"　AUXV(sing,third)　表示一个助动词,单数,第三人称。

"whenever"　CON(sub)　表示一个连词,引出附属句子。

"one"　NUM(card,1,ge)　表示一个数词 1,基数,位于个位。

"first"　NUM(ord,1,ge)　表示一个数词 1,序数,位于个位。

"since"　PREPOS　表示一个介词。

当然每个词的出现概率是相对而言的,如果省略则默认为 1。

11.4　希赛可系统结构和技术机理

希赛可目前的系统版本是第 15 版。相应于它的多种功能,整个系统结构也比较复杂,希赛可系统的组成结构图如图 11-1 所示。系统构件之间都是相互关联的。

11.4.1　浏览器/服务器接口

浏览器/服务器接口包括 HTTP 请求处理器和输出处理器。

HTTP 请求处理器解析来自 HTTP 连接的用户输入,获取这些参数值:输入文本,拼写/语法检查标志,对话代理角色,朗读速度,场景话题,等等。HTTP 连接可以来自 www 浏览器如微软 Internet Explorer,或者是即时通信服务客户端的中转器,甚至可以是手机上的客户端程序经过手机上网提供商的网关发来的。

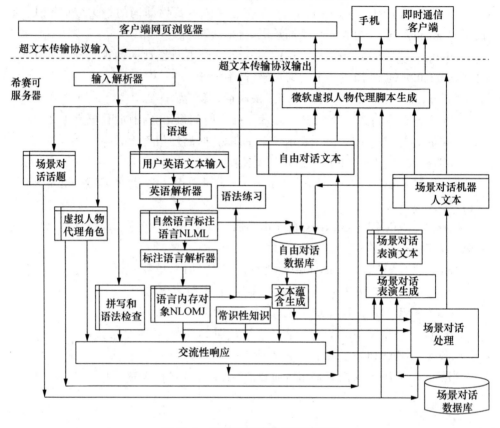

图 11-1　希赛可系统的组成结构图

输入文本对于希赛可系统的所有功能都是必需的。如果用户在和机器人自由聊天时希望检查拼写和语法错误,则可以设置拼写/语法检查器标志为"是"的状态。如果用户选择与机器人的语音聊天的相关设置,则可以从三个女性(Christine,Ingrid and Emina)和两个男性(Stephan and Christopher)Microsoft 代理角色中选择一个,来代表自己或者机器人。这五个角色的语音和形态各异。语音速度则决定着代理角色的语音合成输出的速度,可以选择 50 到 250(单词/每分钟)之间的任意值。当使用场景对话模式聊天时,则可以选择某个场景展开专题聊天。

输出处理器则依据输入方式,将机器人输出文本进行处理,最后产生纯文本、VB 脚本语言等形式。文本方式适合基于浏览器的文本方式聊天、手机上网聊天和即时通信聊天。VB 脚本语言适合语音方式聊天,同时在考虑选择的代理角色和讲话速度等参数的基础上进行相关调整。

11.4.2 英语解析器

英语解析器将用户输入文本解析为自然语言标记语言(Natural Language Markup Language,NLML)形式。NLML 是一个 XML 形式的依存树,结构性地标注了语法元素(短语)、它们的关系和其他语言学信息,例如单词及其类型等。

例如句子"I come"的 NLML 是：

```
<mood>statement</mood><complexity>simple</complexity>
<subject>
<noun><type>perspronoun</type><word>I</word><numb>sing
</numb>
      <pers>first</pers><case>nom</case>
      </noun>
</subject>
<verb_phrase><verb_type>verb</verb_type><tense>present</tense>
<numb>sing</numb><pers>first</pers><verb_word>come</verb_word>
      <circum></circum>
</verb_phrase>
```

句子"What is your name?"的 NLML 是：

```
<mood>question</mood><complexity>simple</complexity>
<subject><prem><type>possessive</type><word>your</word>
</prem>
      <noun><pers>third</pers><word>name</word>
         <numb>sing</numb><type>noun</type>
      </noun>
</subject>
<verb_phrase><verb_type>be</verb_type><tense>present</tense>
      <numb>sing</numb><pers>third</pers><verb_word>is</verb_word>
      <predicate><predicate_type>np</predicate_type>
      <noun><type>relpron</type><word>what</word></noun>
      </predicate>
</verb_phrase>
```

11.4.3 NLML 解析器

NLML 解析器用于对用户输入文本的 NLML 或者从数据库中加载的 NLML 进行解析,获得其 Java 中的内存模型(Natural Language Object Model in Java, NLOMJ)。它用 Sentence 或者 Phrase 本体的形式,表示着语法元素及其相互依存关系。NLOMJ 可以轻易地获取一个表达式中的任何一个元素,并可以对该表达式进行转换操作,比如否定句、陈述句和疑问句之间的相互转换,主动态和被动态之间的相互转换等。

通过 NLOMJ,可以获取输入文本中的陈述句,并进一步将其分解为原子事实,也就是仅仅包含一个主语和一个谓语短语的基本陈述句(basic sentence)。例如,从句子"I am Peter and live in Europe",可以获取两个原子事实:"I am Peter"和"I live in Europe"。

11.4.4 自然语言数据库(Natural Language Database, NLDB)

自然语言数据库 NLDB 储存着人机对话历史、用 NLML 方式表示的用户原子事实和机器人原子事实、常识性知识、推理性知识、用户使用各种功能的行为记录和得分,以及其他数据。

机器人的原子事实是由英语教学专家事先用自然语言的方式人工定义,然后经由英语解析器处理而获得的。比如:关于代理角色"Stephan"的一个原子事实是"My name is Stephan"。五个角色都有各自的特征,比如姓名、身高、体重、爱好等,都是这样用自然语言表达的,并被保存在数据库中。保存在数据库中的用户事实和机器人事实统称为人物性知识。

数据库中还有一个常识性知识表,也是以 NLML 方式保存着一些常识性知识,比如"China is in Asia"。这个表的内容也是系统管理员预先输入的,并能随着和用户的对话展开而扩展;也就是说,机器人在和用户对话过程中,会从用户输入中提取陈述性的句子,并分解为原子事实。这些事实如果和用户有关,就归入用户原子事实库;如果和机器人有关,则不予保存;有些和用户、机器人都无关,就归入常识性知识库。当然,这些自动获取的"常识性知识"正确与否,还有待管理员的检查和确认。

11.4.5 常识性知识

与人物知识相似,常识性知识也是机器人产生输出和进行逻辑推理的重要基础。目前的常识性知识主要由 WordNet 和 NLDB 中的常识性知识表所表示。WordNet 是一个著名的常识性知识本体,从中可以获取多种信息,比如两个名词之间、两个动词之间、两个形容词之间、两个副词之间的关系,以及名词和动词之间的关系。比如:"student"是一种"person",或者更加形式化地表达,"person"是"student"的一个上位词,"student"是"person"的一个下位词。"stupid"是"clever"的反义词,是"foolish"的同义词。"run"是"rush"的一个上位词,"run"的一个上位词是"travel",即"rush"是"run"的一种方式,而"run"是"travel"的一种方式。

11.4.6 文本蕴含机理(Generation of Textual Entailment,GTE)

文本蕴含机理可以产生给定文本的蕴含文本,或者进行推理。例如从"my name is Stephan",它能获取如下蕴含:"Stephan is my name""I am Stephan""I am called Stephan"。这种机制使用 NLDB 中的一张表来存储蕴含规则,使用模式识别机制来查询给定文本的匹配规则,然后推算出相应的蕴含输出文本。这一机理的详细介绍见(Jia,2008)。

11.4.7 交流性反应机理(Communicational Response,CR)

在和用户自由聊天时,可使用交流性反应机理 CR 产生机器人输出。它综合考虑用户输入、NLDB 储存的用户事实和选择的机器人事实、常识性知识、推理性知识以及用户选择的聊天模式。三种类型的知识库,即人物知识、常识性知识和推理性知识,构成了交流性反应机理的重要基础。

下面先比较用户与希赛可机器人的对话,以及用户与 ELIZA 风格的 ALICE-BOT 的对话,然后以此为例阐述交流性反应机制。

和 ALICEBOT 的对话是:

> Human: Hello!
> ALICE: Hi there!
> Human: I am Tom.
> ALICE: I could do it more if I wanted to.
> Human: Who am I?
> ALICE: You are unknown person, seeker.
> 和 CSIEC 的对话是:
> You: Hello!

```
CSIEC: hi, what is your name?
You: I am Tom.
CSIEC: Hello, Tom.
You: Who am I?
CSIEC: You are Tom.
```

下面将详细介绍交流性响应机理。

11.4.7.1　不考虑对话上下文背景的直接反应（Direct Response）

如前所述，为了克服 ELIZA 机理由于仅仅使用关键词而产生的不可避免的缺点，希赛可系统进行全面的语法和语义分析。比如，可以定义一个更为普遍的模式来包含具有一定语法和语义特点的输入句子。这个模式仍然采用 NLML 来描述，但是包含了一些哑元变量，他们不仅仅起到 ELIZA 机理中关键词的作用，还包含了更多的信息量。

下面通过例子来讲解这种机制。比如要对这样的用户输入（并且这样的输入是第一次）做出反应："I am a student"，可以输出："How do you like being a student?"

用户输入"I am an English teacher"，可以输出："How do you like being an English teacher?"

用户输入"My roommate was a troublemaker two years ago"，可以输出："How did your roommate like being a troublemaker two years ago?"

概括地讲，可以用以下的变换规则表达以上的例子：

Somebody is something→How does somebody like being something?

左边的输入部分可以用以下的 NLML 来表示，称为输入模式 NLML。（由于篇幅有限，只列出其中的关键部分，其他部分用省略号表示，下文同）

```
<mood>statement</mood>
<subject><pseudo>pseudo variable 1</pseudo></subject>
<verb_phrase><voice>active</voice><verb_type>be</verb_type>……
    <predicate><predicate_type>np</predicate_type>
    <noun><word>pseudo variable 2</word><type>noun</type></noun>
    </predicate>
</verb_phrase>
```

注意：其中的 **pseudo variable 1** 代表了 Somebody，**pseudo variable 2** 代表了 something。动词的类型必须是"be"加上表语短语，句子的其他信息则不予考虑。

右边的输出部分的 NLML 被称为输出模板 NLML，如下：

```
<mood>question</mood><subject>pseudo variable 1</subject>
<verb_phrase><voice>active</voice><verb_type>likewishinf</verb_type> …
    <verb_word>do</verb_word><verb_word>like</verb_word><verb_change/>
  <direct_object><noun_clause><clause_type>gerund</clause_type>
    <verb_phrase><voice>active</voice><verb_type>be</verb_type>
        … … <verb_word>being</verb_word>
        <predicate><predicate_type>np</predicate_type>pseudo variable 2</predicate>
    </verb_phrase>
</noun_clause></direct_object>
</verb_phrase>
<circum><circum_type>adv</circum_type>
    <type>question</type><word>how</word><attribute>way</attribute>
</circum>
```

注意：其中的主语为 **pseudo variable 1**，谓语结构必须为 likewishinf，而动名词部分的结构为"be"加上表语短语，表语类型为名词性短语，其值为 **pseudo variable 2** 的值。

下面的输入文本可以匹配上面的输入，并按照输出模板得到相应输出：

"I am a university student."→"How do you like being a university student?"
"I was a salesman two years ago"→"How did you like being a salesman two years ago?"
"My classmate will be an officer"→"How will your classmate like being an officer?"
"I am a teacher and you look like a student"→"How do you like being a teacher?"
"I am a person who likes all students"→"How do you like being a person?"

但是下列输入文本不能和这个模式匹配：

"I am Peter""I am happy today""I am in the room""He helps this student"，等等。

输入模式 NLML 和输出模板的 NLML 被保存在 NLDB 的一张表"direct-response"中。直接反应的算法可以归纳为：

> 将输入文本解析为 NLML 并获得其 NLOMJ
> 模式识别：比较这个 NLOMJ 和直接反应表中的输入模式的 NLOMJ
>   如果匹配
> 将输出模板中的 NLML 进行转换，并计算出输出文本结果

对于一个给定的输入文本，可能会有多种输出文本。所以对于一个输入模式，可以对应多个输出模板。每对输入模式和输出模板可以通过一个数字进行索引，以便机器人能够记忆已经使用过的输出，避免对同一输入内容产生同样的输出，重复单调。

这种直接反应的产生仅仅考虑输入文本，而不考虑谈话的上下文背景。用户输入可以是任何类型的表达式，如陈述句、疑问句、感叹句或者短语等。

对于上面的例子而言，因为用户输入是一个陈述句，所以新的用户事实"I am a student"就被添加进了用户事实表。

11.4.7.2 考虑谈话上下文背景和人物知识的直接反应

很多场合下的对话必须考虑用户的对话历史、用户和机器人的人物知识等背景性因素。例如，当用户询问用户或者机器人的个人特征的时候，或者重复一个输入的时候，对话产生就要查找用户或者机器人的人物知识库，并考虑对话历史。

例如，如果用户第二次输入"I am a student"，输出还是"How do you like being a student?"就会显得单调。不过，从用户对话历史表中，机器人获悉这样的输出模板已经用过一次了，因此它就查找另外一种输出，比如"What are you studying?"还有一种可能是，机器人从用户事实表中发现，这样的用户事实已经存在，因此会用以下方式进行输出："Yes, I know. What are you studying?"

11.4.7.3 在推理知识库和常识性知识库中查找答案

如果对一个给定输入而言，直接反应和基于人物知识的查找都不能找到一个输出文本，推理知识（文本蕴含 GTE）数据库和常识性知识库就会被依次检索。如果仍然没有相应输出，WordNet 就会被启用，以便查找出输入文本中关键名词的定义说明、同义词或者反义词，以此作为机器人输出。

11.4.7.4 不同语气的交流式响应的例子

下面使用不同的用户输入和机器人输出来解释交流性响应的产生算法，及其内在机制。

（1）如果输入是一个陈述句，输出可以是陈述句、疑问句、或者两者的组合。例如：

"Hello,I am Peter."→"Hi,Peter. How are you?"

这个输出是对输入模式"I am＜name＞"的直接反应。用户输入的新事实"I am Peter"将被添加到用户事实表。用户下次登录开始聊天时,机器人会像见到熟人一样地问候:"Hello,nice to meet you,Peter."

"I am a student."→"How do you like being a student?"

这个输出是对用户输入的一个直接反应,当然和用户输入有关。

"I feel very happy to be a student."→"I'm a college student and my major is math. What is your major?"

这个输出仍然是对输入文本中不定式短语"be a student"的直接反应,但是包括两个部分:一个是关于用户输入的陈述句,二是关于用户的一个问题。

"Literature."→"Alas. You study literature. Do you like it?"

这个输出是按照推理知识给出的。即"Your major is literature"→"You study literature.",加上一个直接反应。

"Surely."→"Okay,you like literature."

机器人分析用户输入,根据对话上下文获得一个新的用户输入,然后就重复一遍这个新的用户事实。

"You are boring."→"No,I am not boring. Are you boring?"

这次的用户输入是对机器人的一个评论,机器人不能从其事实表中找到"I am boring"这样一个事实,所以它否定了用户的评论。并且,机器人从目前的用户事实表中也不能发现这样一个事实,所以它反而询问用户这个问题。

(2) 如果用户输入的是一个疑问句,机器人会尽力回答这个问题。

"Do you like literature?"→"Certainly,I like literature,because reading literature enriches my life. I know you also like literature,because you have told me."

用户询问一个关于机器人本身的问题,机器人就在它本身的事实表中查找这个事实"I like literature"。结果它不仅发现了这样一个事实,还发现了对这个事实的一个解释。另外它也从用户事实表中找到了这样一个事实,所以它叙述了这个用户事实,以证明其记忆能力。

"What is a UFO?"→"UFO is a phantom."

用户询问一个概念定义,机器人从WordNet中发现了一个定义。

"Who am I?"→"Peter."

用户问题是关于机器人本身的,机器人从本身的事实表中发现了答案。

"Do you speak Chinese?"→"No,I do not speak Chinese because I can't speak Chinese. Do you speak Chinese?"

用户询问一个关于机器人的问题,机器人从自身的事实表中查找这个事实"I speak Chinese",但是它发现了对这个事实的一个否定句,以及对它的解释。进一步,它不能从用户输入表中找到同样的事实,因此询问用户这个问题。

"What is twenty plus thirty-one?"→"51."

机器人可以计算并回答用户提出的数学问题。

"Where is Australia?"→"Sorry I do not know. Do you know the answer? Where is Australia?"

对于用户的这个问题,机器人不能从人物知识和常识性知识中找到答案,因此它承认自己的知识不足并反问用户这个问题。

"Australia is in the Pacific."→"Oh, Australia is there."

用户给出一个问题的答案后,机器人将新获取的事实添加到常识性知识库中,因为这个事实与用户和机器人都无关。

"Where is Australia?"→"In the Pacific."

这次机器人能够从更新后的常识性知识库中找到用户问题的答案,所以可以回答了。

(3) 如果用户输入是一个祈使句,机器人会给予响应和行动。

"Please tell me what UFO is."→"UFO is an (apparently) flying object whose nature is unknown."

机器人从用户的祈使句中获取一个关于某个事物的定义的问题,并从WordNet中找到答案,输出给用户。

"Tell me a joke."→"This story is a joke. Which Search Engine does Arnold Schwarzenegger use?"

机器人响应用户的请求,从表"story"中随机取出一个笑话,并一句句地陈述给用户。

"Sing a love song please."→"I Will Always Love You——Whitney Houston 1993…"

机器人响应用户的请求,从表"song"中随机取出一首歌并一句句地朗读。

(4) 如果用户输入是感叹句,机器人的输出会表达出它感受到了用户的惊讶和感叹语气。

"How simple you are!"→"You are surprised, aren't you? Yeah, I am simple. Are you simple?"

机器人将用户的感叹句转换为陈述句,发现它是关于自己的一句评论:"I am simple",然后它从本身的事实表中找到了这个事实,于是它承认这句话,然后反问用户这个同样的问题,因为它从用户的事实表中不能找到这个事实。

11.4.8 多通道用户界面和可以选择的聊天模式

就像人们实际对话情形一样,国际互联网上的用户对于模拟对话也有不同的偏好。为了适应于各种用户偏好,希赛可系统提供了若干用户界面和对话模式。

第一,用户可以与机器人通过文本方式或者语音方式对话。通过微软的人物代理技术,它们可以听到合成语音、观看动画人物的表演。通过语音识别和合成软件,它们可以直接和机器人谈话聊天。

第二,根据用户需要,机器人可以检查用户输入文本的拼写和语法错误。

第三,用户和机器人之间的对话内容可以是随意自由的,也即非限定的,也可以是限定的。非限定的对话模拟不确定对话主题和内容,它适合于英语流利、至少是书面英语良好的用户,以及那些外向健谈的用户。不过,对于英语基础较差的用户,或者内向、不主动和机器人对话的用户,由机器人引导展开的对话会对它们的学习更有帮助。语言教学实践也表明,对话练习经常是围绕一个特定主题和一定范围的词汇量而展开的。当然,在人类日常对话中,这两种对话模式不是绝对分开的,而是经常交互进行的。在希赛可系统中也考虑了这种交互模式。

国际互联网一般用户可以注册使用其大部分功能,而对于参与课程整合的班级学生,则根据他们的学号分配相应的用户名和密码,使其能够使用系统的所有功能。

11.4.9 适应于用户偏好和话题的自由聊天

在自由聊天中,具有不同个性和偏好的用户可以选择不同类型的聊天伙伴。为此笔者团队设计了五个微软人物代理来表示不同类型的聊天伙伴。Christine 是个给用户讲故事和笑话的女孩。男孩 Stephan 喜欢倾听用户分享它们的经历。Emina 是个好奇的女孩,总是根据用户输入提出各种各样的问题。男孩 Christopher 基于用户输入给出评论、建议和忠告。女孩 Ingrid 则是一个综合型的女孩,输出内容既考虑用户输入文本,也考虑对话上下文,满足交流性响应的原理。

用户在注册使用希赛可系统时,被要求输入一些个人信息,比如性别、生日、教育程度和所在省份等。这些信息被保存在用户个性表中。根据这些个人信息,机器人会产生一些对话主题和内容,并在用户登录系统后给出。这样也是一种个性化聊天的方式。在对话过程中,如果用户表达了改变聊天话题的愿望,机器人就会中断这个过程,并转换话题。如果用户给定了一个话题,比如"I want to talk about sport",机器人就以该话题展开对话;如果用户仅仅表示了转换话题的愿望,但是没有指定话题,比如"I want to talk about another topic",机器人就从还没有被谈论过的话题中选择一个,展开讨论。

用户兴趣也可以通过输入文本产生,例如主要是通过输入名词和动词产生。所以对话话题也可以通过输入的名词和动词组合被触发。一个名词或者几个相关的名词被用户提及的次数越多,相关的话题就越被该用户所强调。对于给定话题的聊天,采取两种方式来处理。一个是从关于这个话题的陈述性评论和疑问库中,随机抽取一个陈述句或者疑问句,作为输出。另外一种方式是从场景对话的话题集合中找寻对应的一个,根据场景对话的产生机制展开对话。场景对话将在后面章节中详细介绍。

总之,自由聊天要激发用户的对话兴趣和欲望,为此机器人要努力适应于用户的兴趣。

11.4.10 在给定场景中的引导性对话

中小学和大学英语课本以及课堂上的对话,基本上都是围绕一个个话题展开的。对于初级的外语学习者和学校学生而言,由教师或者对话伙伴引导的关于某一特定话题的对话比漫无边际的自由聊天更加有助于提高学生的学习效率。据此希赛可系统设计了场景对话的功能。理论上讲,这种功能植根于建构主义的学习理论和外语学习的情景化的学习理论,并尝试为英语学习者提供激励学习者兴趣的恰当的情景和情景化的学习实践。

在这种角色扮演模拟练习中,计算机(机器人)扮演了一个聊天伙伴的角色,并引导学生使用教学单元文本中给定的词汇量和表达方式展开对话。所以称这种功能为给定话题的计算机引导的对话产生。

11.4.10.1 功能描述

下面使用一段来自某地初中一年级英语课本的对话文本,来解释这个功能的基本要求。

Salesgirl: Can I help you?

Customer: Yes, please. I want to buy a coat.

Salesgirl: What is your favorite color?

Customer: White.

Salesgirl: How about this one?

Customer: All right. How much is it?

Salesgirl: Fifty Yuan.

Customer: OK. I'll take it.

这段对话的教学目的是学习购物过程中的常用表达式："buy""coat""white"
"How much is it？"等。语言交际的目标是"购买一件价格低于50元的白色外衣"。

学习这段对话的传统方法是让学生之间相互对话，来熟记和背诵这段内容；考查学生是否掌握这段对话的传统方法，则是基于这段对话文字进行句子或者单词填空练习。这些练习和考查方法主要培养学生的背诵能力，而非使用这些表达式进行实际交流的技能。

一个可行而灵活的替代方法是使用机器人来和学生进行给定主题上的对话练习，并检查学生是否正确使用了所要求的词汇和语法。这就要求机器人具有两个角色，一个是对话练习伙伴，一是对话内容检查者。在对话练习中，机器人应当鼓励学习者使用要求的表达方式和词汇；而在对话检查中，机器人应当根据所要求的表达方式和词汇来评价学习者的回答，并给予相应的分数。

11.4.10.2 相关工作

给定话题的计算机辅助对话产生是一个非常困难的研究领域，因为人类对话模型研究仍然处在探索之中。科克顿（Cockton,1987）比较了五种对话模型的优缺点，即 Backus-Naur 形式语法、状态转移网络、产生式规则、Hoare's 交流序列过程和 Petri 网，结论是没有一种模型具有需要的所有属性。格林（Green,1986）报告称，事件/响应语言比语法和状态转移网络更加具有表达能力。

一般来说，自然语言产生的过程被描述为一个从高水平的交流目标到一系列的完成这个目标的交流行动的过程，而一个交流性的目标会影响参与者的认知状态，例如他关于世界的信仰、愿望或者意向等。

11.4.10.3 使用脚本来描述双人对话决策树

用来处理给定场景下的对话产生的脚本方法认为，对话应当按照一条主线，或者按照对话话题展开。自然语言的极大复杂性使得对话展开也是非线性的、复杂的。它可以用一个具有很多分支的复杂的树状结构来描述（Jia,Chen,2008）。

11.4.10.4 解释脚本格式的两个例子

可以使用脚本来描述关于给定话题的人机对话的决策树。这个脚本以普通文本文件的方式被保存下来。首先，使用两行内容来标注这段对话的话题（"subject"）和背景（"background"）。接下去的行包含了对话步骤（状态）行，每行相当于决策树上的一个分支。在这个计算机引导的对话中，机器人首先说话，然后等待用户的反应。每行必须包含机器人的输出文本及其在脚本中的序列号。这个输出可能是由用户的某项输入触发的,称之为这项输出的先决条件。机器人也会期待用户输入某些文本,或者输入某些具备一定语法和语义特征的文本,称之为这项输出的期待值。所以,脚本的格式可以概括为:

$Nr.<prerequisite>(text)<expectation>$

"Nr."和"text"是脚本每行中不可缺少的两项内容。"Nr."是一个整数值,标明了该行在整个脚本中的序号,而"text"是机器人的输出文本,可以是陈述句、疑问句或者感叹句等,写在圆括号内。

每行中的先决条件(prerequisite)和期待值(expectation)是可选的。如果它们出现的话,就出现在尖括号之中。如果有先决条件,用户的前一个输入又满足了该先决条件,机器人就输出本行文本。期待值意味着机器人希望用户对本行文本进行响应,一种响应方式是输入符合特定语法/语义条件的文本,而这种响应对应着某些英语教学的要求。例如,如果用户输入不能满足该机器人的期待值的话,该用户就会再次面对机器人的同样输出,直到该期待值被满足为止。这种对话模式可被用于对话训练。另一种方式是,如果用户输入满足了机器人的期待值,就得到一个较高分数,否则就得到一个较低分数,而对话继续进行下去。这种方式可以用于测验或者考试。

先决条件的格式是:

$<Nr, variable\ 1: value\ 1, value\ 2\cdots; variable\ 2: value\ 1, value\ 2\cdots>$

期待值的格式是:

$<variable\ 1: value\ 1, value\ 2\cdots; variable\ 2: value\ 1, value\ 2\cdots>$

两者的形式基本相同,唯一的区别是,先决条件需要一个整数序号来表示这个先决条件满足了哪一行脚本的期待值。相同的部分是变量及其可能值的列表。注意上面格式中一个变量可能具有多个数值。这意味着:如果用户输入文本中的变量等于这些数值中的任意一个,这个前提条件就被满足了。也就是说,一个变量的数值之间具有"逻辑或"的关系。在条件和期待值中也可能有多个变量及其相应值,这些变量之间具有"逻辑与"的关系,也就是说,所有这些变量都满足了条件,才认为这个总的条件被满足了。结合两个典型例子来具体说明这种脚本方法。

第一个例子是:毕业生求职面试("graduate job application")。它的脚本如下所示:

> Subject: Graduate job application
> Background: In this dialogue simulation you as an interviewee should answer the questions from the interviewer(robot).
> 1. (What is your name?)

2. (In which university do you study?)<university：university,institute,college>

2. (What university do you attend?)< university：university,institute,college>

3. (When will you graduate from your university?)

4. (Do you know anything about this company?)

5. (Why do you feel you are qualified for this job?)

6. (Have you applied for a similar post to any other company?)

7. <6,：yes>(What is the result of your application to that company?)<result：failed,successful>

8. <7,result：failed>(Why did you fail to get the post?)

9. <7,result：successful>(Why do you apply to us again?)

10. <7,result：>(What do you think of that company?)

这个脚本中有两行的序号都是2。这表示这两行表达了语义上相同或者相似的含义。对话进程会随机选择某一行作为机器人的输出。这两行的期待值必然是相同的，即<university：university,institute,college>。它表明机器人期待用户的下轮输入文本包含了三个单词"university""institute"和"college"中的任何一个。

行1,3,4,5,6不包含任何先决条件。不过某些行包括了一些隐含条件。行4和行6的机器人文本输出是一般疑问句，所以它期待着用户输入文本是一个肯定("yes")或者否定("no")回答。行1要求用户回答中包含了一个人的名字。行3要求用户的回答是关于日期时间的。行5要求对给出的疑问句提供一个关于原因的解释。

那么如何检验用户输入是否满足了这些隐含条件呢？可以借助希赛可系统的一个重要组成部分——NLOMJ的语法和语义分析功能来实现。

行7、8、9和10包含了先决条件。行7的文本将被输出，当且仅当用户对于行6的输入文本是一个肯定陈述句时。既然行6明确要求一个"yes/no"答案,行7中的先决条件变量可以被忽略。当且仅当行7表达的条件分别被满足时,行8、9、10将被输出。如果用户输入表明了申请另一公司失败,行8将被输出。如果用户输入表明了申请另一公司成功,行9会被输出。如果用户输入没有表明申请另外一家公司的结果是成功还是失败,行10会被输出。行10中的变量"result"的值是空字符串,这代表着这个变量的值是任何其他情况时,该条件被满足。

行1到6都是独立的,也就是说它们的出现不依赖于其他行。它们的实际出现顺序可以是随机选择的。当然,并非所有行都是如此。某些事件要求脚本文本的编号顺序出现,比如下面的例子"salesman and customer"。所以在脚本程序中也定义了一个变量,来控制脚本文本的出现顺序是随机的还是顺序进行的。

第二个例子是销售员和顾客("salesman and costumer")。脚本文本如下:

> Subject: Salesman and costumer
> Background: In this dialog you should talk to the salesman in order to buy a white coat whose price is less than 50 Yuan.
> 1. (Can I help you?)<coat<hyponym><n>: coat>
> 1. (May I help you?)<coat<hyponym><n>: coat>
> 2. <1,coat<n>: coat>(What color do you like?)<color<hyponym><n>: white,any>
> 3. <1,coat<n>: >(We have only coats. Good bye.)<terminator>
> 4. <2,color<n>: white>(How about this one?)<price: price>
> 5. <2,color<n>: any>(How about this white one?)<price: price>
> 6. <2,color<n>: >(We have only white ones. Bye bye.)<terminator>
> 7. <price: price>(It costs only fifty Yuan.)<response<j>: cheap,expensive>
> 8. <price: >(But it is very cheap. It costs fifty Yuan.)<response<j>: cheap,expensive>
> 9. <response<j>: cheap>(Thanks.)
> 10. <response<j>: expensive>(Sorry. That's the best we can do.)
> 11. <response<j>: >(Thanks. Bye bye!)

这个脚本的先决条件和期待值中出现了一些新的符号,下面依次介绍它们。

<hyponym>表示用户的输入满足了这个期望值,如果用户输入文本包含了变量某个值的子类(hyponym)值,就认为该输入满足了这个条件。例如:用户输入"I want to buy a cutaway"满足了期待值"<coat<hyponym><n>: coat>",因为"cutaway"是一种"coat"。

<n>表示变量及其值是名词。如果用户输入包含了变量值的一个同义词,就认为该输入满足了这个条件。

<j>表示变量及其值是形容词。如果用户输入包含了变量值的一个同义词,就认为该输入满足了这个条件。

<v>表示变量及其值是动词。如果用户输入包含了变量值的一个同义词,就认为该输入满足了这个条件。

<d>表示变量及其值是副词。如果用户输入包含了变量值的一个同义词,就认为该输入满足了这个条件。

<terminator>表示这行文本是机器人的最后一句输出。不管用户再输入什么,这个场景对话就结束了。

行 7 到 11 要求一个没有任何序号的先决条件,所以它们可以出现在任何满足该条件的用户输入文本之后。

这个脚本中的大多数行依赖于前面的行,所以这个脚本对应于一棵较深的决策树;而前面的例子"graduate job application"的脚本行大多是相互独立的,可以说对应于一棵较宽的决策树。

从以上两个例子可以看出,这种脚本语言易于为人们所理解。但是计算机内部是如何进行解释的呢?这里综合使用了关键词和语义分析技术。脚本解释器将先决条件和期待值中的变量作为关键词来处理,而这些变量的同义词等相关词汇可以通过 Wordnet 来获取。

11.4.10.5 训练和测试打分

给定话题下的人机引导性对话要求用户熟悉聊天内容,并且尽量不要脱离谈话主题。所以在用于测试时,对话积分规则是:如果用户一次输入文本符合话题,就给一个高分,比如 5 分;否则的话就给一个较低分数,例如 0 分。下面通过对应于例子"salesman and costumer"的一段人机对话来说明这个机制。

```
Robot:May I help you?
User:I want to buy a shirt.
Robot:We have only coats. Good bye.
User:……
```

上面的这段对话只进行了一轮就结束了,所以场景对话得分只有 0。

```
Robot:May I help you?
User:I want to buy a coat.
Robot:What color do you like?
User:I like the white one.
Robot:How about this one?
User:Good,what is its price?
Robot:It costs only twenty Yuan.
```

> User: That is too expensive.
> Robot: Sorry. That's the best we can do.
> User: ……

上面这段对话进行了 4 轮,所以用户得到了 5×4=20 分。

11.4.10.6　双人对话脚本编辑器(Dialog Script Editor,DSE)

对于一个想应用希赛可系统的场景对话功能的英语教学中的普通英语老师来说,书写上面例子中的脚本是一件困难的事情。即使只是一个标点符号的错误,也会导致脚本程序的错误执行。因此笔者团队设计了一个 Java 图形界面,称为双人对话脚本编辑器(Dialog Script Editor,DSE),来协助教师逐步地、更为简易地编写脚本内容。借助这一界面,一个普通英语老师不必再担心复杂的书写格式,而仅需关注对话内容和过程的形成。在 DSE 中,行号自动从 1 开始增加;编辑某行内容时,可以根据以前行的期待值,选择本行的先决条件,而不必再次输入。

11.4.11　无限定答案的填空练习的自动评分

传统的计算机填空练习和评分系统要求一个明确的答案或者一套明确的答案。对于那些答案很难被完全罗列的问题,烦琐的人工检查仍然是不可缺少的。对教师而言,仔细检查所有学生对这些问题的解答,是一件费时费力的事情。然而,这类问题和可以设定答案的问题相比,更能激发学生的创造性思维。

借助希赛可系统的拼写和语法检查功能,可以判断一个句子语法上是否正确。也可以设计填空题,其中需要填写的内容不必限定;在学生填空后,由机器自动对填写好的句子进行拼写和语法检查;如果没有错误,就认为该填空题答案正确;否则填空结果就有错误。这样希赛可系统就可以用来评测无限定答案的填空题,可极大减轻英语教师的负担。

目前的希赛可系统提供了一个界面,让教师设计新的填空测试题;发布试题后学生可以做题,提交后系统立即自动判断是否正确,并将结果呈现给学生。

一个填空题例子是:"I(　)a student."填空的正确内容可以是:"am""want to be""will be""have been""help"等。

11.4.12 机器人的对话演示("二人转")

机器人的对话演示功能用来辅助用户学习场景对话。在进行实际人机对话之前,利用该功能,用户可以观看多个机器人的语音加文本方式的对话表演。对话文本是根据场景话题而设计的,而不是完全等同于课本内容。对话的文本内容不是单一的,而是在保持语义不变的前提下,有多种表达形式的。在对话表演过程中,机器人会从多种表达方式中随机选择一种,进行表演。所以这种方式的对话演示不同于以往的磁带重播那样的单调重复的对话重播,能够及时强化提高学生的听力和理解力。

可以形象地将这种多个机器人的对话表演简称为"二人转"。对话文本也是以普通文本文件方式保存的,易于编辑修改。

11.4.13 听力训练

使用微软人物代理技术合成语音,代理的形状和动作等都可以设计得很生动,并能在输出语音合成的同时动态显示文本内容。这些功能可以激发学习者的听力兴趣,有助于促进学习者听力理解能力的提高。系统设计了一个网页,其中的人物代理可以朗读用户输入或者粘贴的任何英语文本。

在每个语音合成的页面上,都增加了调整语音合成输出速度的功能,使得用户可以随时改变机器人说话的语速,适应自己的听力水平。在希赛可系统的人物代理面前,用户需要面对随机的文本输出和语音合成内容,就像面对一个真人对话伙伴一样。与传统的诸如磁带重播的听力训练技术相比,这样的训练有益于提高用户的听力理解能力和及时反应能力。

11.4.14 积分机制

为了激励用户更多地使用英语和机器人聊天,可跟踪用户对不同功能的使用情况,并给予相应积分奖励。基本积分原则是鼓励用户使用语音聊天方式,鼓励用户使用拼写和语法检查功能。在场景对话练习中,如果用户输入满足机器人期待,则得到一个高分,否则得到一个低分。这个分数也计算在总分里面。

用户在登录系统后,可以查阅自己的使用记录和分数。这个功能有助于学生自学和开展自我评估。一个被标记为教师的特殊用户可以查阅标记为其学生的所有用户的使用记录和得分情况。这种自动监控功能对于教师评测学生的学习行为和进步非常重要。

11.4.15 小结

基于情景教学理论和建构主义学习理论,开发了一个英语聊天机器人希赛可(CSIEC)。它使用交流性反应机制产生机器人输出,综合考虑了这些因素:用户输入、数据库储存的用户聊天历史和选择的机器人特性、常识性知识、推理性知识以及用户选择的聊天模式。机器人在产生不考虑对话上下文背景的直接反应时,对用户输入进行全面的语法和语义分析,定义一个更为普遍的模式来包含具有一定语法和语义特点的输入句子类型。

11.5 智能英语教学系统"希赛可"

希赛可智能对话系统自 2003 年诞生以来,便放在国际互联网上供用户免费使用;不仅如此,笔者团队在一些国家级和省部级重要课题指引下,将它与我国的英语课堂教学深度整合起来,通过应用发现所存在的问题,并进一步改进和完善该系统,服务于英语教学。

一个重要的改进方面是,根据教师需求,将对话系统与开源课程管理系统 MOODLE 有机整合,形成了智能英语教学系统"希赛可",它包括了英语教学单元中所需要的所有功能模块:多角色对话(包括"多人转"与人机对话两种形式)、词汇(填字练习、选择题、填空题)、听力练习、语法练习、阅读理解、英语阅读等模块,如图 11-2 所示(Jia,et al. ,2013;贾积有,陈霏,陈宇灏,丁竹卉,2011;丁竹卉,贾积有,陈宇淏,白银,向东方,2012)。

首先,"希赛可"智能英语教学系统是基于教学单元的系统,每个单元可以包括的功能模块包括:多角色对话("多人转"与人机对话)、词汇(填字练习、选择题、填空题)、听力练习、语法练习、阅读理解、英语阅读等。其次,"希赛可"智能英语教学系统是服务于学生和教师用户的社会性软件系统,它为每个学生提供个性化的学习者档案,为教师提供内容和用户管理功能,支持学生之间的协作式学习。下面分别介绍这些功能。

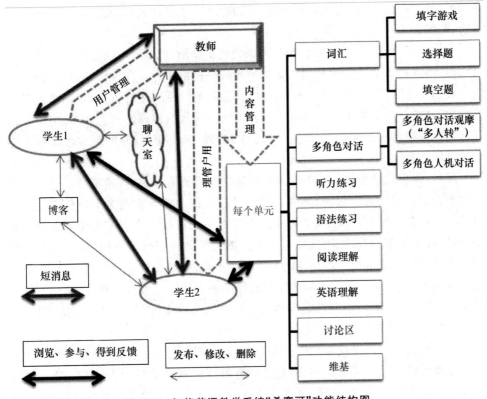

图 11-2 智能英语教学系统"希赛可"功能结构图

11.5.1 多角色对话(包括"多人转"与人机对话两种形式)

对话练习部分,笔者团队原本计划采用 2007 年设计的基于脚本的场景对话设计方案(Jia,Chen,2008),来模拟对话并促进学生参与这样的对话。这种场景对话基于建构主义和情境学习理论,高度重视情境学习在英语学习中的作用,主要体现在:

一是促进学习者学以致用,学习者可以在该系统中使用新掌握的单词,与机器人进行交流,加深记忆。

二是标准发音,促进记忆。该系统提供的"观看对话"功能中,有标准的英语单词发音,学习者在观看对话的时候,字幕的提示能够促进学习者记忆单词的拼写。

三是创设情境,激发动机。在情境对话模块中,系统能模拟课本中的真实对话情境,学习者使用该模块学习时,能有效激发学习动机,提高学习兴趣。

但是在研究老师们带来的教材之后,却发现原来的软件设计方法并不适用。原因是:原来基于脚本的设计方案是针对两人之间对话的,每句对话都较短;现在课本的对话都是多个角色之间开展的,有的对话角色多达五个;而每句对话都较为复杂,有的甚至包括3~6句短语。

为此,笔者团队重新设计了针对多个角色的、用户可以参与的、长文本的场景对话,并将这种对话通过微软代理动画的方式呈现给用户。在这样的对话过程中,学生必须输入与其角色匹配的文本内容,才能使对话顺利进行下去,否则将不得不重新输入内容;这里所谓匹配的内容并非原封不动地照抄课本原文,而是指可以输入与课本原文语义相同的文本内容。这种方式的人机交互,有助于学生掌握课本上的对话内容。

同时,为了让学生在实际参与人机对话之前熟悉对话内容,希赛可系统也改进了原来的二人对话观摩程序(简称为"二人转"),使之能够表现多个角色之间的对话,简称为"多人转"。"多人转"功能指可以由多个虚拟人物来扮演课本中的人物角色,进行课本中的对话;但这种对话不是原封不动地照抄课本内容,也不是像通常的教学录像那样播放固定不变的一段对话录像,而是针对每一句话,给出了语义相同的多种表达方式;虚拟人物会随机选择某种表达方式来进行对话;这样一段对话中,所有句子可能表达方式的排列组合就可以有很多种,使得学生每次观看"多人转"时都有一种新鲜感。

为了使这种对话方式更加吸引学生,在原来五个动画人物的基础上,笔者团队又为希赛可特别设计了七个栩栩如生、具有强烈游戏感的动画人物。这些动画人物都可以用不同的语调通过语音合成的方式自动念出来对话文本内容(语速快慢可以由用户调节),并可以将这些文本在屏幕上快速显示。无论在哪种对话方式中,学生都可以根据各自喜好,从十二个动画人物中选择动画来完成对话表演。这种动画形式可以激发学生参与对话、使用课本所学表达方法的积极性和主动性,并锻炼学生的听力。

例如,在外语教学与研究出版社出版的中学英语教材第三册第五模块中,有以下的对话原文,是由四个角色参与的:Tony,Lingling,Betty,和 Daming。

> Tony: I like this music! Who's it by?
> Lingling: Well, I'm not sure, but Sally's school orchestra is playing it.
> Betty: It's by Strauss. You've heard of him, haven't you?
> Lingling: Yes, I have. He was German, wasn't he?
> Betty: No, he wasn't. He was Austrian. He was born in Vienna, the capital of Austria.
> Daming: What's it called?
> Betty: The blue Danube. The Danube is the river in Vienna.

Lingling: You like western classical music, don't you?

Betty: Yes, I do.

Lingling: Who's your favourite classical composer?

Betty: Beethoven. But I also like pop music. You listen to pop music, don't you?

Lingling: Yes, I love it!

Betty: But Sally is a classical musician, so she doesn't like pop music, does she?

Lingling: No, she doesn't. I think she'll like traditional Beijing Opera.

Tony: Hmm, it's certainly very… traditional, isn't it?

Daming: I'm a fan of rap.

Tony: Hey! Give us a break!

Lingling: What on earth is that?

Daming: Rap music.

Tony: I don't believe it!

"多人转"的文本是：

Tony: I like this music! Who's it by? | I like this music! Whom is it composed by?

Lingling: Well, I'm not sure, but Sally's school orchestra is playing it. | I am not sure. Sally's school orchestra is playing it.

Betty: It's by Strauss. You've heard of him, haven't you? | It's composed by Strauss. Have you heard of him?

Lingling: Yes, I have. He was German, wasn't he? | Yes, I have. Was he German?

Betty: No, he wasn't. He was Austrian. He was born in Vienna, the capital of Austria. | No, he wasn't. He was born in Vienna, the capital of Austria. He was Austrian.

Daming: What's it called? | What's the music called?

Betty: The blue Danube. The Danube is the river in Vienna. | It's called "The blue Danube". The Danube is the river in Vienna.

Lingling: You like western classical music, don't you? | Do you like western classical music?

Betty: Yes, I do. | Certainly. I like it.

Lingling: Who's your favourite classical composer? | Which classical composer do you like?

Betty: Beethoven. But I also like pop music. You listen to pop music, don't you? | My favourtie classical composer is Beethoven. But I like pop music, too. Do you listen to pop music?

Lingling: Yes, I love it! | Sure, I like pop music.

Betty: But Sally is a classical musician, so she doesn't like pop music, does she? | But Sally likes classical music, so she doesn't like pop music, does she?

Lingling: No, she doesn't. I think she'll like traditional Beijing Opera. | No, she doesn't. I think she may like traditional Beijing Opera.

Tony: Hmm, it's certainly very… traditional, isn't it? | Hmm, Beijing Opera is certainly very… traditional, isn't it?

Daming: I'm a fan of rap. | I like rap.

Tony: Hey! Give us a break! | Hey! Let's have a break!

Lingling: What on earth is that? | What is that in fact?

Daming: Rap music. | That is rap.

Tony: I don't believe it! | I can't believe it.

在这段文本中,用分隔线"|"将形式不同但语义相同的表达方法连接起来;动画人物在进行这段对话的过程中,会随机选择某种方法,这样整个对话的表达方式可以有 $2^{20}=1M$,即一百万之多。学生每次观看这段对话,都会看到不同的表达方式,尽管语义都是相同的。

在观看"多人转"之前,学生可以从十二个动画中选择四个,以代表不同的对话角色。选定之后,"多人转"动画开始。

在人机对话之前,学生选择一个动画来代表自己的角色,比如 Lingling;并选择其他三个动画来代表其他的三个角色。选定后,人机对话就开始了。学生作为 Lingling,必须输入其在课本中相应的对话内容,才能使对话顺利进行下去。比如,第一次应当输入"Well, I'm not sure, but Sally's school orchestra is playing it."或者"I am not sure. Sally's school orchestra is playing it."等;如果输入别的语义,Lingling 之前的 Tony 会重复刚才的问话:"I like this music. Who's it by?"

11.5.2 词汇练习

笔者团队对基于 Web 的开源课程管理软件 Moodle 进行了二次开发，重新设计了具备及时反馈功能和班级激励机制的包含词汇、听力、语法、阅读等内容的练习和自测系统；并将对话表演和参与功能融入该系统之中。

Moodle(http://www.moodle.org)是一个可在全球范围内广泛应用的、免费的、开源的课程管理系统(Course Management System, CMS)。它的最新版本，可以与 Apache http 服务器、PHP 编程语言和 MySQL 数据库管理系统整合成一个有机整体，直接在 Windows 操作系统下运行。它易于安装、运行和维护。除了强大的课程和用户管理功能，它还提供了强大的测试功能，比如测试(Quiz)活动模块。Moodle 文档(http://docs.moodle.org/en/Quiz)上这样描述该模块的特点：

"测试模块允许老师设计并实施各种各样的测试活动，包括进行多项选择题、填空题等的测试。这些题目保存在题库中，可以被多次重用。测验可以被学生多次尝试回答，每次答案都可以被自动打分，并给出适当的反馈信息。"

此外，Moodle 测试模块的智能性也体现在其随机性上。对于同一套题目，不同学生看到的题目顺序可以是随机排列的；对于同一个选择题，每个学生看到的答案选项排列也可以是随机的；系统可以从同一个题库中随机抽取若干题目形成一个学生的特定试卷。这样，在全套题目相同的前提下，每个学生看到的卷面是不同的，每个学生就要回答自己的试卷，而很难从同桌或者其他相邻的同学中借鉴同一题目的答案。这对于同时在一个机房中进行练习的几十名学生而言，相当于提供了一对一的个性化的学习环境，或者说是个性化的虚拟的"学习伙伴"，即电子学伴（贾积有，2012）。

词汇是英语学习的基础，也是重点和难点。每个英文单词都有其拼写、发音和中文含义，这三者相互关联，密不可分。因此，系统设计的词汇练习的形式为：根据单词的发音，学生填写其英文拼写，选择或者填写其汉语意思；系统自动判断答案对错、给出反馈。

为协助学生根据汉语意思熟悉英语单词的拼写，系统设计了国际上通用的填字游戏。系统根据某一单元或者模块的词汇表内容，随机产生一个单词的填字游戏矩阵；学生要根据每个单词的汉语意思提示，拼写出这个单词。所有单词都拼写结束后，按"核对填字游戏"，就可以检测拼写结果的正确率。这样的填字游戏是动态产生的，每个学生看到的都不完全相同，因此很有挑战性。

为了帮助学生整体掌握英语发音、拼写和汉语意思，结合关于识别与想起两种记忆过程的分析,在每个单元或者模块中设计了两种类型的练习。第一种是选择题,学生在播放一个单词的发音后,从四个汉语意思选项中选择其正确的汉语含义,这些选项均为本单元的词汇含义;这种练习对应于识别过程。第二种是填空题,学生在播放一个单词的发音后,拼写其英文字母,选择其词性,并写出其汉语意思;这种练习对应于回忆过程。这两种练习题也对应于英文课本中两类不同要求的单词。填空题对应黑体的课标单词,要求熟练掌握;选择题对应正体的一般单词,仅要求会认读。

当学生完成一个单元内的选择题或者填空题后,提交答案,系统就自动判卷并给出得分和反馈。这些反馈当然是事先由程序设定的。比如,90~100 之间得到的反馈为"你真棒! Super star!",80~90 之间得到的反馈为"棒! Very good!",60~80 之间得到的反馈为"好! Good!",60 分以下的为"加油! You can be better!"。

一个学生提交答案后的一个反馈界面如图 11-3 所示。该生在这套试卷上做过 1 次,耗时 16 分钟 51 秒,成绩为 93.1%,得到的反馈为"你真棒! Super star!",在右侧的"测验导航"中,每道题目的状态用不同的颜色标识出来:满分的为绿色,部分正确的为橘色,错误的为红色。不同的色彩有助于学生立即找到错题位置。

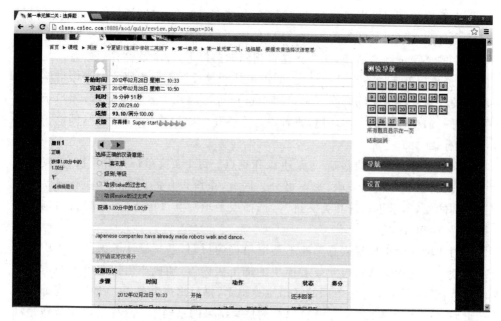

图 11-3　一个学生提交答案后的一个反馈界面

总之,这套系统中词汇练习模块的智能性主要体现在以下四个方面:

一是题目排列的随机性。每个单元或者模块的填字游戏、选择题和填空题测验所包含的词汇总量是确定的,对于每个学生都一样。但是,每个学生面对的练习题,题目出现的顺序不同;选择题的选项顺序也不同。这样的练习就是一种个性化的练习,每个学生都必须独立解决各自的问题。

二是"一对一"的听写。每一道选择题和填空题的词汇配音都来自配套光盘或者磁带,地道标准;学习者根据系统发音回答相应的问题,就好像跟着老师"一对一"地听写单词;而且可以反复多次地倾听;这种形式的练习能够有效地激发学习者的学习动机,维持其学习兴趣。

三是针对不同水平学习者的梯度测试题型。每一个学习单元的测试都提供了难易程度不同的题目形式:填字游戏、单词选择题、填空题。学习者刚刚学习完新单词时,由于记忆不深刻,可以通过填字游戏来熟悉单词的拼写;然后通过选择题来熟悉词汇发音与其汉语意思的关联;经过上述两种练习,学习者对单词的拼写、发音和含义有了较好的理解后,再通过填空题综合复习和巩固单词拼写、发音和含义三者之间的全面关联。

四是及时、灵活的反馈。系统能及时为学习者提供学习反馈。提交所有题目答案之后,可以看到每道题目的正误,以及答错题目的正确答案。

综上所述,智能单词练习凭借较为标准的单词发音、难度梯度题型和及时灵活的反馈等特点,可以帮助学生复习和强化单词记忆。这种练习介绍的行为主义学习理论,通过练习和即时反馈强化学生对词汇音、形、义的综合掌握。

这种形式可以弥补传统教学方法的不足,极大减轻教师的负担,提高学生的听力、词汇书写和理解能力。而词汇掌握程度的提高应该能够进一步改进学生在语法、阅读、写作等方面的表现。

11.5.3 听力练习

前面设计的词汇选择题和填空题可以帮助学生熟悉单词的发音、拼写和含义。进一步地,还需要帮助学生熟悉单词在句子或者段落中的含义。所以系统还设计了一种填空练习题,让学生在听完一个完整的例句后,填写出该句子中缺少的单词或者词组。通常,该单词或者词组都是课标要求的词汇,而句子都来源于课本原文例句。

同时,系统设计了支持传统的听力练习的题目,即根据一个段落的录音来填写文本中缺少的单词,或者做选择题。

11.5.4 语法练习

语法练习题一般设计成填空题或者选择题。与前面的阅读理解题基本类似。该种练习要求学生用单词的合适形式填空,完成文字段落。

11.5.5 阅读理解

对学生阅读理解的考查通常采用完形填空的方式,即给出一个段落,其中有些缺失的词汇,需要学生填写完整。有时候配备一张或者几张图片辅助学生理解文本意义,即看图填空。这种形式的练习也对应于想起类型的记忆过程,对大多数学生而言具有一定的难度。

为了帮助学生联想起完形填空中的正确答案,在学生做题过程中,我们设计了两种类型的答案提示,一种是语音提示,一种是文本的上下文线索提示。语音提示给出缺失的词汇的发音。一个具有语音提示的完形填空练习题的截图如图11-4所示。上下文线索提示则给出该缺失词汇的线索。具体形式为:当鼠标移动到单词的缺失处时,就会浮现出其上下文线索;为方便学生使用,更将所有缺失内容的上下文线索罗列在段落下方。一个具有上下文线索的完形填空练习题的截图如图11-5所示。

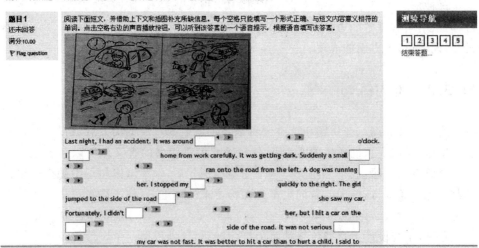

图11-4 一个具有缺失词汇语音提示的完形填空练习截图

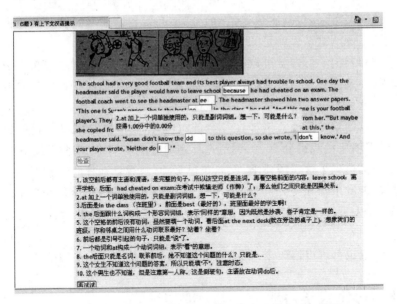

图 11-5　一个具有上下文线索提示的完形填空练习截图

需要说明的是,在学生第一次做题时,并不给出任何声音或者上下文的提示;第一次做完并提交答案后,系统会自动检查答案的正误,并保留上次做题痕迹;对于正确的答案系统就不再给出提示;而对于错误的答案,系统则给出上下文提示。学生根据这些提示重新填写答案后,再次提交,系统重复上面的操作;如此进行交互式做题,可以进行多次(次数可以由老师设定)。

这种交互式练习形式,基于认知主义学习理论,通过详细的信息提示促进学生对英语文本和关键词语的全面理解。

11.5.6　英语阅读

英语阅读是学习英语的重要途径,但是在传统的课堂教学中,教师很难考查每个学生的阅读情况。为此,我们特意设计了一种录音上传的练习。在课上,学生需要对着麦克风朗读老师要求阅读的段落,并录音;然后将录音文件上传到课程系统中。老师可以在课下通过浏览器下载并听到学生的上传录音,然后给予评分。

11.5.7　个性化的学习者档案

以上介绍的各种类型的练习(包括词汇、听力、阅读、语法等)都是通过一套套测试题的方式呈现给学生的。学生在做这些测试题并提交答案的过程和信息都被系统完整地保留下来,包括次数、每次的分数、起始和结束时间等。前面提到的一个学生的词汇题测试结果就是一个例子。

测验题和其他学习内容可以被有条件地安排在一起。只有在学生完成第一个测验并取得一定分数后,比如 80%,他才能进一步访问下一个测验题或者下一个学习内容。这就是进度跟踪功能。基于这种进度跟踪功能,我们可以设计游戏型的或者奖励型的学习活动。例如在一个课时中,学生应该分别以一定的成就完成三项任务,即填字游戏得分 80%,词汇选择题得分 70%,词汇填空题得分 70%。如果一个学生都达到了这三项要求,就能获得奖励,观看卓别林的电影。

这样的进度跟踪和得分机制也为每个学生提供了一份个性化的电子档案。借助该档案,学生可以了解自己学习过程中的不足之处,进行针对性的复习和巩固练习。

每个学生也都可以修改个人资料,比如密码,上传个性化头像等。

11.5.8 协作式学习

词汇、语法、听力、阅读等内容的相关练习都是单独进行的,学生之间交流不多。学生之间互相切磋、讨论的协作式学习能够更好地调动学生的学习积极性。为此,"希赛可"课程系统中也引入了协作式学习的方式。主要有下面几种:讨论区、维基、即时聊天、短消息、博客。

讨论区是一种常用的协作学习、头脑风暴、创造性学习的活动方式。教师建设好一个讨论区后,可以规定学生必须发帖、回帖等才算是浏览了这一活动。

例如,在一次上机时间,老师布置了这样的一个讨论:"谈一下春节的收获和本学期英语学习的打算,请尽量用英语。"这本来是周五下午 1:30~2:20 的课程;但是学生在周五晚上和周六晚上仍然在热烈讨论。

维基作为一种协作式学习的重要工具,也集成在系统中。教师可以指定某一主题,比如 Olympia games,让学生搜集关于该主题的资料上传,形成关于该主题的一个共建知识库或者说百科全书,类似于"百度百科"(http://baike.baidu.com)或者"百度知道"(http://zhidao.baidu.com)。

即时聊天是打开一个聊天室进行实时的文字聊天。系统对学生使用的文字进行了限定,必须为英文字符;汉字和其他字符会被自动删除。系统还会自动保存所有的聊天记录,供以后回顾和浏览。

学生之间、师生之间可以发短消息,类似 QQ 中的聊天或者微博,离线后收到的信息保留至下次上线被阅读为止。使用者要想给另外一个同学或者老师发短消息,需要将该同学或者老师设置为联系人。为了方便学生即时反馈使用系统中出现的问题，系统将"管理员"自动设置为每个同学的联系人。这样，他们上课使用系统时，可以随时向"管理员"反映情况。而为了保障课程的顺利进行，只要上课，我们课题组成员就会有至少一位在线上监控系统情况；一旦收到学生反映情况的短消息，就会立即处理和解决问题。他可以与课程老师通话，也可以向系统管理员发信息，非常方便。

博客作为一种常用的社会性交流方式，也被集成在我们的系统中。每个学生都可以在"首页→个人资料→博客"中，"浏览我的博客"，也可以"写篇新博客"。博客的显示范围也可以被限定：如课程内、站内和站外。

这些社会性软件技术（讨论区、聊天、博客、维基、短消息等），基于建构主义学习理论，通过鼓励参与来促进学生对英语知识的建构和灵活应用。

11.5.9 教师的课程管理功能

对于单个学生来说，希赛可系统是一个综合性的词汇、对话、听力和阅读练习系统；对于教师来说，则是一个高效的课程管理系统。教师以自己的账号登入系统后，除了像普通学生那样可以浏览各类资源（网页、文件等），参与各种活动（测验、讨论区等），更能够发挥教师的作用，对英语课程进行有效管理。课程管理系统的功能主要体现在以下五个方面。

一是内容管理。教师登录教学系统以后，可以在"课程编辑"模式下对"课程名称""课程描述""课程格式"等信息进行修改，同时，也可以添加、删除、修改和隐藏任何资源和活动。

二是题库管理。在题库管理模块中，教师可以导入或者导出试题，也可根据教学需要创建不同题型的试题，比如填空题、选择题、上传题等。

三是成绩管理。管理系统能详细地显示出每个单元、每个学习者的详细成绩，便于教师查看和管理。

为了激励学生完成测验练习，教师也可以设置一个某次测验的积分动态排行榜。该排行榜一般位于屏幕窗口的右上方，可以包括前三名或者前五名学生的成绩；学生的名字可以显示，也可以不显示。动态性是指分数排名是随着每个学生完成这次测验的情况而动态改变的。

教师利用成绩管理功能，可以有效激发学生的积极性。比如在课上，教师利用系统组织"单词小竞赛"，学习者在规定的时间内使用系统进行答题，测试结束后，教师可以立刻将所有学生的成绩或者测验排行榜投影到屏幕上，以此激发学习者的学习动机。

四是学习过程管理。上节介绍的进度跟踪和得分机制不仅为每个学生提供了一份个性化的电子档案,同时也为教师提供了一份学生集体成绩记录。教师可以通过管理系统中的"活动报表"模块,清晰地观看所有学生的学习活动和分数,看到学习者使用该系统的学习过程。

五是用户管理。教师可以添加和删除使用课程系统进行学习的用户,并设置使用者的权限。

为了减轻教师的负担,课题组在每学期开学之前,就从英语教师处获取全部学生名单,通过文件成批操作的方式,将学生用户名单导入系统中,并将其分为实验组和对照组。用户名和初始密码一般都为学生姓名的拼音;学生登录后可以修改密码、更新头像等个人资料。

11.5.10　客户端从微机扩展到平板电脑、智能手机等移动终端

在教学整合中,学生和教师都是通过普通多媒体微机来访问服务器上的智能教学系统的。在实际实施过程中,各个学校都会碰到的一个问题是多媒体机房的排课问题。每个学校一般只有 1~2 个多媒体机房,每个机房有 30~40 台机器;这样在安排实验班进行每星期一次的混合式教学时,还要统筹考虑全校的机房使用需求。而使用希赛可系统的四所实验学校,每个年级都有 8~17 个教学班,全校有 20~50 个或者更多的教学班。所以为了安排我们课题实验班英语课每星期一次的上机时间,以及控制班的前测和后测,学校教务处和英语教师都要绞尽脑汁。

为了协助实验校解决这个问题,结合日益普及的平板电脑技术,笔者为希赛可系统设计了适应于平板电脑的界面和客户端设备自适应技术。当用户使用传统微机上网访问服务器时,看到并使用的是微机版界面;而当用户使用平板电脑上网访问服务器时,看到并使用的是平板电脑版的界面。我们称这样的电脑终端为学生的电子学伴,它包括传统的台式微机、笔记本电脑、平板电脑和智能手机等终端。

在传统教室中,在装配了希赛可系统这样的智能教学系统的教师机和路由器构成的无线网络的支持和引导下,每个学生使用的终端都将成为教室网络的一个有机节点,实现希赛可系统支持的生生交互、师生交互、即时群体反馈等高级学习功能,不受网络拥堵和突然停电等外在因素的影响,免受国际互联网上大量有害的或者无关内容的影响和侵蚀。随着智能手机等移动设备的日益普及,这种方案具有很高的性价比,为实现高效而公平的课堂教学、减负增效可以起到重要的引领和推动作用。"希赛可"电子学伴与传统教室数字化方案的示意图如图 11-6 所示(贾积有,2012)。

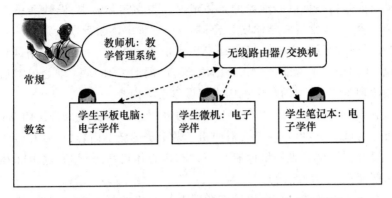

图 11-6 希赛可电子学伴与传统教室数字化方案示意图

11.6 系统应用和评估

在希赛可智能英语教学系统上,笔者团队为不同版本的小学、中学和大学英语教材配套开发了教学活动和资源,一共 30 套。国内外用户都可以自由注册为这个网站的用户,访问其中任何一套教材的内容,参与其中的活动。它也是服务于学生和教师用户的社会性软件系统,能够为每个学生提供个性化的学习者档案,支持学生之间的协作式学习,并为教师提供内容和用户管理功能。

为了将希赛可智能英语教学系统与英语教学深入整合,笔者团队在全国十多所中学和两所大学进行了多项研究,并评估该系统在不同学校的应用效果。下面分别介绍在中学和大学的应用和评估结果。

11.6.1 中学应用和评估

为了将希赛可智能英语教学系统与中学英语教学深入整合,2010 年,在国家社会科学基金项目"智能网络系统支撑下的中学混合式英语教学研究"(10BYY036)等课题支持下,笔者团队基于该系统在全国十多所学校进行了多项实证研究(Jia,et al.,2013;丁竹卉,贾积有,陈宇淏,白银,向东方,2012;齐菊,贾积有,高志军,马伏华,2013),成效显著。

1. 研究方法

笔者采用的研究方法主要是行动研究和准实验研究。

行动研究是指根据试验学校的具体情况和教学实际需求,设计和呈现智能教学系统的内容,并与常规教学深度整合;在应用过程中不断听取教师和学生的反馈意见,并及时改进系统(Reeves,Herrington,Oliver,2005)。比如,根据试验学校教师的建议,我们确定了智能教学系统的内容:以词汇练习为主,辅之以对话、语法、听力和阅读理解练习,帮助学生巩固常规课堂所学内容。

准试验研究的基本思路为:每所学校的每位老师负责两个班的教学工作,其中一个班作为试验班,另外一个为对照班。两个班的教学内容、进度和方法完全一致,唯一不同的是,试验班每星期有一节课在多媒体机房进行,通过国际互联网访问希赛可智能英语学习系统进行学习。

通过分析历次考试成绩来比较实验班和控制班的英语学习成效;通过调查问卷、访谈等方法来了解学生对于英语学习的感受、对于智能英语教学系统的感受和认识。为了获得学生实验前的成绩而又尽量减少对实验学校正常教学秩序的干扰,一般来说,直接取实验前一个学期的常规的期末考试成绩作为前测成绩。后测成绩则为实验学期或者学年结束时的常规的期末考试的成绩,并尽量努力从老师和学校获得月考、期中等阶段性考试的成绩,以对系统应用效果进行过程性考查。为了分析考试内容与所学内容的关系,我们还尽量取得历次考试的试卷内容。有些学校还会进行一次特定内容的考试,比如词汇测试;我们也尽量取得这些测试的成绩。因为词汇习得是本研究特别关注的一个问题,如果学校不进行单独的词汇测试,我们就在系统中设计了词汇测试,用于着重考查学生对所学词汇音、形、义三者的综合掌握情况。

对于考试成绩,一般来说主要比较实验班和控制班在同一次考试中的成绩差异,也就是进行横向比较;这是因为在同一次考试中,两个班的考试内容完全相同,其成绩具有可比性。而同一个班(如实验班或者控制班)在不同时期的两次常规考试中,考试内容一般都不相同,难度也不一定相同,所以前后两次的成绩不具有可比性;因此一般不进行同一班前后成绩的时序纵向比较。

在比较实验班和控制班两个班成绩的时候,主要考查的统计指标有:

每一班成绩的平均值:它反映了全班学生成绩集体性的平均表现;两个班成绩的差异就用两个班成绩平均值的绝对差来表示;每次考试每个班平均成绩在整个年级的位置变化,也反映了其成绩的变化幅度。

每一班成绩的标准差:它反映了全班学生成绩的离散程度。

两个班成绩差异 t 检验的结果:它反映了两个班成绩差异的统计学显著程度。t 检验是一种假设检验;假设两个班的成绩相同,如果计算出来这种假设的概率很小,比如一般设为小于 0.05(即 5%),则就认为这种假设不成立,即两个班的成绩在统计意义上是有差异的,或者说两班成绩的差异在统计上是显著的。t 检验可以用 SPSS 等统计软件来进行。

调查问卷的实施,都在系统内部实现,因为系统本身提供了调查问卷的设计和实现功能。一般来说,在学期末最后一次上机时,会让学生在线填写问卷并提交;这样,服务器端就能即时收集到学生的问卷答案;下载后可以用 SPSS 等统计软件进行分析,或者直接在线对问卷答案进行统计分析。这种网上调查的方式简单、快捷、方便,省去了印刷、邮寄、发放、收集问卷、录入问卷答案等多个步骤。

2. 研究发现

经过两年多的试验研究,笔者团队共进行了 11 个学期的准实验研究。通过这些准实验,笔者团队获得了丰富的测验和调查、访谈数据;基于对这些数据的分析,得到以下研究发现。

(1)"希赛可"智能教学系统支持的中学英语混合式教学,对于中学生而言,可以较好地提高其英语学习成绩,增进其学习兴趣

通过分析所收集的历次测试成绩发现:实验班的成绩、特别是所练习的词汇成绩在逐渐改善,改善程度高于对比班;前测平均成绩较低的实验班(北京、河南和宁夏)的改善程度已经改变其显著性差异状态;词汇成绩的改善程度大于常规考试成绩的改善程度。

通过调查问卷和访谈发现:这种混合式学习方式在使用方面没有困难,对于学生来说没有压力,也不需要很多计算机专业知识;这种混合式学习方式很有趣,可以帮助学生复习所学知识,提高学习效率和考试成绩;这种混合式学习的特征是可以进行人机交互和即时反馈;这种混合式学习提供了更多的学习材料和更加专业的教学方式;超过 80% 的学生希望在将来继续使用这个系统;学生使用系统后最大的三个问题是:记不住单词、英语发音不好和听力差;词汇学习是给学生留下最深印象的一项功能。

这种准试验研究结果的信度从多个方面得到了充分验证:试验学校地理位置和经济条件呈现多样性(东部、中部、西部);试验学校的硬件装备有好有坏;实验班老师的教育信息技术应用经验各不相同;实验班学生的学龄跨度从初一到高二;教学内容几乎涉及从初一到高二各个学期。这样跨地区、跨学龄、跨年度的教育技术在语言教学中的实证研究,在国内外都不多见。我们的准实验研究从四个方面验证了这个正面效果的可靠性,即信度。这四个方面是:实验班与控制班的基础成绩,参与学生的学龄,参与教师的教学经验,学校位置和教学质量。

第一方面,这个正面效果与实验班和控制班的基础,也就是前测成绩的相对差异无关。在下列实验中,实验班的前测平均成绩不低于控制组,不过两个组的差异还没有呈现统计意义上的显著性,可以认为他们的基础相同。

- 广东江门景贤学校初三上学期,2010—2011学年第一学期。
- 广东江门景贤学校初一上学期和下学期,2011—2012学年。
- 宁夏银川宝湖中学初二上学期和下学期,2011—2012学年。
- 河南获嘉一中高二下学期,2011—2012学年第二学期。

在这些实验过程中,实验班逐渐拉大了与控制班在常规考试中的差距。差距拉得最大的是宁夏银川宝湖中学初二学年,到学年期末考试(后测)时,差距已经达到了统计意义上的显著性($P=0.045<0.05$)。

而在词汇测试中,这些实验班的进步也大于控制班。其中,宁夏银川宝湖中学初二下学期,在词汇前测中实验班表现好于控制班,但是差距并不显著;经过一个学期的实验后,词汇后测中实验班与控制班的差距在统计意义上就非常显著了($P=0.000<0.01$)。而在河南获嘉一中高二下学期,词汇前测中实验班的成绩低于控制班,并且这种差距统计意义上是显著的($P=0.017<0.05$);而经过一个学期的整合,实验班缩小了与控制班的差距,在后测中两者的差距已经不显著了($P=0.609>0.05$)。

在以下实验中,实验班的基础比控制班差很多,也就是说在常规考试前测中,实验班的成绩距离控制班有较大的差距,并且这种差异在统计意义上是显著的。

- 北京汇文中学初一(2010—2011学年)下学期和初二上学期(2011—2012学年)。
- 河南获嘉一中高一(2010—2011学年)上学期和下学期。

在这些实验中,实验班学生逐渐改善了学业表现,缩小了与控制班的成绩差距。在河南获嘉一中高一的实验中,仅仅经过一个学期,实验班与控制班的差距就从原来的统计意义上的显著水平缩小到不显著($P=0.055>0.05$);经过两个学期后,这个差距就更不显著了($P=0.352$);而在期末进行的词汇测试中,实验班的平均成绩反而超出控制班6.5分。在北京市汇文中学初一和初二,在常规考试前测中明显处于劣势的实验班逐渐缩小了与控制班的差距;在两个学期末的词汇测试中,实验班与控制班的差距在统计意义上都不显著了。

第二个方面,正面效果也与参与实验学生的学龄无关。在所有下列学期中,与控制班相比,实验班都较好地改进了学业表现。

初一上学期:广东江门景贤学校,实验班和控制班在常规考试前测中表现基本相同,但是在期末考试中,实验班平均成绩就高于控制班了。

初一下学期:北京汇文中学,在常规考试前测中,实验班远远落后于控制班,通过实验,逐渐缩小了与控制班的差距;在期末的词汇测试中,两者的差异从统计意义上已经不再显著了。

初二上学期:北京汇文中学,在词汇前测中,实验班显著低于控制班,但是在期末词汇测试中,实验班与控制班的差距从统计意义上就不再显著了。在宁夏银川宝湖中学,在前测中,实验班表现好于控制班,通过实验,实验班拉大了相对于控制班的优势。

初二下学期:宁夏银川宝湖中学,在前测中,实验班表现好于控制班,但是差异不显著;到后测时,实验班相对于控制班的差异从统计意义上说就是显著的了。

初三上学期:广东江门景贤学校,实验班在常规考试前测中成绩略高于控制班,在后测中差距进一步拉大;在期末的词汇测试中,实验班相对于控制班的差异从统计意义上就是显著的了。

高一上学期:河南获嘉一中,常规考试前测中,实验班成绩显著低于控制班;到了后测,这个差距就被缩小到不显著的状态了。

高一下学期:河南获嘉一中,实验班继续缩小与控制班在常规考试中的差距;在期末词汇测试中,实验班就反超控制班了。

高二下学期:河南获嘉一中,实验班不断扩大与控制班在常规考试中原来就有的差距;而在词汇测试中,实验班从前测成绩显著落后于控制班,到后测这种差距就不显著了。

第三个方面,这种正面效应与教师的混合式学习经历无关。有些老师具有一定的计算机支持的混合式教学经验,而有些老师以前就没有参与过混合式教学项目,计算机知识也很一般。

第四个方面,这种正面效应与学校的位置、办学条件和教学水平无关。在下列三种学校环境中,实验班学生都能较好地改进在常规和词汇测试中的表现。

广东江门景贤学校和北京汇文中学位于东部工业城市或者首都,经济、教育、文化发达,师资、装备条件好,学生生源质量较好,其家庭经济条件也较好。

河南获嘉一中位于中部农村省份,经济、教育、文化水平一般,师资和装备水平一般;因为优秀生源大多流向城市优质中学,生源水平一般。

宁夏银川宝湖中学位于西部城市的城乡结合部,是一所新建学校,学生大多来自附近的拆迁安置户,少数民族学生也占有一定比例。

除了信度,我们实验的内在效度也较高,因为采用了前测和后测非对等控制组设计,实验既有实验组又有控制组;实验自变量只有一个,且在实验过程中控制得比较好。再者,实验的外在效度也较高,便于推广,因为实验不是在实验室中进行,而是在自然环境中的教室以及自然班中进行;实验的进行不需要什么特殊的条件。

(2)"希赛可"智能教学系统支持的中学英语混合式教学,对于教师而言,可减轻教学负担,促进专业成长

根据参与项目的教师的反馈,这种新的教学方式可以减轻其教学负担,促进其专业发展。这个智能系统能够准确无误地自动判分,快速及时而个性化地给予学生反馈,减少了教师布置作业、批改作业的大量工作;因此,教师可以腾出时间去做更多计算机还无法做的事情,参与课题研究,开展教研工作。

智能网络教学系统支撑下的混合式中学英语学习对于学生和教师的正面影响,这一研究结论不仅为"信息技术与课程的高度整合"这一政策导向提供了实证范例,也提供了方法手段。综合考虑成本、效益和效果,"希赛可"智能教学系统在中学英语课程中的深度整合,相比传统单一的学校老师授课、市场化的家教辅导或者小班教学等方式而言,具有较大的优势。如果能够进一步在更大的范围内推广使用,必将取得更加显著的社会和经济效益。

3. 学术价值

这项研究考查以智能教学系统为代表的现代教育信息技术对英语这一中学主课的影响,效果通过学生的考试成绩反映出来。

这种研究设计,将现代信息技术与英语课程深度整合,持续时间不是短期的,而是长达一个学期甚至一个学年。

这种多差异性样本、长时期的准实验研究方法,可以有效地验证某一教学措施(比如信息技术课程整合)的效果,排除实验变量(智能教学系统)之外其他因素的干扰,具有一定的学术价值。因为,一个学期在一个学校的实验具有偶然性,很难排除其他因素对实验的干扰,比如霍桑效应、罗森塔尔效应等;而这样四所学校共11个学期的实验中,都出现了智能教学系统与英语课程的深度整合与学生成绩较大改善之间的因果关系,由此就可以推断出这些实验中都具有的共同因素——智能教学系统与英语课程整合的混合式学习对学生成绩提高具有正面影响。更何况,我们在实验之前,已经采取措施减少霍桑效应、罗森塔尔效应等其他因素的干扰;通过参与课题老师给全体实验班和控制班学生的通告,明确教师对所有学生都是一视同仁的,而所有学生也都是被随机选中参与课题,没有能力高低之分。

这样跨地区、跨学龄、跨年度的教育技术在语言教学中的实证研究,在国内外都不多见。应用这种研究方法得出的结论——智能网络教学系统支撑下的混合式中学英语学习对于学生和教师的正面影响,不仅为"信息技术与课程的高度整合"这一政策导向提供了实证范例,也提供了方法手段。

4. 应用价值

笔者研究团队通过这一项目研发和完善了智能教学系统服务器端系统,它支持词汇、对话、语法、听力和阅读等英语教学的基本内容;可以提供个性化、层次化、游戏化教学策略;具有课程、用户等数据统计分析的高级功能;充分体现以教师为主导、以学生为主体的指导思想。

基于这个系统,笔者团队开发了人民教育出版社和外语教学与研究出版社出版的从初一到高二的配套学习内容。

希赛可智能教学系统、两个主流版本教材的配套内容、内容编著工具,都可以继续应用到我国中学和小学英语教学中去。

此外,系统使用终端从传统的多媒体微机扩展到方便携带、性价比高的平板电脑,并进行了一次有益尝试,以进一步适应数字化校园建设的最新发展趋势。

笔者团队本着高度的社会责任心,本着对国家课题认真负责的态度,进一步探索现代教育技术的长期应用效果,扩大研究成果的影响,更好地为基础教育的发展和改革服务,将课程放到网站上供中小学免费下载使用。

综合考虑成本、效益、效果和效用,以智能教学系统为代表的现代教育信息技术在中学英语课程中的深度整合,相比传统单一的学校老师授课、市场化的家教辅导或者小班教学等方式而言,具有较大的优势。如果能够进一步在更大的范围内推广使用,必将取得更加显著的社会效益和经济效益。

5. 讨论

本研究的发现支持以前的关于计算机辅助教学系统对学生学业表现影响的元分析的结论(O'Byrne,Securro,Jones,Cadle,2006),即整合到学科教学中的学习系统对于农村和城市学生同样有效。但是,本研究与以前研究的一个显著区别是,本研究结论的可靠性得到了全国不同省份的四所中学的不同类型、不同年级的实验班和控制班对的检验。本研究突破了以前研究的一些局限,比如,实验班样本量过小,实验班和控制班样本数量差异较大,实验班和控制班教师等外界影响因素可能不同,受到控制变量之外其他因素的影响,缺少前测数据(Lynch,Fawcett,Nicholson,2000;Ligas,2002;O'Byrne,et al.,2006)。

关于希赛可系统支持的中学英语混合式教学对实验班学生在常规考试和词汇考试中的正面影响,有三个问题值得探讨。

第一个是为什么无论实验学校处于何处和条件如何、实验班和控制班的前测成绩和年级如何、教师如何,都会产生这样的正面效果?

第二个是为什么对于常规考试的影响不同于对于词汇测试的影响?一般来说,对常规考试的影响效果小于对词汇测试的影响效果。

第三个是为什么对于不同的实验班,正面效果有大有小?比如,对于广东江门景贤学校实验班的正面影响没有对于其他学校的影响大。

希赛可系统支持的混合式学习之所以能够对所有实验班都产生正面影响,其原因主要与希赛可系统的内容和功能,以及混合式学习方法有关。希赛可系统的内容就是根据英语课本内容设计的,并聚焦于每个学期、每个模块或者单元所要求掌握的词汇。该系统中一个单词或者词组的发音、拼写和汉语意思是同时被提供给学生的,单元场景对话也是将发音和文本同时提供给了学生。这种多通道的刺激会激发学生的学习兴趣,提高学生记忆单词的效率。另外,即时、相关、个性化、奖励性质的反馈也可以加深学生印象、激发学习主动性。这可以从行为主义教学理论得到解释。因为词汇是英语学习的基础,对于词汇的掌握可以有助于学生深入理解句子和段落,并有助于听、说、读、写四种能力的提升,而这四种能力是在常规的综合性的考试中所要求的,所以较好地掌握词汇会促进学生常规考试成绩的提高。这种混合式学习,就是将希赛可系统整合到英语课程的教学方式,可以将班级教学的社会性环境与网上在线学习的交互环境有机结合起来(Dziuban,Hartman,Moskal,2004),有助于学生取得比单纯的课堂教学更好的学习效果。

实验班学生在词汇测试中的表现好于在常规考试中的成绩的原因主要与考试内容有关。词汇测试仅仅测试学生在一个学期中所需要掌握的词汇量,而词汇是希赛可系统重点练习的内容。所测试的就是平常所练习的,因此实验班学生在词汇测试中可以取得较好的成绩。相反地,当仔细审视收集到的各个学校的常规考试试卷后,发现考试内容与本学期所学词汇的相关度大致为 10~20%,不管是月考、期中考试还是期末考试。从课题学校老师那里获悉,常规考试内容不是他们自己确定的,而是年级或者全校英语教研组,或者上级(区、县、市)教育局,有些甚至是直接从国际互联网上下载的。例如,河南获嘉一中高一下学期的期末考试就是用来测试高中整个三年的学习内容的,也是为参加高考准备的;而广东江门景贤学校初一的上学期和下学期的期末考试内容都是用来测试整个初中三年所学内容的,也是为参加中考准备的。这样的考试内容,与实验班学生在实验阶段所学内容、特别是词汇的关联度不大;很自然地,实验班学生在常规考试中所取得的进步就不会有在词汇测试中取得的进步大了。

尽管在所有的实验中,实验班学生的学业表现都优于控制班,但是这种正面效果的大小还是因学校而异的。例如,在广东景贤学校,不管是初三年级上学期,还是初一年级的上学期和下学期,从前测到后测,实验班的表现都略优于控制班;但是两班的差距都没有达到统计意义上的显著水平。这种现象与考试内容紧密相关。考试内容是面向中考的,而不是考查本学期的所学内容,因此难度较大,不论对实验班还是控制班,这样的考试难度都很大。因此,实验班因应用系统所取得的进步就不可能很大。还有一个原因,从四所学校历次考试成绩可以看出来,广东实验班和控制班的成绩应该是最好的,因此受到天花板效应的影响,要让这样的实验班取得较大的进步,难度是比较大的。

6. 研究不足与问题

在本研究中,还存在着一些问题。从实验设计上讲,因为机房设备更新、机房维护等种种原因,实验学期未能包括初三下学期、高二上学期和高三学年;每个学校只有一个老师及其负责的两个教学班参与,样本量仍较小。

从教学效果上看,尽管希赛可系统支持的混合式教学与传统教学方式相比,对学生在常规考试中的正面影响较大,但是这种影响仍然不够特别明显。

从学生访谈和调查问卷的反馈来看,系统功能本身还有待进一步完善。比如,服务器响应速度仍然有待进一步提高;除培养学生单纯的词汇记忆能力之外,还应该培养学生综合解决语言问题的高阶能力。

因为该研究的设计目标主要是考察智能教学系统对中学生英语成绩的影响,所以主要从行为主义教育理论出发,为学生提供了个性化的练习和自动反馈功能;从建构主义教育理论出发,为学生提供了单元场景对话练习。而对协作式学习、探究式学习等的研究没有时间展开充分深入的研究,尽管系统提供了讨论区、维基、聊天室等协作式和探究式学习的技术。

7. 政策性建议

通过这一国家社会科学基金项目的研究过程,笔者团队对信息技术课程整合的效果与途径有了更加深刻的体会,对于我国目前中学英语教学的现状与问题有了更加深刻的认识。这里将这些体会与认识总结出来,抛砖引玉,希望能够对我国的教育信息化建设、中学英语教学改革起到一定的借鉴和参考作用。

(1) 将信息技术整合到常规教学中,使技术装备物尽其用

2010年6月21日,中共中央政治局审议并通过了《国家中长期教育改革和发展规划纲要(2010—2020年)》,其第十九章加快教育信息化进程指出:"加快教育信息基础设施建设。信息技术对教育发展具有革命性的影响,必须予以高度重视。"这一条政策性论断指出了信息技术对于教育发展的高度重要性。本研究一方面为这一政策性论断提供了有力可信的事实证据,另一方面为如何发挥信息技术的重要作用提供了系统、方法和手段方面的参考。

我国教育信息化建设已经在硬件环境建设上投入大笔资金,在大部分中学和小学都建立了多媒体计算机房,并且能够连接到国际互联网上。在北京、上海、广东等东部省市的数字化校园建设热潮中,很多城市学校还特别建立了笔记本教室和平板电脑教室。

然而,这些硬件设施的利用率并不高;除了信息技术课程和某些公开课、观摩课,这些机房和设施基本上处于闲置状态。那么,为什么中小学校和教师不使用这些现代化设备进行教学呢?根据我们和中小学领导及老师的长期接触,感觉原因有两个。一是不知道怎么将现代信息技术与现有的教学内容结合起来;二是害怕应用这些设备会造成老师的负担,增加学时,影响学生的考试成绩和升学率。

  信息技术对学生的学习效果有正面影响吗？或者换句更为通俗易懂的说法，电子书包能提高孩子们的考试分数吗？毋庸置疑，考试和分数仍然是现阶段考查学生学的效果、教师教的效果的一项重要而可行的方法手段，国内外都是如此。国外的大量研究涉及这个问题，国内对这方面的关注则较少，特别是基础教育阶段的更少。如果缺少正面的实证研究数据和结论支撑，学校、教师和家长自然会担心信息技术的应用会降低孩子的考试成绩，从而影响了信息技术的大规模推广应用。

  这项国家社会科学基金课题的顺利完成，通过多方面的数据有力证明了信息技术与中学英语课程的有机整合可以有效地促进学生学习成绩的提高；同时也非常简便可行、稳定可靠，不需要对教师和学生进行特殊培训，反而能够减轻教师的批改作业等负担，提高教学效率。

  笔者团队二次设计的课程管理系统，不仅可以应用到英语教学上，也能够应用到语文、数学等其他各个学科。笔者团队继续参与全国教育信息技术研究"十二五"规划重大课题《区域教育信息化与教育公平研究》，就是一项具体的行动。

（2）英语教学要稳扎稳打，不要急功近利

  这个研究的一个意外发现，就是四所中学平常考试（月考、期中考试与期末考试等）的内容与所学内容相关度不大；大部分超出了本学期或者本阶段所学内容，初中面向中考出题，高中面向高考出题。更有甚者，有些高一的期中试题直接下载自国际互联网上的高考模拟题。

  英语老师反映，这些考试题都不是他们自己编写的，而是由年级教研组、学科教研组乃至区县教育局出题。因此，这样的题目反映了从小领导（年级组）到大领导（区县）的意图，就是要提前为升学考试做准备。当然，在以升学率为指挥棒的大形势下，这样的做法可以理解。但是，这种做法违反了教学规律，可能会起到适得其反的结果。

  英语学习，与其他学科学习一样，是个循序渐进的过程，学生不可能一口吃成个胖子。学生在每个阶段（月、学期）所学习的内容，需要复习、巩固、消化，并通过测试的手段促进对内容的掌握和应用。因此，月考的内容要与本月所学内容紧密相关，期中考试的内容要与本学期以来的教学内容紧密相关，而期末考试的内容要与整个学期的教学内容紧密相关。这样的测试才能起到以测试促学习的目的。反过来，如果考试内容大部分与本阶段所学知识无关，要么难度偏大，整体分数过低，打击学生的学习积极性；要么难度偏低，反映不出学生对新学知识的掌握程度。

  中考是对初中阶段所学知识的测试，高考是对高中阶段所学知识的测试。如果在每个学期，学生都能牢固地掌握本学期所学知识和技能，那么在最后的综合性考试中何愁不会取得优异成绩呢？

所以，笔者建议中学英语教学要步步为营，不要急功近利；阶段考试内容要与阶段学习内容和教材紧密相关。

11.6.2 北京邮电大学的应用和评估

在北京邮电大学，笔者团队将希赛可智能英语教学系统整合到英语课堂教学中，进行了长达9个学期的准实验研究，共包括2145名实验班或者实验组的学生，1963名对照班或者对照组的学生。并通过准实验研究进行效果评估。准实验研究的具体措施是一个老师同时负责实验班（组）和控制班（组）的教学，内容相同，进度相同，要求相同，教学都在常规教室内进行；唯一不同的是每节课上有十分钟左右的时间，实验班（组）学生使用智能手机、平板电脑或者笔记本电脑等移动设备访问智能教学系统，参与其中的教学活动；而对照班（组）仍然采用传统方式进行学习，比如背诵单词等。当然，每个学期的学生不同，在应用整合的过程中遇到的问题各不相同，应用效果也各具特色（Jia，Chen，2015；Jia，Chen，2016；Jia & Chen，2020；Chen，Jia，Li 2021；Jia，Chen，Zhang，2022；贾积有，陈真真，2016）。

在研究方法上，这些准实验研究采用了自愿参加和自然分组的方法。这种方法依靠希赛可智能教学系统的日志功能和活动追踪功能，简单实用，不干扰教学日程安排。这种方法可以考查平板电脑等移动设备支持下的智能教学系统对语言教学的影响，也可以考查任何一种信息技术对任何一个学科教学效果的影响。这种方法的实现要依赖于希赛可智能教学系统的日志功能和活动追踪功能。在课程教学系统中，笔者设计了与课本配套的若干教学活动，请大学生在自愿的基础上通过各自的手机参与这些活动；将能够满足某些条件（完成某些活动）的学生归类为实验组，将不能满足这些条件（完成某些活动）的学生归类为控制组。通过收集和分析学生的在线活动数据，来比较实验组和控制组的学习行为的不同，检验是否达到了分组的目的。然后收集学生在实验前后常规考试中的成绩，比较实验组和控制组学习效果的不同。在6个学期的准实验研究中，实验组和对照组学生在课程管理系统中的学习行为表现的差异，包括参与活动数量、参与活动得分总和、每个学生每次活动平均得分三个方面，在统计意义上都是显著的（$P<0.001$）。自然分组的目标达到了。

下面首先分别介绍9个学期的教学实验结果，然后进行总结。

1. 2013—2014 学年第二学期

从2014年2月到5月，两个班参加了该实验。每个班各有98名大学一年级学生,由同一位英语教师授课,使用教材相同,都是《全新版大学英语综合教程》第四册(4E),教学内容和进度、考试内容和方法完全相同。上课教室也相同,学生手机可以通过校园无线网上网。

在前一个学期(2014年1月份)的期末考试中,两个班的平均成绩存在显著性差异,分别是50.1和53.2,无显著差异假设t检验(双尾)的概率$P=0.006<0.01$。经与英语任课教师商议,研究者决定让平均成绩低的班为实验班,使用希赛可系统参与实验,而成绩高的班为对照班。这样的研究设计可以验证在真实的教学环境条件下,而不是人为设置的环境下,技术支持的学习或者说混合式学习对学生学业表现的真正影响,就像以前的研究所验证的那样(Jia,et al.,2013)。

第一次上课时,老师调查了学生拥有智能手机以及能否上网的情况,发现90%以上的学生拥有智能手机并可以通过无线局域网上网。所以,我们为每个学生开设了希赛可系统的账号,基本上都是每人的姓名,简便好记。对于没有手机或者不能用手机上网的学生,我们则为其免费提供一个7寸的平板电脑,使之可以借助平板电脑和无线局域网访问课程系统。

从2014年2月26日第一次上课到2014年5月28日最后一节课,实验班上课的设计是:教师先按照原来的教学设计授课,在最后10分钟左右,让学生使用手机上网,登录希赛可系统并参与本单元相关的教学活动:填字游戏和听音填词选意。当然如果课上时间有限,学生在课外可以接着使用系统。教师可以把学生参与单元活动的统计结果通过教师机投影到教室前方的大屏幕上。

对照班学生也分配了登录希赛可系统的账号,但是不能参与单元活动;只能参与词汇前测和后测。教师要求他们平时也要加强词汇记忆和应用。词汇前测和后测是希赛可系统内的测试,内容相同,都包括50道听音写词选意题目,题目是从8个单元的题库中随机选择出来的。在2014年2月底的第一次课上,老师请实验班和对照班的学生参加了前测,在5月底的最后一次课上,又请两个班的学生参加了后测。

需要说明的是,笔者团队不强制要求所有学生都参加这些词汇前测、后测和平时的单元活动,也不将参与情况与期末考评挂钩;学生在自愿的基础上参加这次准实验研究。

为了比较两个班在实验过程中的学业表现,笔者团队收集了学生在常规英语考试中的成绩,包括实验前的考试、实验结束后的期末考试以及期中考试的成绩。这些考试的平均成绩,以及比较两者差异的t检验的P值都列于表11-4内。实验前于1月份举行的上学期期末考试可以看作前测,实验结束后的5月底进行的期末考试可以看作后测。这些考试内容是由大学公共英语教研室统一命题的,所有学生都必须参加。

前测中,实验班的平均成绩比对照班低 2.98,两个班的平均成绩无显著差异假设 t 检验(双尾)的概率 $P=0.008<0.01$,存在显著性差异。在 4 月份举行的期中考试中,两个班的成绩差异只有 0.03,非常不显著。后测中,实验班的平均成绩比对照班低 1.18,两个班的平均成绩无显著差异假设 t 检验(双尾)的概率 $P=0.076>0.05$,无显著性差异。实验班学生通过一个学期应用智能手机参与交互性的课程过程,缩小了对照班在常规考试中的差异,这种差异从前测的统计显著性缩小到后测的不显著。

表 11-4 2013—2014 学年第二学期,常规考试成绩统计

	1 月份期末考试(前测)	4 月份期中考试	5 月底期末考试(后测)
实验班($N=98$)	50.22	69.52	71.04
对照班($N=98$)	53.20	69.49	73.32
成绩均值差异	−2.98	0.03	−2.28
无显著差异假设 t 检验(双尾)的概率	0.008**	0.952	0.076

**:在 0.01 水平上显著

表 11-5 列出了实验班和对照班在词汇前测和后测中的平均成绩、两个班平均成绩无显著差异假设 t 检验(双尾)的概率 P,以及每次测试的参与人数。前测中,实验班 27 个参加者平均成绩是 34.4,而对照班 52 名参加者的平均成绩是 41.2;两者差异 6.8,统计意义上不显著($P=0.110>0.05$),可以认为在词汇前测中,实验班和对照班的成绩是相等的。后测中,实验班 80 名参加者的平均成绩是 65.6,而对照班 55 名参加者的平均成绩是 66.7,两个班的差异 1.1,统计意义上更加不显著($P=0.791>0.05$)。可见,实验班通过参与智能手机支持的课堂教学活动,不仅缩小了与对照班词汇测试的成绩差异,并且参加人数也增加了将近 2 倍。

表 11-5 2013—2014 学年第二学期,词汇测试成绩

		2 月底前测	5 月底后测	前后测差异
实验班	均值	34.4	65.6	31.2
	参与人数	27	80	53
对照班	均值	41.2	66.7	25.5
	参与人数	52	55	3
均值差异		−6.8	−1.1	
无显著差异假设 t 检验(双尾)的概率		0.110	0.791	

同时，因为前测和后测内容相同，同一个班的前后测成绩对比是有意义的。实验班的后测平均成绩比前测高出 31.2 分，而对照班的后测成绩比前测高出 25.5 分。

为了解学生使用系统的成效，需要仔细考查两个班中都参加了前测和后测的那些学生的表现，发现实验班的 27 名学生和对照班的 41 名学生参加了前后两次测验。表 11-6 列出了实验班和对照班在词汇前测和后测中的平均成绩，以及两个班平均成绩无显著差异假设 t 检验（双尾）的概率 P。前测中，实验班的平均成绩比对照班的平均成绩低了 6.2，无显著差异假设 t 检验（双尾）的概率 $P=0.167>0.05$，统计意义上不显著；后测中，实验班的平均成绩比对照班的平均成绩高出 2.7，无显著差异假设 t 检验（双尾）的概率 $P=0.644>0.05$，统计意义上不显著。从纵向比较来看，实验班后测平均成绩比前测高出 35.8，而对照班仅高出 26.9。成对数据 t 检验结果表明，两个班各自的后测成绩都显著高于前测成绩。

表 11-6 2013—2014 学年第二学期，同时参与了词汇前测和后测的学生的平均成绩

	2 月底前测	5 月底后测	前后差异
实验班（$N=27$）	34.4	70.2	35.8
对照班（$N=41$）	40.6	67.5	26.9
均值差异	−6.2	2.7	
无显著差异假设 t 检验（双尾）的概率	0.167	0.644	

这项实证研究的数据表明，在大学课堂上合理、适当地使用智能手机等移动设备，可以促进学生的积极参与，并改善其学业表现。本研究过程收集的考试成绩数据证明了大学生在课上使用智能手机参与教学活动对以成绩为代表的学业表现的正面影响。把智能手机作为客户端和希赛可系统作为服务器共同作用所实现的及时反馈对这一正面影响的形成起到了积极作用。实验班学生通过手机在课上和课外参加各种与课程词汇紧密相关的教学活动，并能得到及时反馈，从而更加熟悉词汇的发音、拼写、含义和用法。而因为词汇是英语学习四种基本能力（听、说、读、写）的基石，实验班词汇成绩的显著提高推动了普通考试成绩的改善。

教学中的一种最为复杂的学术活动是激发全体学生参与和促使沉默学生表达。本研究尝试激励全体学生借助智能手机的输入功能参与课程活动，并在自己的屏幕上即可看到反馈和成绩，也能在老师的演示下比较自己与其他同学的表现。从统计数据上看，实验班参加后测的学生数量明显多于参加前测的学生数量，利用智能手机激励学生参与课堂交互的目的基本上达到了。与实验班学生相同，对照班学生也可以带手机等移动设备到教室内，但是不参加基于希赛可系统的单元活动，所以没有实验班学生那样的参与度，在词汇测试中的表现不如实验班，进一步

地导致在常规考试中的成绩改善程度也不如实验班的高。

为了解学生对系统的感受,我们设计了匿名的调查问卷,设置在课程平台上让学生回答。问卷内容的22道选择题采用5点李克特(Likert)量表,1表示非常反对,2为反对,3为不太确定,4为同意,5为非常同意。实验班有67名学生提交了答案。各个题目及其平均分如表11-7所示。

表11-7　2013—2014学年第二学期,调查问卷学生答案平均分

问题	平均分
我对英语学习越来越重视了,学习积极主动性提高了	3.6
我学习英语的兴趣提高了,越来越喜欢学英语了	3.6
我学习英语的效率提高了	3.5
我的英语考试成绩提高了	3.3
我对单词和词组的精确掌握程度提高了(包括其拼写、词性、汉语意思和发音)	3.7
我的英语听力水平提高了	3.4
我的英语阅读理解能力提高了	3.3
我的英语写作水平提高了	3.2
操作界面清晰	3.7
利用系统进行学习,操作简单,容易上手	3.7
可以立即看到成绩和错误反馈,对纠正错误很有帮助	3.9
学习中的人机互动性很强,增强了学习兴趣	3.5
采用授予勋章的方式,对我的学习激励性很强	3.3
测验成绩即时排名,可以促使我和其他同学比赛记忆单词、学习英语	3.4
我的单词拼写能力增强了	3.8
我对单词汉语含义的记忆能力增强了	3.8
我对单词发音的灵敏反应程度提高了	3.8
对听力理解有帮助	3.6
学习英语,教学效果好	3.7
利用系统在教室进行混合式学习,课外就不需要花更多的时间在英语学习上了	3.3
这种应用手机或者平板、笔记本等移动设备进行课堂学习的方式,使我集中精力到课堂内容上,提高了学习效率	3.5
这种学习方式充分发挥了手机或者平板电脑等移动设备的特性,物尽其用	3.8

从得分可以看出,学生对系统的功能基本满意,但是不是非常满意,系统还有不少需要改进之处。这也从调查问卷的最后一道开放题目的回答中可以看出。正

面评价包括:"非常好的系统""很好!记忆单词不错!""系统做得很好,实用,提高背单词效率""很好用,希望可以继续用下去"等;建议和意见包括:"建议平台完善""系统可靠性还需要完善一点""系统仍存在一定问题,需要优化。发音过于机械化""希望界面更易操作,更简洁"等。

除了调查问卷,我们还对4名随机选择的学生用户进行了访谈,从访谈内容中可以看出,学生对这种智能手机支持的英语混合式教学还是很感兴趣的。但是他们也反映出了一些问题,比如网速慢、系统界面不太美观等。

2. 2014—2015 学年第一学期

从 2014 年 10 月到 12 月,两个班参加了该实验。每个班都有 60 名大学一年级新生,由同一位英语教师授课,使用教材相同,都是《全新版大学英语综合教程》第三册(3E),教学内容和进度、考试内容和方法完全相同。上课教室也相同,没有无线局域网。学生手机可以通过中国移动、电信或者联通的 3G 或者 4G 网络上网。

在开学初(2014 年 9 月份)的英语分班考试中,两个班的平均成绩存在显著性差异,分别是 69.61 和 71.85,无显著差异假设 t 检验(双尾)的概率 $P=0.000<0.01$。经与英语任课教师商议,研究者决定把平均成绩低的班作为实验班,使用希赛可系统参与实验,而成绩高的班为对照班。这样的研究设计可以验证在真实的教学环境条件下,而不是人为设置的环境下,技术支持的学习或者说混合式学习对学生学业表现的真正影响,就像我们以前的研究所验证的那样(Jia,2013)。

第一次上课时,老师调查了学生拥有智能手机以及能否上网的情况,发现 90%以上的学生拥有智能手机并可以通过各种套餐上网,因为他们作为新生,在入学时已经大都购买了手机和运营商提供的各种上网套餐。所以,笔者团队为每个学生开设了希赛可系统的账号,基本上都是每人的姓名,简便好记。这样从 2014 年 9 月 29 日第一次上课到 2014 年 12 月 28 日最后一节课,实验班上课的设计是:先按照原来的教学设计授课,在最后 10~20 分钟,让学生使用手机上网,登录希赛可系统并参与本单元相关的教学活动:填字游戏,听音填词选意,填空和实时选择。当然如果课上时间有限,学生在课外可以接着使用系统。教师可以把学生参与单元活动的统计结果通过教师机投影到教室前方的大屏幕上。

对照班学生也分配了登录希赛可系统的账号,但是不能参与单元活动,只能参与词汇前测和后测。教师要求他们平时也要加强词汇记忆和应用。词汇前测和后测是希赛可系统内的测试,内容相同,都包括 50 道听音写词选意题目,它们是从 8 个单元的题库中随机选择出来的。在 2014 年 9 月底的第一次课上,老师要求实验班和对照班的学生参加了前测,在 12 月底的最后一次课上,又要求两个班的学生参加了后测。需要说明的是,我们不是强制性地要求所有学生都参加这些词汇前测、后测和平时的单元活动,也不将这些活动的参与情况与常规考试等考察手段挂钩。学生是在自愿的基础上参加这次准实验研究的。

表 11-8 列出了实验班和对照班在词汇前测和后测中的平均成绩、方差,以及两个班平均成绩无显著差异假设 t 检验(双尾)的概率 P。前测中,实验班 40 个参加者平均成绩是 80.96,而对照班 46 名参加者的平均成绩是 80.95;两者差异只有 0.01,微乎其微($P=0.997>0.05$),可以认为在词汇前测中,实验班和对照班的成绩是相等的。后测中,实验班 39 名参加者的平均成绩是 92.27,而对照班 41 名参加者的平均成绩是 87.58,两个班的差异 4.69,是显著的($P=0.04<0.05$)。

同时,因为前测和后测内容相同,同一个班的前后测成绩对比是有意义的。实验班的后测平均成绩比前测高出 11.31 分,而对照班的后测成绩比前测高出 6.63 分。如果在基于每个班的平均成绩、方差和人数的前提下来比较每个班的进步幅度,则采用科恩(Cohen)所定义的效果大小(Cohen,1988;Cohen,1992)。对于实验班来说这个计算结果是 0.261,而对照班是 0.167。

表 11-8　2014—2015 学年第一学期,词汇测试成绩

		前测	后测	均值差	效果量
实验班	均值	80.96	92.27	11.31	0.261
	人数	40	39		
	标准差	40.69	44.95		
对照班	均值	80.95	87.58	6.63	0.167
	人数	46	41		
	标准差	36.21	42.11		
均值差		0.01	4.69		
t 检验 P 值(双尾)		0.997	0.040*		

*:在 0.05 水平上显著

很有必要考查两个班中都参加了前测和后测的那些学生的表现。因为是自愿参加,而非要求必须参加,所以参加前测和后测的学生数量是变化的。通过仔细考查参与情况,我们发现实验班的 28 名学生和对照班的 35 名学生参加了前后两次测验。表 11-9 列出了实验班和对照班在词汇前测和后测中的平均成绩、方差,以及两个班平均成绩无显著差异假设 t 检验(双尾)的概率 P。前测中,实验班的平均成绩比对照班的平均成绩高出 1.73,无显著差异假设 t 检验(双尾)的概率 $P=0.636>0.05$,统计意义上不显著;后测中,实验班的平均成绩比对照班的平均成绩高出 5.75,无显著差异假设 t 检验(双尾)的概率 $P=0.021<0.05$,统计意义上显著。

表 11-9　2014—2015 学年第一学期,同时参与了词汇前测和后测的学生的平均成绩

		前测	后测	均值差	效果量
实验班	均值	82.53	93.29	10.76	0.914
	人数	28	28		
	标准差	15.65	5.67		
对照班	均值	80.80	87.44	6.64	0.526
	人数	35	35		
	标准差	13.23	12.01		
均值差		1.73	5.85		
t 检验 P 值(双尾)		0.636	0.021*		

*：在 0.05 水平上显著

实验班后测平均成绩比前测高出 10.76,而对照班仅高出 6.64。成对数据 t 检验结果表明,两个班各自的后测成绩都显著高于前测成绩,P 值分别为实验班的 0.000<0.01,对照班 0.019<0.05。采用科恩所定义的效果大小,并考虑 Hedge 的基于样本数量的调整,计算效果大小,实验班是 0.914,而对照班是 0.526。根据科恩的说明,实验班取得的进步幅度很大,而对照班的进步幅度中等。

为了比较两个班在实验过程中的表现,笔者团队还收集了学生在常规英语考试中的成绩,包括实验前的分班考试成绩和实验结束后的期末考试成绩。这些考试的平均成绩,以及比较两者差异的 t 检验的 P 值都列于表 11-10 内。实验前于 9 月中旬举行的分班考试可以看作前测,实验结束后的 2015 年 1 月初进行的期末考试可以看作后测。这些考试内容是由大学公共英语教研室统一命题的,所有学生都必须参加。

前测中,实验班的平均成绩比对照班低 2.24,两个班的平均成绩无显著差异假设 t 检验(双尾)的概率 $P=0.000<0.01$,存在显著性差异。后测中,实验班的平均成绩比对照班低 1.18,两个班的平均成绩无显著差异假设 t 检验(双尾)的概率 $P=0.263>0.05$,无显著性差异。实验班学生通过一个学期应用智能手机参与交互性的课程过程,缩小了与对照班在常规考试中的差异,这种差异从前测的统计显著性缩小到后测的不显著。

表 11-10　2014—2015 学年第一学期,常规考试成绩

	前测	后测
实验班($N=60$)	69.61	81.99
对照班($N=60$)	71.85	83.17
均值差	−2.24	−1.18
t 检验 P 值(双尾)	0.000**	0.263

**：在 0.01 水平上显著

3. 2014—2015学年第二学期

从2015年2月到5月,两个班参加了该实验。每个班都有60名大学一年级学生,由同一位英语教师授课,使用教材相同,都是《全新版大学英语综合教程》第四册(4E),教学内容和进度、考试内容和方法完全相同。上课教室也相同,没有无线局域网。学生手机可以通过中国移动、电信或者联通的3G或者4G网络上网。

两个班在常规考试前测和后测中的成绩如表11-11所示。可见前测差异不显著,后测差异也不显著。

表 11-11 2014—2015学年第二学期,常规考试成绩

	前测	后测
对照班($N=60$)均值	83.17	77.49
实验班($N=60$)均值	81.99	76.21
实验班和控制板均值差	−1.18	−1.2798
两班独立样本 t 检验 P 值	0.263268	0.388184

表11-12为词汇测试成绩,可见两个班词汇前测和后测均值都无显著性差异。

表 11-12 2014—2015学年第二学期,词汇测试成绩

	后测	前测
实验班均值	90.35	85.52
实验班标准差	8.44	17.63
实验班人数	49	21
对照班均值	90.52	84.34
对照班标准差	7.367	10.58
对照班人数	53	30
两班独立样本 t 检验 P 值	0.773	0.763

4. 2015—2016学年第一学期

2015—2016学年第1学期,根据自愿参与、自然分组的原则,4个自然班的127名学生参与了实验研究。同时参与了前测和后测的学生数为25,归为实验组;其余102人归为对照组。表11-13列出两组学生在课程管理系统中的学习行为表现,包括参与活动数量、参与活动得分总和、每个学生每次活动平均得分的均值、标准差和中位数,两组学生在参与活动数量、参与活动得分总和、每个学生每次活动

上平均得分的均值的差异及其独立样本 t 检验的 P 值。可以看出,实验组和对照组在线学习行为表现各个方面的差异在统计意义上都是显著的($P<0.001$)。自然分组的目的达到了。

表 11-14 列出实验组和对照组在学校举行的常规考试中的表现。前测就是实验之前的上个学期的期末考试,后测就是实验之后的期末考试。在前测中,实验组和对照组的均值差异只有 0.6 分,独立样本 t 检验的 P 值为 0.787,即两组的差异在统计意义上是不显著的,实验组相对于对照组的效果量只有 0.06。在后测中,实验组和对照组的均值差异为 4.4,独立样本 t 检验的 P 值为 0.086,即两组的差异在统计意义上仍然是不显著的,但是差异提高了,实验组相对于对照组的效果量增加到 0.386。

表 11-13 2015—2016 年学年第一学期,实验组和对照组的在线学习行为表现

		实验组	对照组	差	独立样本 t 检验 P 值
学生数		25	102		
参与活动得分总和	均值	726.40	241.89	484.51	<.0001
	标准差	271.75	254.88	16.87	
	中位数	702.24	150.25	551.99	
参与活动数	均值	11.04	4.54	6.50	<.0001
	标准差	2.97	3.27	−0.3	
	中位数	11.00	3.00	8.00	
每个学生每次活动平均得分	均值	64.79	41.49	23.3	<.0001
	标准差	10.93	26.71	−15.78	
	中位数	66.75	42.17	24.58	

表 11-14 2015—2016 学年第一学期,实验组和对照组常规考试成绩

		实验组	对照组	独立样本 t 检验 P 值	效果量
学生数		25	102		
前测	均值	70.9	70.26	0.787	0.060
	标准差	11.33	10.20		
后测	均值	67.64	63.22	0.086	0.386
	标准差	10.02	11.69		

词汇测试的全部参与者数量为 25。词汇测试成绩前测和后测成绩如表 11-15 所示,后测比前测高出 5.50。成对样本 t 检验 P 值>0.05,不显著,效果量 0.272。

表 11-15 2015—2016 学年第一学期,词汇前测和后测

	前测	后测	增量	成对样本 t 检验 P 值	效果量
均值	79.56	85.06	5.50	0.1395	0.272
标准差	20.67	19.90			

5. 2015—2016 学年第二学期

2015—2016 年学年第 2 学期,根据自愿参与、自然分组的原则,一所大学公共英语课的 4 个自然班的 127 名学生参与了实验研究。同时参与了前测和后测的学生数为 70,归为实验组;其余 57 人归为对照组。表 11-16 列出两组学生在课程管理系统中的学习行为表现,包括参与活动数量、参与活动得分总和、每个学生每次活动平均得分的均值、标准差和中位数,两组学生在参与活动数量、参与活动得分总和、每个学生每次活动上平均得分的均值的差异及其独立样本 t 检验的 P 值。可以看出,实验组和对照组在线学习行为表现各个方面的差异在统计意义上都是显著的($P<0.001$)。自然分组的目的达到了。

表 11-16 2015—2016 年学年第二学期,实验组和对照组的在线学习行为表现

		实验组	对照组	差	独立样本 t 检验 P 值
学生数		70	57		
学生得分总和	均值	882.68	505.65	377.03	<.0001
	标准差	434.07	488.29	−54.22	
	中位数	859.5	321.6	537.9	
参与活动数	均值	9.77	5.89	3.88	<.0001
	标准差	4.50	5.14	−0.64	
	中位数	10	4	6	
每个学生每次活动平均得分	均值	89.24	73.49	15.75	<.0001
	标准差	7.29	29.98	−22.69	
	中位数	90.19	84.89	5.30	

表 11-17 列出实验组和对照组在学校举行的常规考试中的表现。前测就是实验之前的上个学期的期末考试,后测就是实验之后的期末考试。在前测中,实验组和对照组的均值差异只有 4.0 分,独立样本 t 检验的 P 值为 0.053,即两组的差异在统计意义上是显著的,实验组相对于对照组的效果量为 0.349。在后测中,实验

组和对照组的均值差异为 3.55,独立样本 t 检验的 P 值为 0.046,即两组的差异在统计意义上是显著的,实验组相对于对照组的效果量为 0.362。

表 11-17　2015—2016 学年第二学期,实验组和对照组常规考试成绩

		实验组	对照组	独立样本 t 检验 P 值	效果量
学生数		70	57		
前测	均值	65.87	61.89	0.053	0.349
	标准差	10.68	12.11		
后测	均值	61.77	58.22	0.046*	0.362
	标准差	10.01	9.45		

词汇测试的全部参与者为 70。词汇测试成绩前测和后测成绩如表 11-18 所示,后测比前测高出 5.50。成对样本 t 检验 P 值>0.05,不显著,效果量 0.272。

表 11-18　2015—2016 学年第二学期,词汇前测和后测表现

	前测	后测	增量	成对样本 t 检验 P 值	效果量
均值	79.56	85.06	5.50	0.1395	0.272
标准差	20.67	19.90			

如果将所有学生的在线学习活动表现的各个方面(次数、总分数和每次平均得分)与后测成绩作相关分析,则可以看到,后测成绩与活动总得分、活动总次数和每次活动得分均值都呈现显著的正相关性($P<0.01$,$P<0.01$,$P<0.05$)。不过相关系数都在 0.2 左右。后测成绩与前测成绩的相关系数则高达 0.701($P<0.01$)。

6. 2016—2017 学年第一学期

(1) 2016—2017 学年第 1 学期,根据自愿参与、自然分组的原则,16 个自然班的 589 名学生参与了实验研究。这些学生都学习英语一级(1E)内容,参加同样的考试。

同时参与了前测和后测的学生数为 236,归为实验组;其余 353 人归为对照组。表 11-19 列出两组学生在课程管理系统中的学习行为表现,包括参与活动数量、参与活动得分总和、每个学生每次活动平均得分的均值、标准差和中位数,两组学生在参与活动数量、参与活动得分总和、每个学生每次活动上平均得分的均值的差异及其独立样本 t 检验的 P 值。可以看出,实验组和对照组在线学习行为表现各个方面的差异在统计意义上都是显著的($P<0.001$)。自然分组的目的达到了。

表 11-19　2016—2017 学年第一学期，1E 学生在线学习行为表现

		实验组	对照组	差	独立样本 t 检验 P 值
学生数		236	353		
参与活动得分总和	均值	668.47	440.14	228.33	<.0001
	标准差	412.37	401.79	10.58	
	中位数	692.86	350.68	342.18	
参与活动数	均值	7.55	5.15	2.40	<.0001
	标准差	4.43	4.56	−0.13	
	中位数	8	4	4	
每个学生每次活动平均得分	均值	86.47	69.56	16.91	<.0001
	标准差	9.07	32.40	−23.33	
	中位数	89.05	84.72	4.33	

表 11-20 列出实验组和对照组在学校举行的常规考试中的表现。在后测中，实验组和对照组的均值差异为 2.4，独立样本 t 检验的 P 值为 0.0088，即两组的差异在统计意义上是显著的，实验组相对于对照组的效果量为 0.221。

表 11-20　2016—2017 学年第一学期，1E 学生常规考试成绩

		实验组	对照组	独立样本 t 检验 P 值	效果量
学生数		236	353		
成绩	均值	71.92	69.50	0.0088	0.221
	标准差	8.72	12.14		

词汇测试的全部参与者为 236。词汇测试成绩前测和后测成绩如表 11-21 所示，后测比前测高出 15.9。成对样本 t 检验 P 值<0.001，非常显著，效果量高达 0.862。

表 11-21　2016—2017 学年第一学期，1E 学生词汇前测和后测表现

	前测	后测	增量	成对样本 t 检验 P 值	效果量
均值	75.68	91.58	15.90	<0.001	0.862
标准差	15.656	9.734			

（2）2016—2017 学年第一学期，根据自愿参与、自然分组的原则，8 个自然班的 240 名学生参与了实验研究。这些学生都学习英语 3 级（3E）内容，参加同样的考试。

同时参与了前测和后测的学生数为183,归为实验组;其余57人归为对照组。表11-22列出两组学生在课程管理系统中的学习行为表现,包括参与活动数量、参与活动得分总和、每个学生每次活动平均得分的均值、标准差和中位数,两组学生在参与活动数量、参与活动得分总和、每个学生每次活动上平均得分的均值的差异及其独立样本 t 检验的 P 值。实验组和对照组在线学习行为表现各个方面的差异在统计意义上都是显著的($P<0.001$)。自然分组的目的达到了。

表11-22 2016—2017学年第一学期,3级英语学生在线学习行为表现

		实验组	对照组	差	独立样本 t 检验 P 值
学生数		183	57		
参与活动得分总和	均值	675.11	442.55	232.56	<.0001
	标准差	340.88	320.64	20.24	
	中位数	672.98	399.7	273.28	
参与活动数	均值	8.36	6.30	2.06	<.0001
	标准差	3.85	4.00	−0.15	
	中位数	9	7	2	
每个学生每次活动平均得分	均值	79.65	64.91	14.74	<.0001
	标准差	10.30	22.16	−11.86	
	中位数	80.58	71.36	9.22	

表11-23列出实验组和对照组在学校举行的常规考试中的表现。在后测中,实验组和对照组的均值差异为2.46,独立样本 t 检验的 P 值为0.0055,即两组的差异在统计意义上是显著的,实验组相对于对照组的效果量为0.423。

3级3E词汇测试的全部参与者数量为183。词汇测试成绩前测和后测如表11-24所示,差异高达12.93,成对样本 t 检验 P 值<0.001,非常显著,效果量高达1.359。

表11-23 2016—2017学年第一学期,3级英语学生常规考试成绩

		实验组	对照组	独立样本 t 检验 P 值	效果量
学生数		183	57		
成绩	均值	82.16	79.70	0.0055	0.423
	标准差	5.88	5.59		

表 11-24 2016—2017 学年第一学期,3E 学生词汇前测和后测表现

	前测	后测	增量	成对样本 t 检验 P 值	效果量
均值	81.24	94.17	12.93	<0.001	1.359
标准差	11.87	6.3			

7. 2016—2017 学年第二学期

2016—2017 学年第二学期,根据自愿参与、自然分组的原则,27 个自然班的 801 名学生参与了实验研究。这些学生都学习英语 2 级(2E)内容,参加同样的考试。

同时参与了前测和后测的学生数为 339,归为实验组;其余 462 人归为对照组。表 11-25 列出两组学生在课程管理系统中的学习行为表现,包括参与活动数量、参与活动得分总和、每个学生每次活动平均得分的均值、标准差和中位数,两组学生在参与活动数量、参与活动得分总和、每个学生每次活动上平均得分的均值的差异及其独立样本 t 检验的 P 值。可以看出,实验组和对照组在线学习行为表现各个方面的差异在统计意义上都是显著的($P<0.001$)。自然分组的目的达到了。

表 11-25 2016—2017 学年第二学期,2E 学生在线学习行为表现

		实验组	对照组	差	独立样本 t 检验 P 值
学生数		339	462		
参与活动得分总和	均值	898.61	195.91	702.7	<.0001
	标准差	546.80	318.43	228.37	
	中位数	737.81	71.76	666.05	
参与活动数	均值	10.07	2.32	7.75	<.0001
	标准差	5.68	3.55	2.13	
	中位数	8	1	7	
每个学生每次活动平均得分	均值	87.79	53.54	34.25	<.0001
	标准差	10.58	39.78	−29.2	
	中位数	90.45	68.7	21.75	

表 11-26 列出实验组和对照组在学校举行的常规考试中的表现。在后测中,实验组和对照组的均值差异为 5.4,独立样本 t 检验的 P 值为 0.0088,即两组的差异在统计意义上是显著的,实验组相对于对照组的效果量为 0.585。

表 11-26 2016—2017 学年第二学期,2E 学生常规考试成绩

		实验组	对照组	独立样本 t 检验 P 值	效果量
学生数		339	462		
成绩	均值	75.4	70.0	0.0088	0.585
	标准差	6.81	10.50		

词汇测试的全部参与者为 339 人。词汇测试前测和后测成绩如表 11-27 所示,增量为 19.34,成对样本 t 检验 P 值 <0.001,非常显著,效果量高达 1.541。

表 11-27 2016—2017 学年第二学期,2E 学生词汇前测和后测表现

	前测	后测	增量	成对样本 t 检验 P 值	效果量
均值	73.57	92.91	19.34	<0.001	1.541
标准差	15.08	9.34			

8. 2017—2018 学年第一学期

2017—2018 学年第一学期,根据自愿参与、自然分组的原则,20 个自然班的 794 名学生参与了实验研究。这些学生都学习英语三级(3E)内容,参加同样的考试。

同时参与了前测和后测的学生数为 504,归为实验组;其余 290 人归为对照组。表 11-28 列出两组学生在课程管理系统中的学习行为表现,包括参与活动数、参与活动得分总和、每个学生每次活动平均得分的均值、标准差和中位数,两组学生在参与活动数量、参与活动得分总和、每个学生每次活动上平均得分的均值的差异及其独立样本 t 检验的 P 值。可以看出,实验组和对照组在线学习行为表现各个方面的差异在统计意义上都是显著的($P<0.001$)。自然分组的目的达到了。

表 11-29 列出实验组和对照组在学校举行的常规考试中的表现。在后测中,实验组和对照组的均值差异为 6.4,独立样本 t 检验的 $P<.0001$,即两组的差异在统计意义上是显著的,实验组相对于对照组的效果量为 0.724。

词汇测试的全部参与者为 504 名。词汇测试成绩前测和后测成绩如表 11-30 所示,2017—2018 学年第一学期,3E 学生词汇前测和后测表现所示,后测比前测高出 3.26。成对样本 t 检验 P 值 <0.001,非常显著,效果量 0.238。

表 11-28　2017—2018 学年第二学期，3E 级学生在线学习行为表现

		实验组	对照组	差	独立样本 t 检验 P 值
学生数		504	290		
参与活动得分总和	均值	710.53	339.12	371.4	<.0001
	标准差	211.59	297.97	−86.38	
	中位数	669.22	383.56	285.66	
参与活动数	均值	8.72	4.48	4.24	<.0001
	标准差	1.98	3.62	1.64	
	中位数	8	6	2	
每个学生每次活动平均得分	均值	79.89	71.58	8.31	<.0001
	标准差	12.59	33.40	−20.81	
	中位数	83.05	65.32	17.73	

表 11-29　2017—2018 学年第一学期，3E 级英语学生常规考试成绩

		实验组	对照组	独立样本 t 检验 P 值	效果量
学生数		504	290		
成绩	均值	74.4	68.0	<.0001	0.724
	标准差	7.37	11.88		

表 11-30　2017—2018 学年第一学期，3E 学生词汇前测和后测表现

	前测	后测	增量	成对样本 t 检验 P 值	效果量
均值	90.26	93.52	3.26	<0.001	0.238
标准差	12.60	14.66			

9. 2017—2018 学年第二学期

2017—2018 学年第二学期，根据自愿参与、自然分组的原则，25 个自然班的 994 名学生参与了实验研究。这些学生都学习英语四级（4E）内容，参加同样的考试。

同时参与了前测和后测的学生数为 570，归为实验组；其余 424 人归为对照组。表 11-31 列出两组学生在课程管理系统中的学习行为表现，包括参与活动数、参与活动得分总和、每个学生每次活动平均得分的均值、标准差和中位数，两组学生在参与活动数、参与活动得分总和、每个学生每次活动上平均得分的均值的差异及其

独立样本 t 检验的 P 值。可以看出,实验组和对照组在线学习行为表现各个方面的差异在统计意义上都是显著的($P<0.001$)。自然分组的目的达到了。

表 11-31　2017 年—2018 学年第 2 学期,4 级学生在线学习行为表现

		实验组	对照组	差	独立样本 t 检验 P 值
学生数		570	424		
参与活动得分总和	均值	766.01	469.79	296.22	<.0001
	标准差	322.35	348.10	−25.75	
	中位数	689.68	663.3	26.38	
参与活动数	均值	7.95	4.94	3.01	<.0001
	标准差	3.37	3.64	−0.27	
	中位数	7	7	0	
每个学生每次活动平均得分	均值	94.8	65.29	29.51	<.0001
	标准差	13.56	44.55	−30.99	
	中位数	97.85	94.45	3.4	

表 11-32 列出实验组和对照组在学校举行的常规考试中的表现。在后测中,实验组和对照组的均值差异为 4.4,独立样本 t 检验的 P 值<.0001,即两组的差异在统计意义上是显著的,实验组相对于对照组的效果量为 0.52。

表 11-32　2017—2018 学年第二学期,4E 级学生常规考试成绩

		实验组	对照组	独立样本 t 检验 P 值	效果量
学生数		570	424		
成绩	均值	73.4	69.0	<.0001	0.52
	标准差	7.52	9.6		

词汇测试的全部参与者为 570 名。词汇测试成绩前测和后测成绩如表 11-33 所示,后测比前测高出 4.05。成对样本 t 检验 P 值<0.001,非常显著,效果量 0.388。

表 11-33　2017—2018 学年第二学期,4E 级学生词汇前测和后测表现

	前测	后测	增量	成对样本 t 检验 P 值	效果量
均值	90.65	94.7	4.05	<0.001	0.388
标准差	11.74	8.99			

10. 小结

以上介绍了在北京邮电大学9个学期应用平板电脑支持英语课堂教学的准实验研究,共包括2145名实验班或者实验组的学生,1963名对照班或者对照组的学生。除了一个学期(2015年2月到5月)外,其他8个学期的实验结果都证明了平板电脑支持下的英语课堂教学的有效性:实验班或者实验组的学生在常规考试中的成绩的改善程度都好于对照班或者对照组的学生。

实验组的学生的学习表现好于对照组学生,是因为他们使用了一个交互式的在线智能教学系统,该系统能够给他们提供及时反馈。实验班学生通过使用手机在课堂上和课外参与各种与课程词汇内容紧密相关的教学活动,并能得到及时反馈,从而更加熟悉词汇的发音、拼写、含义和用法。而因为词汇是英语学习四种基本能力(听、说、读、写)的基石,实验班词汇成绩的显著提高造成了普通考试成绩的改善。

与实验班学生相同,对照班学生也可以带手机等移动设备到教室内。但是他们不参与基于希赛可系统的单元活动,所以没有实验班学生那样的参与度,因此在词汇测试中的表现不如实验班,进一步地导致在常规考试中的成绩改善程度也不如实验班的高。

这项研究发现具有理论和实践两个方面的借鉴意义。智能手机的普及使用占据了大学生的大量日常生活时间,但是在学习上的应用还不够多。这项研究提供了一种简单地将智能手机整合到英语常规教学中的方法,将之前基于多媒体计算机的智能教学系统支持的语言学习(Jia,2009;Jia,et al.,2013)扩展到将智能手机作为一种学习设备,填补了有关智能手机、平板电脑等移动设备支持的学习的长时期研究的空白,这在很多元分析研究中都有所强调(Hassler,et al.,2016;Nguyen,et al.,2015)。

在教育研究中,很难在教学实践中实施准实验研究,因为实验组和对照组的选择需要学校和教师的大力配合,需要考虑学生分布和教学计划。特别是对大学生作为对象的研究而言,经常会碰到学生的不情愿甚至抵触情绪。作为替代传统的人为分组的一种方法,笔者团队提出了自愿参加和自然分组的方法。这种方法的实现要依赖于希赛可智能教学系统的日志功能和活动追踪功能。在课程教学系统中,笔者团队设计了与课本配套的若干教学活动,请大学生在自愿的基础上通过各自的手机参与这些活动;将能够满足某些条件(完成某些活动)的学生归类为实验组,将不能满足这些条件(完成某些活动)的学生归类为对照组。通过收集和分析学生的在线活动数据,来比较实验组和对照组的学习行为的不同,检验是否达到了分组的目的。然后收集学生在实验前后常规考试中的成绩,比较实验组和控制组学习效果的不同。

在 6 个学期的准实验研究中,实验组和对照组学生在课程管理系统中的学习行为表现的差异,包括参与活动数、参与活动得分总和、每个学生每次活动平均得分三个方面,在统计意义上都是显著的($P<0.001$)。自然分组的目的达到了。

这种自然分组方法按照使用的工具和学习方法将学生分组,要么是使用移动设备基于智能教学系统的学习,要么是传统的基于书本的学习。对照组学生也可以在老师的指导下非常深入地参与学习活动,但是如何参与、参与的质量与数量很难像实验组学生的在线学习活动那样得到评测。

这种研究方法很简单实用,因为它不会干扰教学日程安排。这种方法可以考察平板电脑等移动设备对语言教学的影响,也可以考查任何一种信息技术对任何一个学科教学效果的影响。这就是笔者团队研究在研究方法上的一个贡献。自然分组实验法已经被用于教育经济学的研究(DiNardo,2008;Dunning,2012),但是在教育技术研究中还很少被使用,我们的研究尝试填补了这个空白。

当然,这种自愿参与和自然分组的方法还有一些不足之处。首先,实验组学生并未参与全部在线学习活动,平均而言只是参与了一半左右的在线学习活动。其次,这种参与的质量也没有得到很好的保障,比如平均每次活动的得分大约在60%左右。因为全身心地投入程度和参与对于知识掌握来说至关重要,较低的参与率和参与质量导致实验组学生的学习效果并非特别令人满意。未来研究中我们将进一步改善这种研究方法。

11.6.3 北京理工大学珠海分校的应用和评估

从 2020 年 10 月到 2021 年 6 月,希赛可智能英语教学系统在北京理工大学珠海分校进行了应用和评估。研究方法采用和 11.7.2 节中北京邮电大学使用过的自愿参加和自然分组的准实验方法;但是不同的是,根据英语教师的建议,这次应用限定了学生使用系统的时段,比如从星期二上午 9 点到晚上 11 点,除此之外不能访问。这样限定学生在规定的时间段内使用该系统,可以激发其学习积极性、珍惜有限的机会,促使学生更加专注于学习内容,从而提高词汇掌握熟练程度(Jia, Li and Le,2023;张誉月,贾积有,黎宇珍,2023;张誉月,贾积有,黎宇珍,2023)。下面分别介绍各个学期的情况,然后总结。

1. 2020 年 10 月到 2021 年 1 月

8 名英语教师和 548 名学生参与了这项研究。其中 501 名学生是大一新生,另有 18 名大二学生,23 名大三学生,5 名大四学生和 1 名延期的学生。他们都有自己的智能手机,并被允许将手机带入课堂。他们可以通过大学信息技术服务提供的校园 WI-FI 或通过移动电话运营商(如中国移动、中国联通等)提供的 3G/4G 服务接入互联网。所有学生都可以自愿使用智能手机访问系统,并根据他们的在线活动被分为实验组和控制组。如果学生参与了包括预测试和后测试在内的三个以上的活动,他们就被认为是对照组的学生;如果他们参与了三个以下的活动,他们就被认为是对照组的学生。根据这种定义和对所有学生的学习行为分析,277 名(50.5%)学生被归类为实验组学生,其他 271(49.5%)名学生被归类为控制组学生。实验组和对照组学生的学习行为比较见表 11-34。学习行为由三个指标表示:每个学生得分总和、每个学生参与活动次数以及每个学生平均得分。实验对这三个指标的正态分布和方差齐性进行了检查,都符合要求。通过具有双尾和相等方差的独立样本 t 检验比较了均值。所有 t 检验的 P 值都小于 0.01。

虽然对照组的学生没有使用智能手机和辅导系统来复习词汇,但他们被讲师要求用传统的方法(如死记硬背)与实验组的学生同时复习词汇。因此,两组学生在同一时间内学习词汇,但使用的方法不同。

如表 11-34 所示,实验组和对照组学生的在线行为之间存在统计学上的显著差异,包括三个指标:每个学生的得分总和、每个学生参与活动次数、每个学生参与活动的平均得分。实验组的学生参与了明显更多的学习活动,他们的得分总和以及参与活动的得分平均值都显著高于对照组。

表 11-34 实验组和对照组的在线学习行为比较

		实验组	对照组	差异
样本量		277	271	6
得分总和	均值	873.36	499.40	373.96**
	标准差	245.84	310.48	−64.64
	中位数	873.71	517.89	355.82
每个学生参与活动次数	均值	10.60	6.31	4.29**
	标准差	2.06	3.48	−1.42
	中位数	10	7	3
每个学生平均得分	均值	81.71	70.08	11.63**
	标准差	11.69	26.93	−15.24
	中位数	84.87	79.10	5.77

**:$P<.01$

学生在 2021 年 1 月的期末考试中的成绩是衡量整个学期英语教学效果的综合指标。期末考试内容由听力、词汇、阅读、写作和中英文翻译五部分组成。每个部分的相应分数分别为 20、20、30、15、15，满分为 100。548 名学生的期末考试成绩是通过该校的教务处查到的。其中，有 6 人缺席了期末考试，他们的成绩被标记为 0。

为了分析整个学期在常规考试中的成绩改善情况，研究人员通过教务办公室检索了 501 名大一新生的高考英语科目成绩。满分是 150 分。在所有学生中，有 14 名学生选择了其他外语而不是英语作为考试科目，因此获得了 0 分。

对于在线测验和常规考试的所有成绩，计算包括平均值和标准差在内的统计数据。实验组学生分别进行配对样本 t 检验，以检查前测和后测得分之间差异的统计显著性，并根据科恩定义的效果量计算影响大小（Cohen，1988；Cohen，1992）。采用独立样本 t 检验来检验实验组和对照组学生在同一常规考试中的成绩差异的统计学显著性，并根据科恩计算影响大小（Cohen，1988；Cohen，1992）。

由于只有实验班学生在希赛可系统中同时进行了词汇前测和后测，其内容相同，因此我们可以比较前测与后测的成绩增长，以及两次测试所花费时间的差异。结果列于表 11-35 中。等级和时间的正态分布和方差同质性均得到检验和满足。平均值通过具有双尾的配对样本学生 t 检验进行比较。t 检验的 P 值均小于 0.01。

表 11-35 表明实验组在整个实验中提高了词汇等级。测试后等级平均值和测试前等级平均值之间的差异为正（34.70），在统计学上显著性非常大（$P<0.001$），效应大小为 1.86，是一个非常大的效应。当然，小、中、大效应只是科恩（Cohen，1988）定义的相对测量量。实验组在整个实验中减少了词汇测试时间，尽管所需的测试时间为 30 分钟。在前测中，学生充分利用了时间，而在后测中，他们平均只使用了 26.85 分钟。测试后时间平均值和测试前时间平均值之间的差异为负（-2.24），在统计学上非常显著（$P<0.001$），效应量为 -0.40，效果量为中小程度。

表 11-35 实验组学生从前测到后测的词汇改善情况

		前测	后测	差异
百分比	均值	42.53	77.22	34.69**
	标准差	17.50	19.66	2.16
	中位数	40.00	83.00	43.00
用时(分钟)	均值	27.24	25.00	-2.24**
	标准差	5.58	5.61	0.03
	中位数	29.83	26.85	-2.98

**：$P<.01$

542名学生在学期末的期末考试中取得了成绩。其中277名(51.1%)和265名(48.9%)分别为实验组和对照组。两组学生在期末考试中的成绩可以进行比较,以显示词汇学习的有效性。结果列于表11-36中。该表显示,与对照学生相比,实验组的学生在期末考试的所有部分都表现得更好,因此在总成绩上也表现得更好。特别是在词汇、翻译和写作部分,以及总成绩方面,实验组学生与对照学生之间的平均差异具有统计学意义。听的效果量为很小(0.14),写的效果量为中等(0.40)。

表11-36 实验组学生和对照组学生在期末常规考试中的成绩比较

		听力	词汇	阅读	翻译	写作	总分
满分		20	20	30	15	15	100
实验组 ($N=277$)	均值	15.0	12.6	20.9	11.5	12.3	72.3
	标准差	3.9	3.1	5.1	2.5	1.7	11.7
	中位数	15	13	22	12	13	75
对照组 ($N=265$)	均值	14.4	11.4	20.1	10.8	11.4	68.1
	标准差	4.4	3.5	5.8	3.4	2.8	15.4
	中位数	15	12	22	12	12	71
均值差异		0.6	1.2	0.8	0.7	0.9	4.2
均值差异(%)		3.00	5.77	2.74	4.82	6.08	4.21
t检验P值		0.09	<0.01	0.08	<0.01	<0.01	<0.01
效果量		0.14	0.35	0.15	0.25	0.40	0.31

但是期末考试的平均分差异可能是由于实验学期前的平均值差异,如学生被大学录取所需的高考成绩所致。因此,选择了既有高考成绩又有期末考试成绩的大一新生,并将两组在全国高考的成绩作为前测成绩,将他们在学期末的期末考试成绩作为后测成绩。比较结果见表11-37。两个组的在线学习行为的差异(包括三个因素)仍然在统计意义上显著。在实验学期前,两组之间存在轻微的差异,为1.4%或0.95%,但差异非常小且不具有统计学意义($P=0.49>0.05$)。期末考试的差异扩大到1.8%,但仍在统计学上是不显著($P=0.122>0.05$)的水平。然而,两组在词汇和写作方面的部分成绩差异扩大到统计意义上显著的水平(分别为$P=0.015<0.05$和$P=0.008<0.01$)。

表 11-37 实验组学生和对照组学生在常规前测和后测中的成绩比较

		后测						前测
		听力	词汇	阅读	翻译	写作	总分	
满分		20	20	30	15	15	100	150
实验组 ($N=277$)	均值	14.9	12.6	20.9	11.6	12.3	72.3	96.5
	标准差	3.9	3.1	5.1	2.4	1.6	11.7	20.5
	中位数	15	13	22	12	12	75	99
对照组 ($N=265$)	均值	15	12	21	11	12	70.6	95.0
	标准差	4.1	3.3	5.2	2.8	2.3	13.5	23.9
	中位数	15	12	22	12	12	72	100
均值差异		0.1	0.7	0.1	0.3	0.5	1.8	1.4
均值差异(%)		0.71	3.50	0.72	1.45	2.46	8.85	0.95
t 检验 P 值		0.04	0.22	0.03	0.11	0.24	0.14	0.06
效果量		0.692	0.015	0.756	0.213	0.008	0.122	0.479

需要注意的是,一些大一新生没有参加过高考的外语英语考试,所以在常规考试中得了 0 分。如果我们将这些学生排除在上述比较之外,结果如表 11-38 所示。包括三个因素在内的两组在线学习行为的差异仍处于统计学显著水平,未在表 11-38 中列出。该表显示,在实验学期之前,两组的差异很小,分别为 0.2% 和 0.11%,在统计学上不显著($P=0.906>0.05$)。整个学期,期末考试的差异扩大到 1.6,仍然处于统计学上不显著的水平($P=0.149>0.05$)。然而,两组在词汇和写作方面的部分成绩差异扩大到了具有统计学意义的水平(分别为 $P=0.017<0.05$ 和 $P=0.005<0.01$)。

表 11-38 在常规前测和后测中,在前测中成绩不为 0 的实验组学生和对照组学生成绩比较

		后测						前测
		听力	词汇	阅读	翻译	写作	总分	
满分		20	20	30	15	15	100	150
实验组 ($N=277$)	均值	15.0	12.7	21.1	11.7	12.4	73.0	98.7
	标准差	3.8	3.0	4.9	2.1	1.3	11.0	14.6
	中位数	15	13	22	12	13	75	100
对照组 ($N=265$)	均值	15	12	21	12	12	71.4	98.5
	标准差	4.1	3.3	5.0	2.5	2.0	12.8	15.8
	中位数	16	12	22	12	12	73	101

续表

	后测						前测
	听力	词汇	阅读	翻译	写作	总分	
均值差异	0.1	0.7	0.1	0.2	0.5	1.6	0.2
均值差异(%)	0.69	3.45	0.31	1.38	3.03	1.59	0.11
t 检验 P 值	0.04	0.22	0.02	0.09	0.27	0.13	0.01
效果量	0.702	0.017	0.835	0.326	0.005	0.149	0.906

如果我们不将学生分为实验组和对照组,并将包括词汇前测和后测在内的所有学习活动视为可能影响期末考试成绩的因素,我们可以计算出期末考试成绩作为常规后测、高考成绩作为常规前测,以及表示所有参与学生的在线学习活动的三个指标之间的相关系数。结果表明,各相关系数均具有统计学意义($P<0.01$),且都是正相关。

由于后测成绩与在线活动次数之间的相关系数仅为 0.283,因此在线活动次数对后测成绩的贡献并不显著。如果将期末考试成绩作为因变量,将前测成绩、在线活动成绩的总和、在线活动成绩的平均值作为自变量,进行多元线性回归后,结果表明,线性回归的判定系数 r^2 为 0.446,回归在统计学上非常显著($P<0.0001$)。不到一半(44.3%)的因变量(后测成绩)可由自变量得到解释。线性回归方程如下公式所示,其中所有系数都具有统计学意义($P<0.01$)且为正:

后测成绩＝29.326
　　　　＋0.287 * 前测成绩
　　　　＋0.008 * 在线活动得分综合
　　　　＋0.107 * 在线活动得分均值

相关系数分析和回归分析都表明,前测成绩、在线活动成绩的平均值和总和对期末考试成绩的贡献按降序排列。

但是,高考英语科目缺考学生的英语科目成绩并不一定都是 0 分。如果排除这些前测成绩为 0 的学生,再作和上面同样的回归分析,结果表明这些回归系数仍然都具有统计学意义($P<0.01$),并且都呈正相关。如果将期末考试成绩作为因变量,将前测成绩、在线活动成绩的总和、在线活动成绩的平均值作为自变量,进行多元线性回归后,结果表明,线性回归的判定系数 r 平方为 0.398,回归具有统计学意义($P<0.0001$)。不到一半(39.8%)的因变量(后测成绩)可由自变量得到解释。线性回归方程如下公式所示,其中所有系数都具有统计学意义且为正:

后测成绩＝21.588
　　　　＋0.379 * 前测成绩

$+0.008*$ 在线活动得分总和

$+0.089*$ 在线活动得分均值

相关系数分析和回归分析都表明,前测成绩、在线活动成绩的平均值和在线活动成绩总和对后测成绩的贡献按降序排列。在实验学期前有一个更好的起点,即在前测中获得更高的分数,并更有效地参与所有学习活动,最终考试的成绩会更好。

除了包括考试分数和在线学习行为等客观数据外,系统还设计了一个匿名在线调查,以调查学生对使用智能系统和智能手机进行英语学习的感受和态度。所有学生都被邀请在实验学期结束时填写调查问卷。调查问卷包括三个部分:人口统计学信息,包括性别和年龄;主要感受和态度部分,包括英语学习的激励、兴趣、效率、效果改善以及智能系统和智能手机的可用性和功能性;开放性评论或建议。主要感受和态度部分由五点李克特量表单选题组成,1、2、3、4、5 分别代表非常不同意、不同意、中立、同意和非常同意。

参与实验的 548 名学生中有 367 人回答了这项匿名在线调查问卷。回答率为 66.97%。男性 274 名(74.66%),女性 93 名(25.34%)。他们的平均年龄是 18.8 岁。

共有 22 个李克特量表问题收集学生对英语学习的感觉和态度,包括动机、兴趣、效率、效果和所有语言技能,以及智能手机和希赛可在线学习系统的使用情况等相关问题。克隆巴赫阿尔法(Cronbach α)为 0.967,这意味着问卷的这一部分具有非常好的信度。所有项目的平均得分在 3.7 到 4.0 之间。学生对英语学习和希赛可系统的学习感到满意,但不是很满意。在开放性评论和建议部分,69 名学生写了一些评论。其中,21 个是积极的,如"有趣""满意""乐于助人""好"或"非常好"。四位给出了一些建议,如:"希望使用应用程序版本""颜色应该更详细"。31 人抱怨他们遇到的问题:如"访问速度慢"(12)、"发音不清楚"(5),等。

2. 2021 年 1—6 月

基于学生在学期中所有单元学习、前测及后测的表现,将学生分为实验组和对照组:前后测都参与且总测验次数大于等于 3 次的学生属于实验组,共 215 名;其他学生属于对照组,共 293 名。为了解系统对于学生在英语学习中的专业素养方面的影响效果,我们还收集了学生常规英语考试的期中和期末成绩。在剔除了异常数据、无期末成绩和期末成绩为 0 的数据之后,得到的有效数据样本量为 488,其中实验组样本量 209、对照组样本量 279。

实验组和对照组学生使用该系统学习的行为包括三个维度:参与次数、所有活动的平均成绩、所有活动的总得分。数据分析结果如表 11-39 所示。

表 11-39 实验组和对照组使用系统的行为比较

	人数	参与次数			所有活动的平均成绩			所有活动的总得分		
		均值	标准差	中位数	均值	标准差	中位数	均值	标准差	中位数
实验组	209	9.10	1.98	9.00	83.47	10.11	85.22	765.96	214.38	739.62
对照组	279	6.97	2.34	7.00	82.33	19.35	88.11	616.80	218.68	644.96
差值	−70	2.13**	−0.36	2.00	1.14	−9.24	−2.89	149.16**	−4.30	94.66
t 检验 P 值		0.00001			0.393			0.00001		

注：** 表明 $P<0.01$。

从表 11-39 可以看到，平均而言，在所有的三个维度上，实验组的数值都高于对照组；独立样本 t 检验结果表明，在参与次数和所有活动的总得分两个维度上，实验组和对照组的差异呈统计意义上的非常显著性（$P<0.01$）。所以，按照自然实验法进行的分组是有效的。

对 209 名实验组学生的前后测成绩进行分析，结果如表 11-40 所示。可见，从前测到后测，平均成绩提高了 19.19 分，成绩的中位数也提高了 27.5 分。成对样本 t 检验表明，统计意义上来说，该平均成绩的差异非常显著（$P<0.01$），后测相对于前测而言的效果量为 0.771，为较大的效果。这说明经过一个学期系统的使用，学生们对词汇的掌握程度显著提高。

为了探究该系统对常规期末考试成绩是否有影响，我们对比了实验组和对照组学生在常规期中、期末考试中的成绩，结果如表 11-41、表 11-42 所示。

表 11-40 实验组前后测成绩差异

	前测	后测	差异
均值	45.18	64.37	19.19**
标准差	23.51	26.10	2.59
中位数	40.50	68.00	27.50

注：** 表明 $P<0.01$。

表 11-41 实验组和对照组学生期中成绩差异

		听力 20 分	词汇 20 分	阅读 30 分	汉译英 15 分	写作 15 分	总分
实验组 ($N=209$)	均值	16.16	11.28	19.69	10.80	10.81	68.73
	标准差	3.78	3.43	4.90	2.01	1.97	10.91
	中位数	17.00	11.00	20.00	11.00	11.00	70.00

续表

		听力20分	词汇20分	阅读30分	汉译英15分	写作15分	总分
对照组 (N=279)	均值	15.12	10.38	18.86	10.66	10.18	65.19
	标准差	3.93	3.52	5.28	2.34	2.57	12.79
	中位数	16.00	10.00	20.00	11.00	11.00	66.00
均值差		1.04**	0.90**	0.83**	0.14	0.63**	3.54**
差异百分比		5.19%	4.50%	2.77%	0.91%	4.23%	3.54%
t检验P值		0.00	0.01	0.08	0.51	0.00	0.00
Cohen's d 效果量		0.19	0.18	0.12	0.04	0.20	0.21

注：** 表明 $P<0.01$。

表 11-42 实验组和对照组学生期末成绩差异

		听力20分	词汇20分	阅读30分	汉译英15分	写作15分	期末总分
实验组 (N=209)	均值	14.76	11.90	15.79	10.45	11.28	64.18
	标准差	3.24	3.98	4.96	2.35	1.95	11.50
	中位数	15.00	12.00	16.00	11.00	12.00	64.00
对照组 (N=279)	均值	14.41	10.49	14.63	9.59	10.44	59.57
	标准差	3.66	4.21	5.24	2.78	2.66	14.06
	中位数	15.00	10.00	16.00	10.00	11.00	62.00
均值差		0.35	1.41**	1.16**	0.86**	0.84**	4.62**
差异百分比		1.77%	7.03%	3.86%	5.72%	5.58%	4.62%
t检验P值		0.26	0.00	0.01	0.00	0.00	0.00
Cohen's d 效果量		0.10	0.34	0.23	0.33	0.35	0.35

注：** 表明 $P<0.01$。

由表 11-41、表 11-42 可以看出，无论是期中成绩还是期末成绩，无论是总分还是各个单项得分，实验组学生的平均成绩均高于对照组学生；独立样本 t 检验结果表明，在期末和期中成绩中，实验组的总分均值都显著高于对照组的总分均值（$P<0.01$）。从英语试卷的各个组成部分上来看，在期中考试中，实验组学生在听力、词汇和写作方面的成绩优势非常显著（$P<0.01$）；在期末考试中，实验组学生在词汇、汉译英、写作方面的成绩优势非常显著（$P<0.01$）。这些发现表明，该系统对实验组学生的英语学习有非常明显的帮助作用，不仅表现在英语学习的基础——词汇之上，也表现在总分上。

为了更加科学地考查智能教学系统对学生英语学习的影响，以学生上学期的期末考试成绩为协变量、以是否为实验组成员的二分类数据为自变量、以本学期期末成绩作为因变量,在 SPSS 软件中进行协方差分析,结果如表 11-43 所示。

表 11-43 协方差分析(置信区间:95%)

组别	平均值	标准误差	下限	上限
实验组	63.060	0.582	61.916	64.205
对照组	61.545	0.505	60.554	62.537

可见,即使在考虑到上学期期末考试成绩的前提下,本学期的期末考试中,实验组学生的平均成绩仍然高出对照组 1.5 分,该差异呈统计意义上的显著性($P=0.051≈0.05$)。这表明即使考虑到了学生英语基础水平的差异,智能教学系统的使用对于实验组的学生仍然有显著的促进作用。

3. 小结

笔者团队根据大学英语教学的要求定制了智能教学系统"希赛可",设计并实现了英语教材中所需单词和短语的智能词汇学习系统。该系统可以提供每个单词或短语的音频播放,基于预定义的答案自动为学生的拼写和含义选择打分,并提供即时反馈。通过自愿参加和自然分组的方式,在两所大学进行了准实验研究。

实验结果表明,实验组和对照组在线学习各个方面的差异显著,包括:每个学生的得分总和、每个学生的在线活动次数、每个学生每个活动的平均得分。实验组的学生参与了明显更多的学习活动,他们的得分总和以及每次活动的得分平均值都显著高于对照组。

从前测到后测,实验组不仅在词汇测验成绩上进步显著,而且显著缩短了完成时间;实验前后的两次常规考试成绩比较分析也表明,实验组在总分以及词汇部分的表现优于对照组,具有统计学意义上的显著优势。通过协方差分析发现,即使考虑了上学期期末成绩的差异(即学生英语基础水平的差异),实验组学生在期末的成绩仍然显著高于对照组。所以,希赛可智能教学系统支持的移动学习对于学生的词汇能力以及整体英语水平的提高都有很大的帮助。

不过,实验组在线词汇测验成绩的提升效果比在常规纸质考试中的词汇部分的提升幅度大得多。原因在于:在线测验由 50 个单词或短语组成,这些单词或短语是从一学期 8 个单元的测验中随机选择的,可能是学生在学期中练习过的,测验形式与单元测验相同:听发音,选择中文意思,拼写单词或短语。尽管测验和填字游戏的词汇表总体内容相同,但每个学生看到的问题的顺序和答案顺序都不同。这种随机性要求学生专注于自己的内容。词汇游戏可以增强学生的工作记忆,减轻学生的认知负荷(Lin,Yu,2017)。实验组的学生表现出更高的在线学习参与度,完成了更多的练习。一方面,词汇学习参与度的提高可能为实验组的学生带来了更多的学习收获。另一方面,由于学生只能在特定时间段内访问在线练习,有意识注意自己反应时间的学习者可以加快单词解码速度(Takeshi,et al.,2013)。

因为所查的内容就是所训练的内容,所以实验组学生能够在整个学期的在线测验中大幅提高成绩,也花费更少的时间完成测验。纸本期末考试的词汇部分由要求学生写出给定单词或短语的中文含义的问题组成。这种从英语单词到汉语含义的转换与在线测试不同,因此实验组学生相对于对照组学生的效果不如在线测试中那么大。

大量实证研究和元分析研究表明,混合学习或电子化学习对实验组学生参加的专门设计的特殊测试成绩影响较大,而对其参加常规或标准化测试成绩的影响较小。例如,在一项关于智能辅导系统的元分析中,特殊测试的平均效果量为0.73,而标准化测试的平均效果量仅为0.13,两者差异很大(Kulik,Fletcher,2016)。

学生对词汇掌握程度的提高有助于他们学习包括听、说、读、写和翻译在内的所有语言技能。所以,实验组学生的总分、词汇、翻译和写作部分成绩均显著高于对照组。即使考虑到两组在前测中的表现,实验组的词汇和写作部分成绩仍然显著高于对照组。

第一学期的所有考试成绩和在线行为的系数分析表明,所有成绩都与期末考试成绩呈显著正相关,尽管在进一步的回归分析中有些系数非常小,可以忽略不计。以期末考试成绩为因变量,以入学考试成绩、所有在线学习活动分数的总和和在线学习活动分数平均值为自变量进行回归分析表明,所有自变量都对因变量有显著的贡献,其中入学考试成绩的贡献比在线学习活动分数的总和和平均值更大。这可以解释为语言学习与其他学科学习一样是一个连续的过程。先决知识在学习过程中起着至关重要的作用。长期学习过程中的每一个子步骤都应该受到重视。为了提高每个子步骤的学习表现,需要更多地参与。智能手机支持的移动学习和在线辅导系统是增加学生参与学习过程的好方法。

综上所述,将智能手机和在线辅导系统长期整合应用于大学英语外语课程中,可以有效地提高学生的词汇掌握质量和自动性,提高学生的整体英语技能表现。这一结论与之前的研究发现一致(Takeshi,et al.,2013;Chen,et al.,2021)。但这项研究与之前的研究不同之处在于,它限制了辅导系统和智能手机的使用时间,从而有力地解决了单词学习的自动性问题。在教学设计中,教师规定学生只能在限定的时间内访问所练习的内容,促使学生珍惜练习时间、加强注意力和记忆效果。该系统的应用具有长期性,因此一个学期的常态应用、而非短时期的应用,对学生英语专业素养的促进效果更加明显。

由于英语课时安排有限,本次实证研究中,只使用了系统的词汇练习的功能,考查了系统对学生英语专业素养的影响,包括常规考试中英语成绩和词汇等分项成绩上。但对于专业素养之外的其他综合素养的提高,还有待于进一步研究。

本章小结

为了给英语学习者提供学习语境,笔者团队设计了英语对话机器人系统希赛可,它采用自然语言标注语言 NLML 来保存对话记录和用户事实,尝试对用户输入进行全面的语法和语义分析,综合考虑用户输入和对话历史、对话特点等、采用交流性响应机制生成对话,具有自由对话、场景对话观摩和参与、听力练习等功能,可以用于英语口语对话练习,一直免费供网上用户使用。在此基础上,满足中学英语教学的实际需求,将它与课程管理系统融于一体,开发了英语智能教学系统希赛可,它具有词汇发音、含义和拼写三者有机结合的练习形式、对话练习等英语教学所需要的功能,同样可以免费供所有师生使用。在中学多媒体机房借助多媒体电脑的长时期、多地点的常规英语教学应用,和在大学教室内通过学生手机的长时期、多学期的常规英语教学应用,充分证明了这个系统对于学生英语学习中词汇、听力、对话等多个维度和综合表现的显著促进作用。

思考和练习题

1. 英语对话机器人希赛可和基于关键词模式匹配的聊天机器人有何区别?
2. 英语智能教学系统希赛可具有什么功能?
3. 英语智能教学系统希赛可的应用效果如何?

第 12 章　数学智能评测和教学系统 MIATS V2.0

内容提要

本章介绍智能技术支持个性化评测和辅导的理论基础,数学智能评测和教学系统 MIATS V2.0 功能架构,及其教学应用效果评估。

学习目标

1. 了解智能技术支持个性化评测和辅导的理论基础。
2. 了解数学智能评测和教学系统 MIATS V2.0 功能架构。
3. 了解数学智能评测和教学系统 MIATS V2.0 教学应用效果评估。

关 键 词

智能评测,智能辅导,MIATS

传统的班级和课堂教学中,教师因为精力和时间有限,很难做到针对每个学生进行个性化作业布置、实时评价反馈、释疑解惑和因材施教,减负增效和评价改革等宏观政策的落实也面临诸多困境。为了解决这些问题,智能教学系统可以发挥作用。本章首先评述智能技术支持个性化评测和辅导的相关理论,然后介绍笔者团队研发的数学智能评测和辅导系统 MIATS 的功能架构,并以勾股定理相关的题目为例阐述其工作原理(贾积有,等,2023a),最后介绍该系统在两所学校的应用和评估结果(贾积有,等,2023b;Tang,et al.,2023)。

12.1　智能技术支持个性化评测和辅导的理论基础

人工智能技术的发展和应用,如计算机支持的适应性评测系统(Computerized Adaptive Test,CAT)和智能教学系统或者智能导学系统(Intelligent Tutoring System,ITS),可以为常规教学提供有力的技术支持。

根据心流理论，一个人面临的挑战与其能力相匹配时，就会进入一种心流状态，此时人们会进入一种身心合一、专注忘我的状态，完全沉溺其中，甚至感知不到时间的流逝，是一种投入全部精力并始终保持掌控的体验（邓鹏，2006；乔爱玲，龚鑫，韩涵，2021）。事后不仅会感到满足和快乐，还能获得技巧、能力、成长和进步。在传统的千篇一律的作业和测试面前，学困生常常面临挑战高、难以企及的题目，就会感到担心、焦虑和失控，甚至手足无措、沮丧放弃。为了使学生进入心流状态，挑战与学生的实际能力必须相匹配。

为了对学生能力进行客观准确的评测，可以采用经典测试方法和适应性评测技术。采用经典测试方法所设计的题目内容对所有学生都一样，要求做题时间都一样，评测结果客观、公平；但是基础比较薄弱的学生没有必要做难度很大的题目，否则会增加沮丧感，而能力很强的学生也不必做难度很小的题目，否则会觉得枯燥无味、浪费时间。

适应性评测系统针对大量已有的学生做题数据进行分析挖掘，提炼出有关这些题目的难度、区分度和猜测系数等参数；根据项目反应理论，采用最大似然估计等算法，对每个做题的学生提供最适合的题目及信息量最大的题目（王晓华，文剑冰，2010）；再根据学生对这道题目的回答情况，计算出来其能力值，据此继续找出最适合的题目；如此循环往复，直到能力值稳定为止，不再出题（Jia, Le, 2020；Le, Jia, 2022）。相比于常规环境下的所有学生内容都一样的作业或者测试，这种适应性测试能够为不同学生提供适应性的内容。适应性评测系统通过前测逐渐测试出学生的真实水平，使学生面对的挑战与自身能力相匹配，减少无关认知加工（高洁，彭绍东，2023），避免重复和机械性刷题。适应性评测技术在国外的大规模考试中已经得到了广泛应用，比如美国的国家教育进展评估等（姚建欣，2015）。国内也有学者研究基于 IRT 技术对学生数学等学科知识进行增值评价，既可以科学测评学生的学业能力，也可以为教师和学生开展个性化学习提供依据以及有针对性的诊断报告（朱哲民，孔祥一，2022；齐宇歆，2018）。但是适应性评测技术在学生作业中的应用和效果评估研究，还较为少见；原因主要是作业内容如果没有大量学生使用的话，就没有足够的做题记录来提炼出题目的难度、区分度等参数，也无法设计针对这些作业题目的适应性评测系统。

评测的结果是为了进行针对性辅导、释疑解惑。辅导过程可以借鉴苏联心理学家维果茨基提出的关于学生智力发展的概念"最近发展区"（Zone of Approximate Development, ZPD）（刘宁，余胜泉，2020；李明，2020）。他认为教师不仅应该考虑学生已经达到的水平，还要考虑其经过努力可能达到的水平；学生现有水平与经过他人的启发帮助可以达到的较高水平之间的差距，就是最近发展区。教师要重视学生学习的最佳期限，不应盲目拔高或迟滞，以免错过最近发展区。学生在独立解决问题的过程中会获得成长进步，这就是最近发展区的动态变化。然而不同学生能力有差异，最近发展区也不同。教师可以通过一定的辅导提示和支架来帮助学生超越其现有的认知层次。智能教学系统可以充分利用其技术优势，基于最近发展区理论，针对每个学生的做题情况进行及时的提示、指导、鼓励等，满足学生的个性化需求。

在数学教学中，数学家波利亚（Polya）围绕怎样解题、怎样学会解题进行了深入研究，设计了"怎样解题表"，通过程序化的解题系统、启发式的过程分析、探索性的问题转换（杨云飞，2011）来分解一道数学题目的解题过程。可以概括为四个步骤、十五条建议和二十三个问句。四个步骤包括：第一步：理解问题；第二步：找出已知数据与未知量之间的关系，得到一个解题方案；第三步：执行解题方案，检查每一个步骤；第四步：检查已经得到的解答并回顾总结，还要尝试用其他方法解题（陈佳佳，2020）。

在传统的学校和教室环境下，一个教师要面对几十名学生，不可能对每个学生进行上述的个性化评测和辅导。而计算机支持的智能教学系统就可以起到这样的作用。智能教学系统在认知主义、行为主义、建构主义等教学理论指导下，模拟优秀学科教师，针对某个学科或者某个知识点，充分考虑每个学生的知识和能力基础、学习风格等特点，对学生进行个性化的辅导，循循善诱，激发学生的学习积极性和主动性，起到亦师亦友的学伴作用（Jia，2015）。比如，认知主义强调学习是一个信息加工的过程，对信息的深度加工就是深度学习。同构异数题目的设置，促进了学生对数学相关知识的深度加工和灵活运用，而不仅仅停留在对所学数学定理、公式的死记硬背上。在知识加工过程中，当学生出现疑惑、迷茫的时候，逐层详尽的提示可以起到纠错、抛锚和点拨的重要作用。

季（Chi，2001）提出的ICAP理论框架，指出不同的教学方式会导致不同的学习效果，即：交互式（Interactive）≥建构式（Constructive）＞主动式（Active）＞被动式（Passive）。在智能教学系统中，学生不是单纯在学习和做题，而是在有需求的时候与虚拟辅导教师不停地进行有效的互动，这种高交互性会提升学生的学习效果。

在辅导过程中，系统可以设计二维或者三维的虚拟人物代表辅导教师，采用语音合成技术给学生讲解知识和技能，学生用户则通过键盘输入文字信息，或者通过麦克风输入语音，由语音识别技术转换为文字，由此实现虚拟教师和学生的自然交互，进行苏格拉底式的对话。当然，系统也可以采取传统的窗口菜单或者流行的网页按钮选项方式，根据学生的选择或者点击提供相应的辅导提示（Jia, He，2020）。练习结束，系统报以鲜花、掌声等正向激励，更加激发学生应对挑战、主动学习的意愿。

自20世纪50年代以来，各个学科的智能教学系统逐渐被设计出来，并广泛应用于学科教学,其对学生学业表现和情感态度等多方面的积极促进作用也得到了较为严谨的证明(Roschelle,et al.,2016),并在多个严格的元分析研究中得到全面而综合的论证(Kulik,Fletcher,2016;Ma,et al.,2014)。

综上所述,适应性评测系统和智能教学系统作为两个独立的研究领域,其研究成果已经被应用到教学实践中。但是,将两者深度结合起来并付诸实践的研究鲜有报道,而这种研究正为我国学生学业评价改革和减负增效等宏观政策的落实所亟须,具有重要的理论意义和现实价值。

12.2 数学智能评测和辅导系统 MIATS V2.0

基于以上适应性评测和智能辅导的相关文献研究,笔者团队设计并实现了一个数学智能评测和辅导系统(Mathematics Intelligent Assessment and Tutoring System,MIATS)V2.0(贾积有,等,2023a;贾积有,等,2023b),为学生的数学学习提供智能评测和辅导,主要特点包括:基于项目反应理论和大数据分析的适应性测试,基于最近发展区理论和波利亚"怎样解题表"的智能辅导,基于多通道交互的学习和测试陪伴。其流程如图 12-1 所示。

MIATS V2.0 系统在对在线学习系统"乐学一百"(贾积有,等;2017)的海量数据进行挖掘的基础上,根据评测结果对学生进行练习和辅导,将自主练习和智能辅导结合。在自主练习和智能辅导环节,如果学生经过思考会解决问题,则练习结束;否则出现通用型提示;如果借助通用型提示能够解决问题,则练习结束;否则出现引导型提示,直到学生会正确解决问题为止;然后对辅导成效进行评测,后测题目是同构异数题目,即和基础题目结构相同、但是题干的数字和相应的答案都变化了的题目。同构异数题目的来源有两个:一是已有题库中的题目,流程图中从题库到后测的箭头就表示了这种关系,它事先由对于题目的大数据挖掘手段发现并确定;二是借助一个编辑系统人工编制,下文会结合勾股定理知识点进行详细介绍。

MIATS V2.0 系统以测促学,学中有教,学后即测,测评、辅导、学习三位一体,螺旋式上升地对学生进行辅导,如图 12-2 所示。通过这样的螺旋式上升的智能评测和辅导,学生逐渐加深对某个知识点的掌握和熟悉程度,并会自动扩展到相关的其他知识点上。对于同一个知识点,图中每次的练习题目范围都在缩小(矩形变窄),相应后测的难度在加大(矩形变高)。这样当某次练习的宽度为零时,表明前测中没有错误,不再需要新的练习了,评测和辅导自然结束。

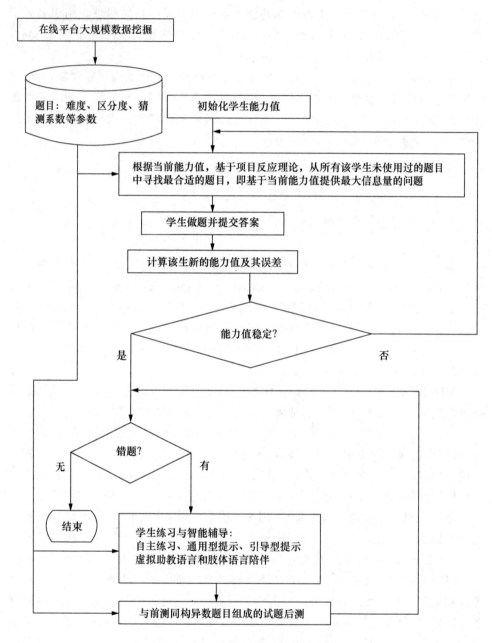

图 12-1 MIATS V2.0 功能和流程图

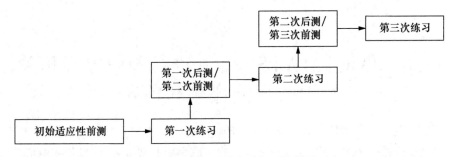

图 12-2　螺旋式上升的智能评测和辅导过程

该系统以一个二维动画人物代表虚拟教师,它会通过语音合成技术朗读辅导文本,包括特殊的数学公式和符号;也会根据学生的学习状态表达赞许或遗憾等情感,起到陪伴的作用;在学生完成题目后通过撒花和掌声激励学生。如图 12-3 所示。

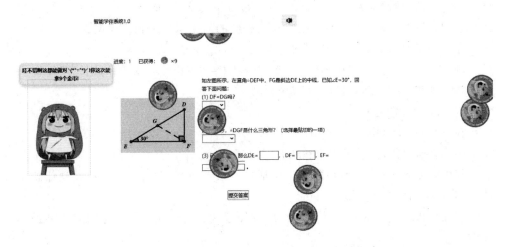

图 12-3　学习过程中的虚拟助教和虚拟金币奖励

一个学生在测评和辅导结束后,系统会统计出来所涉及的知识点的学习次数和总体正确率(百分比)。如果某个知识点的总体正确率低于 100%,则给出建议"应进一步巩固",可以点击链接进一步学习巩固。

教师则可以看到其班上全体学生在所有知识点上的学习次数和总体正确率(百分比),以便进一步指导学生进行个性化学习。

12.3 借助 MIATS V2.0 进行勾股定理相关知识的智能评测和辅导

本节以初中二年级数学的勾股定理为例,详细介绍 MIATS V2.0 的功能。勾股定理及其逆定理是一个综合性的知识单元,在初中数学中非常重要,与直角三角形性质、三角形面积、三角形全等、二次根式等多个知识点都有密切的关系。关于勾股定理的程序性问题对于很多学生而言难度也较大。如何针对有关勾股定理的程序性问题,设置分层或者完全个性化的作业和测试,并进一步根据学生做题情况给予因人而异的辅导和帮助,在初中数学教学实践中意义重大,但是在常规的学校和教室环境中很难实施。

为此,笔者团队借助 MIATS V2.0 进行了探索和教学实践。从已经计算出了难度、区分度和猜测系数的勾股定理相关题目中选择 21 道具有代表性的题目,对这 21 道基础题目设计了同构异数题及其相应的通用型提示和引导型提示。

先以一道简单题目为例介绍同构异数题目的形式。

例 12-1 在直角 $\triangle DEF$ 中,$\angle F = 90°$,$EF = 3$,$DF = 4$,求 DE 的长度。

解:根据勾股定理,可以求得 $DE = 5$。

它的同构异数题目是:

在直角 $\triangle DEF$ 中,$\angle F = 90°$,$EF = 3 \times va$,$DF = 4 \times va$,求 DE 的长度。

解:根据勾股定理,可以求得 $DE = 5 \times va$。

其中的变量 va 可以取值的范围包括自然数 1,2,3,4 等;当然也可以是任意正数。当 $va = 1$ 时,就是原题。

下面再以一道复杂题目为例介绍同构异数题目的形式及其相应的通用型提示和引导型提示。

例 12-2 如图所示,是一块长宽高分别是 6 cm,4 cm 和 3 cm 的长方体木块。一只蚂蚁要从长方体木块的一个顶点 A 处,沿着长方体的表面爬到和 A 相对的顶点 B 处吃食物,那么它需要爬行的最短路径长是多少 cm?

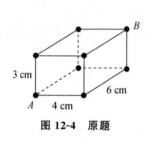

图 12-4 原题

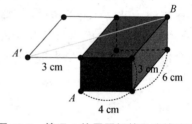

图 12-5 情况 1 的原题解答思路辅助图

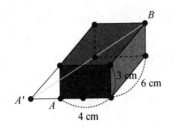

图 12-6 情况 2 的原题解答思路辅助图

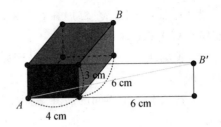

图 12-7 情况 3 的原题解答思路辅助图

该题目的解题思路如下：

知识准备：

线段公理：两点之间，线段最短。

勾股定理：如果直角三角形的两直角边长分别为 a 和 b，斜边长为 c，那么 $a^2 + b^2 = c^2$，即直角三角形两直角边的平方和等于斜边的平方。

（1）根据题意，蚂蚁需要从长方体的 A 点经过长方体的表面爬到 B 点。

（2）因此需要展开立方体的面。展开立方体的面具有沿着长、宽、高展开这三种情况，分别如图 12-5、图 12-6、图 12-7 所示。

（3）根据这三种情况，可以分别得到所构建的直角三角形的直角边长。

（4）根据线段公理和勾股定理，计算这三种展开方式的路径长，即图 12-5、图 12-6 的 $A'B$ 和图 12-7 的 AB'。

（5）比较三种路径长，数值最小的即为最短路径，为图 12-5 的 $A'B = \sqrt{85}$。

这道题目的同构异数题目是：

如图 12-8 所示，是一块长宽高分别是 function($va \times 6$)cm，function($va \times 4$)cm 和 function($va \times 3$)cm 的长方体木块。一只蚂蚁要从长方体木块的一个顶点 A 处，沿着长方体的表面爬到和 A 相对的顶点 B 处吃食物，那么它需要爬行的最短路径长是多少 cm？

注意，图示中去掉了边长数值，是为了适应同构异数题目中的数值变化。根据上面的解题思路，可以求得最短距离 $va\sqrt{85}$。其中的 va 可以是自然数 1，2，3，4 等；当然也可以是任意正数。当 $va = 1$ 时，就是原题，可以省略。

对于这样一道复杂的题目及其同构异数题目的解题思路，很多学生需要帮助和辅导，所以我们设计了通用型提示和详细的引导型提示。两种提示的设计思路主要来源于波利亚解题思想。通用型提示主要包括解题思路和一般性的提示，包括三个难度层次，分别对应 3 条提示，如下所示：

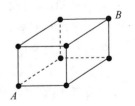

图 12-8 例 12-2 同构异数题目图示

（1）分别沿着长、宽、高展开立方体，可以得到三个展开的平面图，因此蚂蚁可以有三类行走路径。

（2）根据线段公理和勾股定理，可以得出在三个不同的展开平面图上最短路径的长度。

（3）比较在三个不同的展开平面图上最短路径的长度，数值最小的即为最短路径。

这三层提示所涵盖的思想从抽象到具体，从概括到详细，适合不同层次学生的思维水平。如果学生看了第一层提示就会解题了，则不必再给第二层提示；否则接着呈现第二层提示。如果学生看了第二层提示也会解题了，则不必呈现第三层提示；否则呈现第三层提示。

如果学生看了这三个层次的通用型提示还不会解题，系统便会呈现引导型提示。按照已经公开的发明专利"引导型解题辅导方法及系统"的思路（贾积有，等，2022）和知识的脚本表示法（Jia，Chen，2008），我们设计了适合这道题目及其所有同构异数题目的引导型提示脚本，引导学生选择正确的解题思路和方法，并对学生可能出现的错误想法进行纠正。这些引导提示是按照树状结构逐级深入的，在任何一级上学生如果看到提示后就能给出正确答案，系统就结束该道题目的练习，这个级数就被称为这次练习的最大引导深度。

"引导型解题辅导方法及系统"的工作流程如图12-9所示。

下面以上述的例题12-2为例，介绍其引导型提示思路，以数字序号表示其层级深度，如图12-10所示，具体含义如下：

（1）呈现提示性问题：蚂蚁要吃到食物，沿着哪个展开图走的路径最短？

① 沿着长展开的，如图所示，"左面＋上面"的展开图。

② 沿着宽展开的，如图所示，"前面＋上面"的展开图。

③ 沿着高展开的，如图所示，"前面＋右面"的展开图。

如果学生看到这三个选项，知道要展开图以后，就能够知道要根据展开图的边长来求得相应的路径长度，通过比较路径长度就可以得到最短路径。

如果学生看到这三个选项，未能给出正确答案，可以根据学生选择的选项，对学生进行思维判断：

选择了选项①，则表明选对了是最短路径的展开图，后面还需要帮助，则进入（2）；

选择了选项②，则表明未能选对是最短路径的展开图，则进入（3）；

选择了选项③，则表明未能选对是最短路径的展开图，则进入（4）。

（2）呈现启发性提示：因为是沿着长展开，所以有一条直角边一定是长。而另一条直角边，因为是"左面＋上面"的组合，想一下把左面的面翻到上面，代表左面的面上的高被翻上去了。所以另一条直角边是"高＋宽"。

第 12 章　数学智能评测和教学系统 MIATS V2.0

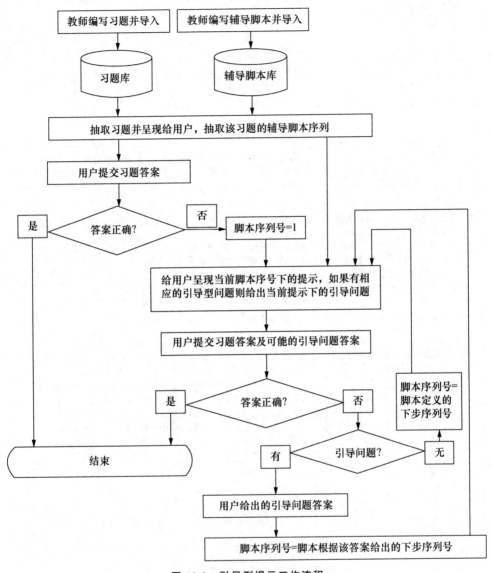

图 12-9　引导型提示工作流程

（3）呈现启发性提示：因为是沿着宽展开，所以有一条直角边一定是宽。而另一条直角边，因为是"前面＋上面"的组合，想一下把前面的面翻到上面，代表前面的面上的高被翻上去了。所以另一条直角边是"高＋长"。

（4）呈现启发性提示：因为是沿着高展开，所以有一条直角边一定是高。而另一条直角边，因为是"前面＋右面"展开图，想一下把右面的面翻到上面，代表右面被翻到前面了。所以另一条直角边是"宽＋长"。

297

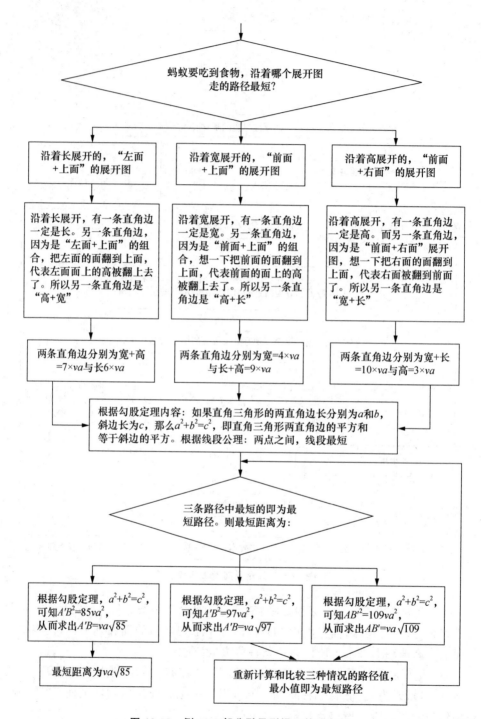

图 12-10　例 12-2 部分引导型提示的流程图

如果学生看到启发性提示,可以知道要分别计算三种情况的直角边长度。如果可以联想到勾股定理,则可以求得三种情况的路径长,通过比较,得到最短路径。如果学生看到这三个启发性提示后,仍未能给出正确答案,则进入启发性提示(5)。提示和知识需要是紧密相关的,因此在启发性提示(5)中引入知识点的呈现。

(5) 呈现知识点的启发性提示：根据勾股定理内容：如果直角三角形的两直角边长分别为 a 和 b,斜边长为 c,那么 $a^2+b^2=c^2$,即直角三角形两直角边的平方和等于斜边的平方。根据线段公理：两点之间,线段最短。

(6) 呈现启发提问式问题：三条路径中最短的即为最短路径。则最短距离为?

① 根据勾股定理,$a^2+b^2=c^2$,可以知道 $A'B^2=(7\times va)^2+(6\times va)^2$,从而求出 $A'B=va\sqrt{85}$。

② 根据勾股定理,$a^2+b^2=c^2$,可以知道 $A'B^2=(9\times va)^2+(4\times va)^2$,从而求出 $A'B=va\sqrt{97}$。

③ 根据勾股定理,$a^2+b^2=c^2$,可以知道 $AB'^2=(10\times va)^2+(3\times va)^2$,从而求出 $AB'=va\sqrt{109}$。

学生看到这三个选项后,选出最小值即为正确答案。如果学生选择了②和③,则需要进入提示(7)。

(7) 对错误答案给出提示：重新计算和比较三种情况的路径值,其最小值即为最短路径。

注意：在用户做题过程中,上述提示中的 va 将被实际数值替代,如 1,2,3 等;如果 $va=1$,则不必出现。

12.4 初步的教学应用和效果评估

为了验证数学智能评测和辅导系统 MIATS V2.0 的教学效果,笔者团队在 2023 年 1 月份寒假期间进行了两次小范围的准实验研究。一位数学老师带领两个班的学生参与研究。一个班为实验组,另外一个班为对照组,进行为期一星期的学习,练习勾股定理等相关题目。为保证两个组的均等性,学生未被告知自己是对照组还是实验组,也不知道其他组的同学使用何种系统。两组学生都可以在任何一台联网的电脑或者手机上通过浏览器进入课程网站,输入以学号命名的用户名和默认密码,进入课程主页后,可以修改密码,并参与课程学习。

因为学生已经学习了勾股定理等相关知识,为了解学生对所学内容的掌握情况和将来经过准实验后的改变情况,我们设计了前测和后测。两次测验内容相似,难度相当,具有可比性。前测和后测题目必须在 1 个小时内完成,如果超过时限,系统就会自动收卷。

在完成同样的前测题目之后,两个组采用不同的学习方式进行学习。

实验组使用 MIATS V2.0 系统学习。对照组则是进行常规练习,即使用传统的填写答案方式学习,内容是 21 道勾股定理题目;为了帮助学生学习解题思路,学生在填写答案后,可以立即看到通用型反馈;并且这个练习不限制完成时间和次数,可以重复多次。

实验组在完成适应性学习之后,对照组在完成常规练习后,将参加同样内容的后测。

这次准实验作为学生的课外学习活动进行,不宜严格要求学生必须完成;为了激励学生参加,我们在课程中设置了一个"学习之星"虚拟勋章,即一枚红花。当学生完成所有活动后,自动被系统授予这个勋章。因为所有学生均是自愿参加,实验组和对照组完成所有活动并因此获得勋章的学生都未能包括各个班级内的所有学生。这次准实现将在前测和后测中都提交了有效答卷的学生视为准实验的有效参与者。

第一次准实验的研究对象是郑州市一所学校初中二年级两个班的学生(贾积有等,2023),第二次的研究对象是北京市一所中学高一年级两个班的学生(刘怀亚,2023)。学生和家长都拥有智能手机,大部分家庭也拥有电脑,也大都可以通过有线或者无线方式访问课程网站,参与学习。下面分别介绍两次实验的情况和结果。

12.4.1 第一次实验:初中

两个班学生性别比例均衡,在数学学习上差异不大。比如在最近一次,即初二年级上学期的阶段性评价中,数学成绩分布如表 12-1 所示。平均成绩差异为 4 班略低于 6 班,差值为百分制的 3.4,但是以两班数学成绩作为独立样本进行 t 检验,所得概率 P 值为 0.379,远大于 0.05,表明两班差异在统计意义上不显著。

表 12-1 初中实验组和对照组的数学基础成绩

	人数	均值	标准差
4 班(实验组)	48	44.0	20.7
6 班(对照组)	50	47.4	17.8

随机挑选 4 班为实验组,6 班为对照组,实验组和对照组的前测和后测的描述性统计结果如表 12-2 所示,其中用时单位为分钟。两组在后测和前测的平均成

绩、用时差异及其统计显著性、效果量计算结果也列在表 12-2。

由表 12-2 可见，在前测中，实验组平均成绩略低于对照组，但是差值 3.6 分在统计意义上并不显著。在后测中，实验组平均成绩大大高于对照组，差值 30.0 分在统计意义上非常显著（独立样本 t 检验 $P<0.01$），效果量高达 1.1。

从前测到后测，实验组提高了 31.1 分，成对样本 t 检验表明提高幅度非常显著，效果量高达 1.5。而对照组降低了 2.5 分，但是成对样本 t 检验表明降低幅度并不显著。

从活动用时上看，在前测中，实验组用时少于对照组 6.3 分钟，但是差异不显著（独立样本 t 检验 $P>0.05$）；后测中，实验组用时多于对照组 1.8 分钟，但是差异仍然不显著（独立样本 t 检验 $P>0.05$）。从前测到后测，无论是实验组还是对照组，活动用时都显著减少（成对样本 t 检验 $P<0.01$）。

实验组在显著减少完成测验所需时间的前提下，显著提高了测验成绩；而对照组在显著减少完成测验所需时间的前提下，则降低了测验成绩。

表 12-2 初中准实验中实验组和对照组的有效参与描述性统计和差异比较

	有效参与者人数			前测成绩	后测成绩	后测和前测成绩差异	后测和前测成绩差异效果量(Cohen's d)
实验组	41	成绩	均值	40.5	71.6	31.1**	1.1
			标准差	33.0	23.9		
		用时	均值	21.0	11.6	−9.4**	
			标准差	17.2	11.6		
对照组	36	成绩	均值	44.2	41.7	−2.5	−0.1
			标准差	21.9	21.6		
		用时	均值	27.3	9.8	−17.5**	
			标准差	19.6	12.4		
实验组和对照组均值差异				−3.6	30.0**		
实验组和对照组差异效果量(Cohen's d)				−0.1	1.5		
实验组和对照组用时差异				−6.3	1.8		

**：$P<0.01$

为考查两个组的练习过程，首先分析了实验组的智能评测和练习辅导记录。有 10 名学生一次性通过前测，仅仅做了四道题目，不必继续参加练习和后测，所需时间平均仅为 6.9 分钟。其他 31 名学生参加了练习和后测，所用时间、测验和练习中用到的问题个数、练习中使用的引导提示深度等统计指标如表 12-3 所示。

表 12-3 参加了练习的实验组学生的统计指标

	练习时长（分钟）	练习题目数量	每道题目练习平均用时（分钟）	测试用时（分钟）	测试题目数量	合计用时（分钟）	每道题目平均用时（分钟）	最大引导深度
均值	100.0	3.9	26.3	37.5	7.8	137.5	23.3	11.2
中位数	78.6	4	18.4	22.3	8	116.7	17.2	7
众数	—	2	—	—	4	—	—	5
最大值	316.4	10	79.0	194.5	20	510.9	84.0	23

由表 12-3 可见，实验组学生为了纠正前测中出现的所有错题，需要在练习中重新对这些错题进行解答，如果仍然不理解，可以得到通用型提示和引导型提示的帮助，直到全部答对为止。所以每道练习题目上所花费的时间平均为 26.3 分钟；每道题目的引导深度最大值平均为 11，中位数为 7，众数为 5。因此，这些练习都是有效练习。平均而言，实验组学生测试了 8 道不同的题目，深度练习了其中的 4 道题目，就在后测中取得了显著高于对照组学生的优良成绩。每个学生练习过的所有不同题目所组成的集合中，没有一个是后测中的题目集合的子集。也就是说，在智能辅导系统的深度引导下，学生不仅学会了本道题目的解法，更掌握了同类题目的解题思路，并可以将这种解题思路迁移到解决未曾见过和练习的题目中来。

对照组学生被要求完成 21 道题目的练习，其中包括前测和后测中的所有题目，但是其完成质量不能由系统保障。如果不会解题，也仅能在提交答案后看到通用型提示。这些题目的人均练习时长为 104.5 分钟，平均每道题目只有 4.9 分钟的练习时间，可以说是走马观花，不能充分理解题意和掌握解题思路，不能算是有效练习。即使是所考即所练，这种不求甚解的练习也达不到较好的学习效果。

后测和前测成绩是否相关呢？实验组学生两者的相关系数为 0.117，不显著；对照组学生两者的相关系数为 0.607，比较显著。这说明实验组学生的适应性学习结果不受前测成绩影响，而对照组学生的练习结果受前测成绩影响较大。

12.4.2　第二次实验：高中

高中两个班学生性别比例均衡，在数学学习基础上差异很大。比如在最近一次，即高一年级上学期的阶段性评价中，数学成绩分布如表 12-4 所示。平均成绩差异为 4 班显著低于 1 班，差值为百分制的 14.2，以两班数学成绩作为独立样本进行 t 检验，所得概率 P 值远小于 0.01，表明两班差异在统计意义上非常显著。

表 12-4 实验组和对照组的数学基础成绩

	人数	均值	标准差
4 班（实验组）	42	96.2	16.0
1 班（对照组）	39	110.4	12.92

数学任课教师希望提高基础薄弱的 4 班的成绩,所以指定 4 班为实验组,1 班为对照组。实验组和对照组的前测和后测的描述性统计结果如表 12-5 所示,其中用时单位为分钟。两组在后测和前测的平均成绩、用时差异及其统计显著性、效果量计算结果也列在表 12-5。

表 12-5 高中准实验中实验组和对照组的有效参与描述性统计和差异比较

	有效参与者人数			前测成绩	后测成绩	后测和前测成绩差异	后测和前测差异效果量(Cohen's d)
实验组	19	成绩	均值	75.66	81.58	5.92	0.374
			标准差	14.72	16.86		
		用时	均值	21.83	12.08	−9.76*	
			标准差	12.62	12.91		
对照组	29	成绩	均值	80.17	78.45	−1.72	−0.093
			标准差	20.73	15.98		
		用时	均值	23.02	13.54	−9.5**	
			标准差	8.17	5.27		
实验组和对照组均值差异				−4.51	3.13		
实验组和对照组差异效果量(Cohen's d)				−0.394	−0.270		
实验组和对照组用时差异				−1.19	−1.46		

**: $P<0.01$, *: $P<0.05$

由表 12-5 可见,在前测中,实验组平均成绩低于对照组,但是差值 4.51 分在统计意义上不显著(独立样本 t 检验 $P>0.05$)。在后测中,实验组平均成绩高于对照组,但是差值 3.13 分,在统计意义上不显著(独立样本 t 检验 $P>0.05$);对照组相对于实验组的效果量由前测的 0.553 缩小到后测的 0.34。

从前测到后测,实验组提高了 5.92 分,成对样本 t 检验表明提高幅度不显著($P>0.05$),效果量 0.374。而对照组降低了 1.72 分,成对样本 t 检验表明下降幅度不显著($P>0.05$),效果量为 −0.093。

从活动用时上看,在前测中,实验组用时少于对照组 1.19 分钟,但是差异不显著(独立样本 t 检验 $P>0.05$);后测中,实验组用时少于对照组 1.46 分钟,但是差异仍然不显著(独立样本 t 检验 $P>0.05$)。从前测到后测,实验组活动用时显著减少(成对样本 t 检验 $P<0.05$),对照组活动用时非常显著减少(成对样本 t 检验 $P<0.01$)。

实验组在显著减少完成测验所需时间的前提下,提高了测验成绩,但是对照组的成绩却下降了。

考虑到前测两组的显著性差异,笔者团队进行了协方差分析,在考虑前测中的差异后来调整两组在后测中的差异,结果如表 12-6 所示。可以看出,如果考虑前测成绩,实验组的平均分数在后测中比对照组高出 4.37 分,但是这个差距并不具有统计学意义($P=0.344>0.05$)。与实验前的 4.51 分的巨大劣势相比,这表明智能教学系统的使用对实验组的学生产生了显著的促进作用。

为考察两个组的练习过程,首先分析实验组的智能评测和练习辅导记录。分别所用时间、测验和练习中用到的问题个数、练习中使用的引导提示深度等统计指标如表 12-7 所示。

表 12-6　协方差分析结果

组	平均值	标准误差	95%置信区间	
			下限	上限
对照组(29)	77.96	2.919	72.076	83.834
实验组(19)	82.33	3.612	75.058	89.607

表 12-7　参加了练习的实验组学生的统计指标

	练习时长(分钟)	练习题目数量	每道题目练习平均时间	测试用时(分钟)	测试题目数量	合计用时(分钟)	每道题目平均用时(分钟)	最大引导深度
均值	35.5	4.3	9.2	38.9	11.9	74.4	6.4	3.5
中位数	19.6	5	6.9	36.6	10	66.3	4.9	2.5
众数	—	1	—	—	8	—	—	5
最大值	147.6	9	31.0	82.1	25	198.3	14.2	9

由表 12-7 可见,实验组学生为了纠正前测中出现的所有错题,需要在练习中重新对这些错题进行解答,如果仍然不理解,可以得到通用型提示和引导型提示的帮助,直到全部答对为止;所以每道练习题目上所花费的时间平均为 9.2 分钟;每道题目的引导深度最大值平均为 3.5,中位数为 2.5,众数为 5。因此,这些练习都是有效练习。平均而言,实验组学生测试了 10 道不同的题目,深度练习了其中的 5

道题目,就在后测中取得了显著高于对照组学生的优良成绩。每个学生练习过的所有不同题目所组成的集合中,没有一个是后测中的题目集合的子集。也就是说,在智能辅导系统的深度引导下,学生不仅学会了本道题目的解法,更掌握了同类题目的解题思路,并可以将这种解题思路迁移到去解决未曾见过和练习的题目中来。

对照组学生被要求完成 21 道题目的练习,其中包括前测和后测中的所有题目,但是其完成质量不能由系统保障。如果不会解题,也仅能在提交答案后看到通用型提示。这些题目的人均练习时长为 43.47 分钟,平均每道题目只有 2.07 分钟的练习时间,可以说是走马观花,不能充分理解题意和掌握解题思路,不能算是有效练习。即使是所考即所练,这种不求甚解的练习也达不到较好的学习效果。

后测和前测成绩是否相关呢?实验组学生两者的相关系数为 -0.078,非常不显著;对照组学生两者的相关系数为 0.416,比较显著。这说明实验组学生的适应性学习结果不受前测成绩影响,而对照组学生的练习结果受前测成绩影响较大。

本章小结

借助大数据挖掘和项目反应理论等人工智能技术,笔者团队设计并实现了数学智能评测和辅导系统 MIATS V 2.0,它能够给学生提供关于某一知识点的个性化评测,然后基于评测结果,为学生提供个性化作业和基于学生做题情况的个性化辅导。初中数学勾股定理教学的两次准实验研究结果表明:实验组学生取得了显著进步,后测表现显著优于使用通用型提示的对照组学生;实验组学生的测试和练习内容都不尽相同,个性化特色突出;练习中如果不能自主解决问题,则得到系统合适的通用型和引导型提示,直到解决问题为止;在练习中所掌握的知识和技能够迁移到新问题的解决中。我们借助智能技术,为每个学生提供个性化测评和个性化辅导,是贯彻落实教育评价改革和减负增效等宏观国家政策、助力教育均衡发展、赋能因材施教的一次有益尝试。

思考和练习题

1. 传统学校和教室环境下,教师实施分层作业和个性化作业的困难是什么?
2. 智能教学系统为解决上述困难提供了什么方法?
3. MIATS V 2.0 的个性化功能有哪些?

第13章 人工智能教育和创造性思维培养

内容提要

本章介绍对北京市一次编程教育效果的研究结果。

学习目标

1. 了解编程教育效果的考查方式。
2. 了解编程教育的总体效果以及各个调节变量的影响。
3. 了解编程教育对创造性思维的影响效果。
4. 了解编程教育对计算思维的影响效果。

关 键 词

编程教育,人工智能教育,创造性思维,计算思维

编程教育是人工智能教育的基础,可以培养学生的创造性思维和计算思维。为了考查编程教育对创造性思维和计算思维的影响,笔者团队对北京市一次编程教育的效果进行了研究。本章介绍该研究结果。

2021年10月到12月,在北京市的编程教育送课到校活动中,编程教育内容的供应商在北京市若干中小学进行了教学实践,简称为智能编程教育。为验证这种编程教育的效果,编程教育供应商设计了针对编程教育内容的前测和后测。两次测验内容相同,只是时间不同。前测在编程教育之前进行,后测在编程教育结束时进行。笔者团队收集了前测和后测成绩,运用统计分析软件 SPSS 等进行前后测成绩的对比分析,计算差异的统计显著性和效果量,并对学生性别、年级等因素造成的差异进行分析。

智能编程教育的前测和后测内容包含 16 道单选题,每道题目都有唯一正确的选项,选对获得 1 分,总分为 16 分。

测试分数定义为实际得分转换为百分制,即实际得分占满分的百分比×100,即 $\frac{总实际得分}{16} \times 100$。

13.1　创造性思维和计算思维评估方法

因为编程教育与创造性思维和计算思维密切相关,学生除了参加编程教育的前测和后测,还要填写创造性思维和计算思维问卷。笔者团队收集了前测和后测问卷答案,运用统计分析软件 SPSS 等进行前后测答案的对比分析,计算差异的显著性和效果量,并对学生性别、年级等因素造成的差异进行分析。

13.1.1　创造性思维评估方法

创造性思维问卷采用威廉斯创造力倾向测量表设计(威廉斯,2003)。威廉斯创造力倾向测量表是国际上常用的测量创造力的工具。创造性的个体被认为具有以下认知和情感特质:想象流畅灵活,不循规蹈矩,具有社会性敏感,较少有心理防御,愿意承认错误,与父母关系密切等。通常认为高创造力的个体在进行创造性工作时更容易成功,低创造力的个体则循规蹈矩,更适合进行常规型的工作。

威廉斯创造力倾向测量表,包括 50 道单选题,详见以下网页:http://class.sciec.com/wcm.php。每个题目的三个答案选项是:完全符合、部分符合、完全不符合。题型分为正面题目与反面题目两种。正面题目的得分规则是:"完全符合"3分,"部分符合"2分,"完全不符合"1分;而反面题目的得分规则是:"完全符合"-3分,"部分符合"-2分,"完全不符合"-1分。

50 道题目的问题可以概括为冒险性、好奇性、想象力、挑战性四个维度。冒险性维度下有正面题目 9 道、反面题目 2 道;好奇性维度下有正面题目 12 道、反面题目 2 道;想象力维度下有正面题目 12 道、反面题目 1 道;挑战性维度下有正面题目 9 道、反面题目 3 道。

各个维度所包含题目、理想最高得分如表 13-1 所示。

表 13-1　创造性思维各个维度所包含题目和满分(最高得分)

维度	正面题目	反面题目	最高得分
冒险性	9 道:1、5、21、24、25、28、36、43、44	2 道:29、35	$9 \times 3 - 2 \times 1 = 25$
好奇性	12 道:2、8、11、19、27、33、34、37、38、39、47、49	2 道:12、48	$12 \times 3 - 2 \times 1 = 34$
想象力	12 道:6、13、14、16、20、22、23、30、31、32、40、46	1 道:45	$12 \times 3 - 1 \times 1 = 35$
挑战性	9 道:3、7、10、15、18、26、41、42、50	3 道:4、9、17	$9 \times 3 - 3 \times 1 = 24$
总创造力	42 道	8 道	$42 \times 3 - 8 \times 1 = 118$

每个维度的得分就是其中包含的所有题目的得分之和。得分越高,则表明该维度特征越强,反之则越弱。

所有题目的得分之和就是创造力水平总分。得分高,说明创造力强;反之,说明创造能力差。

我们定义每个维度的理想占比 $=\dfrac{\text{真实得分}}{\text{理想最高分}}$,也据此将其转换为百分制的分数=理想占比×100。

13.1.2 计算思维评估方法

随着信息技术的不断发展,周以真教授于2006年将计算思维定义为"运用计算机科学的基础概念进行问题求解、系统设计以及人类行为理解等涵盖计算机科学之广度的一系列思维活动"(Wing,2006)。

张屹等(2020)基于前人的研究,认为计算思维是:在计算任务和活动中,所涉及的相关认知技能的概括性集合,由此设计并验证了我国小学生计算思维量表。该量表具体内容包括23道题目,详见以下网页:http://class.sciec.com/ct.php。每个题目的三个答案选项是:完全符合、部分符合、完全不符合。得分规则是:"完全符合"3分,"部分符合"2分,"完全不符合"1分。

这些题目可以被划分为创造力、批判思维、问题解决、算法思维以及合作思维五个维度。各个维度所包含的题目以及最高得分如表13-2所示。

表13-2 计算思维各个维度所包含的题目以及满分(最高得分)

维度	题目	最高得分
创造力	6道:51,52,53,54,55,56	6×3=18
批判思维	3道:57,58,59	3×3=9
问题解决	6道:60,61,62,63,64,65	6×3=18
算法思维	4道:66,67,68,69	4×3=12
合作思维	4道:70,71,72,73	4×3=12
计算思维	23道	23×3=69

每个维度的得分就是其中包含的所有题目的得分之和。得分越高,则表明该维度特征越强,反之则越弱。

所有题目的得分之和就是计算思维水平总分。得分高,说明创造力强;反之,说明创造能力差。

定义每个维度的理想占比 = $\dfrac{真实得分}{理想最高分}$,也据此将其转换为百分制的分数 = 理想占比×100。

13.2 智能编程教育结果分析

13.2.1 学生情况

参加智能编程前测的学生来自北京市的 7 所小学和 7 所中学,包括从三年级到八年级的常规班级,还有编程兴趣班、选修课与编程社团,共 470 人。

参加智能编程后测的学生来自北京市的 6 所小学和 7 所中学,包括二年级到八年级中的常规班级,共 402 人。

前后测都参加的学校包括 6 所小学和 6 所中学,共获得有效问卷 320 份。依据性别、学习阶段、年级、学校等进行分类,其具体人数与占比情况如表 13-3 所示:

表 13-3 智能编程学生描述性统计分析

分类方式	分类	人数	占比
性别	男生	164	51.3%
	女生	156	48.8%
学习阶段	小学	155	48.44%
	中学	165	51.56%
年级	四年级	24	7.5%
	五年级	86	26.9%
	六年级	45	14.1%
	七年级	109	34.1%
	八年级	56	17.5%
全体		320	100.00%

13.2.2 编程能力测试成绩分析

1. 全体学生前后测成绩分析

将参加前测和参加后测的学生作为两个独立样本,两个独立样本的成绩和使用时间的描述性统计以及两者的 F 检验和 t 检验结果如表 13-4 所示。

表 13-4 智能编程独立样本检验

	智能编程成绩		使用时间(秒)	
	前测	后测	前测	后测
平均	49	56	134.08	424.8
样本量	470	402	470	402
自由度	469	401	469	401
F 值	0.85		0.02	
F 检验 P 值	0.04		0.00	
效果量	0.42		23.26	
t 检验 P 值	0.000		0.000	

从智能编程成绩来看,前后测两个独立样本 F 检验结果 P 值为 0.04,可以认为两个样本在方差齐性上有差异。进行异方差 t 检验,结果 P 值为 0,可以认为两者在均值上有显著差异。通过独立样本效果量计算,其干预效果量为 0.42,是一个中等的效应。因此,可以认为智能编程教育对于学生测试成绩有显著的正向影响。

从测试所用时间来看,前后测 F 检验结果 P 值为 0.00,两个样本在方差齐性上有差异。所以,做异方差 t 检验,结果 P 值为 0.00,两者在均值上有显著差异。效果量为 23.26,是一个很大的效应。因此,从学生智能编程测试使用时间上来看,后测远远长于前测。原因是学生在前测时,对相关内容不熟悉,随意地回答了问题。经过一个学期的学习后,了解了相关知识,后测中认真思考和完成了所有题目。

将既参加了前测又参加了后测的 320 名学生的前测和后测成绩进行配对样本检验,结果如表 13-5 所示。

表 13-5　智能编程配对样本检验

	智能编程测试成绩		使用时间(秒)	
	前测	后测	前测	后测
平均	49	56	135.18	442.57
样本量	320			
自由度	319			
均值差异	7		307.39	
F 值	0.92		0.02	
F 检验 P 值	0.22		0.00	
效果量	0.38		19.82	
t 检验 P 值	0.000		0.000	

可见，从测试成绩上说，配对样本的前后测 F 检验结果 P 值为 0.22，可以认为两个样本在方差齐性上没有显著差异。同方差的 t 检验结果 P 值为 0，可以认为两者在均值上有非常显著差异。效果量为 0.38，是一个中等效应。因此，可以认为智能编程教育对于学生测试成绩有显著的正面影响。

从测试所用时间上来看，配对样本的前后测 F 检验结果 P 值为 0.00，两个样本在方差齐性上有显著差异。所以做异方差 t 检验，其结果 P 值为 0.00，两者在均值上有显著差异。效果量为 19.82，是一个很大的效应。接受智能编程教育后，学生完成题目的时间更长，也就是更加认真做题了。

2. 不同性别学生前后测成绩分析

男生和女生后测和前测的平均成绩计算结果如表 13-6 所示。

表 13-6　智能编程测试中男生和女生后测和前测的平均成绩

性别	人数	前测	后测	后测与前测差异
男	164	50	55	5
女	156	47.6	56	8.4

可见，男生的提升幅度为 5，女生的提升幅度为 8.4。前测中男生智能编程测试成绩明显优于女生，但是后测中男生成绩略低于女生；智能编程教育显著提高了所有学生的成绩，而女生的进步大于男生。

3. 不同学段学生前后测成绩分析

从表 13-7 可知,前测中小学学生成绩显著低于初中学生;但是在后测中,小学学生成绩反而超出初中 1 分。从前测到后测,小学学生提升了 12 分,中学学生反而下降了 1 分。智能编程教育显著提高了小学学生的成绩,但是对初中生的成绩没有影响。

表 13-7 智能编程测试中不同学段前后测成绩均值

学段	人数	前测成绩	后测成绩	后测与前测差异
小学	155	44	56	12
初中	165	54	55	1
小学和初中差异	−10	−10	−1	0

4. 不同年级学生前后测成绩分析

不同年级的学生在前测和后测中的得分均值如表 13-8 所示,可见,从前测到后测,四年级与五年级的智能编程成绩均有相对显著的提升,其中五年级为 17,四年级为 13。六年级与七年级学生的提升效果较弱。八年级学生则没有提升。

表 13-8 智能编程测试中不同年级前后测成绩均值

年级	人数	前测成绩	后测成绩	后测与前测差异
四年级	24	33	46	13
五年级	86	47	64	17
六年级	45	46	48	2
七年级	109	53	55	2
八年级	56	55	55	0

5. 智能编程测试成绩总结

本节以北京市 7 所小学、7 所中学的学生为研究对象,分析了他们在智能编程测试中的表现,并从性别、年级和学校三个方面进行了对比分析。结果表明:

(1) 从前测到后测,智能编程测试的平均成绩总体上提升了 4 分,统计意义上显著;测试完成时间显著增加,因为学生在前测中不了解课程内容,随意填写的较多;而后测则在学习知识的前提下认真作答了。

(2) 女生提升了 8.4 分,男生提升了 5 分。女生在前测中显著落后于男生,而到后测则反超男生。

（3）小学生提升了12分，而中学下降了1分。五年级学生的提升效果最为明显，其次为四年级，而六年级与七年级的学生提升效果较小。对于八年级学生，没有提升效果。

13.3.3 智能编程教育对创造力和计算思维的影响效果

1. 前测和后测成绩对比

参加智能编程教育前测的学生中，380人同时填写了创造力和计算思维问卷。依据性别、学习阶段、年级、学校等进行分类，各类别人数与占比情况如表13-9所示：

表13-9 智能编程教育前测中参加了创造力和计算思维问卷调查的学生分布

分类方式	分类	人数	占比
性别	男生	210	55.26%
	女生	170	44.74%
学习阶段	小学	174	45.79%
	中学	206	54.21%
年级	三年级	1	0.26%
	四年级	27	7.11%
	五年级	84	22.11%
	六年级	62	16.32%
	七年级	147	38.68%
	八年级	59	15.53%
全体		380	100.00%

参加了智能编程教育后测的学生中，388人同时参加了创造力和计算思维问卷调查。依据性别、学习阶段、年级、学校等进行分类，各类别人数与占比情况如表13-10所示。

表 13-10 智能编程教育后测中参加了创造力和计算思维问卷调查的学生分布

分类方式	分类	人数	占比
性别	男生	218	56.19%
	女生	170	43.81%
学习阶段	小学	168	43.30%
	中学	220	56.70%
年级	三年级	1	0.26%
	四年级	27	6.96%
	五年级	96	24.74%
	六年级	44	11.34%
	七年级	138	35.57%
	八年级	82	21.13%
全体		388	100.00%

智能编程、创造力与计算思维的前后测结果如表 13-11 所示。

从表 13-11 中发现：

(1) 学生在前测中的三个维度的得分均值都在 49 分及以上，表明学生在编程、创造力和计算思维方面都有一定的基础。

(2) 从前测到后测，学生的智能编程能力有所提升，提升程度为 4。

(3) 从前测到后测，学生的创造力和计算思维变化分别为 1 和 3，智能编程教育对学生的创造力倾向和计算思维能力水平的影响较小。

(4) 相比于前测，学生在后测中智能编程能力测试结果的标准差不变，即说明学生之间的智能编程能力差异不变；而在创造力和计算思维部分，学生测试结果的标准差增大，即学生之间的创造力与计算思维水平差异稍微增大了。

表 13-11 智能编程、创造力与计算思维的前后测结果

	前测(380人)			后测(388人)		
	智能编程	创造力倾向	计算思维	智能编程	创造力倾向	计算思维
平均值	49	71	80	53	72	83
标准差	17	10	11	17	11	13

参加前测和后测的学生作为两个独立样本,进行独立样本 F 检验、独立样本 t 检验,并计算后测相对于前测的效果量,结果如表 13-12 所示。

表 13-12 智能编程测试、创造力和计算思维在前测与后测的独立样本检验

	智能编程测试		创造力		计算思维	
	后测	前测	后测	前测	后测	前测
平均	49	53	71	72	80	83
样本量	380	388	380	388	380	388
自由度	379	387	379	387	379	387
F 值	0.97		0.71		0.72	
F 检验 P 值	0.366		0		0.01	
效果量	0.26		0.10		0.18	
t 检验 P 值	0.001		0.19		0.01	

从表 13-12 可发现:

(1) 智能编程测试前后测成绩的 F 检验结果中, P 值为 0.366,可以认为两个样本在方差齐性上无差异。所以,进行同方差 t 检验,结果 P 值为 0.001,前后测成绩在均值上有显著差异。效果量为 0.26,是一个较小的正效应。因此,智能编程教育对于学生智能编程测试成绩有较为显著的正向影响。

(2) 创造力前测和后测的 F 检验结果中, P 值为 0,可以认为两个样本在方差齐性上有显著的差异。所以,进行异方差 t 检验,结果 P 值为 0.19,创造力的前后测的得分在均值上没有显著差异。效果量为 0.10,是一个很小的正效应。因此,可以认为智能编程教育对于学生创造力倾向有较小的正向影响。

(3) 计算思维前测和后测的 F 检验结果中, P 值为 0.01,可以认为两个样本在方差齐性上有显著的差异。所以,进行异方差 t 检验,结果 P 值为 0.01,计算思维的前后测得分在均值上有显著差异。效果量为 0.18,是一个小的正效应。因此,可以认为智能编程教育对于学生计算思维有小的正向影响。

共有 274 名学生既参加了前测又参加了后测,可以对智能编程测试结果、创造力和计算思维进行配对样本检验,结果如表 13-13 所示。

表 13-13　智能编程测试、创造力和计算思维在前测与后测的配对样本检验

	前测 智能编程	后测 智能编程	前测 创造力倾向	后测 创造力倾向	前测 计算思维	后测 计算思维
平均	49.2	52.6	70.8	71.7	80.8	82.8
样本量	274	274	274	274	274	274
自由度	273	273	273	273	273	273
F	0.22		0.74		0.80	
F 检验 P 值	0		0.01		0.03	
效果量	0.23		0.09		0.16	
t 检验 P 值	0.01		0.15		0.01	

由表 13-13 可以发现：

(1) 智能编程测试前后测成绩的 F 检验结果中，P 值为 0，前后测成绩在方差齐性上有显著差异。所以，进行异方差 t 检验，结果 P 值为 0.01，前后测成绩在均值上有显著差异。效果量为 0.23，是一个较小的正效应。因此，智能编程教育对于学生智能编程测试成绩有较为显著的正向影响。

(2) 创造力前测和后测的 F 检验结果中，P 值为 0.01，可以认为两个样本在方差齐性上有显著的差异。所以，进行异方差 t 检验，结果 P 值为 0.15，创造力的前后测的得分在均值上没有显著差异。效果量为 0.09，是一个很小的正效应。因此，可以认为智能编程教育对于学生创造力倾向有较小的正向影响。

(3) 计算思维前测和后测的 F 检验结果中，P 值为 0.03，可以认为两个样本在方差齐性上有显著的差异。所以，进行异方差 t 检验，结果 P 值为 0.01，计算思维的前后测得分在均值上有显著差异。效果量为 0.16，是一个小的正效应。因此，可以认为智能编程教育对于学生计算思维有小的正向影响。

2. 各个维度相关性分析

笔者团队对后测结果中，STEM 编程能力、创造力及其四个维度、计算思维及其四个维度之间的相关性进行分析，具体结果如表 13-14 所示。

表 13-14　智能编程、创造力与计算思维后测及量表整体之间进行相关性分析

	智能编程	冒险	好奇	想象	挑战	创造力	创造	批判	问题解决	算法	合作	计算思维
智能编程	1											
冒险	0.15	1										
好奇	0.21	0.62	1									
想象	0.04	0.48	0.50	1								
挑战	0.12	0.52	0.60	0.48	1							
创造力	0.16	0.79	0.85	0.79	0.79	1						
创造	0.20	0.48	0.53	0.36	0.55	0.59	1					
批判	0.17	0.35	0.41	0.31	0.35	0.44	0.43	1				
问题解决	0.23	0.49	0.51	0.31	0.53	0.56	0.63	0.50	1			
算法	0.11	0.30	0.34	0.20	0.44	0.39	0.52	0.23	0.51	1		
合作	0.07	0.47	0.40	0.14	0.36	0.41	0.37	0.27	0.38	0.27	1	
计算思维	0.21	0.58	0.60	0.35	0.62	0.65	0.83	0.59	0.84	0.71	0.64	1

由表 13-14 可见，后测结果中，智能编程能力与创造力和计算思维之间的相关系数分别为 0.16 与 0.21。智能编程能力与创造力和计算思维之间有一定的正相关关系。

就创造力和计算思维的各个维度而言：

(1) 智能编程能力与创造力各个维度的相关系数都小于等于 0.21，所以智能编程与学生的好奇心、冒险精神以及挑战精神等有较小的正相关关系。

(2) 智能编程能力与计算思维的创造力、问题解决能力、算法思维三个维度的相关系数都小于等于 0.23，表明智能编程能力与学生的创造力水平、问题解决能力以及算法思维水平有较小的正相关关系。

(3) 创造力的四个维度与创造力总分的相关系数均高于等于 0.79，即各维度与总分之间有较强的相关关系。四个维度之间的相关系数均超过 0.45，可以认为创造力各个维度之间存在较强的相关关系。

3. 不同性别学生在前测和后测表现变化的对比

将前测和后测中男生和女生的智能编程成绩分别进行独立样本 F 检验和 t 检

验,结果如表 13-15 所示。

表 13-15　智能编程成绩男生和女生独立样本 F 检验和 t 检验分析结果

	智能编程能力:前测		智能编程能力:后测	
	男生	女生	男生	女生
平均	51	48	52	53
样本量	143	131	143	131
自由度	142	130	142	130
F 值	1.24		1.39	
F 检验 P 值	0.11		0.03	
t 检验 P 值	0.14		0.61	
效果量	0.18		−0.06	

由表 13-15 可见,在智能编程能力测试的前测中,男生和女生 F 检验结果 P 值为 0.11,可以认为两个样本在方差齐性上没有显著差异。因此,对男生和女生前测样本进行同方差 t 检验,其结果 P 值为 0.14,即男生样本和女生的智能编程能力在前测中没有表现出显著差异。因此,可以比较男生、女生的智能编程能力后测数据。

对男生和女生智能编程能力后测的成绩进行 F 检验,结果 P 值为 0.03,可以认为两个样本在方差齐性上有显著差异。因此,对男女生后测数据进行异方差 t 检验,其结果 P 值为 0.61,表明男生和女生在后测中未表现出显著差异。

将前测和后测中男生和女生的创造力得分分别进行独立样本 F 检验和 t 检验,结果如表 13-16 所示。

由表 13-16 可见,在创造力倾向测试的前测中,男生和女生 F 检验结果 P 值为 0.15,可以认为两个样本在方差齐性上没有显著差异。因此,对男生和女生前测样本进行同方差 t 检验,其结果 P 值为 0.43,即男生样本和女生样本的创造力倾向在前测中没有表现出显著差异。因此,可以比较男生、女生样本的创造力倾向后测数据。

依据性别对参加创造力倾向后测的样本进行 F 检验,男生群体和女生群体 F 检验结果 P 值为 0.07,可以认为两个样本在方差齐性上也没有显著差异。因此,对男女生后测样本进行同方差 t 检验,其结果 P 值为 0.13,表明男生和女生的创造力倾向在后测中也未表现出显著差异。

表 13-16 创造力得分男生和女生独立样本 F 检验和 t 检验分析结果

	创造力倾向：前测		创造力倾向：后测	
	女生	男生	女生	男生
平均	71	70	73	70
样本量	143	131	143	131
自由度	142	130	142	130
F	1.20		1.29	
F 检验 P 值	0.15		0.07	
t 检验 P 值	0.43		0.13	
效果量	0.10		0.18	

将前测中男生和女生的计算思维得分分别进行独立样本 F 检验和 t 检验，结果如表 13-17 所示。

表 13-17 计算思维得分男生和女生独立样本 F 检验和 t 检验分析结果

	计算思维：前测	
	男生	女生
平均	82	79
样本量	143	131
自由度	142	130
F	1.09	
F 检验 P 值	0.32	
t 检验 P 值	0.04	
效果量	0.25	

由表 13-17 可见，在计算思维的前测中，男生群体和女生群体 F 检验结果 P 值为 0.32，可以认为两个样本在方差齐性上没有显著差异。因此，对男女生前测样本进行同方差 t 检验，其结果 P 值为 0.04，即男生样本和女生样本的计算思维在前测中有显著差异。因此，无法直接比较两个样本的后测数据，需对其进行协方差分析，结果如表 13-18 所示。

表 13-18 主体间效应检验

源	Ⅲ类平方和	自由度	均方	F值	检验值
P 修正模型	8738.48		2912.83	22.73	0
截距	9907.94	0.79	9907.94	77.31	0
性别	5.33	0.01	5.33	0.04	0.84
总体计算思维前测	7797.95	131	7797.95	60.84	0
性别 * 总体计算思维前测	0.06	130	0.06	0	0.98
误差	34 603.82		128.16		
总计	1 921 802.14				
修正后总计	43 342.30				

性别 * 总体计算思维前测,$F=0$,F 检验 $P=0.98>0.05$,尚不能认为计算思维前测与后测之间回归直线的斜率不等,即满足回归直线平行的条件,因此可以做协方差分析。为了防止其他因素对模型带来干扰,因而将总体计算思维前测共 1 项作为协变量纳入模型中进行协方差分析,如表 13-19 所示。

表 13-19 协方差分析

	前测		后测		协方差分析			
	均值	标准差	均值	标准差	调整后均值	标准误	F值	F检验P值
男生	82	11	85	14	84	2	0.89	0.102
女生	79	11	81	11	82	3		

为避免男生样本和女生样本的前测结果的变异部分对最终结果的影响,使用协方差分析来修正均值,从而排除这一部分变异的影响。由结果可知,修正后男生与女生之间 F 检验 P 值$=0.102>0.05$。可见,男女学生的计算思维能力在前测中存在显著差异,但是经过编程教育后,这种差异在后测中就不复存在了。

4. 不同年级学生在前测和后测表现变化的对比

按照年级,计算智能编程测试、创造力倾向和计算思维的后测相对于前测的效果量,结果如表 13-20 所示。可以看到:

(1) 在智能编程测试中,小学阶段的效果量在四年级与五年级呈现上升趋势,后在五年级到六年级急剧下降,五年级是大效应量,六年级为较小的负效应量。中学阶段的效果量也呈现下降趋势,且在八年级出现负效果。

(2) 创造力倾向测试中,整体变化趋势较为波折。小学阶段,四年级和五年级均表现为微小的正效应,在六年级呈现出微小的负效应。中学阶段,七年级呈现微小的负效应,但是八年级学生呈现中等的正面效果。

（3）计算思维测试中,整体趋势相对平稳。小学阶段呈现微小的正向影响;中学阶段均为正向效果,编程教育对七年级学生的计算思维带来了微小的正向影响,对八年级学生的计算思维带来了中等的正向影响。

表 13-20　年级视角下配对样本效果量趋势变化

	四年级	五年级	六年级	七年级	八年级
智能编程	0.48	0.60	−0.08	0.08	−0.27
创造力倾向	0.15	0.11	−0.07	−0.07	0.33
计算思维	0.04	0.12	0.08	0.09	0.37

本章小结

本章通过智能编程教育的前测和后测,分析北京市 7 所小学、7 所中学的学生在智能编程测试、创造力倾向与计算思维这几个方面测量结果的表现,经过统计分析,发现：从前测到后测,智能编程的成绩、创造力和计算思维都有了显著性提升;男生和女生的差异得到了缩小;学校之间的差异较大。

思考和练习题

1. 编程教育效果如何衡量？
2. 创造性思维的衡量方式有什么？
3. 计算思维的衡量方式有什么？
4. 北京市编程教育送课到校活动的效果体现在哪些方面？

第14章　课堂视频师生行为分析

内容提要

本章介绍课堂师生言语行为编码方案,简述笔者团队开发的半自动化的课堂视频言语行为分析系统(SACVAS)的工作流程,并举例说明一节、一类和全部课堂师生言语行为分析结果。

学习目标

1. 了解课堂师生言语行为编码方案。
2. 了解半自动化的课堂视频言语行为分析系统(SACVAS)的工作流程。
3. 了解北京市优课课堂师生言语行为的特点。

关 键 词

课堂视频,师生课堂言语行为,编码方案

课堂是中小学教育的主战场,教师和学生是课堂的主角。我国教育部主办的国家教育资源公共服务平台,将国内教育优势地区的名校、名师资源集中起来,为全国师生提供免费、个性化的空间和服务。该平台的一个频道支持中小学教师的"一师一优课、一课一名师"活动,已经汇聚了2000多万节来自全国各地的讲课视频。对这些视频的分析,如果采用传统的弗兰德斯等的课堂分析方法,需要人工标注,耗时费力,也难免出现错误。笔者借助语音识别、人脸和物体识别、文本分析与挖掘等人工智能技术,基于开源的人体和物体识别系统 yolo,OpenAI 的开源语音识别系统 Whisper,开发了一个半自动化的课堂视频言语行为分析系统(Semi Automatic Classroom Video Analysis System,SACVAS),用于分析课堂录像视频中的师生言语行为。借助这个系统,对来自北京市的 300 多节课程视频进行了自动分析,再进行人工校对后,生成每节课程视频的编码方案;再运用文本处理和图片生成技术,对每节课程视频自动生成文字解释、统计图形和表格及其说明;在对一个年级一个学科一次课程的详细分析基础上,该系统可以总结某个年级、某个学科或者某位教师课程的总体特点,也可以汇总分析全部课程的特点,为宝贵的课堂教学过程建立详细完整的课程档案。这种智能技术加人工校对的混合方法极大减轻了人工标注负担,提高了标注准确性,具有较大的可推广性。

本章首先介绍课堂师生言语行为编码方案,然后介绍 SACVAS 流程,最后举例说明一节、一类和全部课堂师生言语行为分析结果。

14.1 课堂视频师生行为分析编码方案

在课堂教学行为分析领域,弗兰德斯(Flanders,1970)提出的互动分析系统(Flanders Interaction Analysis System,FIAS)是目前较为成熟的量化分析方法。它由三部分组成:以教师、学生的言语行为及沉寂情况这三大类别所划分的编码系统,包含 10 种互动行为编码,如表 14-1 所示;观察课堂教学进行编码的步骤规范;解码并对数据进行分析、呈现的方法。

表 14-1 FIAS 编码系统

分类		代码	表述	具体内容
教师控制行为	间接影响	1	接纳学生感受	以毫无威胁的方式接纳和理解学生的感受。可以是积极的或消极的感受
		2	表扬或鼓励	表扬或鼓励学生的动作或行为。这包括既缓解紧张气氛又不伤害另外一个学生的玩笑话、点头肯定、用"嗯嗯"或"继续说"表示赞同等
		3	采纳意见	接受或采纳学生的观点:阐明或阐发学生的观点或建议。当教师开始更多地表达自己的观点时,转向第 5 类
		4	提出问题	教师询问学生问题并期待学生回答
	直接影响	5	讲授	对教学内容进行陈述; 就内容或步骤提供事实或见解; 表达教师的观点; 提出教师的解释; 教师通过传统方式(黑板、实验等)进行演示或展示; 引述某位权威者(而非学生)的看法
		6	指示	发出指令让学生做某件事情(此类行为期望学生服从)
		7	批评或维护权威性	为了改变学生行为,使之转变到可以接受的行为;批评学生,以及说明为什么批评等
学生控制行为		8	被动回答	学生回应了教师所提问题,但回答内容限制在题目中,无法自由表达观点
		9	主动发言	学生主动提出问题;学生主动发言表达观点
		10	沉寂或混乱	停顿、沉默或表达不清楚

教师控制行为包括 1~7 项。学生控制行为包括：8~9 项，都是某个学生的个体行为。

第 10 项的沉寂，没有言语行为，可能是教师在板书过程中而不说话，学生都在听讲。在优课中，学生在教师要求下完成某些操作，比如做练习、绘画、演奏乐器、完成体育动作等，这些操作活动不需要发声，不宜归纳在沉寂或者混乱中。

第 10 项的混乱，在优课中是指同伴或者多人讨论，无助于教学的混乱在优课教学中不出现。

课程开始都有师生互相问候等开场白，结束时有互相告别等行为。这些特殊言语行为不属于上述任何一类。

根据以上分析，笔者将 FIAS 编码系统略作修改，形成如表 14-2 的课堂视频编码表。

表 14-2 优课编码表

一级主体	二级代码	二级表述	二级具体内容
教师	1	接纳学生感受	以毫无威胁的方式接纳和理解学生的感受。可以是积极的或消极的感受
	2	表扬或鼓励	表扬或鼓励学生的动作或行为。这包括既缓解紧张气氛又不伤害另外一个学生的玩笑话、点头肯定、用"嗯嗯"或"继续说"表示赞同等
	3	采纳意见	接受或采纳学生的观点；阐明或阐发学生的观点或建议。当教师开始更多地表达自己的观点时，转向第 5 类
	4	提出问题	教师询问学生问题并期待学生回答
	5	讲授	对教学内容进行陈述；就内容或步骤提供事实或见解；表达教师的观点；提出教师的解释；教师通过传统方式（黑板、实验等）进行演示或展示；引述某位权威者（而非学生）的看法
	6	指示	发出指令让学生做某件事情（此类行为期望学生服从）
	7	指正、批评或维护权威性	指正学生的不当说法；为了改变学生行为，使之转变到可以接受的行为；批评学生，以及说明为什么批评等
学生	8	被动回答	学生回应了教师所提问题，但回答内容限制在题目中，无法自由表达观点
	9	主动发言	学生主动提出问题；学生主动发言表达观点
	14	特殊活动	体育、音乐、美术、计算机和做练习等特殊课程活动，无言语行为
所有学生	10	沉寂	停顿，沉默
多个学生	11	讨论	同伴或多人讨论
全体师生	12	开场白	师生互相问候等行为
	13	结束语	师生互相告别等行为

14.2 SACVAS 系统介绍

SACVAS 工作流程如下：
1. 用语音识别软件将视频语音转录为文字，包括句子的起始和结束时刻。
2. 根据视频文本内容初步自动标注文字表达的言语行为分类。
3. 根据视频画面对言语行为进一步校准：区分教师还是学生言语。
4. 人工校准自动标注的言语行为。
5. 对言语行为进行汇总等统计分析。
6. 基于以上标注和统计结果，产生课堂视频的言语行为的扇形图、时序图和转移矩阵，并产生文字说明，写入 word 文件。
7. 总结某个科目或者类别的课堂视频特点。

人工标注一节 40 分钟的课堂视频，需要专心致志地工作 2 个小时。也难免出错。现在使用半自动化的标注系统，人工校准只需要 40 分钟。这个系统通过言语、画面和人工校准之间的三角验证可提高标注的准确度。

14.3 使用 SACVAS 系统分析优课案例

为深入了解中小学课堂的现状、教师和学生在课堂中的角色，笔者团队对来自北京市不同学校的九十多节优课的视频录像进行分析，包括师生言语比例，师生言语中各类具体言语方式的比例，通过比例扇形图、言语行为转移矩阵等方式进行直观的可视化呈现。每节课的分析呈现内容包括言语分类统计表、二级和一级统计扇形图、时序散点图、分类转移矩阵表。统计表和扇形图直观呈现了各类言语行为的占比，时序散点图展现了一节课进行过程中言语行为的时序变化，分类转移矩阵表则呈现了从一个言语状态到另一个言语状态的转换次数。

14.3.1 一节英语课程的分析结果

二年级上英语 Unit Four There Are Many Animals—Lesson 13(2)言语分类统计的分析结果如表 14-3、表 14-4、图 14-1、图 14-2 所示。

表 14-3 二年级上英语 Unit Four There Are Many Animals—
Lesson 13(2)言语分类统计表

序号	主体	行为	百分比(%)	累计
11	多个学生	讨论	3.3	3.3
8	学生	被动回答	5.2	
9	学生	主动发言	31.1	40.0
14	学生	特殊课程活动	3.6	
2	教师	表扬或鼓励	2.2	
4	教师	提出问题	11.7	
5	教师	讲授	33.3	55.3
6	教师	指示、命令、要求	8.0	
7	教师	纠正、批评或维护权威性	0.1	
12 和 13	师生	开场白和结束语	1.4	1.4
		合计	100	100

表 14-4 二年级上英语 Unit Four There Are Many Animals—
Lesson 13(2)言语分类转移矩阵表

	1	2	3	4	5	6	7	8	9	10	11	12	13	14
1	0	0	0	0	0	0	0	0	0	0	0	0	0	0
2	0	7	0	4	2	2	0	0	2	0	0	0	0	0
3	0	0	0	0	0	0	0	0	0	0	0	0	0	0
4	0	0	0	25	7	2	0	0	18	0	1	0	0	0
5	0	4	0	12	51	6	0	0	6	0	0	0	0	0
6	0	1	0	1	3	6	0	2	3	0	1	0	0	1
7	0	0	0	0	0	0	0	0	1	0	0	0	0	0
8	0	0	0	0	0	0	0	3	1	0	0	0	0	0
9	0	5	0	10	16	1	1	0	65	0	0	0	0	0
10	0	0	0	0	0	0	0	0	0	0	0	0	0	0
11	0	0	0	1	0	0	0	0	1	0	1	0	0	0
12	0	0	0	0	0	0	0	0	0	0	0	0	0	0
13	0	0	0	0	0	0	0	0	0	0	0	0	0	0
14	0	0	0	0	0	0	0	1	0	0	0	0	0	2

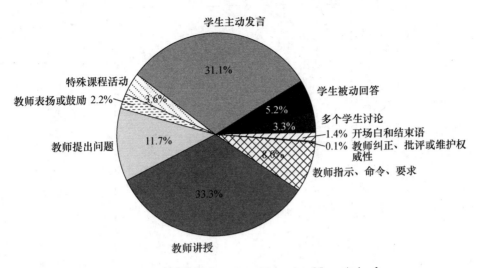

图 14-1　二年级上英语 Unit Four There Are Many Animals—Lesson 13(2)言语分类二级统计扇形图

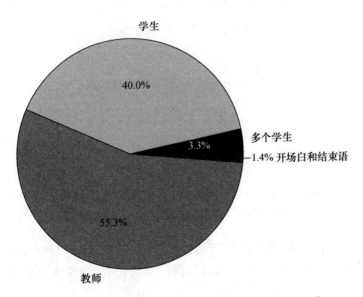

图 14-2　二年级上英语 Unit Four There Are Many Animals—Lesson 13(2)言语分类一级统计扇形图

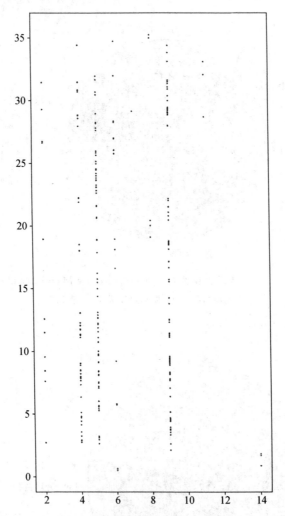

图 14-3　二年级上英语 Unit Four There Are Many Animals—
Lesson 13(2)言语分类时序散点图(纵轴单位为分,横轴为行为代码)

由上述图和表可见,教师言语行为超过一半,为 55.3%。教师言语行为中,占比最高的是讲授,占比为 33.3%;占比最低的是纠正、批评或维护权威性,占比为 0.1%。

学生言语行为占比为 40.0%。学生言语行为中,占比最高的是主动发言,占比为 31.1%。

多个学生讨论时长占比为 3.3%。

转移矩阵表明,状态转移发生最多的是从 9(即主动发言)到 9(即主动发言)的变化,一共 65 次。

14.3.2 英语学科言语分类统计

英语学科视频共有 16 个,总体分类统计结果如表 14-5 所示。

表 14-5 英语言语分类统计表

序号	主体	行为	百分比(%)	累计
10		沉寂	2.4	2.4
11	多个学生	讨论	18.4	18.4
8	学生	被动回答	2.8	
9	学生	主动发言	19.5	26.8
14	学生	特殊课程活动	4.5	
1	教师	接纳学生感受	0.5	
2	教师	表扬或鼓励	1.1	
3	教师	采纳意见	0.6	
4	教师	提出问题	7.7	51.9
5	教师	讲授	33.2	
6	教师	指示、命令、要求	8.6	
7	教师	纠正、批评或维护权威性	0.2	
12 和 13	师生	开场白和结束语	0.4	0.4
		合计	100	100

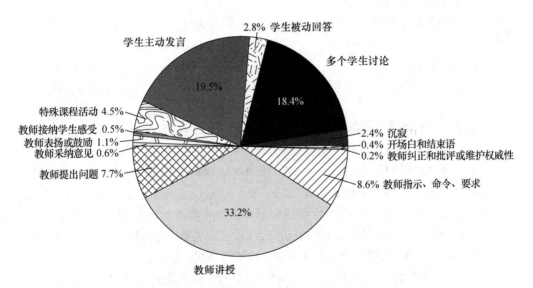

图 14-4 英语言语分类二级统计扇形图

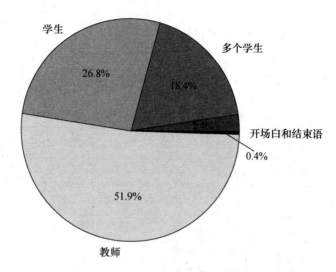

图 14-5　英语言语分类一级统计扇形图

由上述图 14-4、图 14-5 和表 14-5 可见,教师言语行为超过一半,为 51.9%。教师言语行为中,占比最高的是讲授,占比为 33.2%;占比最低的是纠正、批评或维护权威性,占比为 0.2%。

学生言语行为不到一半,为 26.8%。学生言语行为中,占比最高的是主动发言,占比为 19.5%;占比最低的是被动回答,占比为 2.8%。

多个学生讨论时长占比为 18.4%。

在这些英语学科课堂视频中,教师言语行为占比最大的一节课是高一年级英语 Unit 2 Sports and Fitness—Lesson 3 Reading Running and Fitness(2)(78.0%),最小的一节课是高一英语 Unit 7 The Sea—Lesson 1 The Spirit of Explorers(2)(31.8%),也就是说这节课学生言语行为占比最大,学生发言最活跃。

14.3.3　全部课程的分析结果

对北京市 95 节优课视频进行分析,按照上述编码方案编码,得到各个视频中二级编码下各个行为分类时长占比,如表 14-6 和图 14-6 所示。汇总后得到一级编码各类时长占比。进一步汇总后得到全部视频的各类行为时长和占比,如表 14-7 和图 14-7 所示。可见,教师主导的言语行为中,占比最多的是讲授,在整个课堂过程中占比 38.0%,最少的是纠正、批评或维护权威性,仅仅为 0.4%。单个学生的言语行为中,占比最多的是主动发言,为 15.8%,最少的是特殊课程活动,为 2.8%。主动发言和被动发言两项占比合计 19.4%,也就是说接近课堂时间的五分之一为学生发言;如果再加上多人讨论的16.4%,35.8%的课堂时间有学生参与。可见优课课堂学生参与度高,课堂气氛活跃。

表14-6 二级编码下全体课堂视频中各类行为占比

代码	主体	行为	出现行为的课堂录像数量	行为时长(毫秒)	行为时长/课堂总时长百分比(%)
1	教师	接纳学生感受	50	1 755 534	0.7
2	教师	表扬或鼓励	71	2 543 322	1.1
3	教师	采纳意见	55	1 277 650	0.5
4	教师	提出问题	87	17 138 324	7.3
5	教师	讲授	95	89 438 190	38.0
6	教师	指示、命令、要求	90	21 657 229	9.2
7	教师	纠正、批评或维护权威性	29	1 019 356	0.4
8	学生	被动回答	71	8 538 152	3.6
9	学生	主动发言	88	37 198 320	15.8
10		沉寂	47	6 327 526	2.7
11	多个学生	讨论	89	38 673 840	16.4
14	学生	特殊课程活动	23	6 508 486	2.8
12,13	师生	开场白,结束语	95	3 084 124	1.3
		合计		235 160 058	100

表14-7 一级编码下全体课堂视频中各类行为占比

行为主体	出现行为的课堂视频数量	行为时长(毫秒)	行为时长/课堂总时长百分比(%)
沉寂	46	6 317 898	2.7
多个学生	89	38 673 840	16.4
学生	95	52 244 958	22.2
教师	95	134 839 233	57.3
开场白、结束语等	95	3 084 124	1.3
合计		235 160 053	100

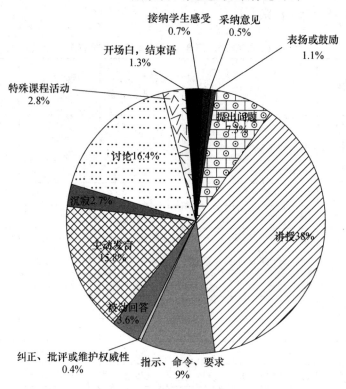

图 14-6 二级编码下全体课堂视频中各类行为占比扇形图

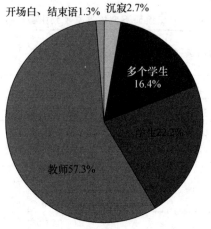

图 14-7 一级编码下全体课堂视频中各类行为占比扇形图

教师主导的言语行为在整个课堂过程中仅仅占比一半多一点(57.3%)，单个学生的言语行为占比将近五分之一(22.2%)，多个学生讨论占比16.4%，沉寂占比2.7%。这进一步表明优课课堂学生参与度高，课堂气氛活跃。

这些视频按照学科划分，一共涉及14个学科。各个学科视频数量和所占百分比如表14-8和图14-8所示。英语、语文和数学三门主课数量占据前三位，三科优课数量之和占据全部优课数量的将近一半。

表14-8 优课视频各个学科数量及其百分比(按照数量多少倒序排列)

学科	数量	百分比(%)
英语	13	13.7
语文	11	11.6
数学	11	11.6
社会道德政治	9	9.5
体育	8	8.4
地理	8	8.4
历史	6	6.3
信息技术	6	6.3
美术	5	5.3
心理	5	5.3
生物	4	4.2
物理	4	4.2
化学	3	3.2
音乐	2	2.1
合计	95	100

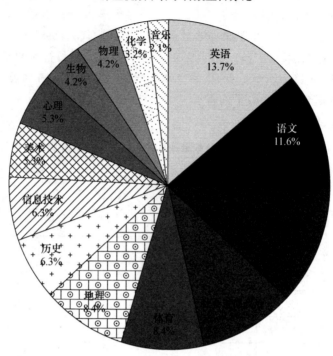

图 14-8 课堂视频中各学科数量扇形图

14.3.4 北京市优课视频分析总结

数据分析结果表明，北京市优课课堂中学生参与度高，课堂气氛活跃，师生交流充分。教师主导的言语行为在整个课堂过程中仅仅占比一半多一点；教师主导的言语行为中，占比最多的是讲授，最少的是批评或指正；单个学生的言语行为中，占比最多的是主动发言，最少的是特殊课程活动；主动发言和被动发言两项占比接近课堂时间的五分之一；如果再加上多人讨论的时间，三分之一以上的课堂时间内有学生参与。

在校园安全保卫工作中，以摄像头为主要传感器的校园内外视频监控系统起到了非常重要的作用，有力地震慑了违法犯罪分子，也为解决可能发生的校园内外治安问题（比如校园霸凌和违法犯罪问题）提供可调用的重要视频资料。各个学校教室内的摄像头和录播系统可以从各个角度全面录制课堂教学过程，保存完整的教学资料。应用视频识别和语音识别等人工智能技术对这些海量课堂录像的分析，可以为教师反思教学过程、改进教学方法提供数据参考。

本章小结

笔者借助语音识别、人脸和物体识别、文本分析与挖掘等人工智能技术，基于开源的人体和物体识别系统 yolo，OpenAI 的开源语音识别系统 Whisper，开发了一个半自动化的课堂视频言语行为分析系统，用于分析课堂录像视频中的师生言语行为。借助这个系统，对来自北京市的 95 节课程视频进行了自动分析，再进行人工校对后，生成每节课程视频的编码方案；再运用文本处理和图片生成技术，对每节课程视频自动生成文字解释、统计图形和表格及其说明；在对一个年级一个学科一次课程的详细分析的基础上，该系统可以总结某个年级、某个学科或者某位老师课程的总体特点，也可以汇总分析全部课程的特点，为宝贵的课堂教学过程建立详细完整的课程档案。数据分析结果表明，北京市优课课堂中学生参与度高，课堂气氛活跃，师生交流充分。教师主导的言语行为在整个课堂过程中仅仅占比一半多一点；三分之一以上的课堂时间内有学生参与。

思考和练习题

1. 课堂师生行为编码方案有哪些？
2. 半自动化的课堂视频言语行为分析系统的工作流程是什么？
3. 本章分析的北京市优课课堂的师生言语行为特点是什么？

参考文献

[1] AI H. Providing Graduated Corrective Feedback in an Intelligent Computer-Assisted Language Learning Environment[J]. ReCALL,2017,29(3):313-334.

[2] AMARAL L A,MEURERS D. On Using Intelligent Computer-Assisted Language Learning in Real-Life Foreign Language Teaching and Learning[J]. ReCall,2011,23(1):4-24.

[3] ANDERSON J R. The Architecture of Cognition[M]. Cambridge,MA:Harvard University Press,1983.

[4] ANDERSON J R. Rules of the Mind[M]. New Jersey:Lawrence Erlbaum Associates,1993.

[5] ANDERSON J R,PELLETIER R. A Development System for Model-Tracing Tutors[C]//The International Conference on the Learning Sciences. Charlottesville,Virginia. 1991.

[6] Cekaite A. A Child's Development of Interactional Competence in A Swedish L2 Classroom[J]. The Modern Language Journal,2007,91(1):45-62.

[7] BANG Y,CAHYAWIJAYA S,LEE N,et al. A Multitask,Multilingual,Multimodal Evaluation of Chatgpt on Reasoning,Hallucination,and Interactivity[EB/OL]. (2023-02-08)[2023-09-01]. https://doi.org/10.48550/arxiv.2302.04023.

[8] BARAB S,DUFFY T. From Practice Field to Communities of Practice[M]//Jonassen D H,Land S M. Theoretical Foundations of Learning Environments. NJ,USA:Lawrence Erlbaum Associates,2000:25-55.

[9] BASIC Z,BANOVAC A,KRUZIC I,JERKOVIC I,BOSKOVICA R. Better by You,Better than Me,chatgpt3 as Writing Assistance in Students Essays[EB/OL]. (2023-02-09)[2023-09-01]https://doi.org/10.48550/arxiv.2302.04536.

[10] BLOCK N. Psychologism and Behaviorism[J]. Philosophical Review,1981,90:5-43.

[11] BODEA C N,BODEA V,ROȘCA I GH,MOGOS R I. Interactive Learning in Virtual Communities-A Case Study for a Master Degree Program[M]//Jia J. Educational Stages and Interactive Learning:From Kindergarten to Workplace Training Hershey PA,USA:IGI Global,2012:360-393.

[12] BRENNAN K. The Managed Teacher:Emotional Labour,Education,and Technology[J] Educational Insights,2006,10(2):55-65.

[13] BROWN J S,BURTON R R,BELL A G. SOPHIE:A Step toward Creating a Reactive Learning Environment[J]. International Journal of Man-Machine Studies,1975,9:675-696.

[14] BROWN J,COLLINS A,DUGUID P. Situated Cognition and the Culture of Learning[J].

Educational Researcher,1989,18(1): 32-42.

[15] BROWN T,MANN B,RYDER N,el al. Language Models Are Few-shot Learners[J]. Advances in Neural Information Processing Systems,2020,33: 1877-1901.

[16] BRUSILOVSKY P,SCHWARZ E,WEBER G. ELM-ART: An Intelligent Tutoring System on World Wide Web[C]//LNCS,1086. Berlin,Heidelberg:Springer,1996: 261-269.

[17] BURTON R R,BROWN J S. An Investigation of Computer Coaching for Informal Learning Activities[J]. International Journal of Man-Machine Studies,1979,11(1):5-24.

[18] CARBONELL J R. AI in CAI-an Artificial-Intelligence Approach to Computer-Assisted Instruction[J]. IEEE Transactions on Man-Machine Systems,1970,11(4): 190-202.

[19] CASAMAYOR A,AMANDI A,CAMPO M. Intelligent Assistance for Teachers in Collaborative E-learning Environments[J]. Computers and Education,2009,53(4): 1147-1154.

[20] CHEN Z,CHEN W,JIA J,LE H. Exploring AWE-supported Writing Process: An Activity Theory Perspective[J]. Language Learning & Technology,2022,26(2): 129-148

[21] CHEN Z,JIA J,LI,W. Learning Curriculum Vocabulary through Mobile Learning: Impact on Vocabulary Gains and Automaticity[J]. Int J Mobile Learning and Organisation 2021,15(2): 149-163.

[22] CHI M,SILER S A,JEONG H,et al. Learning from Human Tutoring[J]. Cognitive Science,2001,25(4): 471-533.

[23] CHIU M,HWANG G,HSIA L,SHYU F. Artificial Intelligence-Supported Art Education: A Deep Learning-Based System for Promoting University Students' Artwork Appreciation and Painting Outcomes[J/OL]. (2022-07-13)[2024-04-01]. Interactive Learning Environments,2022. https://doi.org/10.1080/10494820.2022.2100426.

[24] CHOMSKY N. Three Models for the Description of Language[J]. Ire Transactions on Information Theory,1956,2(3): 113-124.

[25] CHOMSKY N. Aspects of the Theory of Syntax[M]. Cambridge,MA: MIT Press,1965.

[26] CHOMSKY N. Topics in the Theory of Generative Grammar[M]. The Hague: Mouton & Co N. V. Publishers,1966.

[27] CHOMSKY N. Knowledge of Language: Its Elements and Origins[J]. Philosophical Transactions of the Royal Society of London Series B-Biological Sciences,1981,295(1077): 223-234.

[28] CHOMSKY N. Three Factors in Language Design[J]. Linguistic Inquiry,2005,36(1): 1-22.

[29] CLANCEY W J. Tutorial Rules for Guiding a Case Method Dialogue[J]. International Journal of Man-Machine Studies,1979,11: 25-49.

[30] COCKTON G. Interaction Ergonomics,Control and Separation: Open Problems in User Interface Management[J]. Information and Software Technology,1987,29(4): 176-191.

[31] COHEN J. A power primer[J]. Psychological Bulletin,1992,112(1): 155-159.

[32] COHEN J. Statistical Power Analysis for the Behavioral Sciences[M]. 2nd ed. Hillsdale,

NJ: Lawrence Erlbaum Associates, 1988.

[33] CORBETT A T, KOEDINGER K R, ANDERSON J R. Intelligent Tutoring Systems[M]// Helander M, Landauer T K, Prabhu P. Handbook of Human-Computer Interaction. Second, Completely Revised Edition, Elsevier Science, 1997: 849-874.

[34] CUI K. Artificial Intelligence and Creativity: Piano Tteaching with Augmented Reality Applications[J/OL]. (2022-04-03)[2024-04-01]. Interactive Learning Environments, 2022 https://doi.org/10.1080/10494820.2022.2059520.

[35] DAGAN I, GLICKMAN O, MAGNINI B. Proceedings of the PASCAL Challenges Workshop on Recognising Textual Entailment[C]. LNCS, Vol 3944 Berlin/Heidelberg: Springer Verlag, 2005.

[36] DALMAZZO D, RAMIREZ, R. Air Violin: A Machine Learning Approach to Fingering Gesture Recognition[C/OL]//Proceedings of 1st ACM SIGCHI International Workshop on Multimodal Interaction for Education (MIE'17) NewYork, NY, USA: ACM, 2017. (2017-11-13)[2024-04-01]. https://doi.org/10.1145/3139513.3139526.

[37] DANAHY E, WANG E, BROCKMAN J, CARBERRY A, SHAPIRO B, ROGERS C B. LEGO-based Robotics in Higher Education: 15 Years of Student Creativity[J/OL]. International Journal of Advanced Robotic Systems, 2014, 11: 15[2023-09-01]. https://doi.org/10.5772/58249.

[38] DEVLIN J, CHANG M, LEE K, et al. BERT: Pre-training of Deep Bidirectional Transformers for Language Understanding[EB/OL]. (2018-10-11)[2023-09-01]. https://doi.org/10.48550/arxiv.1810.04805.

[39] DINARDO J. Natural Experiments and Quasi-natural Experiments[M]//STEVEN D, BLUME L. The New Palgrave Dictionary of Economics. 2nd ed. New York: Palgrave Macmillan, 2008.

[40] D'MELLO S, OLNEY A, WILLIAMS C, HAYS P. Gaze Tutor: A Gaze-reactive Intelligent Tutoring System[J]. International Journal of Human-Computer Studies, 2012, 70(5): 377-398.

[41] DUFFY M C, AZEVEDO R. Motivation Matters: Interactions between Achievement Goals and Agent Scaffolding for Self-regulated Learning within an Intelligent Tutoring System[J]. Computers in Human Behavior, 2015, 52: 338-348.

[42] DUNNING T. Natural Experiments in the Social Sciences: A Design-Based Approach[M]. Cambridge: Cambridge University Press, 2012.

[43] DZIUBAN C, HARTMAN J, MOSKAL P. Blended Learning[J]. EDUCAUSE Review, 2004, 7: 19-28.

[44] EKMAN P. Universals and Cultural Differences in Facial Expressions of Emotions[C]// Cole J. Nebraska Symposium on Motivation Lincoln, NB: University of Nebraska Press, 1972: 207-282.

[45] EVENS M W, BRANDLE S, et al. CIRCSIM-Tutor: An Intelligent Tutoring System Using

Natural Language Dialogue[C]. Paper presented at the 12th Midwest AI and Cognitive Science Conference, Oxford OH, 2001.

[46] FAN A, GALLé M, WEBSON A, et al. BLOOM: A 176B-parameter Open-access Multilingual Language Model[EB/OL]. (2022-11-09)[2023-09-01]. https://doi.org/10.48550/arxiv.2211.05100.

[47] FELDER R M, SILVERMAN L K. Learning and Teaching Styles in Engineering Education [J]. Engineering education, 1988, 78(7): 674-681.

[48] FELLBAUM C. WordNet: An Electronic Lexical Database[M]. Cambridge, MA, USA: MIT Press, 1998.

[49] FREGE G. Begriffsschrift, eine der Arithmetischen Nachgebildete Formalsprache des Reinen Denkens[M]. Darmstadt: Wissenschaftliche Buchgesellschaft 1879/1964.

[50] FRIEDER S, PINCHETTI L, GRIFFITHS R, et al. Mathematical Capabilities of ChatGPT [EB/OL]. (2023-01-31)[2023-09-01]. https://doi.org/10.48550/arxiv.2301.13867.

[51] GARDNER H. Frames of mind: The Theory of Multiple Intelligences[M]. New York: Basic books, 2011.

[52] GARDNER H. Multiple Intelligences: New horizons[M]. New York: Perseus Books Group, 2006.

[53] GASEVIC D, KOVANOVIC V, JOKSIMOVIC S, SIEMENS G. Where is Research on Massive Open Online Courses Headed? A Data Analysis of the MOOC Research Initiative[J]. International Review of Research in Open and Distance Learning, 2014, 15(5): 134-176.

[54] GRAESSER A C, CHIPMAN P, HAYNES B C, OLNEY A. AutoTutor: An Intelligent Tutoring System with Mixed-initiative Dialogue[J]. IEEE Transactions on Education, 2005, 48(4): 612-618.

[55] GREEN M. A Survey of Three Dialog Models[J]. ACM Transactions on Graphics, 1986, 5 (3): 244-275.

[56] GRGUROVIĆ M, CHAPELLE C A, SHELLEY M C. A Meta-analysis of Effectiveness Studies on Computer Technology-Supported Language Learning[J]. ReCALL, 2013, 25(2): 165-198.

[57] HABLER B, MAJOR, LHENNESSY S. Tablet Use in Schools: a Critical Review of the Evidence for Learning Outcomes[J]. Journal of Computer Assisted Learning, 2016, 32(2): 139-156.

[58] HEFFERNAN N T, KOEDINGER K R. An Intelligent Tutoring System Incorporating a Model of an Experienced Human Tutor[C]//International Conference on Intelligent Tutoring Systems Berlin, Heidelberg: Springer Berlin Heidelberg, 2002: 596-608.

[59] HONEY P, MUMFORD A. The Learning Styles Questionnaire, 80-item version[M]. Maidenhead, UK: Peter Honey Publications, 2006.

[60] HOPFIELD J J. Neural Networks and Physical Systems with Emergent Collective Computational Abilities[J]. Proceedings of the National Academy of Sciences, 1982, 79: 2554-

2558.

[61] HUANG F,KWAK H,AN J. Is ChatGPT Better Than Human Annotators? Potential and Limitations of Chatgpt in Explaining Implicit Hate Speech[EB/OL]. (2023-02-12)[2023-09-01]. https://doi.org/10.48550/arxiv.2302.07736.

[62] HUH S. Are ChatGPT's Knowledge and Interpretation Ability Comparable To Those Of Medical Students In Korea For Taking A Parasitology Examination?: A Descriptive Study [J/OL]. Journal of Educational Evaluation for Health Professions,2023,20,1.[2023-09-01]. https://doi.org/10.3352/jeehp.2023.20.1.

[63] HUNG J C S,CHIANG K H,HUANG Y H,LIN K C. Augmenting Teacher-Student Interaction In Digital Learning Through Affective Computing[J]. Multimedia Tools and Applications,2017,76(18):18361-18386.

[64] HWANG G.-J,SUNG H.-Y,HUNG C.-M,HUANG I,TSAI CC. Development Of A Personalized Educational Computer Game Based On Students' Learning Styles[J]. Education Technology Research and Development,2012,60(4):623-638.

[65] JIA J,CHEN Z. The Effect of Smart Phones' Application in Regular University English Class on Students' Learning Performance[C]//Proceedings of EITT2015,IEEE,2015:131-136.

[66] JIA J,HE Y,Le H. A Multimodal Human-Computer Interaction System and Its Application In Smart Learning Environments[C]//Proceedings of ICBL 2020. Berlin:Springer,2020:3-14.

[67] JIA J. CSIEC(Computer Simulator In Educational Communication):A Virtual Context-Adaptive Chatting Partner For Foreign Languauge Learners[C]//Proceedings of the 4th IEEE International Conference on Advanced Learning Technologies,2004:690-692.

[68] JIA J. The Study of the Application of a Web-Based Chatbot System on the Teaching of Foreign Languages[C]//Crawford,C et al. Proceedings of Society for Information Technology and Teacher Education International Conference 2004,Chesapeake,VA:AACE,2004:1201-1207.

[69] JIA J. The Generation of Textual Entailment with NLML in an Intelligent Dialogue System for Language Learning CSIEC[C]//Proceedings of the IEEE International Conference on Natural Language Processing and Knowledge Engineering IEEE Press,2008:194-201.

[70] JIA J. CSIEC:A Computer Assisted English Learning Chatbot Based on Textual Knowledge and Reasoning[J]. Knowledge-Based Systems 2009,22(4):249-255.

[71] JIA J. The Cost-Effect Analysis of Integration of CSIEC System into English Instruction [M]//JIA J Intelligent Web-Based English Instruction in Middle SchoolsHershey PA,USA:IGI Global,2014:267-288.

[72] JIA J. Intelligent Tutoring Systems[M]//Spector,M Encyclopedia of Educational Technology Thousand Oaks,CA,USA:Sage,2015:411-413.

[73] JIA J,CHEN W. Script-based Design For Human-Computer Dialog In Given Scenarios For

English Learners[C]//Proceedings of the 8th IEEE International Conference on Advanced Learning Technologies IEEE Press,2008: 739-743.

[74] JIA J,CHEN W. The Further Development Of CSIEC Project Driven By Application and Evaluation In English Education[J]. British Journal of Educational Technology,2009,40(5): 901-918.

[75] JIA J,CHEN Z. Blending Smart Phones into Regular Classroom Learning[C]//Proceedings of International Conference on Blending Learning 2016,LNCS V 9757,2016: 337-347.

[76] JIA J,CHEN Z. Voluntary Participation and Natural Grouping With Smartphones: An Effective and Practical Approach To Implement A Quasi-Experiment[J]. Int J Mobile Learning and Organisation,2020,14(1): 49-62.

[77] JIA J,LE H. The Design and Implementation of a Computerized Adaptive Testing System for School Mathematics Based on Item Response Theory[C]//Proceedings of ICTE 2020. Berlin: Springer,2020: 100-111.

[78] JIA J,RUAN M. Use Chatbot CSIEC To Facilitate The Individual Learning In English Instruction: A Case Study[C]//Woolf, B et al. Proceedings of ITS 2008(9th International Conference on Intelligent Tutoring System,Montreal,Canada),LNCS 5091,Springer-Verlag Berlin Heidelberg,2008: 706-708.

[79] JIA J,YU Y. Online Learning Activity Index(OLAI) and Its Application for Adaptive Learning[C]//Cheung, S. K. S et al. (Eds.)Proceedings of ICBL 2017: Blended Learning——New Challenges and Innovative Practices, LNCS Vol 10309, Springer, 2017: 213-224.

[80] JIA J,CHEN Y,DING Z,BAI Y,YANG B,LI M,QI J. Effects Of An Intelligent Web-Based English Instruction System On Students' Academic Performance: Long-Term CAI's Positive Effect[J]. Journal of Computer Assisted Learning,2013,29(6): 556-568.

[81] JIA J,CHEN Z,ZHANG J. The Application and Effect Of Smartphones and An Online Tutoring System CSIEC For Vocabulary Drilling Through Nine Semesters[J]. International Journal of Mobile Learning and Organisation,2022,16(3): 248-265.

[82] JIA J,HE Y,LE H. A Multimodal Human-Computer Interaction System and Its Application in Smart Learning Environments[C]//Proceedings of ICBL 2020. Berlin: Springer, 2020: 3-14.

[83] JIA J,LE H. The Design and Implementation of a Computerized Adaptive Testing System for School Mathematics Based on Item Response Theory[C]/L. -K Lee et al. (Eds.)Proceedings of ICTE 2020,CCIS 1302,2020: 100-111.

[84] JIA J,LI S,MIAO Y,LI J. The Effects of Personalized Mathematic Instruction Supported by an Intelligent Tutoring System During the COVID-19 Epidemic and the Post-epidemic Era[J]. Int J of Innovation and Learning,2023,33(3): 330-343.

[85] JIA J,LI Y,LE H. The Limited Usage and Effect of Smart Phones and an Online Tutoring System for Regular and Large-scale University English Teaching[J]. Int J Mobile Learning

and Organisation,2023,17(4):517-536.

[86] JIA J,ZHANG Y,LE H. A Comparison of a Computerized Adaptive Test for Mathematics Instruction with the Classical Test[J/OL]. Int J Mobile Learning and Organisation[2023-09-01]. http://DOI.org/10.1504/IJMLO.2024.10055038.

[87] JIAO W,WANG W,HUANG J,et al. Is ChatGPT A Good Translator? Yes With GPT-4 As The Engine[EB/OL]（2023-01-20）[2023-09-01]. https://doi.org/10.48550/arxiv.2301.08745.

[88] JOHNSON,W L,VALENTE A. Tactical Language and Culture Training Systems: Using AI to Teach Foreign Languages and Cultures[J]. AI Magazine,2009,30(2):72-83.

[89] JONASSEN D. Thinking Technology: Toward A Constructivist Design Model[J]. Educational Technology,1994,34(3):34-37.

[90] KAUFMAN D. Constructivist Issues In Language Learning and Teaching[J]. Annual Review of Applied Linguistics,2004,24:303-319.

[91] KEEFE J. Learning style: An overview[M]//Keefe,J W(Ed.)Student Learning Styles: Diagnosing and Prescribing Programs Reston,VA: National Association of Secondary School Principals,1979:1-17.

[92] KERLY A,HALL P,BULL S. Bringing Chatbots Into Education: Towards Natural Language Negotiation Of Open Learner Models[J]. Knowledge-Based Systems,2007,20(2):177-185.

[93] KIM,C M,KIM D,YUAN J M,HILL R B,DOSHI P,THAI C N. Robotics To Promote Elementary Education Pre-Service Teachers' STEM Engagement, Learning, and Teaching [J]. Computers & Education,2015,91:14-31.

[94] KOEDINGER K R,ANDERSON J R,HADLEY W H,MARK M. A. Intelligent Tutoring Goes To School In The Big City[J]. International Journal of Artificial Intelligence in Education,1997,8:30-43.

[95] KOLB D. Experiential Learning: Experience As The Source Of Learning and Development [M]. Englewood Cliffs,NJ: Prentice-Hall,1984.

[96] KORTEMEYER G. Could an Artificial-Intelligence Agent Pass An Introductory Physics Course? [EB/OL]. (2023-01-28) [2023-09-01] https://doi.org/10.48550/arxiv.2301.12127.

[97] KULIK J A,FLETCHER J D. Effectiveness of Intelligent Tutoring Systems: A Meta-Analytic Review[J]. Review of Educational Research,2016,86(1):42-78.

[98] LE H,JIA J. Design and Implementation of an Intelligent Tutoring System in the View of Learner Autonomy[J]. Interactive Technology and Smart Education 2022,19(4):510-525.

[99] LENAT D B. Cyc: A Large-Scale Investment in Knowledge Infrastructure[J]. Communications of the ACM,1995,38(11):33-38.

[100] LIANG P,BOMMASANI R,LEE T,TSIPRAS,et al. Holistic Evaluation of Language Models[EB/OL]. (2022-11-16) [2023-09-01]. https://doi.org/10.48550/arxiv.2211.

09110.

[101] LIGAS M R. Evaluation of Broward County Alliance Of Quality Schools Project[J]. Journal of Education for Students Placed at Risk,2002,7(2):117-139.

[102] LIN C,YU Y. Effects of Presentation Modes On Mobile-Assisted Vocabulary Learning and Cognitive Load[J]. Interactive Learning Environments,2017,25(4):528-542.

[103] LIN D,PANTEL P. Discovery of Inference Rules for Question-answering[J]. Natural Language Engineering,2001,7:343-360.

[104] LIN K C,HUANG T-C,HUNG J C,YEN N Y,CHEN S J. Facial Emotion Recognition Towards Affective Computing-Based Learning[J]. Library Hi Tech,2013,31(2):294-307.

[105] LIU J,TANG X,LI L,CHEN P,LIU Y. Which Is A Better Programming Assistant? A Comparative Study Between Chatgpt and Stack Overflow[EB/OL].(2023-08-26)[2023-09-01]. https://doi.org/10.48550/arXiv.2308.13851.

[106] LO J.-J,SHU P.-C. Identification of Learning Styles Online By Observing Learner's Browsing Behavior Through A Neural Network[J]. British Journal of Educational Technology,2005,36(1):43-55.

[107] LYNCH L,FAWCETT A J,NICOLSON R I. Computer Assisted Reading Instruction In A Secondary School:An Evaluation Study[J]. British Journal of Educational Technology,2000,31:333-348.

[108] LYONS M J,KLUENDER D,TETSUTANI N. Supporting Empathy in Online Learning with Artificial Expressions[J]. Educational Technology & Society,2005,8(4):22-30.

[109] LYU L,SOKOLOVA A. The Effect Of Using Digital Technology In The Music Education Of Elementary School Students[J]. Education and Information Technologies,2023,28(4):4003-4016.

[110] MA W,ADESOPE O O,NESBIT J C,LIU Q. Intelligent Tutoring Systems and Learning Outcomes:A Meta-Analysis[J]. Journal of Educational Psychology,2014,106(4):901-918.

[111] MANNING C D,SURDEANU M,BAUER J,FINKEL J,BETHARD S J,MCCLOSKY D. The Stanford CoreNLP Natural Language Processing Toolkit[C]//Proceedings of 52nd Annual Meeting of the Association for Computational Linguistics:System Demonstrations,2014:55-60.

[112] MAO X,LI Z. Agent Based Affective Tutoring Systems:A Pilot Study[J]. Computers & Education,2010,55:202-207.

[113] MENG Q,JIA J,ZHANG Z. A Framework Of Smart Pedagogy Based On The Facilitating Of High Order Thinking Skills[J]. Interactive Technology and Smart Education,2020,17(3):251-266.

[114] MERKOURIS A,CHORIANOPOULOS K,KAMEAS A. Teaching Programming in Secondary Education Through Embodied Computing Platforms:Robotics and Wearables[J].

ACM Transactions on Computing Education,2017,17(2):1-22.

[115] MILLER G A,et al. Introduction to WordNet:An Online Lexical Database[J]. International Journal of Lexicography,1990,3(4):235-244.

[116] MOHAMED H,LAMIA M. Implementing Flipped Classroom That Used An Intelligent Tutoring System Into Learning Process[J]. Computers & Education,2018,124:62-76.

[117] MONDADA L,DOEHLER S. Second Language Acquisition As Situated Practice:Task Accomplishment In The French Second Language Classroom[J]. The Canadian Modern Language Review,2005,61(4):461-490.

[118] MüLLER S,BERGANDE B,BRUNE P. Robot Tutoring:On the Feasibility of Using Cognitive Systems as Tutors in Introductory Programming Education:A Teaching Experiment[C/OL]. In ECSEE'18:European Conference of Software Engineering Education 2018,Seeon/Bavaria,Germany ACM,New York,NY,USA.(2018-06-15)[2023-09-01]. https://doi.org/10.1145/3209087.3209093.

[119] NEWELL A,SIMON H A. Response:Simulation of Cognitive Processes[J]. Science,1962,136(3511):196-198.

[120] NEWELL A,SIMON H A. Human Problem Solving[M]. Englewood Cliffs,NJ.:Printice-Hall,1972.

[121] NEWELL A,SIMON H A. Computer Science as Empirical Inquiry:Symbols and Search. -Turing Prize speech[J]. Communications of the ACM,1976,19(3):113-126.

[122] NGUYEN L,BARTON S M,NGUYEN L T. iPads in Higher Education-Hype and hope [J]. British Journal of Educational Technology,2015,46(1):190-203.

[123] NOV O,SINGH N,MANN D. Putting ChatGPT's Medical Advice to the(Turing)Test [EB/OL].(2023-01-24)[2023-09-01]. https://doi.org/10.48550/arxiv.2301.10035.

[124] O'BYRNE B,SECURRO S,JONES J,CADLE C. Making the Cut:The Impact Of An Integrated Learning System On Low Achieving Middle School Students[J]. Journal of Computer Assisted Learning,2006,22:218-228.

[125] ORTONY A,CLORE G,COLLINS A. The Cognitive Structure Of Emotions[M]. UK:Cambridge University Press,1988.

[126] OUYANG L,WU J,JIANG X,et al. Training Language Models To Follow Instructions With Human Feedback[EB/OL].(2022-03-04)[2023-09-01]. https://doi.org/10.48550/arxiv.2203.02155.

[127] PAPAMITSIOU Z,ECONOMIDES A. A Learning Analytics and Educational Data Mining in Practice:A Systematic Literature Review of Empirical Evidence[J]. Educational Technology & Society,2014,17(4):49-64.

[128] PAPERT S. Different Visions of Logo[J]. Computers in the Schools 1985,2(2-3):3-8.

[129] Pardos Z A,Bhandari S. Learning Gain Differences Between Chatgpt and Human Tutor Generated Algebra Hints[EB/OL].(2023-02-14)[2023-09-01]. https://doi.org/10.48550/arxiv.2302.06871.

[130] PENA-AYALA A. Educational Data Mining: A Survey and A Data Mining-Based Analysis Of Recent Works[J]. Expert Systems with Applications,2014,41(4): 1432-1462.

[131] PICARD R. Affective Computing[M]. Cambridge:MIT Press,1997.

[132] PICARD R. Affective Computing: Challenges[J]. International Journal of Human-Computer Studies,2003,59: 55-64.

[133] PLONSKY L,ZIEGLER N. The CALL-SLA Interface: Insights From A Second-Order Synthesis[J]. Language learningTechnology,2016,20(2): 17-37.

[134] QI F,YANG C,LIU Z,DONG Q,SUN M,DONG Z. OpenHowNet: An Open Sememe-based Lexical Knowledge Base[EB/OL]. (2019-01-28)[2023-09-01]. https://arxiv.org/abs/1901.09957.

[135] QUILLIAN M. Semantic Information Processing[M]. Cambridge,MA: MIT press,1968.

[136] RAMESH A,DHARIWAL P,NICHOL A,et al. Hierarchical Text-conditional Image Generation with CLIP Latents[EB/OL]. (2022-04-13)[2023-09-01]. https://doi.org/10.48550/arxiv.2204.06125.

[137] REEVES T,HERRINGTON J,OLIVER R. Design Research: A Socially Responsible Approach to Instructional Technology Research in Higher Education[J]. Journal of Computing in Higher Education,2005,16(2): 97-116.

[138] REID J. The Learning Style Preferences of ESL Students[J]. TESOL Quarterly,1987,21(1): 87-111.

[139] REID J. Learning Styles in the ESL/EFL Classroom[M]. Beijing: Beijing Foreign Language Teaching and Research Press,2002.

[140] ROMERO C,VENTURA S,GARCÍA E. Data Mining In Course Management Systems: Moodle Case Study and Tutorial[J]. Computers and Education,2008,51(1): 368-384.

[141] ROMERO C,VENTURA S,ZAFRA A,BRA P. Applying Web Usage Mining For Personalizing Hyperlinks In Web-Based Adaptive Educational Systems[J]. Computers and Education,2009,53(3): 828-840.

[142] ROSCHELLE J,FENG M,MURPHY R F,et al. Online Mathematics Homework Increases Student Achievement[J]. Aera open,2016,2(4): 1-12.

[143] SEARLE J R. Literal Meaning[J]. Erkenntnis,1978,13(1): 207-224.

[144] SEARLE J R. Minds,Brains,and Programs[J]. Behavioral and Brain Sciences,1980,3(3): 417-424.

[145] SENEFF S. Interactive Computer Aids for Acquiring Proficiency in Mandarin[C]//International Symposium on Chinese Spoken Language Processing. Berlin,Heidelberg: Springer Berlin Heidelberg,2006: 1-12.

[146] SCHANK R,ABELSON R. Scripts,Plans,Goals,and Understanding,An Inquiry into human knowledge structures[M]. Hillsdale,NJ: Lawrence Erlbaum Associates Publishers,1977.

[147] SHAWAR B A,ATWELL E. Fostering Language Learner Autonomy Via Adaptive Con-

versation Tutors[C]//Proceedings of the The fourth Corpus Linguistics conference(Vol 3),2007: 186-193.

[148] SHEN L,WANG M,SHEN R. Affective e-Learning: Using"Emotional"Data to Improve Learning in Pervasive Learning Environment[J]. Educational TechnologySociety,2009,12(2): 176-189.

[149] SILVER D, HUANG A, MADDISON C, et al. Mastering The Game Of Go With Deep Neural Networks and Tree Search[J]. *Nature*,2016,529: 484-489.

[150] SKINNER B F. Teaching Machines[J]. Science,1958,128(3330): 969-977.

[151] SOBANIA D,BRIESCH M,HANNA C,et al. An Analysis Of The Automatic Bug Fixing Performance of ChatGPT[EB/OL]. (2023-01-20)[2023-09-01]. https: //doi. org/10. 48550/arxiv. 2301. 08653.

[152] SPIKOL D,RUFFALDI E,DABISIAS G,CUKUROVA M. Supervised Machine Learning In Multimodal Learning Analytics For Estimating Success In Project-Based Learning[J]. Journal of Computer Assisted Learning,2018,34(4): 366-377.

[153] STEVENS A L,COLLINS A. The Goal Structure of a Socratic Tutor[C]//Proceedings of the 1977 annual conference,1977: 256-263.

[154] STEWART K L,FELICETTI L A. Learning Styles of Marketing Majors. Educational Research Quarterly[J],1992,15(2): 15-23.

[155] STILLINGS N A,WEISLER S E,CHASE C H,FEINSTEIN M H,GARFIELD J L,Rissland E L. Cognitive Science,an Introduction[M]. Cambridge,MA: MIT Press,1995.

[156] SURAWEERA P,MITROVIC A. An Intelligent Tutoring System For Entity Relationship Modelling[J]. International Journal of Artificial Intelligence in Education,2004,14(3,4): 375-417.

[157] TAKESHI S,MITSUYASU M,AKIO S. Enhancement of Automatization Through Vocabulary Learning Using CALL: Can Prompt Language Processing Lead To Better Comprehension In L2 Reading? [J]. ReCALL,2013,25(1): 143-158.

[158] TANG R,ZHANG Y,CAO Y,LIU H,JIA J. Design and Effect of Guided and Adaptive Tutoring Tips for Helping School Mathematics Problems Solving[C]//LI C et al. (Eds.): ICBL 2023,LNCS 13978 Springer,2023: 273-284.

[159] TENENBAUM G,NAIDU S,JEGEDE O,AUSTIN J. Constructivist Pedagogy in Conventional on-Campus and Distance Learning Practice: an Exploratory Investigation[J]. Learning and Instruction,2001,11(2): 87-111.

[160] TENNYSON R D. Artificial Intelligence Methods in Computer-Based Instructional Design: The Minnesota Instructional System[J]. Journal of Instructional Development,1984, 7(3): 17-22.

[161] TURING A. Computing Machinery and Intelligence[J]. Mind,1950,LIX(236): 433-460.

[162] VANLEHN K. The Relative Effectiveness of Human Tutoring,Intelligent Tutoring Systems,and Other Tutoring Systems[J]. Educational Psychologist,2011,46(4): 197-221.

[163] VON GLASERSFELD E. Introduction：Aspects of Constructivism[M]//C Fosnot(Ed.). Constructivism：Theory,Perspectives,and Practice. NY：Teachers College Press,1996：3-7.

[164] WATSON J B. Psychology as the Behaviorist Views It[J]. Psychological Review,1913,20：158-177.

[165] WEIZENBAUM J. ELIZA-a Computer Program for the Study of Natural Language Communication between Men and Machine[J]. Communications of the ACM,1966,9(1)：36-45.

[166] WHITEHILL J,SERPELL Z,FOSTER A,et al. Towards an Optimal Affect-Sensitive Instructional System of Cognitive Skills[C]//Proceedings of the IEEE Conference on Computer Vision and Pattern Recognition Workshop on Human Communicative Behavior,2011：20-25.

[167] WING J M. Computational Thinking[J]. Communications of the ACM,2006,49(3)：33-35.

[168] WITTGENSTEIN L. Tractatus Logico-philosophicus[M]. Frankfurt am Main：Suhrkamp,1918/21.

[169] WU C H,HUANG Y M,HWANG J P. Review of Affective Computing in Education/Learning：Trends and Challenges[J]. British Journal of Educational Technology,2016,47(6)：1304-1323.

[170] YEADON W,INYANG O,MIZOURI A,et al. The Death of the Short-form Physics Essay in the Coming AI Revolution[EB/OL]. (2022-12-22)[2023-09-01]. https：//arxiv.org/abs/2212.11661.

[171] YILMAZ R,YILMAZ F G K. The Effect of Generative Artificial Intelligence(AI)-Based Tool Use on Students' Computational Thinking Skills,Programming Self-Efficacy and Motivation[J/OL],Computers and Education：Artificial Intelligence,4,100147,(2023-06-07)[2023-09-01]. https：//doi.org/10.1016/j.caeai.2023.100147.

[172] ZENG A,LIU X,DU Z,et al. GLM-130B：An Open Bilingual Pre-trained Model[EB/OL]. (2022-10-05)[2023-09-01]. https：//arxiv.org/abs/2210.02414.

[173] ZHANG Y,JIN Z,XING Y,LI G. STEAM：Simulating the Interactive Behavior of Programmers for Automatic Bug Fixing[EB/OL]. (2023-08-28)[2023-09-01]. https：//doi.org/10.48550/arXiv.2308.14460.

[174] ZHONG W,CUI R,GUO Y,LIANG Y,LU S,WANG Y,et al. Agieval：A Human-Centric Benchmark for Evaluating Foundation Models[EB/OL]. (2023-04-13)[2023-09-01]. https：//arxiv.org/abs/2304.06364.

[175] 陈佳佳. 优秀初中数学教师拓展性课程课堂教学反馈特征案例研究[D]. 杭州：杭州师范大学,2020.

[176] 陈维超,贾积有,向东方 人工智能教学系统"希赛可"在高中英语课堂的应用研究——基于设计的研究[J]. 中国电化教育,2008(2)：109-114.

[177] 陈维超,贾积有. 基于设计的研究及其在希赛可项目中的具体应用[J]. 现代教育技术,

2008(1):24-27+19.

[178] 邓鹏.心流:体验生命的潜能和乐趣[J].远程教育杂志,2006(3):74-78.

[179] 丁竹卉,贾积有,陈宇淏,白银,向东方.中学英语教学中应用智能教学系统的效果评估——以"希赛可"为例[J].现代教育技术,2012,22(04):68-72.

[180] 高洁,彭绍东.矛盾与策略:数字化学习中基于外在认知负荷的学习分析[J].电化教育研究,2023,44(01):100-105+115.

[181] 郭秀艳.内隐学习和缄默知识[J].教育研究,2003(12):31-36.

[182] 胡祖辉,施佺.高校学生上网行为分析与数据挖掘研究[J].中国远程教育,2017(02):26-32.

[183] 加涅,张杰夫主译.教育技术学基础[M].北京:教育科学出版社,1992.

[184] 贾积有,史陈新,季茂生.优课及师生分析[M].西安:未来出版社,2022.

[185] 贾积有,陈霏,陈宇灏,丁竹卉.从聊天机器人到单词测试和课程管理——"希赛可"智能英语教学系统的进一步研发[J].现代教育技术,2011,21(06):86-90.

[186] 贾积有,陈真真.合理使用智能手机 促进课堂有效教学[J].中国教育信息化,2016(22):1-4+25.

[187] 贾积有,乐惠骁,李卓润,和桂英,张海燕.人工智能助力教育均衡发展——以个性化在线教学系统对随迁子女的有效辅导为例[J].中国电化教育,2022(01):42-49.

[188] 贾积有,乐惠骁,张誉月,刘怀亚,陈昂轩,李姗姗.基于大数据挖掘的智能评测和辅导系统设计[J].中国电化教育,2023(03):112-119.

[189] 贾积有,马小强.适应性和个性化学习系统研究前沿——与国际著名教育技术专家金书轲教授对话[J].中国电化教育,2010(06):1-5.

[190] 贾积有,孟青泉.智能教学系统的评价与选择[J].数字教育,2019,5(03):1-9.

[191] 贾积有,缪静敏,汪琼.MOOC学习行为及效果的大数据分析——以北大6门MOOC为例[J].工业和信息化教育,2014(09):23-29.

[192] 贾积有,芮静姝.农村中学生编程能力现状、实践与提升途径——以北京大学一次暑期学生实践活动为例[J].数字教育,2020,6(04):61-66.

[193] 贾积有,颜泽忠,张志永,翟曼月,张君,张必兰,张静蓉,孟青泉,乐惠骁,何云帆.人工智能赋能基础教育的路径与实践[J].数字教育,2020,6(01):1-8.

[194] 贾积有,杨柏洁.文本情感计算系统"小菲"的设计及其在教育领域文本分析中的应用[J].中国教育信息化。2016(14),74-78.

[195] 贾积有,于悦洋.学习活动指数LAI及在线学习活动指数OLAI的具体分析[J].中国远程教育,2017(04):15-22+56+79.

[196] 贾积有,张必兰,颜泽忠,任珺,程宝贵.在线数学教学系统设计及其应用效果研究[J].中国远程教育,2017(03):37-44+80.

[197] 贾积有,张誉月,刘怀亚,李姗姗,陈昂轩.引导型解题辅导方法及系统:中国,2022113079317[P].2023-01-31.

[198] 贾积有,张誉月,刘怀亚,李双双.智能评测和辅导系统助力学生评价改革和减负增效[J].电化教育研究,2023,44(06):74-80+89.

[199] 贾积有,张誉月.人工智能与教育：机遇、挑战与对策[J].北京大学教育评论,21(01)：49-61+188-189.

[200] 贾积有,克劳斯·迈因策尔.运用自然语言人机交互技术创造英语对话语境[J].中国电化教育,2006(10)：87-91.

[201] 贾积有.人工智能赋能教育与学习[J].远程教育杂志,2018,36(1)：39-47.

[202] 贾积有.人工智能与教育的辩证关系[J].上海师范大学学报(哲学社会科学版),2018,47(3)：25-33.

[203] 贾积有.高性价比的便携式智能电子学伴及其在传统教室的应用探讨[J].中国电化教育,2012(03)：120-126.

[204] 贾积有.国外人工智能教育应用最新热点问题探讨[J].中国电化教育,2010(07)：113-118.

[205] 贾积有.希赛可——一个智能型网上英语陪练系统[J].外语电化教学,2006(05)：37-40.

[206] 贾鹏宇,张朝晖,赵小燕等.基于人工智能视频处理的课堂学生状态分析[J].现代教育技术,2019,29(12)：82-88.

[207] 姜华,赵洁.基于BP神经网络的学习行为评价模型及实现[J].计算机应用与软件,2005,(08)：89-91.

[208] 教育部第五部门.教育部等五部门关于加强普通高等学校在线开放课程教学管理的若干意见[EB/OL].(2022-03-10)[2023-09-01].http：//www.moe.gov.cn/srcsite/A08/s7056/202204/t20220401_612700.html.

[209] 教育部.教育部2022年工作要点[EB/OL].(2022-02-08)[2023-09-01].http：//www.moe.gov.cn/jyb_sjzl/moe_164/202202/t20220208_597666.html.

[210] 教育部.教育部办公厅关于印发《国家智慧教育公共服务平台接入管理规范(试行)》的通知[EB/OL].(2022-07-28)[2023-09-01].http：//www.moe.gov.cn/srcsite/A16/s3342/202208/t20220819_653868.html.

[211] 教育部.中共中央办公厅 国务院办公厅印发《关于进一步减轻义务教育阶段学生作业负担和校外培训负担的意见》[EB/OL].(2021-07-24)[2023-09-01].http：//www.moe.gov.cn/jyb_xxgk/moe_1777/moe_1778/202107/t20210724_546705.html.

[212] 教育部等五部门.教育部等五部门关于印发《普通高等教育学科专业设置调整优化改革方案》的通知[EB/OL].(2023-03-02)[2023-09-01].http：//www.moe.gov.cn/srcsite/A08/s7056/202304/t20230404_1054230.html.

[213] 李明.基于最近发展区的数学教学策略[J].西部素质教育,2020,6(8)：240-243.

[214] 刘怀亚.智能教学系统提示设计及其效果研究[D]北京：北京大学教育学院,2023.

[215] 刘宁,余胜泉.基于最近发展区的精准教学研究[J].电化教育研究,2020,41(07)：77-85.

[216] 刘清堂,何皓怡,吴林静等.基于人工智能的课堂教学行为分析方法及其应用[J].中国电化教育,2019(09)：13-21.

[217] 卢国庆,谢魁,刘清堂等.基于人工智能引擎自动标注的课堂教学行为分析[J].开放教育研究,2021,27(06)：97-107.

[218] 陆汝钤.世纪之交的知识工程与知识科学[M].北京：清华大学出版社,2001.

[219] 迈因策尔,曾国屏译.复杂性中的思维(Thinking in Complexity)[M].北京:中央编译出版社,1999.

[220] 克劳斯·迈因策尔,贾积有,张誉月.ChatGPT 和人工智能:从基本原理到教育应用[J].北京大学教育评论,2023,21(01):35-48+188.

[221] 克劳斯·迈因策尔,贾积有.人工智能与机器学习:算法基础和哲学观点[J].上海师范大学学报(哲学社会科学版),2018,47(03):13-24.

[222] 孟青泉,贾积有,颜泽忠.面向在线学习系统的学习风格模型[J].教学考试,2021,20:57-62.

[223] 孟青泉,贾积有等.智能教学系统测评模型的构建与实证研究[J].现代教育技术,2022,32(5):68-74.

[224] 齐菊,贾积有,高志军,马伏华.利用"希赛可"系统在初中英语教学中实施分层教学[J].软件导刊(教育技术),2013,12(09):3-5.

[225] 齐宇歆.基于 PISA 的学习素养评价模式设计与实证研究——以郑州 E 中学初三数学为例[J].中国电化教育,2018(04):72-81.

[226] 乔爱玲,龚鑫,韩涵.形式差异的外部概念支架对学生游戏化学习心流和效果的影响[J].电化教育研究,2021,42(12):86-92+99.

[227] 清华大学. GLM-130B:开放式双语预训练模型[EB/OL].(2022-08-04)[2023-09-01].https://keg.cs.tsinghua.edu.cn/glm-130b.

[228] 全国人民代表大会.中华人民共和国家庭教育促进法[EB/OL](2021-10-23).[2023-09-01].http://www.npc.gov.cn/npc/c30834/202110/8d266f0320b74e17b02cd43722eeb413.shtml.

[229] 石中英.缄默知识与教学改革[J].北京师范大学学报(人文社会科学版),2001(03):101-108.

[230] 王小越,贾积有.基于 Weka 的 MOOC 学习者学习成绩影响因素分析——以 Coursera 网站北京大学一门课程为例[J].数字教育,2021,7(02):68-74.

[231] 王晓华,文剑冰.项目反应理论在教育考试命题质量评价中的应用[J].教育科学,2010,26(03):20-26.

[232] 威廉斯.威廉斯创造力倾向测量表[J].中国新时代,2003,(22):89-90.

[233] 维果茨基,余震球选译.维果茨基教育论著选/外国教育名著丛书[M].北京:人民教育出版社,2005.

[234] 魏顺平.Moodle 平台数据挖掘研究——以一门在线培训课程学习过程分析为例[J].中国远程教育,2011,(01):24-30.

[235] 魏顺平.在线学习行为特点及其影响因素分析研究[J].开放教育研究,2012,18(04):81-90+17.

[236] 吴晓义.国外缄默知识研究述评[J].外国教育研究,2005(09):16-20.

[237] 杨云飞.波利亚解题模型在高中数学解题教学中的应用[D].上海:华东师范大学,2011.

[238] 姚建欣.美国大规模教育评价项目对中国公民科学素质调查的借鉴与启示[J].科普研究,2015,10(5):62-66.

[239] 矣晓沅.具有文学表现力的中文古典诗歌自动写作方法研究[D].北京:清华大学,2021.

[240] 张仰森.人工智能原理与应用[M].北京：高等教育出版社,2004.

[241] 张屹,莫尉,张岩,高晗蕊,李妞,林郁菲.我国小学生计算思维量表研发与应用[J].中国电化教育,2020(10):49-57.

[242] 张誉月,贾积有,黎宇珍.基于智能英语教学系统的高等教育外语词汇教学实践[C]//施如龄,江波,李旻宪,等.第27届全球华人计算机教育应用大会论文集(中文论文)(GC-CCE 2023),北京,2023:526-529.

[243] 张誉月,贾积有,黎宇珍.智能教学系统和手机的常态化课程整合及其效果研究[J].数字教育,2023,9(02):39-46.

[244] 赵楠,贾积有.利用大数据探究学习行为与学习效果的关系[J].中小学信息技术教育,2018(Z1):73-76.

[245] 中国新闻网.港大禁用ChatGPT等AI工具 为全港大学首例[EB/OL].(2023-02-18)[2023-09-01].http://www.chinanews.com.cn/dwq/2023/02-18/9956047.shtml.

[246] 教育部.深化新时代教育评价改革总体方案[EB/OL].(2020-10-13)[2023-09-01].http://www.gov.cn/zhengce/2020-10/13/content_5551032.htm.

[247] 朱哲民,孔祥一.基于IRT的数学学业质量增值评价及其应用[J].教育测量与评价,2022(05):21-31.

北京大学出版社
教育出版中心 精品图书

21世纪高校广播电视专业系列教材
电视节目策划教程（第二版）	项仲平
电视导播教程（第二版）	程晋
电视文艺创作教程	王建辉
广播剧创作教程	王国臣
电视导论	李欣
电视纪录片教程	卢炜
电视导演教程	袁立本
电视摄像教程	刘荃
电视节目制作教程	张晓锋
视听语言	宋杰
影视剪辑实务教程	李琳
影视摄制导论	朱怡
新媒体短视频创作教程	姜荣文
电影视听语言——视听元素与场面调度案例分析	李骏
影视照明技术	张兴
影视音乐	陈斌
影视剪辑创作与技巧	张拓
纪录片创作教程	潘志琪
影视拍摄实务	翟臣

21世纪信息传播实验系列教材（徐福荫 黄慕雄 主编）
网络新闻实务	罗昕
多媒体软件设计与开发	张新华
播音与主持艺术（第三版）	黄碧云 睢凌
摄影基础（第二版）	张红 钟日辉 王首农

21世纪数字媒体专业系列教材
视听语言	赵慧英
数字影视剪辑艺术	曾祥民
数字摄像与表现	王以宁
数字摄影基础	王朋娇
数字媒体设计与创意	陈卫东
数字视频创意设计与实现（第二版）	王靖

大学摄影实用教程（第二版）	朱小阳
大学摄影实用教程	朱小阳

21世纪教育技术学精品教材（张景中 主编）
教育技术学导论（第二版）	李芒 金林
远程教育原理与技术	王继新 张屹
教学系统设计理论与实践	杨九民 梁林梅
信息技术教学论	雷体南 叶良明
信息技术与课程整合（第二版）	赵呈领 杨琳 刘清堂
教育技术学研究方法（第三版）	张屹 黄磊

21世纪高校网络与新媒体专业系列教材
文化产业概论	尹章池
网络文化教程	李文明
网络与新媒体评论	杨娟
新媒体概论（第二版）	尹章池
新媒体视听节目制作（第二版）	周建青
融合新闻学导论（第二版）	石长顺
新媒体网页设计与制作（第二版）	惠悲荷
网络新媒体实务	张合斌
突发新闻教程	李军
视听新媒体节目制作	邓秀军
视听评论	何志武
出镜记者案例分析	刘静 邓秀军
视听新媒体导论	郭小平
网络与新媒体广告（第二版）	尚恒志 张合斌
网络与新媒体文学	唐东堰 雷奕
全媒体新闻采访写作教程	李军
网络直播基础	周建青
大数据新闻传媒概论	尹章池

21世纪特殊教育创新教材·理论与基础系列
特殊教育的哲学基础	方俊明
特殊教育的医学基础	张婷
融合教育导论（第二版）	雷江华
特殊教育学（第二版）	雷江华 方俊明

特殊儿童心理学（第二版）	方俊明 雷江华
特殊教育史	朱宗顺
特殊教育研究方法（第二版）	杜晓新 宋永宁 等
特殊教育发展模式	任颂羔

21世纪特殊教育创新教材·发展与教育系列

视觉障碍儿童的发展与教育	邓 猛
听觉障碍儿童的发展与教育（第二版）	贺荟中
智力障碍儿童的发展与教育（第二版）	刘春玲 马红英
学习困难儿童的发展与教育（第二版）	赵 微
自闭症谱系障碍儿童的发展与教育	周念丽
情绪与行为障碍儿童的发展与教育	李闻戈
超常儿童的发展与教育（第二版）	苏雪云 张 旭

21世纪特殊教育创新教材·康复与训练系列

特殊儿童应用行为分析（第二版）	李 芳 李 丹
特殊儿童的游戏治疗	周念丽
特殊儿童的美术治疗	孙 霞
特殊儿童的音乐治疗	胡世红
特殊儿童的心理治疗（第三版）	杨广学
特殊教育的辅具与康复	蒋建荣
特殊儿童的感觉统合训练（第二版）	王和平
孤独症儿童课程与教学设计	王 梅

21世纪特殊教育创新教材·融合教育系列

融合教育本土化实践与发展	邓 猛 等
融合教育理论反思与本土化探索	邓 猛
融合教育实践指南	邓 猛
融合教育理论指南	邓 猛
融合教育导论（第二版）	雷江华
学前融合教育（第二版）	雷江华 刘慧丽
小学融合教育概论	雷江华 袁 维

21世纪特殊教育创新教材（第二辑）

特殊儿童心理与教育（第二版）	杨广学 张巧明 王 芳
教育康复学导论	杜晓新 黄昭鸣
特殊儿童病理学	王和平 杨长江
特殊学校教师教育技能	舒 飞 马红英

自闭谱系障碍儿童早期干预丛书

如何发展自闭谱系障碍儿童的沟通能力	朱晓晨 苏雪云
如何理解自闭谱系障碍和早期干预	苏雪云
如何发展自闭谱系障碍儿童的社会交往能力	吕 梦 杨广学
如何发展自闭谱系障碍儿童的自我照料能力	倪萍萍 周 波
如何在游戏中干预自闭谱系障碍儿童	朱 瑞 周念丽
如何发展自闭谱系障碍儿童的感知和运动能力	韩文娟 徐 芳 王和平
如何发展自闭谱系障碍儿童的认知能力	潘前前 杨福义
自闭症谱系障碍儿童的发展与教育	周念丽
如何通过音乐干预自闭谱系障碍儿童	张正琴
如何通过画画干预自闭谱系障碍儿童	张正琴
如何运用ACC促进自闭谱系障碍儿童的发展	苏雪云
孤独症儿童的关键性技能训练法	李 丹
自闭症儿童家长辅导手册	雷江华
孤独症儿童课程与教学设计	王 梅
融合教育理论反思与本土化探索	邓 猛
自闭症谱系障碍儿童家庭支持系统	孙玉梅
自闭症谱系障碍儿童团体社交游戏干预	李 芳
孤独症儿童的教育与发展	王 梅 梁松梅

特殊学校教育·康复·职业训练丛书

（黄建行 雷江华 主编）

信息技术在特殊教育中的应用
智障学生职业教育模式
特殊教育学校学生康复与训练
特殊教育学校校本课程开发
特殊教育学校特奥运动项目建设

21世纪学前教育专业规划教材

学前教育概论	李生兰
学前教育管理学（第二版）	王 雯
幼儿园课程新论	李生兰
幼儿园歌曲钢琴伴奏教程	果旭伟
幼儿园舞蹈教学活动设计与指导（第二版）	董 丽
实用乐理与视唱（第二版）	代 苗
学前儿童美术教育	冯婉贞
学前儿童科学教育	洪秀敏
学前儿童游戏	范明丽

学前教育研究方法	郑福明
学前教育史	郭法奇
外国学前教育史	郭法奇
学前教育政策与法规	魏 真
学前心理学	涂艳国 蔡 艳
学前教育理论与实践教程	王 维 王维娅 孙 岩
学前儿童数学教育与活动设计	赵振国
学前融合教育（第二版）	雷江华 刘慧丽
幼儿园教育质量评价导论	吴 钢
幼儿园绘本教学活动设计	赵 娟
幼儿学习与教育心理学	张 莉
学前教育管理	虞永平
外学前教育学本文献讲读	姜 勇

大学之道丛书精装版

美国高等教育通史	［美］亚瑟·科恩
知识社会中的大学	［英］杰勒德·德兰迪
大学之用（第五版）	［美］克拉克·克尔
营利性大学的崛起	［美］理查德·鲁克
学术部落与学术领地：知识探索与学科文化	［英］托尼·比彻 保罗·特罗勒尔
美国现代大学的崛起	［美］劳伦斯·维塞
教育的终结——大学何以放弃了对人生意义的追求	［美］安东尼·T.克龙曼
世界一流大学的管理之道——大学管理研究导论	程 星
后现代大学来临？	［英］安东尼·史密斯 弗兰克·韦伯斯特

大学之道丛书

以学生为中心：当代本科教育改革之道	赵炬明
市场化的底限	［美］大卫·科伯
大学的理念	［英］亨利·纽曼
哈佛：谁说了算	［美］理查德·布瑞德利
麻省理工学院如何追求卓越	［美］查尔斯·维斯特
大学与市场的悖论	［美］罗杰·盖格
高等教育公司：营利性大学的崛起	［美］理查德·鲁克
公司文化中的大学：大学如何应对市场化压力	［美］埃里克·古尔德
美国高等教育质量认证与评估	［美］美国中部州高等教育委员会
现代大学及其图新	［美］谢尔顿·罗斯布莱特
美国文理学院的兴衰——凯尼恩学院纪实	［美］P.F.克鲁格
教育的终结：大学何以放弃了对人生意义的追求	［美］安东尼·T.克龙曼
大学的逻辑（第三版）	张维迎
我的科大十年（续集）	孔宪铎
高等教育理念	［英］罗纳德·巴尼特
美国现代大学的崛起	［美］劳伦斯·维塞
美国大学时代的学术自由	［美］沃特·梅兹格
美国高等教育通史	［美］亚瑟·科恩
美国高等教育史	［美］约翰·塞林
哈佛通识教育红皮书	哈佛委员会
高等教育何以为"高"——牛津导师制教学反思	［英］大卫·帕尔菲曼
印度理工学院的精英们	［印度］桑迪潘·德布
知识社会中的大学	［英］杰勒德·德兰迪
高等教育的未来：浮言、现实与市场风险	［美］弗兰克·纽曼等
后现代大学来临？	［英］安东尼·史密斯等
美国大学之魂	［美］乔治·M.马斯登
大学理念重审：与纽曼对话	［美］雅罗斯拉夫·帕利坎
学术部落及其领地——当代学术界生态揭秘（第二版）	［英］托尼·比彻 保罗·特罗勒尔
德国古典大学观及其对中国大学的影响（第二版）	陈洪捷
转变中的大学：传统、议题与前景	郭为藩
学术资本主义：政治、政策和创业型大学	［美］希拉·斯劳特 拉里·莱斯利
21世纪的大学	［美］詹姆斯·杜德斯达
美国公立大学的未来	［美］詹姆斯·杜德斯达 弗瑞斯·沃马克
东西象牙塔	孔宪铎
理性捍卫大学	眭依凡

学术规范与研究方法系列

如何为学术刊物撰稿（第三版）	［英］罗薇娜·莫瑞
如何查找文献（第二版）	［英］萨莉·拉姆齐
给研究生的学术建议（第二版）	［英］玛丽安·彼得 等

社会科学研究的基本规则（第四版）	[英]朱迪斯·贝尔
做好社会研究的10个关键	[英]马丁·丹斯考姆
如何写好科研项目申请书	[美]安德鲁·弗里德兰德等
教育研究方法（第六版）	[美]梅瑞迪斯·高尔等
高等教育研究：进展与方法	[英]马尔科姆·泰特
如何成为学术论文写作高手	[美]华乐丝
参加国际学术会议必须要做的那些事	[美]华乐丝
如何成为优秀的研究生	[美]布卢姆
结构方程模型及其应用	易丹辉 李静萍
学位论文写作与学术规范（第二版）	李武 毛远逸 肖东发
生命科学论文写作指南	[加]白青云
法律实证研究方法（第二版）	白建军
传播学定性研究方法（第二版）	李琨

21世纪高校教师职业发展读本

如何成为卓越的大学教师	[美]肯·贝恩
给大学新教员的建议	[美]罗伯特·博伊斯
如何提高学生学习质量	[英]迈克尔·普洛瑟等
学术界的生存智慧	[美]约翰·达利等
给研究生导师的建议（第2版）	[英]萨拉·德拉蒙特等
高校课程理论——大学教师必修课	黄福涛

21世纪教师教育系列教材·物理教育系列

中学物理教学设计	王霞
中学物理微格教学教程（第三版）	张军朋 詹伟琴 王恬
中学物理科学探究学习评价与案例	张军朋 许桂清
物理教学论	邢红军
中学物理教学法	邢红军
中学物理教学评价与案例分析	王建中 孟红娟
中学物理课程与教学论	张军朋 许桂清
物理学习心理学	张军朋
中学物理课程与教学设计	王霞

21世纪教育科学系列教材·学科学习心理学系列

数学学习心理学（第三版）	孔凡哲
语文学习心理学	董蓓菲

21世纪教师教育系列教材

青少年心理发展与教育	林洪新 郑淑杰
教育心理学（第二版）	李晓东
教育学基础	庞守兴
教育学	余文森 王晞
教育研究方法	刘淑杰
教育心理学	王晓明
心理学导论	杨凤云
教育心理学概论	连榕 罗丽芳
课程与教学论	李允
教师专业发展导论	于胜刚
学校教育概论	李清雁
现代教育评价教程（第二版）	吴钢
教师礼仪实务	刘霄
家庭教育新论	闫旭蕾 杨萍
中学班级管理	张宝书
教育职业道德	刘亭亭
教师心理健康	张怀春
现代教育技术	冯玲玉
青少年发展与教育心理学	张清
课程与教学论	李允
课堂与教学艺术（第二版）	孙菊如 陈春荣
教育学原理	靳淑梅 许红花
教育心理学（融媒体版）	徐凯
高中思想政治课程标准与教材分析	胡田庚 高鑫

21世纪教师教育系列教材·初等教育系列

小学教育学	田友谊
小学教育学基础	张永明 曾碧
小学班级管理	张永明 宋彩琴
初等教育课程与教学论	罗祖兵
小学教育研究方法	王红艳
新理念小学数学教学论	刘京莉
新理念小学音乐教学论（第二版）	吴跃跃
中历史跨学科主题学习案例集	杜芳 陆优君
青少年心理发展与教育	林洪新 郑淑杰
名著导读12讲——初中语文整本书阅读指导手册	文贵良

| 小学融合教育概论 | 雷江华 袁 维 |
| 新理念数学教学技能训练 | 王光明 |

教师资格认定及师范类毕业生上岗考试辅导教材

| 教育学 | 余文森 王 晞 |
| 教育心理学概论 | 连 榕 罗丽芳 |

21世纪教师教育系列教材·学科教育心理学系列

| 语文教育心理学 | 董蓓菲 |
| 生物教育心理学 | 胡继飞 |

21世纪教师教育系列教材·学科教学论系列

新理念化学教学论（第二版）	王后雄
新理念科学教学论（第二版）	崔 鸿 张海珠
新理念生物教学论（第二版）	崔 鸿 郑晓慧
新理念地理教学论（第三版）	李家清
新理念历史教学论（第二版）	杜 芳
新理念思想政治（品德）教学论（第三版）	胡田庚
新理念信息技术教学论（第二版）	吴军其
新理念数学教学论	冯 虹
新理念小学音乐教学论（第二版）	吴跃跃

21世纪教师教育系列教材·语文教育系列

语文文本解读实用教程	荣维东
语文课程教师专业技能训练	张学凯 刘丽丽
语文课程与教学发展简史	武玉鹏 王从华 黄修志
语文课程学与教的心理学基础	韩雪屏 王朝霞
语文课程名师名课案例分析	武玉鹏 郭治锋 等
语用性质的语文课程与教学论	王元华
语文课堂教学技能训练教程（第二版）	周小蓬
中外母语教学策略	周小蓬
中学各类作文评价指引	周小蓬
中学语文名篇新讲	杨朴 杨旸
语文教师职业技能训练教程	韩世姣

21世纪教师教育系列教材·学科教学技能训练系列

新理念生物教学技能训练（第二版）	崔 鸿
新理念思想政治（品德）教学技能训练（第三版）	
	胡田庚 赵海山
新理念地理教学技能训练（第二版）	李家清
新理念化学教学技能训练（第二版）	王后雄

王后雄教师教育系列教材

教育考试的理论与方法	王后雄
化学教育测量与评价	王后雄
中学化学实验教学研究	王后雄
新理念化学教学诊断学	王后雄

西方心理学名著译丛

儿童的人格形成及其培养	［奥地利］阿德勒
活出生命的意义	［奥地利］阿德勒
生活的科学	［奥地利］阿德勒
理解人生	［奥地利］阿德勒
荣格心理学七讲	［美］卡尔文·霍尔
系统心理学：绪论	［美］爱德华·铁钦纳
社会心理学导论	［美］威廉·麦独孤
思维与语言	［俄］列夫·维果茨基
人类的学习	［美］爱德华·桑代克
基础与应用心理学	［德］雨果·闵斯特伯格
记忆	［德］赫尔曼·艾宾浩斯
实验心理学（上下册）	［美］伍德沃斯 施洛斯贝格
格式塔心理学原理	［美］库尔特·考夫卡

21世纪教师教育系列教材·专业养成系列（赵国栋主编）

微课与慕课设计初级教程	
微课与慕课设计高级教程	
微课、翻转课堂和慕课设计实操教程	
网络调查研究方法概论（第二版）	
PPT云课堂教学法	
快课教学法	

其他

三笔字楷书书法教程（第二版）	刘慧龙
植物科学绘画——从入门到精通	孙英宝
艺术批评原理与写作（第二版）	王洪义
学习科学导论	尚俊杰
艺术素养通识课	王洪义